ŒUVRES COMPLÈTES

DE

H. DE BALZAC

VINGTIÈME VOLUME

PARIS. — IMPRIMERIE DE E. MARTINET, RUE MIGNON, 2

LES CONTES
DROLATIQUES

COLLIGEZ EZ ABBAYES DE TOURAYNE

ET MIS EN LUMIÈRE

PAR LE SIEUR DE BALZAC

POUR L'ESBATTEMENT

DES PANTAGRUELISTES ET NON AULTRES

Ha été imprimé pour la prime foys

à Paris

et acheué en mars

MDCCCXXXVII

PARIS

Vᵉ Aᵈʳᵉ HOUSSIAUX, ÉDITEUR

HÉBERT ET Cⁱᵉ, SUCCESSEURS

7, RUE PERRONET, 7

1874

MESSER ANGELO CAPPARA.

Guasta bien des nez eu songiant à aultre chouse. Voyant ceste
male fasson, il lairra l'ouvrage.

(DÉZESPÉRANCE D'AMOUR.)

LES

CONTES DROLATIQUES

PREMIER DIXAIN

PROLOGUE

Cecy est ung livre de haulte digestion, plein de deduicts de grant goust, espicez pour ces goutteux trez-illustres et beuveurs trez-précieux auxquels s'adressoyt nostre digne compariote, eternel honneur de Tourayne, François Rabelays. Non que l'autheur ayt l'oultre-cuydance de vouloir estre aultre chose que bon Tourangeaud, et entretenir en ioye les amples lippées des gens fameux de ce mignon et plantureux pays, aussy fertile en cocquz, cocquardz et raillards que pas ung, et qui ha fourni sa grande part des hommes de renom à la France avecques feu Courier, de picquante mémoire; Verville, autheur du *Moyen de parvenir*, et aultres bien cogneuz, desquels nous trions le sieur Descartes, pour ce que ce feut ung génie mélancholicque, et qui ha plus célébré les songeries creuzes que le vin et la friandise, homme duquel tous les pastisciers et rostisseurs de Tours ont une saige horreur, le mescognoissent, n'en veulent point entendre parler, et disent : — Où demeure-t-il? si on le leur nomme. Doncques, ceste œuvre est le produict des heures rieuses de bons vieulx moynes, et dont estoyent maintz vestiges espars en nostre pays comme à la Grenadière-lez-Sainct-Cyr, au bourg de Sacché lez-Azay-le-Ridel, à Marmoustiers, Veretz, la Roche-Corbon, et dans aulcuns typothecques des bons récits, qui sont chanoines anticques et preudes femmes ayant cogneu le bon tems où l'on iocquetoyt encores sans resguarder s'il vous sortoyt ung cheval ou de ioyeulx poulains des costes à chaque risée, comme font auiourd'hui les ieunes femmes qui vouldroyent soy esbattre gravement, chouse qui sied à nostre gaye France comme une huilière sur la teste d'une royne. Aussy, comme le rire est ung privilége octroyé seulement à l'homme, et qu'il y ha cause suffisante de larmes avecques les libertez publicques sans en adiouxter par les livres, ai-je creu chouse patrioticque en diable de publier une drachme de ioyeulsetez par ce tems où l'ennuy tombe comme une pluie fine qui mouille, nous perce à la longue, et va dissolvant nos anciennes coustumes qui faisoyent de la *raye publicque* un amusement pour le plus grant numbre. Ains de ces vieulx pantagruelistes qui laissoyent faire à Dieu et au Roy leur mestier, sans mettre la main à la paste plus que ne debvoyent, se contentant de rire, il y en a peu, il en chet tous les iours, en sorte que i'ay grant paour de veoir ces notables fragmens d'anciens breviaires conspuez, conchiez gallefretez, honnis, blasmez, ce dont ie ne me mocqueroys point, veu que ie conserve et porte beaucoup de respect aux rogneures de nos anticquitez gauloises.

Soubvenez-vous aussy, criticques enraigez, hallebotteurs de mots, harpyes qui guastez les intentions et inventions de ung chascun, que nous ne rions que enfans ; et, à mesure que nous voyageons, le rire s'estainct et despérit comme l'huile de la lampe. Cecy signifie que, pour rire, besoing est d'estre innocent et pur de cueur ; faulte de quoy, vous tortillez vos lèvres, iouez des badigoinces et fronssez les sourcilz en gens qui cachent des vices et impuretez. Or, doncques, prenez ceste œuvre comme ung grouppe ou statue desquels un artiste ne peut retrayre certaines pourtraycteures, et seroyt ung sot à vingt-deux caratz, s'il y mettoyt seulement des feuilles, pour ce que ces dictes œuvres, non plus que cettuy livre, ne sont faictes pour des couvens. Néanmoins, i'ai eu cure à mon grand despit de sarcler, ez manuscripts, les vieulx mots, ung peu trop ieunes, qui eussent deschiré les aureilles, esblouy les yeulx, rougi les ioues, deschicqueté les lèvres des vierges à braguettes et des vertuz à trois amans ; car il faut aussy faire aulcunes chouses pour les vices de son tems, et la périphrase est bien plus guallante que le mot ! De faict, nous sommes vieulx et trouvons les longues bagatelles meilleures que les brefves folies de nostre ieunesse, veu que, alors, nous y goustons plus long-tems. Doncques, mesnagez-moi dans vos médisances, et lisez cecy plustost à la nuict que pendant le iour ; et, point ne le donnez aux pucelles, s'il en est encore, pour ce que le livre prendroyt feu. Ie vous quitte de moy. Mais ie ne crains rien pour ce livre, veu qu'il est extraict d'ung hault et gentil lieu, d'où tout ce qui est issu a eu grant succez, comme il est bien prouvé par les Ordres royaulx de la Toyson d'Or, du Sainct-Esprit, de la Jarretière, du Bain, et tant de notables chouses qui y feurent prinses, à l'umbre desquelles je me mets.

Or, esbaudyssez-vous, mes amours, et gayement lisez tout, à l'aise du corps et des reins, et que le maulubec vous trousque, si vous me reniez après m'avoir lu. Ces paroles sont de nostre bon maistre Rabelays, auquel nous debvons tous oster nostre bonnet en signe de révérence et honneur, comme rrince de toute sapience et toute comédie.

LA BELLE IMPÉRIA

L'archevesque de Bourdeaux avoyt mis de sa suite, pour aller au concile de Constance, ung tout ioli petit prebstre tourangeaud dont les fassons et la parole estoyent curieusement mignonnes, d'autant qu'il passoyt pour fils de la Soldée et du gouverneur. L'archevesque de Tours l'avoyt voulentiers baillé à son confrère lors de son passaige en ceste ville, pour ce que les archevesques se font de ces cadeaux entre eulx, cognoissant combien sont cuisantes les démangeaisons théologicques. Doncques, ce ieune prebstre vint au concile et feut logé dans la maison de son preslat, qui estoyt homme de bonnes mœurs et grant science.

Philippe de Mala, comme avoyt nom le prebstre, se resolut à bien faire et servir diguement son promoteur; mais il vit dans ce concile mystigoricque force gens menant une vie dissolue, et n'en gaignant pas moins, et mesme plus d'indulgences, escuz d'or, bénéfices, que tous aultres saiges et bien rengez. Or, pendant une nuict aspre à sa vertu, le diable luy souffla dans l'aureille et entendement qu'il eust à faire sa provision à pannerées, puisque ung chascun puisoyt au giron de nostre saincte mère l'Ecclise, sans le tarir; miracle qui prouvoyt bien la présence de Dieu. Et le prebstre tourangeaud ne faillit point au diable. Il se promit de bancqueter, de se ruer en rostisseries et aultres saulces d'Allemaigne, quand il le pourroyt sans payer, veu qu'il estoyt paouvre tout son saoul. Comme il restoyt fort continent en ce qu'il se modeloyt sur son paouvre vieulx archevesque, qui, par force, ne péchoyt plus et passoyt pour ung sainct, il avoyt souvent à souffrir ardeurs intolérables suivies de tristifications, veu le nombre de belles courtisanes bien gorgiasées et gelives au paouvre monde, lesquelles habitoyent Constance pour éclaircir l'entendement des pères du concile. Il enrageoyt de ne pas sçavoir comment on abordoyt ces pies guallantes qui rabrouoyent les cardinaulx, abbez commandataires, auditeurs de rote, légats, évesques, princes, ducs et margraves, comme elles auroyent pu faire de simples clercs desnuez d'argent. Le soir, après ses prières dictes, il essayoyt de parler à elles en s'apprenant le beau breviaire d'amour. Il s'interroguoyt à respondre à tous caz échéants. Et, le lendemain, si, vers complies, il rencontroyt quelqu'une des dictes princesses, en bon poinct, veautrée en sa litière, escortée de ses paiges bien armés, et fière, il demouroyt béant, comme chien attrapant mousches, à voir ceste frisque figure qui le brusloyt d'autant.

Le secrétaire de Monseigneur, gentilhomme périgourdin, luy ayant apertement demonstré que les pères, procureurs et auditeurs de rote, acheptoyent par force prezents, non relicques ou indulgences, mais bien pierreries et or, la faveur d'estre familiers chez les plus haultes de ces chattes choyées qui vivoyent sous la protection des seigneurs du concile, alors le paouvre Tourangeaud, tout nice et cocquebin qu'il estoyt, thezaurisoyt dans sa paillasse les angelotz à luy donnez par le bon archevesque pour travaulx d'escripture, espérant, ung iour, en avoir suffisamment, à ceste fin de veoir ung petit la courtisane d'ung cardinal, se fiant à Dieu pour le reste. Il estoyt deschaussé de la cervelle jusqu'aux talons, et ressembloyt autant à un homme qu'une chievre coëffée de nuict ressemble à une demoiselle; mais, bridé par son envie, il alloyt, le soir, par les rues de Constance, peu soulcieux de sa vie; et, au risque de se faire pertuisanner le corps par les soudards, il espionnoyt les cardinaulx entrant chez les leurs. Lors, il voyoyt les chandelles de cire s'allumant aussitost ez maisons; et, soudain, reluisoyent les huys et les croizées. Puis, il entendoyt les benoistz abbez ou aultres se rigolant, beuvant, prenant du meilleur, énamourés, chantant l'*Alleluia* secret, et donnant de menus suffraiges à la musicque dont on les resgualoyt. Les cuisines faisoyent des miracles, et si disoyt-on des offices de bonnes pottées grasses et fluantes, matines de iambonneaux, vespres de goulées friandes et laudes de sucreries... Et, après les buvettes, ores, ces braves prebstres se taisoyent. Leurs paiges iouoyent aux dez sur les degrez, et les mules restives se battoyent dans la rue. Tout alloyt bien! Mais aussy il y avoyt de la foy et de la religion. Voilà comment le bonhomme Hus fut brusle! Et la cause? Il mettoyt la main dans le plat sans en estre prié. Et doncques, pourquoy estoyt-il huguenot avant les aultres?

Pour en revenir au petit gentil Philippe, souventes fois il receut force horions et attrapa de bons coups; mais le diable le soutenoyt en l'incitant à croire que, tost ou tard, il auroyt son tour d'estre cardinal chez quelque femme d'ung. Sa convoitise lui donna de la hardiesse comme à ung cerf en automne; et si, qu'il se glissa ung soir dans la plus belle maison de Constance, au montoir d'où il avoyt souvent veu des officiers, senneschaulx, varlets et paiges attendant, avecques des flambeaux, leurs maistres, ducs, roys, cardinaulx et archevesques.

— Ah! se dit-il, elle doibt estre belle et guallante, celle-là...

Ung soudard bien armé le laissa passer, cuydant qu'il appartenoyt à l'électeur de Bavière, sortant présentement dudict logis, et qu'il alloyt s'y acquitter d'ung messaige de ce dessusdict seigneur. Philippe de Mala monta les degrez aussi lestement que lévrier possédé de male raige d'amour, et feut mené par une délectable odeur de parfums iouxte la chambre où devisoyt avecques ses femmes la maistresse du logis en désagraphant ses atours. Il resta tout esbahi comme ung voleur devant les sergens. La dame estoyt sans cotte ni chapperon. Les chamberières et les meschines, occupées à la deschausser et déshabiller, mettoyent son ioly corps à nu, si dextrement et franchement que le prebstre émérillonné fit un : Ah! qui sentoyt l'amour.

— Et que voulez-vous, mon petit? luy dit la dame.

— Vous rendre mon ame, fit-il en la mangeant des yeulx.

— Vous pouvez revenir demain, reprind-elle pour se druement gausser de luy.

A quoy Philippe, tout bordé de cramoisy, respondit gentiment :
— Ie n'y fauldray.

Elle se prind à rire comme une folle. Le Philippe interdict resta pantois et tout aise, arrestant sur elle des yeulx qui cupidonnoyent d'admirables mignardises d'amour : comme beaulx cheveulx espars sur ung dos ayant poli d'ivoire, et montrant des plans délicieux, blancs et luysans, à travers mille boucles frizotantes. Elle avoyt sur son front de neige ung rubis-balays, moins fertile en vagues de feu que ses yeulx noirs humectés de larmes par son bon rire. Mesme elle gecta son soulier à la poulaine, doré comme une chaasse, en se tordant force de ribauder, et fit veoir son pied nud, plus petit que bec de cygne. Ce soir, elle estoyt de belle humeur, aultrement, elle auroyt faict boutter dehors par la fenestre le petit tonsuré, sans en prendre plus de soulcy que de son premier évesque.

— Il ha de beaulx yeulx, madame, dit une des meschines.

— D'où sort-il doncques? demanda l'aultre.

— Paouvre enfant ! s'escria Madame, sa mère le chercheroyt. Il faut le remettre dans la bonne voye.

Le Tourangeaud, ne perdant pas le sens, fit ung signe de déectation en mirant le lit de brocard d'or où alloyt reposer le ioli corps de la Gallóise. Ceste œillade, pleine de suc et d'intelligence amoureuse, resveigla la fantaisie de la dame, qui, moitié riant, moitié férue du mignon, luy répéta : — Demain, et le renvoya par ung geste auquel le pape Iean luy-mesme auroyt obéi, d'autant qu'il estoyt comme ung limasson sans cocque, veu que le concile venoyt de le dépapiser.

— Ah ! madame, voilà encore ung vœu de chasteté mué en dezir d'amour, dit l'une des femelles.

Et les rizées recommencèrent dru comme gresle. Philippe s'en alla, donnant de la teste contre les bois, en vraye corneille coëffée, tout estourdi qu'il estoyt d'avoir entreveu ceste créature plus friande à crocquer que syrène sortant de l'eaue... Il remarqua les figures d'animaulx engravées au-dessus de la porte, et s'en revint chez son bonhomme d'archevesque avecques mille pannerées de diables dans le cueur et la fressure toute sophistiquée. Monté dans sa chambrette, il y compta ses angelotz pendant toute la nuict, mais n'en trouva iamais que quatre ; et, comme ce estoyt tout son sainct-frusquin, il cuydoyt satisfaire la belle en lui donnant ce qu'il avoyt à luy dans le monde.

— Qu'avez-vous doncques, Philippe? luy dit le bon archevesque, inquiet des tresmoussemens et des — Oh ! oh !... de son clerc.

— Ah ! monseigneur ! respondit le paouvre prebstre, ie m'esbahis comment une femme si légiere et si doulce pèse tant sur le cueur !...

— Et quelle ? reprint l'archevesque en posant son breviaire qu'il lisoyt pour les aultres, le bonhomme !

— Ah ! Iésus, vous allez me maugréer, mon bon maistre et protecteur, pour ce que i'ai veu la dame d'ung cardinal au moins... Et ie plouroys, voyant qu'il me manqueroyt bien plus d'un paillard escu pour elle, encores que me la laisseriez convertir au bien...

L'archevesque, fronssant l'accent circonflexe qu'il avoyt au-dessus du nez, ne souffla mot. Ores doncques, le trez-humble prebstre trembloyt dans sa peau de s'estre ainsi confessé à son supérieur. Mais incontinent, le sainct homme luy dit : — Vère, elle est doncques bien chiere ?

— Ah ! fit-il, elle a desgressé bien des mitres et frippé bien des crosses.

— Eh bien ! Philippe, si tu veux renoncer à elle, ie te bailleraì trente angelotz du bien des paouvres.

— Ah ! monseigneur, i'y perdroys trop, respondit le gars, ardé par la ratelée qu'il se promettoyt.

— Oh ! Philippe, dit le bon Bourdeloys, tu veux doncques aller au diable et desplaire à Dieu comme tous nos cardinaulx ?

Et le maistre, navré de douleur, se mit à prier sainct Gatien, patron des cocquebins, de saulver son serviteur. Il le fit agenouiller en luy disant de se recommander aussy à sainct Philippe ; mais le damné prebstre impétra tout bas le sainct de l'empescher de faillir, si demain sa dame le recevoyt à mercy et misericorde ; et le bon archevesque, oyant la ferveur de son domestique, luy crioyt : — Couraige, petit ! le ciel t'exaulcera.

Le lendemain, pendant que monsieur déblatéroyt au concile contre le train impudicque des apostres de la chrestienté, Philippe de Mala despendit ses angelotz, gaignez avec force labeur, en perfumeries, baignades, estuveries et aultres friperies. Or, il se mugueta si bien, qu'auriez dict le mignon d'une linotte coëffée. Il dévalla par la ville pour y recognoistre le logis de sa royne de cueur ; et quand il demanda aux passans à qui estoyt ladicte maison, ils luy rioyent au nez en disant : — D'où vient ce galeux qui n'a entendu parler de la belle Impéria ? Il eut grant paour d'avoir despendu ses angelotz pour le diable, en voyant, par le nom, dans quel horrificque tracquenard il estoyt tombé voulontairement.

Impéria estoyt la plus précieuse et fantasque fille du monde, oultre qu'elle passoyt pour la plus lucidificquement belle, et celle qui mieulx s'entendoyt à papelarder les cardinaulx, guallantiser les plus rudes soudards et oppresseurs de peuple. Elle possédoyt, à elle, de braves capitaines, archers et seigneurs, curieux de la servir en tout poinct. Elle n'avoyt qu'un mot à souffler, à ceste fin d'occire ceulx qui faisoyent les faschez. Une desconfiture d'homme ne lui coustoyt qu'ung gentil sourire ; et, souventes fois, ung sire de Baudricourt, capitaine du Roy de France, luy demandoyt s'il y avoyt, ce iour-là, quelqu'un à tuer pour elle, par manière de raillerie à l'encontre des aubez. Sauf les potentats du hault clergié, avecques lesquels madame Impéria accommodoyt finement ses ires, elle menoyt tout à la baguette, en vertu de son cacquet et de ses fassons d'amour, dont les plus vertueux et insensibles estoyent enlassez comme dans de la glue. Aussy vivoyt-elle chérie et respectée autant que les vrayes dames et princesses, et l'appeloyt-on Madame. A quoy le bon empereur Sigismond respondoyt à une vraye et preude femme qui se plaignoyt de ce : — Que, elles, bonnes dames, conservoyent les coustumes saiges de la saincte vertu, et madame Impéria les tant doulx erremens de la déesse Vénus. Paroles chrestiennes dont se chocquèrent les dames, bien à tort.

Philippe doncques, repensant à la franche lippée qu'il avoyt eue par les yeulx, la veille, se doubta que ce seroyt tout. Lors, feut chagrin ; et, sans mangier ne boire, se pourmena par la ville, en attendant l'heure, d'autant qu'il estoyt cocquet et guallant assez, pour en trouver d'aultres moins rudes au montoir que n'estoyt madame Impéria.

La nuict venue, le ioli petit Tourangeaud, tout reslevé d'orgueil, caparassonné de dezirs, et fouetté par ses — Hélas ! qui l'estouffoyent, se coula comme une anguille au logis de la véritable royne du concile ; car, devant elle, s'abaissoyent toutes les authoritez, sciences et prud'hommies de la chrestienté. Le maistre d'hostel le desconnut et l'alloyt gecter dehors, quand la chamberière dit du hault des degrez : — Eh ! messire Imbert, c'est le petit de Madame ! Et le paouvre Philippe, rouge comme une nuict de nopces, monta la vis en bronchant d'heur et d'aise. La chamberière le prind par la main et le mena dedans la salle où piaffoyt déià Madame, lestement nippée en femme de couraige qui attend mieulx. La lucidificque Impéria estoyt assise près une table couverte de nappes peluchées, garnies d'or, avecques tout l'attirail de la meilleure beuverie. Flaccons de vin, hanaps altérez, bouteilles d'hypocras, grez pleins de bon vin de Chyppre, drageoires combles d'espices, paons rostis, saulces vertes, petits iambonneaux salez, auroyent resiouy la veue du guallant, s'il n'avoyt pas tant aimé madame Impéria. Elle vit bien que les yeulx de son petit prebstre estoyent tout à elle. Quoique coustumière des parpaillotes dévotions des gens d'ecclise, elle feut bien contente, pour ce qu'elle s'estoyt affolée nuictamment du paouvre petit qui, toute la iournée, luy avoyt trotté dans le cueur. Les vitres avoyent esté closes. Madame estoyt bien dispose et attournée comme pour faire honneur à ung prince de l'Empire. Aussy, le fripon, beatifié par la sacro-saincte beaulté d'Impéria, cogneut-il que empereur, burgrave, voire ung cardinal en train d'estre esleu pape, n'auroyt raison ce soir contre luy, petit prebstre, qui, dans sa bougette, ne logeoyt que le diable et l'amour. Il trencha du seigneur, et se iacta, en la saluant avecques une courtoisie qui n'estoyt point du tout sotte; et pour lors, la dame luy dit en le festoyant par ung cuisant resguard : — Mettez-vous près de moy, que ie voye si vous estes changé d'hier.

— Oh oui!... fit-il.

— Et d'où?... dit-elle.

— Hier, reprind le matois, ie vous aimoys!... Ores, ce soir, nous nous aimons; et, de paouvre souffreteux, suis devenu plus riche qu'ung roy.

— Oh! petit! petit! s'escria-t-elle ioyeulsement, oui, tu es changé, car, de ieune prebstre, bien vois-je que tu es devenu vieulx diable.

Et ils s'accotèrent ensemble devant ung bon feu, qui alloyt espandant esgalement partout leur ivresse. Ils restoyent tousiours prests à mangier, veu qu'ils ne pensoyent qu'à se pigeonner des yeulx, et ne touchoyent point aux plats.... Comme ils s'estoyent enfin establis dans leur aise et contentement, il se fit ung bruit dezagréable à l'huys de Madame, comme si gens s'y battoyent en criant.

— Madame, dit la meschinette hastée, en vécy bien d'un aultre !...

— Quoi! s'escria-t-elle d'un air hautain comme tyran maugréant d'estre interrompu.

— L'évesque de Coire veut parler à vous...

— Que le diable l'estrille! respondit-elle en resguardant Philippe de gentille fasson.

— Madame, il a veu la lumière par les fissures et faict grant tapage...

— Dis-luy que i'ay la fiebvre, et point ne mentiras, pour ce que ie suis malade de ce petit prebstre qui me frétille dans la cervelle.

Mais comme elle achevoyt son dire, en pressant dévotieusement la main de Philippe, qui bouilloyt dans sa peau, le gros évesque de Coire se monstra tout poussif et cholère. Ses estaffiers le suivoyent portant une truite canonicquement saumonée, fresche tirée hors du Rhin, gizant dans ung plat d'or; puis des espices, contenues ez drageoires myrificques, et mille friandises, comme liqueurs et compotes faictes par de sainctes nonnes de ses abbayes.

— Ah! ah! fit-il de sa grosse voix, i'ai le temps d'estre avec le diable, sans que vous me fassiez escorchier d'avance par luy, ma mignonne....

— Vostre ventre fera quelque iour une belle gaisne d'espée.. respondit-elle en fronssant ses sourcils, qui, de beaulx et plaisans, devinrent meschans à faire trembler.

— Et cet enfant de chœur, vient-il doncques à l'offrande déià? dit insolemment l'évesque en tournant sa face large et rubicunde vers le gentil Philippe.

— Monseigneur, ie suis icy pour confesser Madame.

— Oh! oh! sçais-tu pas les canons?... Confesser les dames à ceste heure de nuict est un droict reservé aux évesques... Or, tire tes grègues, va pasturer avec simples moynes, et ne retourne ici, sous peine d'excommunication.

— Ne bougez!... cria la rugissante Impéria, plus belle de cholère qu'elle n'estoyt d'amour, pour ce qu'il y avoyt ensemble amour et cholère.

Restez, mon ami, vous estes icy chez vous!...

Lors, il cogneut qu'il estoyt le vrai bien aimé.

— N'est-ce pas matière de breviaire et enseignement évangélicque, que vous serez égaulx devant Dieu à la vallée de Josaphat? demanda-t-elle à l'évesque.

— C'est une invention du diable qui ha frelatté la Bible; mais c'est escript, respondit le gros balourd d'évesque de Coire, pressé de s'attabler.

— Hé bien! soyez doncques égaulx devant moi, qui suis icy-bas votre déesse, reprint Impéria; sinon, ie vous feroys délicatement estrangler quelque iour entre la teste et les espaules! Ie le iure par la toute-puissance de ma tonsure, qui vaut bien celle du pape! Et, voulant que la truite fust du repas, voire le plat, les drageoires et les friandises, elle adiouxta dextrement : — Asseyez-vous et beuvez. Mais la rusée linotte, qui n'en estoyt à sa première dauberie, cligna de l'œil pour dire à son mignon qu'il ne falloyt avoir cure de cet Allemand, dont le piot leur feroyt briefve justice.

La chamberière mit et entortilla l'évesque à table, pendant que Philippe, atteint d'une raige qui lui fermoyt le bec, en ce qu'il voyoyt son heur s'en aller en fumée, donnoyt l'évesque à plus de diables qu'il n'y avoyt de moynes en vie. Ils estoyent pieçà vers la moitié du repast, que le ieune prebstre n'y avoyt point encores touchié, n'ayant faim que d'Impéria, près de laquelle il se pelotonnoyt sans mot dire, mais parlant de ce bon languaige auquel les dames entendent sans poincts, virgules, accents, lettres, figures ni charactères, notes ou images. Le gros évesque, assez sensuel et soigneux du vestement de peau ecclésiasticque dans lequel sa défuncte mère l'avoyt cousu, se laissoyt amplement servir de l'hypocras par la main délicate de Madame ; et il en estoyt déjà à son premier hocquet, quand un grant bruit de cavalcade fit esclandre dans la rue. Le numbre des chevaulx, les : — Ho ! ho ! des paiges, démonstrèrent qu'il arrivoyt quelque prince furieux d'amour. Et de faict, tost après, le cardinal de Raguse, à qui les gens d'Impéria n'avoyent osé barrer la porte, entra dans la salle. A ceste veue triste, la paouvre courtisane et son petit devinrent honteux et desconvenus comme des lépreux d'hier, car c'estoyt tenter le diable que vouloir évincer le cardinal, d'autant qu'alors on ne sçavoyt qui seroyt pape, les trois prétendans s'estant desmis du bonnet pour le proufficit de la chrestienté. Le cardinal, qui estoyt ung rusé Italian, trez-barbu, grant sophisticqueur et boute-en-train du concile, devina, par le plus foyble iect de son entendement, l'alpha et l'oméga de ceste adventure. Il n'eut qu'un petit penser à peser pour sçavoir comment il debvoyt besongner à ceste fin de bien hypothecquer ses fressurades. Il arrivoyt poussé par un appétit de moyne ; et, pour obtenir sa repue, il estoyt homme à daguer deux moynes, et vendre son morceau de vraye croix, ce qui eust esté mal.

— Hé ! mon ami, fit-il à Philippe en l'appelant à luy.

Le paouvre Tourangeaud, plus mort que vif, en soubpçonnant que le diable se mesloyt de ses affaires, se leva, et dit : — Plaist-il ? au redoutable cardinal. Cettuy, l'emmenant par le bras sur les degrez, le resguarda dans le blanc des yeulx, et reprint sans lanterner : — Ventredieu ! tu es un bon petit compaignon, et ie ne voudroys pas estre obligé de faire sçavoir à ton chief ce que ton ventre poise !... Mon contentement pourroyt me couster des fondations pieuses en mes vieulx iours... Ainsy, choisis : de te marier avecques une abbaye pour le demourant de tes iours, ou avec Madame, ce soir, pour en mourir demain...

Le paouvre Tourangeaud dezespéré lui dit : — Et votre ardeur passée, monseigneur, pourrai-je revenir ?

Le cardinal eut peine à se fascher; pourtant, il dit griefvement:
— Choisis! le hault-bois ou la mitre?
— Ah! fit le prebstre malicieusement, une bonne grosse abbaye...

Oyant cela, le cardinal rentra dans la salle, y print une escritoire, et griffonna sur ung bout de charte une ceddule pour l'envoyé de France.

— Monseigneur, lui dit le Tourangeaud pendant qu'il orthographioyt l'abbaye, l'évesque de Coire ne s'en ira pas aussi briefvement que moy; car il ha autant d'abbayes que les soudards ont de buvettes en ville, et puis, il est dans les ioyes du Seigneur! Or, m'est advis que, pour vous mercier de ceste tant bonne abbaye, ie vous doibs ung bel advertissement... Vous sçavez du reste combien est malivole et se gaigne dru ceste damnée cocqueluche, qui ha cruellement matté Paris. Ores, dictes-luy que vous venez d'assister vostre bon vieulx ami l'archevesque de Bourdeaux... Par ainsy, le ferez desguerpir comme feurre devant grant souffle d'air.

— Oh! oh!... s'escria le cardinal, tu mérites mieulx qu'une abbaye... Hé! ventredieu! mon petit ami, voilà cent escuz d'or pour ton voyage à l'abbaye de Turpenay, que i'ai gaignée au ieu hier et que ie te baille en pur don...

En entendant ces paroles et voyant disparoistre Philippe de Mala, sans qu'il luy despartist la chatouillante œillade pleine de quintescence amoureuse qu'elle en espéroyt, la leonine Impéria, soufflant comme ung dauphin, devina toute la couardise du prebstre. Elle n'estoyt pas encore catholicque assez pour pardonner à son amant de la gaber en ne saichant pas mourir pour sa phantaisie. Aussy la mort de Philippe feut-elle engravée dans le resguard de vipère qu'elle lui lança pour lui faire insulte, ce qui rendit le cardinal tout aise, car le paillard Italian vit bien qu'il rentreroyt tost dans son abbaye. Le Tourangeaud, n'ayant cure ni soulcy de l'orage, s'évada en allant de costé, en silence et l'aureille basse, comme ung chien mouillé que l'on chasse de vespres. Madame poussa ung soupir de cueur! Elle auroyt singulièrement accoutré le genre humain, pour peu qu'elle l'eust tenu, car le feu qui la possédoyt lui estoyt monté dans la teste, et des pettillons de flammes sourdoyent dans l'air autour d'elle. Il y avoyt de quoy, pour ce que c'estoyt la première fois qu'un prebstre la gaubeloyt. Ores, le cardinal soubrioyt, cuydant qu'il n'en auroyt que plus d'heur et d'aise.

N'estoyt-ce pas ung rusé compaignon? aussy avoyt-il ung chapeau rouge!

— Ah! ah! mon bon compère, dit-il à l'évesque, ie me félicite d'estre en votre compaignie, et suis aise d'avoir sceu chasser ce petit cuistre indigne de Madame, d'autant que, si vous l'aviez approché, ma toute belle et fringuante bische, vous eussiez pu trespasser indignement, par le faict d'un simple prebstre...

— Hé! comment?...

— C'est le scribe à monsieur l'archevesque de Bourdeaux!... Or, le bonhomme ha esté prins ce matin de la contagion...

L'évesque ouvrit la bouche comme s'il vouloyt avaller un fourmaige...

— Hé! d'où sçavez-vous cela?... demanda-t-il.

— Vère... dit le cardinal en prenant la main au bon Allemand, ie viens de l'administrer et consoler... A ceste heure, le sainct homme ha bon vent pour voguer en paradiz.

L'évesque de Coire monstra combien les gros hommes sont légiers; pour ce que les gens bien pansus ont, par la graace de Dieu, en rescompense de leurs travaulx, les tubes intérieurs élasticques comme ballons. Or, ce dict évesque saulta d'ung bond en arrière, en suant d'ahan, toussant déià comme ung bœuf qui trouve des plumes dans son mangier. Puis, ayant blesmi tout à coup, il desgringola par les degrez sans seulement dire adieu à Madame. Quand l'huys feut fermé sur l'évesque, et qu'il desvalla par les rues, monsieur de Raguse se print à rire et à vouloir gausser.

— Ah! ma mignonne, suis-je pas digne d'estre pape et, mieulx que cela, ton guallant ce soir?...

Mais, voyant l'Impéria soulcieuse, il s'approucha d'elle pour la miguardement enlasser dans ses bras et la mignotter à la fasson des cardinaulx, gens brimballant mieulx que tous aultres, voire mesme que les soudards, en ce qu'ils sont oizifs, et ne guastent point leurs esprits essentiels.

— Ha! ha! fit-elle en reculant, tu veux ma mort... fou métropolitain... Le principal pour vous est de vous gaudir, meschant ruffian, et mon ioly caz, chouse accessoire. Que ta ioie me tue, vous me canoniserez, est-ce pas?.... Ah! vous avez la cocqueluche et me voulez!... Tourne et vire ailleurs, moyne despourvu de cervelle... — Et ne me touche aulcunement, fit-elle en le voyant s'advancer, sinon, ie te gourmande avecques ce poignard.

Et la fine commère tira de son aumosnière ung tout ioli petit stylet dont elle savoyt iouer à merveille dans les caz opportuns.

— Mais, mon petit paradiz, ma mignonne, dit l'aultre en riant, vois-tu pas la ruse?... Ne falloyt-il pas forbannir ce vieulx bœuf de Coire?...

— Oui dà... si vous m'aimez, bien le verrai-je, reprind-elle... Ie veux incontinent que vous sortiez... Si vous estes happé par la maladie, ma mort vous chaille peu. Ie vous cognoys assez pour sçavoir à quel denier vous mettriez un instant de ioie, à l'heure de vostre trespassement. Vous noyeriez la terre. Ah! ah! vous vous en estes iacté estant ivre. Or, ie n'aime que moy, mes threzors et ma santé..... Allez, si vous n'avez pas la fressure gelée par le trousse-galant, vous me reviendrez veoir demain... Auiourd'hui, ie te hais, mon bon cardinal, dit-elle en soubriant.

— Impéria, s'escria le cardinal à genoulx, ma saincte Impéria, allons, ne te ioue pas de moy!

— Non! fit-elle, ie ne ioue iamais avec les chouses sainctes et sacrées.

— Ah! vilaine ribaude, ie t'excommunierai... — demain!...

— Merci Dieu! vous voilà hors de vostre sens cardinalesque.

— Impéria! satanée fille du diable!... Hé! là, là, ma toute belle!... ma petite...

— Vous perdez le respect!... — Ne vous agenouillez pas. Fy donc!...

— Veux-tu quelque dispense *in articulo mortis?*... Veux-tu ma fortune, ou mieux encore, un morceau de la véritable vraye croix?... Veux-tu?...

— Ce soir, toutes les richesses du ciel et de la terre ne sauroyent payer mon cueur!... fit-elle en riant. Ie seroys la dernière des pécheresses, indigne de recepvoir le corps de Nostre Seigneur Jésus-Christ, si ie n'avoys pas mes caprices.

— Ie mets le feu à ta maison!... Sorcière, tu m'as envousté!... Tu périras sur ung buscher... Escoute-moi, mon amour, ma gentille Galloise. Ie te promets la plus belle place dans le ciel!... Hein? — Non! — A mort!... à mort la sorcière!

— Oh! oh! ie vous tuerai, monseigneur.

Et le cardinal eccuma de male raige.

— Vous devenez fou, dit-elle, allez-vous-en... cela vous fatigue

— Ie serai pape, et tu me payeras cet estrif...

— Alors vous n'en serez pas plus dispensé de m'obéir...
— Que faut-il doncques ce soir pour te plaire ?...
— Sortir...

Elle saulta légierement comme ung hosche-queue dans sa chambre et s'y verrouilla, laissant tempester le cardinal, à qui force feut de desguerpir. Quand la belle impéria se trouva seule devant le feu, attablée, et sans — son petit prebstre, elle dit en brisant de cholère toutes ses chaisnettes d'or : — Par la double triple corne du diable, si le petit m'a faict donner ceste bourde au cardinal, et m'expose à estre empoisonnée demain, sans que ie chevisse de luy... tout mon content !... ie ne mourrai pas que ie ne l'aye veu escorchier vif devant moy... — Ah ! fit-elle en plourant ceste foys avecques de véritables larmes, ie mene une vie bien malheureuse, et le peu d'heur, par-ci, par-là, qui m'échet, me couste un mestier de chien, oultre mon salut...

Comme elle achevoyt sa ratelée, en reccapant comme veau qu'on tue, elle vit la figure rougeaude du petit prebstre, qui s'estoyt trez-dextrement mussé, poindant de derrière elle dans son mirouère de Venice...

— Ah ! fit-elle, tu es le plus parfaict moyne, le plus ioli petit moyne, moynant, moynillant, qui ayt jamais moyneaudé dans ceste saincte et amoureuse ville de Constance !... Ah ! ah ! viens, mon gentil cavalier, mon fils chéri, mon bedon, mon paradiz de délectation ! ie veux boire tes yeulx, te mangier, te tuer d'amour. Oh ! mon florissant, mon verdoyant et sempiternel dieu !... — Va, de petit religieux, ie veux te faire Roy, Empereur, Pape, et plus heureux qu'eulx tous !... — Dà, tu peux tout mettre léans à feu et à sang ! Ie suis tienne ! et le monstrerai bien, car tu seras tost cardinal, quand pour rougir ta barette ie devroys verser tout le sang de mon cueur.

Et de ses mains tremblottantes, toute heureuse, elle emplit de vin grec un hanap d'or apporté par le gros évesque de Coire et le présenta à son ami, qu'elle voulut servir à genoulx, elle dont les princes trouvoyent la pantophle de plus hault goust que celle du pape.

Mais luy la resguardoyt, en silence, d'un œil si goulu d'amour, qu'elle lui dit tressaillant d'aise : — Allons, tais-toi, petit !... Soupons.

LE PÉCHÉ VÉNIEL

COMMENT LE BONHOMME BRUYN PRIND FEMME.

Messire Bruyn, celuy-là qui paracheva le chastel de la Roche-Corbon, lez Vouvray sur la Loire, fut ung rude compaignon en sa ieunesse. Tout petit, il grugeoyt déia les pucelles, gectoyt les maisons par les fenestres, et tournoyt congruement en farine de diable, quand il vint à calfeutrer son père, le baron de la Roche-Corbon. Lors feut maistre de faire tous les iours feste à sept chandelliers ; et de faict, il besongna des deux mains à son plaisir. Or, force de faire esternuer ses escuz, tousser sa braguette, saigner les poinçons, resgualer les linottes coëffées et faire de la terre le foussé, se vit excommunié des gens de bien, n'ayant pour amis que les saccageurs de pays et les lombards. Mais les uzuriers devinrent bien tost resches comme des bogues de chastaignier quand il n'eut plus à leur bailler d'aultres gaiges que sa dicte seigneurie de la Roche-Corbon, veu que la *Rupes Carbonis* reslevoyt du Roy nostre sire. Alors Bruyn se trouva en belle humeur de desclicquer des coups à tort et à travers, casser les clavicules aux aultres, et chercher noise à tous pour des vetilles. Ce que voyant, l'abbé de Marmoustiers, son voisin, homme libéral en paroles, lui dit que ce estoyt signe évident de perfection seigneurialle, qu'il marchoyt dans la bonne voye, mais que, s'il alloyt desconfire, à la gloire de Dieu, les Mahumetisches qui conchioyent la Terre-Saincte, ce seroyt mieulx encore, et que il reviendroyt sans faulte plein de richesses et d'indulgences, en Tourayne, ou en Paradiz, d'où tous les barons estoyent sortis iadis.

Ledict Bruyn, admirant le grant sens du preslat, se despartit du pays, harnaché par le monastère et benni par l'abbé, à la ioye de ses voisins et amis. Lors il mit à sacq force villes d'Asie et d'Africque, battit les mescréans sans crier gare, escorchia les Sarrazins, les Griecqs, Angloys ou aultres, se souciant peu s'ils estoyent amis et d'où ils sourdoyent, veu qu'entre ses mérites il avoyt celuy de n'estre point curieux, et ne les interroguoyt qu'après les avoir occiz. A ce mestier, moult agréable à Dieu, au Roy et à luy, Bruyn gaigna renom de bon chrestien, loyal chevalier, et s'amuza beaucoup en pays d'oultre-mer, veu qu'il donnoyt plus voulentiers un escu aux garses que six deniers à ung paouvre, quoiqu'il rencontrast plus de beaulx paouvres que de parfaictes commères ; mais en bon Tourangeaud il faisoyt soupe de tout pain. Finablement, quand il feut saoul de Turcques, de relicques et aultres bénéfices de Terre-Saincte, Bruyn, au grand estonnement des Vouvrillons, rattourna de la Croisade, encumbré d'escuz et pierreries ; au rebours d'aulcuns qui, de riches au despart, revindrent lourds de leppres et légiers d'argent. Au rettourner de Tuniz, nostre seigneur le roy Philippe le nomma comte, et le fit son Senneschal en nostre pays et en celuy de Poictou. Lors il feut aimé grantement, et à bon escient considéré, veu qu'oultre toutes ses belles qualitez il funda l'ecclise des Carmes-Deschaulx en la paroisse de l'Esgrignolles, par manière d'acquit envers le ciel, en raison des desportemens de sa ieunesse. Aussy feut-il cardinalement confict dans les bonnes graaces de l'Ecclise et de Dieu. De maulvais gars et homme de meschief, devint bon homme, saige et discretement paillard en perdant ses cheveulx. Rarement se choleroyt, à moins qu'on ne maugreast Dieu devant luy, ce qu'il ne toleroyt point, pour ce qu'il l'avoyt maugréé pour les aultres en sa folle ieunesse. Brief, il ne querelloyt plus, veu qu'estant senneschal, les gens luy ceddoyent incontinent. Vray dire aussy qu'il voyoyt lors ses dezirs accomplis ; ce qui rend, voire ung diableteau, otieulx et tranquille de la cervelle aux talons. Et doncques, il possedoyt ung chastel deschicqueté sur toutes les coutures, et tailladé comme ung pourpoinct hespaignol, assis sur ung cousteau d'où il se miroyt en Loyre ; dedans les salles, estoyent des tapisseries royales, meubles et bobans, pompes et inventions sarrazines dont s'estomiroyent ceulx de Tours, et mesme l'archevesque et les clercs de Sainct-Martin, auxquels il bailla, en pur don, une bannière frangée d'or fin. A l'entour dudict chasteau, fourmilloyent de beaulx domaines, moulins, futayes avecques moissons de redevances de toutes sortes, si qu'il estoyt ung des forts bannerets de la province, et pouvoyt bien mener en guerre mille hommes au Roy nostre sire. En ses vieulx iours, si, par caz fortuit, son baillif, homme diligent à pendre, lui amenoyt ung paouvre paysan soubpçonné de quelque meschanterie, il disoyt en soubriant : — Lasche cettuy-ci, Breddif, il comptera pour ceulx que j'ai inconsidérément navrez là-bas... Souventes foys aussy les faisoyt-il bravement brancher à ung chesne ou accrocher à ses poences ; mais c'estoyt unicquement pour que iustice fust, et que la coustume ne s'en perdist point en ses chastellenies. Aussy le populaire estoyt-il saige et rengé comme nonnettes d'hier sur ses terroirs, et tranquille, veu qu'il le protégeoyt des routiers et malandrins, lesquels il n'espargnoyt iamais, sachant par expertize combien de playes faisoyent ces mauldites bestes de proye. Du reste, fort dévotieux, despeschant trez-bien toute chose, les offices comme le bon vin, il esmouchoyt les procez à la turcque, disoyt mille ioyeulsetez à gens qui perdoyent, et disnoyt avecques eulx pour iceulx consoler. Il faisoyt mettre les pendus en terre saincte, comme gens appartenant à Dieu, les trouvant assez puniz d'estre empeschez de vivre. Enfin, ne pressoyt les Iuifs qu'à tems et lorsqu'ils estoyent enflez d'uzure et de deniers ; il les laissoyt amasser leur buttin comme mousches à miel, disant qu'ils estoyent les meilleurs collecteurs d'impôts. Et ne les despouilloyt iamais que pour le prouffict et usaige des gens d'ecclise, du Roy, de la province, ou pour son service à luy.

Ceste débonnaireté lui attrayoyt l'affection et l'estime de ung chascun, grants et petits. S'il revenoyt soubriant de son siége iusticial, l'abbé de Marmoustiers, vieil comme luy, disoyt : — Ha ! ha ! messire, il y a doncques des penduz, que vous riez ainsy !... Et quand venant de la Roche-Corbon à Tours, il passoyt à cheval le long du faulxbourg Sainct-Symphorien, les petites garses disoyent : — C'est iour de iustice, vécy le bon homme Bruyn. Et, sans avoir paour, le resguardoyent chevaulchant sur une grant hacquenée blanche qu'il avoyt ramenée du Levant. Sur le pont, les ieunes gars s'interrompoyent de iouer aux billes, et lui crioyent : — Boniour, monsieur le Senneschal ! Et luy respondoyt en gaussant : — Amusez-vous bien, mes enfans, iusqu'à ce qu'on vous fouette. — Oui, monsieur le Senneschal.

Aussy fit-il le pays si content et si bien balayé de voleurs, que, l'an du grand desbordement de la Loyre, il n'y avoyt eu que vingt-deux malfaicteurs de penduz dans l'hyver, sans compter ung Iuif bruslé en la commune de Chasteau-Neuf, pour avoir desrobbé une hostie, ou achepté, dict-on, car il estoyt riche.

Un iour de l'an suyvant, environ la Sainct-Jean des foins, ou la

Sainct-Jean qui fauche, comme nous disons en Tourayne, advint des Egyptiacques, Bohémiens ou aultres troupes larronnesses qui firent ung vol de chouses sainctes à Saint-Martin, et au lieu et plasse de madame la Vierge, lairrèrent, et en guize d'insulte et mocquerie de nostre vraye foy, une infame iolie fille de l'aage d'ung vieulx chien, toute nue, histrionne et mauricaulde comme eulx. De ce forfaict sans nom, feut également conclud par les gens du Roy et ceux de l'Ecclise que la Moresse payeroyt pour le tout, seroyt arse et cuitte vifve au quarroy Sainct-Martin, prouche la fontaine, où est le marché aux Herbes. Lors, le bonhomme Bruyn apertement et dextrement demonstra, à l'encontre des aultres, que ce seroyt chouse prouffictable et bien plaisante à Dieu de conquester ceste ame affricquaine à la vraye religion ; et, si le diable logé en cettuy corps féminin faisoyt de l'entesté, que les fagotz ne fauldroyent point à le brusler comme disoyt ledict arrest. Ce que l'archevesque trouva saigement pensé, moult canonicque, conforme à la charité chrestienne et à l'Evangile. Les dames de la ville et aultres personnes d'authorité dirent à haulte voix que on les frustroyt d'une belle quérémonie, veu que la Moresse plouroyt sa vie en la geole, clamoyt comme chievre liée, et se convertiroyt seurement à Dieu pour continuer à vivre autant qu'ung corbeau, s'il estoyt loisible à elle. A quoy le Senneschal respondit que, si l'estrangière vouloyt sainctement soy commettre en la religion chrestienne, il y auroyt une quérémonie bien aultrement guallante, et qu'il se iactoyt de la faire royalement magnificque, pour ce qu'il seroyt le parrain du baptesme, et que pucelle devroyt estre sa commère, à ceste fin de plaire davantaige à Dieu, veu que luy-mesme estoyt censé cocquebin. En nostre pays de Tourayne, ainsy dict-on des ieunes gars vierges, nom mariez ou estimez telz, affin de les distinguer emmi les espoux ou les veufs ; mais les garses sçavent bien les deviner sans le nom, pour ce qu'ils sont légiers et ioyeulx plus que tous aultres saupouldrez de mariaige.

La Moresque n'hezita point entre les fagotz du feu et l'eaue du baptesme. Elle aima davantaige estre chrestienne et vivante que bruslée Egyptiacque ; par ainsy, pour ne point estre boullue ung moment, elle dubt ardre de cueur pendant toute sa vie, veu que, pour plus grant fiance en sa religion, elle feut mise au moustier des nonnes prouche le Chardonneret, où elle fit vœu de saincteté. Ladicte quérémonie feut parachevée au logis de l'archevesque, où, pour ceste foys, il feut ballé, dancé en l'honneur du Sauveur des hommes, par les dames et seigneurs de Tourayne, pays où plus on dance, balle, mange, belute et faict-on plus de graz banquetz et plus de ioyeûlsetez qu'en aulcun du monde entier. Le bon vieil senneschal avoyt prins pour sa commère la fille au seigneur d'Azay-le-Ridel, qui depuis feut Azay-le-Bruslé, lequel seigneur s'estant croissé feut laissé devant Ascre, ville trez-esloignée, aux mains d'ung Sarrazin qui demandoyt une ransson royale pour ce que ledict seigneur estoyt de belle prestance.

La dame d'Azay ayant baillé son fief en gaige aux lombards et torssonniers affin de faire la somme, restoyt sans ung piestre denier, attendant le sire dans ung paouvre logis de la ville, sans ung tapis pour se seoir, mais fière comme la royne de Saba, et brave comme ung levrier qui deffend les nippes de son maistre. Voyant ceste grant destresse, le senneschal s'en alla délicatement requérir la demoiselle d'Azay d'estre la marraine de ladicte Egyptiacque, pour ce qu'il auroyt le droict de bien faire à la dame d'Azay. Et de faict, il gardoyt une lourde chaisne d'or, emblée à la prinse de Chyppre, qu'il délibéroyt d'agrapher au col de sa gentille commère ; ainsi il y pendit son domaine et ses cheveulx blancs, ses besans et ses hacquenées ; brief, il y mist tout, si tost qu'il eut veu Blanche d'Azay dançant une pavane parmi les dames de Tours. Quoique la Moresque, qui s'en donnoyt pour son dernier iour, eust estonné l'assemblée par ses tourdions, voltes, passes, bransles, élévations et tours de force, Blanche l'emporta sur elle au dire de tous, tant elle dança virginalement et mignonnement.

Ores, Bruyn, en admirant ceste gente demoiselle dont les chevilles avoyent paour du planchier et qui se divertissoyt ingénuement pour ses dix-sept ans comme une cigalle en train d'essayer sa chanterelle, feut bouclé par ung dezir de vieillard, dezir apoplecticque et vigoureux de foyblesse qui le chauffa de la semelle à la nuque seulement, car son chief avoyt trop de neige pour que l'amour s'y logeast. Lors, le bonhomme s'aperceut qu'il lui manquoyt une femme en son manoir, et si le vit-il plus triste qu'il ne l'estoyt. Et qu'estoyt doncques ung chastel sans chastelaine?... autant dire ung battant sans sa cloche. Brief, une femme estoyt la seule chouse qu'il eust à dezirer : aussi la vouloyt-il promptement, veu que, si la dame d'Azay le faisoyt attendre, il avoyt le temps d'issir de cettuy monde en l'aultre. Mais, pendant le divertissement baptismal, il songea peu à ses grievfes blessures, et encores moins aux quatre-vingts ans bien sonnez qui lui avoyent desguarni la teste ; il trouva ses yeulx clairs assez pour ce qu'il voyoyt trez-apertement sa jeune commère, laquelle, suyvant les commandemens de la dame d'Azay, le festoyoyt trez-bien de l'œil et du geste, cuydant qu'il n'y avoyt aulcun dangier près de si vieulx compère. En sorte que Blanche, naïfve et nice qu'elle estoyt, au rebours de toutes les garses de Tourayne, lesquelles sont esveiglées comme ung matin de printems, permit au bonhomme de luy baiser la main d'abord ; et, davantaige, le col ung peu bas, disoyt l'archevesque qui les maria la semaine d'après, et ce feut de belles espousailles, et une plus belle espousée !

La dicte Blanche estoyt mince et frisque comme pas une ; et mieulx que ça, pucelle comme jamais pucelle ne feut ; pucelle à ne point cognoistre l'amour, ni sçavoir comment et pourquoy il se faisoyt ; pucelle à s'estonner qu'aulcunes fainéantassent dedans le lict ; pucelle à croire que marmotz estoyent issus d'ung chou frizé. Sa dicte mère l'avoyt ainsy nourrie en toute innocence, sans luy lairrer seulement considérer, tant soit peu, comment elle entonnoyt sa soupe entre ses dents. Aussy estoyt-ce une enfant fleurie et intacte, ioueuse et naïfve, un ange auquel ne manquoyt que des aësles pour voler en paradiz. Et quand elle devalla du paouvre logiz de sa mère éplourée, pour consommer les fiançailles à la cathédrale de Sainct-Gatien et Sainct-Maurice, ceulx de la campaigne vindrent se repaistre la veue de la dicte mariée, et des tapisseries qui estoyent mises le long de la rue de la Scellerie, et dirent tous que iamais piedz plus mignons n'avoyent foulé terre de Tourayne, plus iolis yeulx pers, veu le ciel, plus belle feste aorné la rue de tapiz et de fleurs. Les garses de la ville, celles de Sainct-Martin et du bourg de Chasteauneuf, envioyent toutes les longues et faulves tresses avecques lesquelles, sans doute, Blanche avoyt pesché ung comté ; mais aussi et plus, soubhaitoyent-elles la robbe dorée, les pierreries d'oultre mer, les diamans blancs et les chaisnes avecques quoi la petite iouoyt et qui la lioyent pour tousiours au dict senneschal. Le vieulx soudard estoyt si raguaillardi près d'elle, que son heur crevoyt par tous ses riddes, ses resguards ou mouvemens. Quoique il fust à peu près droict comme une serpe, il se douanoyt aux coustez de Blanche, qu'on auroyt dict ung ansquenet à la parade, recevant sa monstre ; et il mettoyt la main à son diaphragme en homme que le plaisir estouffe et gehenne. Oyant les cloches en bransle, la procession, les pompes et doreloteries dudict mariaige dont estoyt parlé depuis la feste épiscopale, ces dictes filles deziroyent vendanges de morisques, pluyes de vieulx sennechaulx et pannerées de baptesmes égyptiacques ; mais cettuy feut le seul qu'il y eust iamais en Tourayne, veu que le pays est loing d'Égypte et de Bohesme. La dame d'Azay receut une notable somme d'argent après la quérémonie, dont elle proufficta pour aller incontinent devers Ascre au devant de son dict espoux, en compaignie du lieutenant et des gens d'armes du comte de la Roche-Corbon qui les luy fournit de tout. Elle partit le iour des nopces après avoir remis sa fille aux mains du senneschal en lui recommandant de la bien mesnager ; plus tard, revint avecques le sire d'Azay, lequel estoyt leppreux, et le guarrit en le soignant elle-mesme à tous risques d'estre ladre comme luy, ce qui feut grantement admiré.

Les nopces faictes et parachevées, car elles durèrent trois iournées au grant contentement des gens, messire Bruyn emmena, en grant' pompe, la petite en son chastel ; et, selon la coustume des mariez, la couchia solennellement en sa couche qui feut bennie par l'abbé de Marmoustiers ; puis, il vint se mettre près d'elle, dedans la grant' chambre seigneurialle de Roche-Corbon, laquelle avoyt esté tendue de broccard verd, avecques des cannetilles d'or. Quand le vieulx Bruyn, tout perfumé, se vit chair à chair avecques sa iolie espousée, il la baisa d'abord au front, puis sur le tettin rondelet et blanc, au mesme endroict où elle luy avoyt permis de lui cadenasser le fermail de la chaisne ; mais ce feut tout. Le vieulx rocquentin avoyt trop cuydé de lui-mesme en croyant pouvoir escosser le reste ; et lors, il fit chommer l'amour, maugré les chantz ioyeux et nuptiaulx, espitalames et gaudriolles qui se disoyent en bas, dedans les salles où l'on balloyt encores. Il se resconforta d'un coup du breuvaige des espoux, lequel, suyvant les coustumes, avoyt esté benni, et qui estoyt près d'eulx, dans une coupe d'or ; lesdictes espices luy reschauffièrent bien l'estomach, mais non le cueur de sa défuncte braguette. Blanche ne s'estomira point de la félonie de son espoux, veu qu'elle estoyt pucelle d'aâme, et que, du mariaige, elle voyoyt seulement ce qui en est visible aux yeulx des jeunes filles, comme robbes, festes, chevaulx, estre dame et maistresse, avoir une comté, se resjouir et commander ; aussy, l'enfant qu'elle estoyt, folastroyt-elle avecques les glands d'or du lict, les bobans, et s'esmerveilloyt des richesses du pourpris où debvoyt estre enterrée sa fleur. Sentant ung peu tard sa coulpe, et se fiant à l'advenir qui cependant alloyt ruyner tous les iours ung petit ce dont il faisoyt estat pour resgualer sa femme, le senneschal voulut suppléer au faict par la parole. Ores, il entretint son espousée de toutes sortes ; luy promit les clefs de ses dressoirs, greniers et bahusts, le parfaict gouvernement de ses maisons et domaines, sans controlle aulcun ; luy pendant au cou le chansteau du pain, selon le populaire dicton de Tourayne. Elle estoyt comme un jeune destrier, à plein foin, trouvoyt son bonhomme le plus guallant du monde ; et, se dressant sur son séant, elle se print à soubrire, et vit avecques encores plus de ioye ce beau lict de brocard verd, où doresenavant il luy estoyt loisible et sans faulte de dormir toutes les nuicts. La voyant preste à iouer, le rusé seigneur, qui avoyt peu rencontré de pucelles, et sçavoyt, par mainte expérience, combien les femmes sont cinges sur la plume, veu qu'il s'estoyt tousiours esbattu avec des Galloises, redoubtoyt les ieux manuels, baisers de passaige, et les menuz suffraiges d'amour auxquels iadis il ne faisoyt défaut, mais qui, prezentement, l'auroyent trouvé froid comme l'*obit* d'ung pape. Doncques, il se recula devers le bord du lict en craignant son heur, et dit à sa trop délectable espouze : — Hé bien ! m'amie, vous voilà ores senneschalle ; et, de faict, trez-bien senneschaussée. — Oh non ! fit-elle.

— Comment, non ? respondit-il en grant paour, n'estes-vous pas dame ?

— Non, fit-elle encore. Ne la seray que si i'ai un enfant.

— Avez-vous veu les prées en venant ? reprint le bon compère.

— Oui, fit-elle.

— Eh bien ! elles sont à vous...

— Oh ! oh ! respondit-elle en riant, ie m'amuserai bien à y querrir des papillons.

— Voilà qui est saige, dit le seigneur. Et les bois ?

— Ah ! ie ne sauroys y estre seule, et vous m'y menerez. Mais, dit-elle, baillez-moi un petit de ceste liqueur que la Ponneuse ha faicte avecques tant de soin pour nous.

— Et pourquoy, m'amie ? vous vous boutterez le feu dedans le corps.

— Oh ! si veux-je, fit-elle en grignottant de despit, pour ce que ie dezire vous donner au plustost un enfant; et bien vois-je que ce breuvaige y sert!

— Ouf! ma petite! dit le senneschal, congnoissant à cecy que Blanche estoyt pucelle de la teste aux picdz, le bon vouloir de Dieu est premièrement nécessaire pour cet office; puis, les femmes doibvent estre en estat de fenaison.

— Et quand seray-je en estat de fenaison? demanda-t-elle en ubriant.

— Lorsque la nature le voudra, dit-il en cuydant rire.

— Et pour ce, que faut-il faire? reprint-elle.

— Bah! une opération caballisticque et d'alquemie, laquelle est pleine de dangiers.

— Ah! fit-elle d'une mine songeuse, c'est doncques la raison pourquoy ma mère plouroyt de ladicte mettamorphose; mais Berthe de Preuilly, qui est si devotieuse d'estre muée en femme, m'a dict que rien ne estoyt de plus facile au monde.

— C'est selon l'aage, respondit le vieulx seigneur. Mais avez-vous veu à l'escuyrie la belle hacquenée blanche dont on parle tant en Tourayne?

— Oui, elle est bien doulce et plaisante.

— Eh bien! je vous la donne; et vous pourrez la monter toutes et quantes foys que vous en aurez la phantaisie.

— Oh! vous êtes bien bon, et l'on ne me ha pas menti, en me le disant...

— Icy, reprint-il, m'amie, le sommelier, le chapelain, le threzorier, l'escuyer, le queux, le baillif, voire mesme le sire de Montsoreau, ce ieune varlet qui ha nom Gauttier, et porte ma bannière, avecques ses hommes d'armes, capitaines, gens et bestes, tout est à vous, et suyvra vos commandements à grant erre, soubz peine d'estre incommodé de la hart.

— Mais, reprint-elle, cette opération d'alquemie ne sauroyt-elle se faire incontinent?

— Oh! non, reprint le senneschal. Pour ce, il faut que, sur toute chose, nous soyons l'un et l'aultre en parfaict estat de graace devant Dieu; sinon, nous aurions ung maulvais enfant, couvert de péché; ce qui est interdict par les canons de l'Ecclise. C'est la raison de ce que se trouvent tant de garnemens incorrigibles dans le monde. Leurs parens n'ont point saigement attendu d'avoir l'ame saine, et ont faict de meschantes ames à leurs enfans: les beaulx et vertueux viennent de pères immaculez.... C'est pour ce que, nous aultres, faisons bennir nos licts, comme ha faict l'abbé de Marmoustiers de celui-cy... N'avez-vous pas transgressé les ordonnances de l'Ecclise ?

— Oh ! non, dit-elle vivement, i'ai reçu avant la messe l'absolution de toutes mes faultes ; et depuis, suis restée sans commettre le plus menu péché.

— Vous estes bien parfaicte !... s'escria le rusé seigneur, et suis ravy de vous avoir pour espouze ; mais, moi, i'ai juré comme ung païen.

— Oh ! et pourquoy ?

— Pour ce que la dance ne finissoyt point, et que ie ne pouvoys vous avoir à moy, pour vous emmener icy, et vous baiser.

Lors, il lui print fort guallamment les mains et les lui mangea de caresses, en lui débitant de petites mignonneries et mignardises superficielles qui la firent tout aise et contente.

Puis, comme elle estoyt fatiguée de la dance et de toutes les quérémonies, elle se couchia, en disant au senneschal : — Je veillerai demain à ce que vous ne péchiez point.

Et elle lairra son vieillard tout espris de sa blanche beaulté, amoureux de sa délicate nature, et aussi embarrassé de sçavoir comment il l'entretiendroyt en sa naïfveté que d'expliquer pourquoi les bœufs maschoyent deux foys leur mangier. Quoiqu'il n'augurast rien de bon, il s'enflamma tant à veir les exquises perfections de Blanche, pendant son innocent et gentil sommeil, que il se rezolust à guarder et deffendre ce ioly ioyau d'amour... Il lui baisoyt, avecques larmes dans les yeulx, ses bons cheveulx dorez, ses belles paupières, sa bouche rouge et fresche, et bien doulcement, de peur qu'elle ne s'esveiglast !... Ce feut toute sa fruition, plaisirs muets qui lui brusloyent encore le cueur sans que Blanche s'en esmouvast. Aussy desplora-t-il les neiges de sa vieillesse effeuillée, le paouvre bonhomme, et il vit bien que Dieu s'estoyt amuzé à luy donner des noix quand il n'avoyt plus de dents.

COMMENT LE SENNESCHAL SE BATTIT AVECQUES LE PUCELAIGE DE SA FEMME.

Durant les premiers iours de son mariaige, le senneschal inventa de notables bourdes à donner à sa femme, de laquelle il abuza la tant prisable innocence. D'abord il trouva dans ses fonctions de iusticier de valables excuses de la lairrer parfoys seule; puis, il l'occupa de déduicts campagnards, l'emmena en vendanges dedans ses closeries de Vouvray; enfin, la dorelota de mille propos saugrenuz.

Tantost disoyt que les seigneurs ne se comportoyent point comme les petites gens; que les enfans des comtes ne se semoyent qu'en certaines coniunctions célestes, déduictes par de savans astrologues; tantost, que l'on debvoyt s'abstenir de faire des enfans aux iours de feste, parce que c'estoyt ung grant travail; et il observoyt les festes en homme qui vouloyt entrer en paradiz sans conteste. Aulcunes foys, prétendoyt que, si, par hazard, les parens n'estoyent en estat de graace, les enfans commencez le iour de Saincte-Claire estoyent aveugles; de Sainct-Genou, avoyent la goutte; de Sainct-Aignant, la teisgne; de Sainct-Roch, la peste; tantost, que ceulx ponduz en febvrier estoyent frileux; en mars, trop remuans; en apvril, ne valloyent rien du tout, et que les gentilz garsons estoyent issuz en may. Brief, il vouloyt que le sien fust parfaict, eust le poil de deux couleurs; et pour ce, estoyt besoing que toutes les conditions requizes se rencontrassent. En d'aultres tems, disoyt à Blanche que le droict de l'homme estoyt de bailler un enfant à sa femme suyvant sa seule et unicque voulonté; et que, si elle faisoyt estat d'estre une femme vertueuse, elle debvoyt se conformer aux bons vouloirs de son espoux; enfin, qu'il falloyt attendre que la dame d'Azay fust revenue, à ceste fin que elle assistast aux couches. De tout cela feut conclud par Blanche que le senneschal estoyt contrarié de ses requestes, et avoyt peut-estre raison, veu qu'il estoyt vieil et plein d'expérience; doncques, elle se soubmit, et ne songea plus, qu'à part elle, de ce tant deziré enfant, c'est-à-dire que elle y pensoyt tousiours, comme quand une femme ha ung vouloir en teste, sans se doubter que elle faisoyt acte de galloise et villotière courant après la friandise. Ung soir que, par cas fortuit, Bruyn devisoyt d'enfans, discours qu'il fuyoyt comme les chatz fuyent l'eaue; mais il se plaignoyt d'ung gars condamné par luy le matin pour de grants meschiefs, disant que, pour seur, cettuy-là procedoyt de gens chargez de péchez mortels :

— Las, dit Blanche, si vous voulez m'en donner un, encores que vous n'ayez point l'absolution, ie le corrigerai si bien que vous serez content de luy...

Lors, le comte vit que sa femme estoyt mordue par une phantaisie chaulde et qu'il estoyt tems de livrer bataille à son pucelaige, afin de s'en rendre maistre, l'exterminer, le mulcter, le baster, ou l'assoupir, et l'estaindre.

— Comment, m'amie, voulez-vous estre mère? fit-il. Vous ne savez pas encoré le mestier de dame, et n'estes point accoustumée à faire la maistresse de léans.

— Oh! oh! dit-elle. Pour estre parfaicte comtesse, et loger en mes flancs ung petit comte, dois-je faire la dame ? Si la feroys-je ! et druement.

Blanche doncques, pour obtenir lignaige, se mit à courre des cerfs et des bisches ; saultant les foussez ; chevaulchant sur sa hacquenée à val et à mont, les bois, les champs ; prenant grant liesse à veoir voler ses faulxcons, à les deschapperonner ; et les portoyt gentiment sur son poing mignon, tousiours en chasse. Ce que avoyt voulu le senneschal. Mais, à ce pourchas, Blanche gaignoyt un appetist de nonne et de preslat, c'est-à-dire, voulant procréer, aiguizant ses forces, et ne briddant guères sa faim, quand, au retour, elle se desgressoyt les dents. Aussy, forcé de lire les légendes escriptes par les chemins, et de dénouer, par la mort, les amours commencées des oyscaux et bestes faulves, elle fit ung mystère d'alquemie naturelle en coulorant son tainct et superagitant ses esperitz nutritifs ; ce qui pacifioyt peu sa nature guerrière et chatouilioyt fort son dezir, lequel rioyt, prioyt et fretilloyt de plus belle. Le senneschal avoyt cuydé dezarmer le séditieux pucelaige de sa femme, en le faisant s'esbattre aux champs ; mais sa fraude tournoyt à mal, car l'amour incongneu qui circuloyt dans les veines de Blanche sortoyt de ces assaultz plus nourri, appelant les ioustes et les tournoys comme paige armé chevalier. Le bon seigneur vit lors qu'il s'estoyt fourvoyé, et qu'il n'y avoyt point de bonne place sur ung gril. Aussi, plus ne savoyt quelle pasture donner à verta de si griefve corpulence ; car plus la lassoyt, tant plus elle régimboyt. De ce combat, il debvoyt y avoir ung vaincu et une meurtrisseure, meurtrisseure diabolicque qu'il vouloyt esloigner de sa physionomie, iusques après son trespas, Dieu aydant. Le paouvre senneschal avoyt déia grant'peine à suivre sa dame aux chasses sans estre désarçonné. Il suoyt d'ahan soubz son harnois, et s'achevoyt de vivre, là où sa fringuante senneschalle resconfortoyt sa vie et prenoyt ioye. Souventes foys, à la vesprée, elle vouloyt dancer. Or le bonhomme, empaletocqué de ses grosses hardes, se trouvoyt tout estrippé de ces exercitations auxquelles il estoyt contrainct de particiner, ou pour luy donner la main quand elle faisoyt les bransles de la Morisque, ou pour luy tenir la torche allumée, quand elle avoyt phantaisie de la dance au chandellier; et, maugré ses sciaticques, aposteumes et rheumatizmes, il estoyt obligé de soubrire et luy dire quelques gentillesses et guallanteries après tous les tourdions, momeries, pantomimes comicques qu'elle iouoyt pour soy divertir ; car il l'aymoit si follement que, elle luy auroyt demandé un oriflant, il l'eust esté querrir à grand erre.

Néanmoins, ung beau iour, il recogneut que ses reins estoyent en trop grande débilité pour lucter avecques la frisque nature de sa femme ; et s'humiliant devant ledict sieur Pucelaige, il se résolut de laisser aller tout à trac, comptant ung petit sur la pudicque religion et bonne honte de Blanche; mais tousiours ne dormit que d'un œil, car il se doubtoyt de reste que Dieu avoyt faict les pucelaiges pour estre prins comme les perdreaux pour estre embrochez et rostis. Par ung matin mouillé qu'il faisoyt ce tems où les limassons frayent leurs chemins, tems mélancholicque et propre aux resveries, Blanche estoyt au logis, assize en sa chaire, et songeuse, pour ce que rien ne produict de pluz vivfes coctions des essences substantificques, et aulcune recepte, spécificque ou philtre n'est plus pénétrante, transperçante, oultreperçante et fringuante, que la subtile chaleur qui miiote entre le duvet d'une chaire et celuy d'une pucelle size pendant ung certain tems. Aussi, sans le sçavoir, la comtesse estoyt-elle incommodée de son pucelaige, qui lui matagrabolisoyt la cervelle et la grignottoyt de partout.

Lors, le bonhomme, griefvement fasché de la voir languissante, voulut chasser des pensées qui estoyent principe d'amour ultra-conjugal.

— D'où vient votre soulcy, m'amie ? dit-il.

— De honte.

— Qui doncques vous affronte ?

— De n'estre point femme de bien, pour ce que ie suis sans un enfant, et vous, sans lignaige ? Est-on dame sans progéniture ? Nenny ! Voyez !... Toutes mes voisines en ont ; et ie me suis mariée pour en avoir, comme vous, pour m'en donner. Les seigneurs de Tourayne sont tous amplement fournis d'enfans ; et leurs femmes leur en font par potées; vous seul n'en avez point ! On en rira, dà! Que deviendra vostre nom? et vos fiefs, et vos seigneuries? Un enfant est nostre compaignie naturelle ; c'est nostre ioye à nous de les fagotter, emboboliner, empacqueter, vestir et devestir, amittonner, dodiner, bercer, lever, couchier, nourrir; et ie sens que si en avoys seulement la moitié d'ung, ie le baiseroys, esmundeoys, emmailloteroys, desharnacheroys, et le feroys saulter et rire, tout le iour, comme font les dames.

— N'estoyt qu'en les pondant femmes meurent, et que, pour ce, vous estes encore trop mince et trop bien close, vous seriez déià mère!... respondit le senneschal estourdi de ce iect de paroles. Mais, voulez-vous en achepter ung tout venu? Il ne vous coustera ni peine ni douleur.

— Vère, dit-elle, ie veux la poine et la douleur; faulte de quoy, point ne seroyt nostre. Ie sais bien qu'il doibt issir de moi, puisqu'à l'ecclise on dict Iesus estre le fruict du ventre de la Vierge.

— Adoncques, prions Dieu que cela soit ainsy, s'escria le senneschal, et intercédons la Vierge de l'Esgrignolles. Bien des dames ont conceu après des neufvaines; il ne faut manquer à en faire une.

Alors, le iour mesme, Blanche se despartit vers Nostre-Dame de l'Esgrignolles, attournée comme une royne, montant sa belle hacquenée, ayant sa robbe de velours verd, lasée d'un fin lasset d'or, ouverte à l'endroit des tettins, ayant manscherons d'escarlatte, petits pattins, ung hault chapperon garni de pierreries et une ceinture dorée qui monstroyt sa taille fine comme gaule. Elle vouloyt donner son aiustement à madame la Vierge; et, de faict, le lui promit pour le iour de ses relevailles... Le sire de Montsoreau chevaulchoyt devant elle, l'œil vif comme celuy d'une bondrée, faisant renger le monde, et veillant avecques ses cavaliers à la sécurité du voyaige. Prouche Marmoustiers, le senneschal endormy par la chaleur, veu qu'on estoyt en aoust, tresbilloyt sur son destrier comme ung diadesme sur la teste d'une vasche, et, voyant si folastre et si gentille dame près d'ung si vieulx braguard, une de la campaigne, qui estoyt accropie au tronc d'un arbre et beuvoyt de l'eaue en son grez, s'enquist d'une larronnesse édentée, laquelle geignoyt misère en glanant, si cettuy princesse s'en alloyt noyer la mort.

— Nenny! fit la vieille. C'est nostre dame de la Roche-Corbon, la senneschalle de Poictou et de Tourayne, en queste d'un enfant.

— Ah! ah! dit la jeune garse en riant comme une mousche defferrée. Puis, monstrant le seigneur desgourt qui estoyt en hault du convoy : — Cil qui marche en teste li boutte, elle faira l'espargne de la cire et du vœu.

— Hau! ma mignonne, respartit la larronnesse, je m'esbahis ort que elle aille à Nostre-Dame de l'Esgrignolles, veu que les prebstres n'y sont point beaulx. Elle pourroyt trez-bien s'arrester une aulne de tems à l'umbre du clochier de Marmoustiers, elle seroyt tost fécunde, tant sont vivaces les bons pères!...

— Foin des religieux! dit une mestivière en se resveiglant. Voyez! Le sire de Montsoreau est flambant et mignon assez pour ouvrir le cueur de ceste dame, d'autant qu'il est ià fendu.

Et toutes se prinrent à rire. Le sire de Montsoreau voulut aller à elles et les brancher à ung til'eul du chemin, en punition de leurs mauvaises paroles; mais Blanche s'escria vifvement : — Oh! messire, ne les pendez point encores! Elle n'ont pas tout dict; et nous verrons au retour.

Elle rougit, et le sire de Montsoreau la resguarda iusqu'au vif comme pour luy darder les mysticques compréhensions de l'amour; mais le déburelecocquement de son intelligence estoyt déià commencé par les dires de ces paysannes, qui fructifioyent dans son entendement. Ledict pucelaige estoyt comme amadou, et n'estoyt besoing que d'un mot pour l'enflammer.

Aussy Blanche vit-elle ores de notables et physicques différences entre les qualitez de son vieil mary et les perfections dudict Gauttier, gentilhomme qui n'estoyt point trop affligé de ses vingt-trois ans, se tenoyt droict comme quille en sa selle, et resveiglé comme ung premier coup de matines, quand, au rebours, dormoyt le senneschal; ayant bon couraige et dextérité, là où son maistre deffailloyt. C'estoyt ung de ces fils goldronnés dont les fricquenelles se coëffent de nuict, plus voulentiers que d'un escoffion, pour ce qu'elles ne craignent plus les puces; il y en ha aulcunes qui les en vitupèrent; mais ne faut blasmer personne, car ung chascun doibt dormir à sa phantaisie.

Tant feut songé par la senneschalle et si impérialement bien, que, en arrivant au pont de Tours, elle aimoyt Gauttier occultement et patepeluement, comme aime une pucelle, sans se doubter de ce que estoyt l'amour. Doncques, elle devint femme de bien, c'est-à-dire soubhaittant le bien d'aultruy, ce que les hommes ont de meilleur. Elle chut en mal d'amour, allant du prime sault à fund de ses mizeres, veu que tout est feu entre la première convoitise et le darrenier dezir. Et ne savoyt pas, comme elle l'apprit lors, que, par les yeulx, pouvoyt se couler une essence subtile causant si fortes corrozions en toutes les veines du corps, replis du cueur, nerfs des membres, racines des cheveulx, transpirations de la substance, limbes de la cervelle, pertuys de l'eppiderme, sinuositez de la fressure, tuyaux des hypochundres et aultres, qui, chez elle, furent soudain dilatez, eschauldez, chatouillez, envenimez, graphinez, herrissez, et fringuans comme si mille pannerées d'esguilles se trouvoyent en elle. Ce feut une envie de pucelle, envie bien conditionnée, et qui lui troubloyt la veue, au poinct que elle ne vit plus son vieil espoux, mais bien le ieune Gauttier en qui la nature estoyt ample comme le glorieux menton d'un abbé. Quand le bonhomme entra dans Tours, les : ha! ha! de la foule le resveiglèrent; et il vint en grant' pompe avec sa suitte en l'ecclise de Nostre-Dame de l'Esgrignolles, nommée iadis *la Greigneur*, comme si vous disiez : celle qui ha le plus de mérittes. Blanche alla en la chapelle où les enfans se demandoyent à Dieu et à la Vierge; et y entra seule, comme c'estoyt la coustume, en présence toutes foys du senneschal, de ses varlets, et des curieux, lesquels restèrent devant la grille. Quand la comtesse vit venir le prebstre qui avoyt la cure des messes aux enfans et de recevoir déclaration desdits vœux, elle lui demanda s'il estoyt beaucoup de femmes brehaignes. A quoy le bon prebstre respondit que il n'avoyt point à se plaindre, et que les enfans estoyent d'ung bon revenu pour l'ecclise.

— Et voyez-vous souvent, reprint Blanche, de ieunes femmes avecques aussy vieulx espoux que l'est monseigneur?

— Rarement, fit-il.

— Mais celles-là ont-elles obtenu lignaige?

— Tousiours! respartit le prebstre en soubriant.

— Et les aultres qui ont moins vieilz compaignols?

— Quelquefois...

— Oh! oh! fit-elle. Il y a doncques plus de sécurité avec ung comme le senneschal?

— Certes, dit le presbtre.

— Pourquoi? dit-elle.

— Ma dame! respondit gravement le prebstre, avant cet aage, Dieu seul s'en mesle; après, ce sont les hommes.

Dans ce temps, c'estoyt chouse vraye que toute sapience estoyt retirée chez les clercs. Blanche fit son vœu qui feut des plus considérables, veu que ses atours valloyent bien deux mille escuz d'or.

— Vous estes bien ioyeulse ! luy dit le senneschal quand au retour elle fit piaffer, saulter et fringuer sa hacquenée.

— Oh ! oui, fit-elle. Je ne suis plus en doubte d'avoir un enfant, puisque aulcuns doibvent y travailler comme ha dict le prestre, ie prendray Gauttier...

Le senneschal vouloyt aller occir le moyne; mais il pensa que ce seroyt ung crime qui luy cousteroyt trop; et il se résolut à finement machiner sa vengeance avecques le secours de l'archevesque. Puis, avant qu'il eust reveu les toits de la Roche-Corbon, il avoyt dict au sire de Montsoreau d'aller chercher en son pays une poignée d'umbre, ce que le ieune Gauttier fit, cognoissant les erremens de son seigneur. Le senneschal se pourveut, au lieu et place dudict Gauttier, du fils au sire de Jallanges, lequel fief relesvoyt de la Roche-Corbon. C'estoyt un ieune gars ayant nom René, approuchant quatorze ans, dont il fit son paige en attendant qu'il eust l'aage d'estre escuyer; et donna le commandement de ses hommes à ung vieulx stropiat avec lequel il avoyt moult roulé en Palestine et aultres lieux. Par ainsy, le bonhomme cuyda ne point chausser le harnois branchu de cocuaige, et pouvoir encores sangler, bridder et raffrenner le factieulx pucelaige de sa femme, lequel se demmenoyt comme une mule prinse en sa corde.

CE QUI N'EST QUE PÉCHÉ VÉNIEL.

Le dimanche ensuyvant de la venue de René au manoir de la Roche-Corbon, Blanche alla chasser sans son bonhomme; et, quand elle feut en sa forest, prouche les Carneaux, vit ung moyne qui lui parut poulser une fille plus que besoing n'estoyt, et piqua des deux en disant à ses gens : — Hau ! hau ! empeschez qu'il ne la tue ! Mais quand la senneschalle arriva prez d'eulx, elle tourna promptement bride, et la veue de ce que portoyt ce dict moyne l'empescha de chasser. Elle revint pensive; et lors, la lanterne obscure de son intelligence s'ouvrit et receut une vifve lumière qui esclaira mille choses comme tableaux d'ecclise ou aultres, fabliaux et lays des trouverres, ou manéges des oyseaux. Soudain, elle descouvrit le doulx mystère d'amour escript en toutes langues, voire mesme en celles des carpes. Est-ce pas folie aussy, de vouloir céler ceste science aux pucelles!... Tost se couchia Blanche, et tost dit au senneschal : — Bruyn, vous m'avez truphée, et vous debvez besongner comme besongnoyt le moyne des Carneaux avecques la fille. Le vieulx Bruyn se doubta de l'adventure et vit bien que sa male heure estoyt venue. Il resguarda Blanche avecques trop de feu dans les yeulx pour que ceste ardeur fust contrebas, et luy respondit doulcement : — Las, m'amie ! en vous prenant pour femme, i'ai plus eu d'amour que de force, et i'ai faict estat de vostre miséricorde et vertu. Le dueuil de ma vie est de sentir tout mon pouvoir dans le cueur seulement. Ce chagrin me despesche à mourir, tant et tant, que vous serez tost libre !... Attendez mon décès de ce monde. C'est la seule requeste que vous fasse celuy qui est vostre maistre et qui pourroyt commander, mais qui ne veult estre que vostre premier ministre et serviteur. Ne trahissez pas l'honneur de mes cheveulx blancs !... Dans ceste occurrence, il y ha des seigneurs qui ont occis leurs femmes...

— Las ! vous me tuerez doncques, dit-elle.

— Non, reprint le vieulx homme, ie t'aime trop, mignonne. Va, tu es la fleur de ma vieillesse, la ioye de mon ame ! Tu es ma fille bien aimée. Ta veue resconforte ma veue ; et, de toi, ie puys tout endurer, fust-ce ung chagrin, comme un bonheur... Je te donne pleine licence de tout, pourveu que tu ne maugrées pas trop le paouvre Bruyn qui t'a faicte grant dame, riche et honorée. Ne seras-tu point une belle veufve ? Va, ton heur adoucira mon trespas...

Et il trouva dans ses yeulx desseichez encores une larme, qui coula toute chaulde sur son tainct de pomme de pin, et cheut sur la main de Blanche, laquelle, attendrie de voir ce grant amour de ce vieil espoux qui soy mettoyt en fusse pour lui plaire, dit en riant : — Là, là, ne plourez point, i'attendray !...

Là-dessus, le senneschal luy baysa les mains, et la resgualla de petites pigeonneries, en disant d'une voix esmue : — Si tu savoys, Blanche, m'amie, comme en ton sommeil je te mangeoys de caresses, ores cy, ores là... Et le vieulx cinge la flattoyt de ses deux mains qui estoyent de vrais ossuaires... — Et, disoyt-il tousiours, ie n'osoys resveigler ce chat qui eust estranglé mon honneur, veu qu'à ce mestier d'amour ie n'embrasoys que mon cueur.

— Ah ! reprint-elle, vous pouvez me dodiner ainsy, mesme quand i'ai les yeulx ouverts, cela ne me faict rien.

Sur ce dire, le paouvre senneschal, prenant le petit poignard

qui estoyt sur la table de lict, le luy bailla, disant avecques raige :
— M'amie, tue-moy, ou laisse moy cuyder que tu m'aimes ung petit.

— Oui ! oui ! fit-elle toute effraiée. Ie verray à vous aimer beaucoup.

Voilà comment ce ieune pucelaige s'empara de ce vieillard et l'asservit; pour ce que, au nom de ce ioly champ de Vénus, qui estoyt en frische, Blanche faisoyt, par la malice naturelle aux femmes, aller et venir son vieulx Bruyn comme ung mulet de meusnier. — Mon bon Bruyn, ie veux cecy. Bruyn, ie veulx cela. Allons! Bruyn! Bruyn! et touisours Bruyn! En sorte que Bruyn estoyt plus meurdri par la clémence de sa femme qu'il ne l'eust esté par sa meschanceté. Elle lui tordoyt la cervelle, voulant que tout fust en cramoisy, luy faisant mettre tout à sacq au moindre mouvement de ses sourcils; et, quand elle estoyt triste, le senneschal esperdu disoyt à tout, sur son siége iusticial : — Pendez-le... Un aultre eust crevé comme mousche à ceste bataille pucelagesque; mais Bruyn estoyt de nature si ferrugineuse qu'il estoyt mal aisé de venir à bout de luy. Ung soir que Blanche avoyt mis au logis tout cen dessus dessous, fourbu bestes et gens, et eust, par son humeur navrante, dezespéré le Père éternel qui ha des threzors de patience, veu qu'il nous endure, elle dit au senneschal, en se couchiant : — Mon bon Bruyn, i'ay contrebas des phantaisies qui me mordent et me picquent; de là vont à mon cueur, bruslent ma cervelle, m'incitent là des choses mauvaises; et, la nuict, ie resve du moyne des Carneaux...

— M'amie, respondit le senneschal, ce sont diableries et tentations, contre lesquelles savent se deffendre les religieux et nonnes. Doncques, si vous voulez faire vostre salut, allez à confesse au digne abbé de Marmoustiers, nostre voisin, il vous conseillera bien et vous dirigera sainctement dedans la bonne voya.

— Dès demain, i'iray, fit-elle.

Et, de faict, dare dare, au iour, elle trottoyt au moustier des bons religieux, lesquels, esmerveiglez de voir chez eulx une si mignonne dame, firent plus d'ung péché, le soir; et, pour le présent, la menèrent en grant' liesse à leur reverend abbé.

Blanche trouva ledict bon homme en un iardin secret, près du rocher, soubz une arcade fresche, et demoura frappée de respect à la contenance du sainct homme, encore que elle fust accoustumée à ne point faire grand estat des cheveulx blancs.

— Dieu vous garde, madame, dit-il. Que venez-vous querrir si près de la mort, vous ieune ?

— Vos advis pretieux, fit-elle en le saluant d'une révérence. Et s'il vous plaist conduire une ouaille indocile, ie serai bien aise d'avoir ung si saige confesseur.

— Ma fille, respondit le moyne avecques lequel le vieulx Bruyn avoyt accordé ceste hypocrisie, et les rolles à iouer; si ie n'avoys pas la froidure de cent hyvers sur ce chief descouronné, ie ne sauroys escouter vos pechez; mais dictes, si vous allez en paradiz, ce sera de ma faulte.

Lors, la senneschalle expeddia le frettin de sa provision, et, quand elle se feut purgée de ses petites inniquitez, elle vint au post-scriptum de sa confession.

— Ah! mon père, fit-elle, ie doibs vous advouer que ie suis iournellement travaillée du dezir de faire un enfant. Est-ce mal?

— Non, dit l'abbé.

— Mais, reprind-elle, il est, par nature, commandé à mon mary de ne point ouvrer l'estoffe à faire la pauvreté, comme disoyent les vieilles sur le chemin.

— Alors, respartit le prebstre, vous debvez vivre saige et vous abstenir de toute pensée en ce genre.

— Mais i'ai entendu professer à la dame de Iallanges que ce n'estoyt point péché quand, de ce, l'on ne tiroyt ni profit ni plaisir.

— Il y ha tousiours plaisir! dit l'abbé. Mais comptez-vous point l'enfant comme ung prouffict? Or, bouttez en votre entendement que ce sera tousiours ung péché mortel, devant Dieu; et ung crime devant les hommes que de se greffer un enfant par l'accointance d'un homme auquel on n'est pas ecclésiasticquement mariée... Aussy, telles femmes qui contreviennent aux sainctes lois du mariaige en reçoivent de grants dommaiges en l'aultre monde, et sont en soubmission de monstres horribles, à grifs aguz et trenchans qui les flambent dedans plusieurs fournaises, en remembrance de ce qu'elles ont icy-bas chauffé leurs cueurs ung peu plus qu'il n'estoyt licite.

Là-dessus, Blanche se gratta l'aureille; et après avoir pourpensé ung petit, elle dit au prebstre : — Et comment doncques a faict la vierge Marie?...

— Ho! respondit l'abbé, cecy est ung mystère.

— Et qu'est ung mystère?

— Une chouse qui ne s'explique point et que l'on doibt croire sans examen aulcun.

— Et vère, fit-elle, ne saurais-je faire ung mystère?

— Celuy-cy, dit l'abbé, n'est arrivé qu'une foys, pour ce que c' estoyt le fils de Dieu.

— Las, mon père, la volonté de Dieu est-elle que ie meure? ou que, de saige et saine de compréhension, ie soys brouillée de cervelle? De ce, il y ha grant dangier. Ores que, en moy, les choses s'esmeuvent et s'entreschauffent, ie ne suis plus en mon sens, ne me soulcie de rien; et, pour aller à homme, saulteroys par-dessus les murs, iroys à travers champs, sans vergongne, et mettroys tout en descumbres pour seulement veoir ce qui ardoyt si fort au moyne des Carneaux. Et pendant ces raiges qui me labourent et picquotent l'ame et le corps, il n'y ha Dieu, ni diables, ni mary; ie trepigne, ie cours, ie romproys les buyes, les poteries, l'autrucherie, basse-court, mesnage et tout, tant que ie ne sauroys vous dire. Mais ie n'ose vous advouer tous mes meschiefs, pour ce qu'en en parlant, i'en ay l'eaue en la bouche, et la chouse, que Dieu mauldisse, me desmange trez-bien... Que la folie me happe et me picque, et occize ma vertu. Hein? Dieu, qui m'aura chevillé ceste grant amour au corps, me damnera-t-il?...

Sur ce proupos, ce feut le prebstre qui se gratta l'aureille, tout esbahy des lamentations, profundes sapiences, controverses et intelligences qu'ung pucelaige sécrétoyt.

— Ma fille, dit-il, Dieu nous a distinguez des bestes, et faict un paradiz à gaigner; et, pour ce, nous donna la raison qui est ung gouvernail à nous diriger contre la tempeste de nos ambitieux dezirs... Et il y ha manière de transborder son engin en sa cervelle, par ieusnes, labeurs excessifs et aultres saigesses... Et au lieu de pétiller et frétiller comme une marmotte deschaisnée, il faut prier la Vierge, se couchier sur la dure, racoustrer vostre mesnaige, et non faire de l'oysivetié...

— Eh! mon père, quand, à l'ecclise, ie suis en ma chaire, ie ne voys ni prebstre, ni autel, ains l'enfant Iésus qui me remet la chouse en goust. Mais pour finer, si la teste me tourne et que, mon entendoire dévallée, ie soys dans les gluaux de l'amour...

— Si telle vous estiez, dit imprudemment l'abbé, vous seriez dans le caz de saincte Lidoire, laquelle dormant un iour bien fort, les iambes de cy, de là, par ung moment de grant chaleur, et vestue de légier, feut approchée par un ieune homme plein mauvaisetié qui, de pied coi, l'enchargea d'un enfant; et com de ce maltalent ladicte saincte feut de tout poinct ignorante, bien surprinse d'accouchier, croyant que l'enfleure de sa bou estoyt une griefve maladie, elle en fit pénitence comme d'u péché véniel, veu qu'elle n'avoyt perceu aulcune liesse de ce mauvais coup, suivant la déclaration du meschant homme, lequel dit sur l'eschaffaud où il feut deffaict que la saincte n'avoyt aulcunement bougé...

— Oh! mon père, dit-elle, soyez seur que ie ne bougeroys pas plus qu'elle!

Sur ce proupos, elle s'évada frisque et gentille, en soubriant, et pensant comme elle pourroyt faire ung péché véniel. Au rettourner du grand Moustier, elle vit dedans la court de son chastel le petit Iallanges, lequel, soubz le commandement du vieil escuyer, tournoyt et viroyt sur ung beau cheval, en soy ployant aux mouvemens de la beste, descendant, remontant, par voltes et passes, fort gentement, tenant hault la cuisse, et si ioly, si dextre, si desgourt, que cela ne sauroyt se dire; enfin, tant, qu'il auroyt faict envie à la royne Lucrèce, laquelle s'occit pour avoir esté contaminée contre son gré.

— Ha! se dit Blanche, si tant seulement cettuy paige avoyt quinze ans, ie m'endormiroys bien fort près de lui.

Aussy, maugré la trop grant ieunesse de ce gentil serviteur, pendant la collation et le souper, elle guigna beaucoup la toison noire, la blancheur de peau, la graace de René, surtout ses yeulx où estoyent en habondance une limpide chaleur et ung grand feu de vie, qu'il avoyt paour de darder, l'enfant!

Ores, à la vesprée, comme la senneschalle restoyt songeuse en sa chaire, au coin de l'aatre, le vieulx Bruyn l'interrogua sur son soulcy.

— Ié pense, fit-elle, que vous avez deu faire des armes en amour de bon matin pour estre ainsy piéçà ruyné...

— Oh! respondit-il en soubriant comme tous vieulx questionnez sur leurs remembrances amoureuses, à l'aage de treize ans et demy, i'avoys engrossé la chamberère de ma mère...

Blanche, n'en soubhaitant pas davantaige, cuyda que le paige René debvoyt estre suffisamment guarny ; de ce feut joyeulse beaucoup, fit des aguasseries au bonhomme, et se roula dans son dezir muet, comme ung gasteau qui s'enfarine.

COMMENT ET PAR QUI FEUT FAICT LEDICT ENFANT.

La senneschalle ne resva point trop à la fasson d'esveigler hastivement l'amour du paige, et eut bientost trouvé l'embusche naturelle où sont tousiours prins les plus rudes. Vécy comme : A l'heure chaulde du iour, le bonhomme faisoyt cieste à la mode sarrazine, usaige auquel il ne failloyt iamais depuys son retourner de terre saincte. Pendant ce, Blanche estoyt seule au prez, ou labouroyt à menus ouvraiges comme en brobdent et en parfilent les femmes ; et, le plus souvent, restoyt en la salle à voir aux buées, à renger les nappes, ou couroyt à sa phantaisie. Lors, elle assigna ceste heure silencieuse à parachever l'éducation du paige en luy faisant lire ez livres, et soy dire ses prières. Adoncques, le lendemain, quand dormit, sur le coup de midy, le senneschal, qui succomboyt au soleil, lequel eschauffe de ses rais les plus lumineux le cousteau de la Roche-Corbon, tant et plus, que là force est de sommeiller, à moins que d'estre ventillé, sacquebuté, freschement émoustillé par ung diable de pucelaige, Blanche doncques se percha moult gentement dedans la grande chaire seigneuriale de son bonhomme, laquelle ne trouva point trop haulte, veu qu'elle comptoyt sur les hazards de la perspective. La rusée commère s'y accommoda dextrement comme une hirundelle en son nid, et pencha sa teste malicieuse sur le bras, en enfant qui dort ; mais, en faisant ces préparatoires, elle ouvroyt des yeulx friands qui soubrioyent, s'esbauldissant, par avance, des menues et secrettes gaudisseries, esternuemens, loucheries et transes de ce paige qui alloyt gezir à ses piedz, sepparé d'elle par le sault d'une vieille puce. Et, de faict, elle advança tant et si bien le quarreau de velours où debvoyt s'agenouiller le paouvre enfant dont elle iouoyt à plaisir l'ame et la vie, que, quand il eust esté ung sainct de pierre, son resguard auroyt esté contrainct de suyvre les flexuositez de la robbe, à ceste fin de mirer et admirer les perfections et beaultez de la fine iambe qui mouloyt la chausse blanche de la senneschalle. Aussi, force estoyt qu'ung foible varlet se prinst à ung piége où le plus vigoureux chevalier auroyt voulentiers succombé. Lorsqu'elle eut tourné, retourné, placé, desplacé son corps et rencontré la situation où ledict piége estoyt le mieulx tendu, elle cria doulcement : — Oh ! René ! René, que elle sçavoyt bien estre en la salle des gardes, n'eut faulte d'accourir, et monstra soudain sa teste brune entre les tapisseries de l'huys.

— Que plaist-il a vous ? dit le paige. Et il tenoyt, en grand respect, à la main, son tocquet de peluche cramoysie, moins rouge que ses bonnes ioues à fossettes et bien fresches.

— Venez cà, reprint-elle de sa petite voix, veu que l'enfant luy attrayoit si fort qu'elle en estoyt toute espantée.

A vray dire, n'estoyent aulcunes pierreries si flambantes que les yeulx de René, ni velin plus blanc que son tainct, ni femme si doulce de formes. Puis, si près du dezir, elle le trouvoyt encore plus duysamment faict ; et comptez que le ioly ieu d'amour reluisoyt bien de toute ceste ieunesse, du bon soleil, du silence, et de tout.

— Lisez-moy les litanies de madame la Vierge, luy dit-elle en luy poulsant ung livre ouvert sur son prie-dieu. Que ie saiche si vous estes bien enseigné par vostre maistre.

— Ne trouvez-vous point la Vierge belle ? luy demanda-t-elle en soubriant quand il tint les heures enluminées où esclatoyent l'azur et l'or.

— C'est une paincture, respondit-il timidement en gectant ung petit coup-d'œil à sa tant gracieuse maistresse.

— Lisez, lisez....

Lors René s'occupa de recciter les si doulces et tant mysticques litanies ; mais croyez que les *ora pro nobis* de Blanche s'en alloyent tousiours plus foybles comme les sons du cor par la campaigne ; et ores que le paige reprint avecques ardeur : — O rose mystérieuse ! la chastelaine, qui certes entendoyt bien, respondit par un légier soupir. Sur ce, René se doubta que la senneschalle dormoyt. Adoncques, se mit à la couvrir de son resguard, la mirant à son aise et n'ayant point envie de sonner alors aultre antienne qu'une antienne d'amour. Son heur luy faisoyt bondir et sursaulter le cueur iusques dans la gorge ; aussy, comme de raison, ces deux iolys pucelaiges ardoyent à qui mieulx, et si les aviez veus, iamais n'en boutteriez deux ensemble. René se resgualloyt par les yeulx en complotant en son ame mille fruitions qui luy donnoyent l'eaue en la bousche de ce beau fruict d'amour. Dans ceste ecstase, il lairra cheoir le livre, ce dont devint penaud comme moyne surprins en mal d'enfant; mais aussy, par là, cogneut que Blanche sommeilloyt bel et dur; car elle, point ne s'esmeut, et la rusée n'auroyt pas ouvert les yeulx, mesme à plus grants dangiers, et comptoyt que tomberoyt aultre chose que le livre d'heures. Oyez comme il n'y ha pire envie que envie de grossesse? Ores le paige advisa le pied de sa dame, lequel estoyt chaussé menu dans ung brodequin mignon de couleur perse. Elle l'avoyt singulièrement assiz sur ung escabeau, veu qu'elle estoyt trop eslevée dedans la chaire du senneschal. Cettuy pied estoyt de proportions estroites, légierement recourbé, large de deux doigts et long comme ung moyneau franc, compris la queue, petit du bout, vray pied de délices, pied virginal qui méritoyt ung baiser comme ung larron la hart; pied lutin, pied lascif à damner un archange, pied augural, pied aguassant en diable et qui donnoyt dezir d'en faire deux neufs, tout pareils, pour perpétuer en ce bas monde les beaulx ouvraiges de Dieu. Le paige feut tenté de defferrer ce pied persuasif. Pour ce faire, ses yeulx allumez de tout le feu de son aage alloyent vitement, comme battant de cloche, de ce dict pied de délectation au visaige endormi de sa dame et maistresse, escoutant son sommeil, beuvant sa respiration; et de rechief, ne savoyt ou seroyt plus doulx de planter ung baiser: ou sur les fresches et rouges lèvres de la senneschalle, ou sur ce pied parlant. Brief, par respect ou crainte, ou peut-estre par grant amour, il esleut le pied, et le baysa dru comme pucelle qui n'ose. Puis, aussitost, il reprint le livre, sentant sa rougeur rougir encore, et tout travaillé de son plaisir, il cria comme un aveugle: — *Janua cœli,* porte du ciel!.. Mais Blanche ne s'esveigla point, se fiant que le paige iroyt du pied au genouil, et, de là, dans le ciel. Elle feut grantement despitée quand les litanies finèrent sans aultre dommaige, et que René, qui croyoyt avoir eu trop d'heur pour ung iour, issit de la salle, tout subtilizé, plus riche de ce hardi bayser qu'ung vole qui ha robbé le tronc des paouvres.

Quand la senneschalle feut seule, elle pensa dans son ame qu le paige seroyt bien long un peu en besongne, s'il s'amusoyt à chanter *Magnificat* à matines. Lors, pour le lendemain, elle se délibéra de lever le pied ung petit, et, par ainsy, de mettre en lumière le nez de ceste beaulté que l'on nomme parfaicte en Tou-

BLANCHE.   RENÉ.

Ores le paiges advisa le pied de sa dame, lequel estoyt chaussé
menu dans ung brodequin mignon.

(LE PÉCHÉ VÉNIEL.)

rayne pour ce qu'elle ne se guaste iamais à l'aër, et demeure aussi tousiours fresche. Pensez que le paige, rosti dans son dezir et tout eschauffé des imaginacions de la veille, attendit impatiemment assez l'heure de lire dans ce breviaire de guallanterie ; et feut appelé ; puis, les menées de la litanie recommencèrent ; et Blanche point ne faillit à dormir. A ceste foys, ledict René frosla sa main sur la iolye iambe et se hazarda iusques à vérifier si le genouil poly, si aultre chose, estoyt satin. A ceste veue, le paouvre enfant, armé contre son dezir, tant grant paour il avoyt, n'oza faire que de briefves dévotions et menues caresses ; et encores qu'il baysast, mais doulcement, ceste bonne estoffe, il se tint coi. Ce que sentant par les sens de l'ame et intelligences du corps, la senneschalle, qui se tenoyt à quatre de ne se mouvoir, luy cria : — Oua donc, René ! ie dors !

Oyant ce qu'il creut estre un grave reprouche, le paige espouvanté s'enfouyt, lairrant les livres, la besongne et tout. Sur ce, la senneschalle adiouxta ceste prière aux litanies : — Sainte Vierge, que les enfans sont difficiles à faire !

A disner, le paige suoyt dans le dos en arrivant servir sa dame et son seigneur ; mais il feut bien surprins en recevant de Blanche la plus pute de toutes les œillades que iamais femme ait gectée, et bien plaizante et puissante elle estoyt, veu qu'elle commuta cet enfant en homme de couraige. Aussy, le soir mesme, Bruyn estant demouré ung brin de tems de plus qu'il n'avoyt coustume en sa senneschaussée, le paige chercha-t-il et trouva Blanche endormie, et lui fit faire un beau resve. Il luy tollit ce qui si fort la gehennoyt, et si plantureusement lui bailla de la graine aux enfans que, du surplus, elle en eust parfaict deux aultres. Aussy, la commère, saisissant le paige à la teste, et le serrant de court, s'escria : — Oh ! René, tu m'as esveiglée !

Et de faict, il n'y avoyt sommeil qui pust y tenir ; et ils trouvèrent que les sainctes debvoyent dormir à poings fermez. De ce coup, sans aultre mystère, et par une propriété bénigne qui est principe servateur des espoux, le doulx et gracieux plumaige séant aux cocquz se plaça sur la teste du bon mary sans qu'il en ayt senti le moindre eschiec.

Depuis ceste belle feste, la senneschalle fit de grand cueur sa cieste à la françoyse, pendant que Bruyn faisoyt la sienne à la sarrazine. Mais, par les dictes ciestes, elle experimenta comme la bonne ieunesse du paige avoyt meilleur goust que celle des vieulx senneschaulx ; et, de nuict, elle s'enfouissoyt dedans les toiles, loin de son mary que elle trouvoyt rance et ord en diable. Puis, force de dormir et de se resveigler le iour; force de faire des ciestes et de dire des litanies, la senneschalle sentit florir dans ses flancs mignons ceste gezine après laquelle tant et tant avoyt esté souspiré mais ores, elle aimoyt plus davantaige la fasson que le demourant.

Faictes estat que René sçavoit lire aussy, non plus seulement dedans les livres, ains aux yeulx de sa iolye seigneure pour laquelle il se seroyt gecté en ung buscher ardent, si telle avoyt esté son vouloir, à elle. Quand par eulx furent faictes de bonnes et amples traisnées, plus de cent au moins, la petite senneschalle eut cure et soulcy de l'ame et de l'advenir de son amy le paige. Or, ung matin de pluye, qu'ils iouoyent à tousche fer, comme deux enfans innocens de la teste aux pieds, Blanche, qui estoyt tousiours prinse, lui dit :

— Viens çà, René ! Sçais-tu que, là où i'ay commis des péchés véniels pour ce que ie dormoys, toy, tu en as faict de mortels?

— Ha! madame, fit-il, où doncques Dieu bouttera-t-il tous ses damnez, si cela est pécher?

Blanche s'esclata de rire, et le baysa au front.

— Tais-toy, meschant, il s'en va du paradiz, et besoing est que nous y vivions de compaignie, si tu veux estre avecques moy tousiours.

— Oh ! i'ai mon paradiz icy.

— Laissez cela, dit-elle. Vous estes ung mescréant, ung maulvais qui ne songez point à ce que i'aime, c'est vous. Tu ne sçays pas que i'ay un enfant, et que, dans peu, il ne se celera pas plus que mon nez. Ores que dira l'abbé? Que dira monseigneur? Il peut te deffaire, s'il vient à se cholérer. M'est advis, petit, que tu ailles à l'abbé de Marmoustiers pour lui advouer tes péchez, en luy donnant mandat de veoir ce qui est séant de faire à l'encontre de mon senneschal.

— Las, dit le rusé paige, si ie vends le secret de nos ioyes, il mettra l'interdict sur nostre amour.

— En dà! fit-elle ; oui! Mais ton heur en l'aultre monde est ung bien qui m'est si précieux !

— Le voulez-vous doncques, m'amie?

— Ouy, respondit-elle ung peu foyble.

— Eh bien ! i'iray ; mais, dormez encores, que ie luy dise adieu.

Et le gentil couple reccita des litanies d'adieux comme s'ils eussent, l'un et l'autre, préveu que leur amour debvoyt finer en son apvril. Puis le lendemain, plus pour saulver sa chiere dame que pour soy, et aussy pour obéir à elle, René de Iailanges se desporta vers le grant Moustier.

COMMENT DUDICT PÉCHÉ D'AMOUR FEUT FAICTE GRIEFVE PÉNITENCE ET MENÉ GRANT DUEUIL.

— Vray Dieu ! s'escria l'abbé lorsque le paige eut accusé la kyrielle de ses doulx péchez, tu es complice d'une énorme felonic, et tu as trahi ton seigneur ? Sçays-tu, paige de maltalent, que, pour ce, tu arseras pendant toute l'éternité, tousiours ? Et sçays-tu ce que c'est que de perdre à iamais le ciel d'en hault pour ung moment périssable et changeant d'icy-bas ? Malheureux ! ie te voys précipité pour iamais dedans les gouffres de l'enfer, à moins de payer à Dieu, dès ce monde, ce que tu luy dois pour tel grief...

Là-dessus, le bon vieil abbé, qui estoyt de la chair dont on faict les saincts, et qui avoyt grant authorité au pays de Tourayne, espouvanta le ieune homme par ung monceau de représentations, discours chrestiens, remembrances des commandemens de l'Ecclise, et mille choses esloquentes autant que ung diable en peut dire en six semaines pour séduire une pucelle, mais tant et tant, que René, lequel estoyt dans la loyale ferveur de l'innocence, fit sa soubmission au bon abbé. Or, ledict abbé, voulant faire ung saincthomme et vertueux pour tousiours de cet enfant en train d'estre maulvais, lui commanda d'aller de prime abord se prosterner devant son seigneur, et lui advouer ses desportemens ; puis, s'il reschappoyt de ceste confession, de se croizer sur l'heure et virer droict en Terre-Saincte où il demeureroyt quinze ans de terme préfix à guerroyer contre les infidèles.

— Las, mon reverend père, fit-il tout espanté, quinze ans seront-ils assez pour m'acquitter de tant de plaisirs ? Ah ! si vous sçaviez, il y a eu de la doulceur, bien pour mille ans.

— Dieu sera bon homme. Allez ! reprint le vieulx abbé ; ne péchez plus. A ce compte, *ego te absolvo...*

Le paouvre René rattourna, là-dessus, en grant contrition, au chastel de la Roche-Corbon ; et la prime rencontre qu'il y fit feut le senneschal qui faisoyt fourbir ses armes, morions, brassardz et le reste. Il estoyt siz ius ung grant banc de marbre, à l'aër, et se complaizoyt à veoir soleiller ces beaulx harnois qui lui ramentevoyent ses ioyeulsetez de la Terre-Saincte, les bons coups, les galloises, et cœtera. Quand René se feut mis à genoulx devant luy, le bon seigneur feut bien estonné.

— Qu'est cecy? dit-il.

— Mon seigneur, respondit René, commandez à ceulx-cy de soy retirer.

Ce que les serviteurs ayant faict, le paige advoua sa faulte en racontant comment il avoyt assailly sa dame pendant le sommeil, et que, pour le seur, il debvoyt l'avoir enchargée d'un enfant, à l'imitation de l'homme avecques la saincte, et venoyt, par ordre de son confesseur, se remettre à la discrétion de l'offensé. Ayant dict, René de Iallanges baissa ses beaulx yeulx, d'où proccédoyt tout le meschief, et resta coi, prosterné sans paour, les bras pendans, la teste nue, attendant la male heure et soubmis à Dieu. Le senneschal n'estoyt si blanc qu'il ne pust blesmir encore; et doncques, il paslit comme linge freschement seiché, demourant muet de cholère; puis, ce vieil homme, qui n'avoyt point en ses veines d'esperitz vitaulx assez pour procréer un enfant, trouva dans ce moment ardent plus de vigueur que besoing n'estoyt pour deffaire un homme. Il empoigna de sa dextre velue sa lourde masse d'armes, la leva, brandilla, et aiusta si facilement que vous eussiez dict une boulle à ieu de quilles, pour la descharger sur le front pasle dudict René, lequel saichant qu'il estoyt bien en faulte à l'endroict de son seigneur, demoura serain et tendit le col, en songeant qu'il alloyt solder toute la coulpe pour sa mie en ce monde et dans l'autre.

Mais si belle ieunesse et toutes les séductions naturelles de ce ioly crime trouvèrent graace au tribunal du cueur chez ce vieil homme, encore que Bruyn fust sevère; et lors, gectant sa masse au loing sur ung chien qu'il escharbotta : — Que mille millions de griphes mordent pendant l'eternité toutes les charnières de celle qui a faict celuy qui sema le chesne dont feut construicte la chaire sur laquelle tu m'as cornifié! Et autant à ceulx qui t'engendrèrent, mauldict paige de malheur! Va-t-en au diable d'où te viens! Sors de devant moy, du chastel, du pays, et n'y reste ung poulce de tems plus que besoing est; sinon, ie sçauray te presparer une mort à petit feu qui te fera mauldire, vingt foys par heure, ta vilaine ribaulde...

En entendant ce commencement des paroles du senneschal qui avoyt ung retour de ieunesse sur les iuremens, le paige s'enfuyt en le quittant du reste, et fit bien. Bruyn, tout flambant de male raige, gaigna les iardins à grand renfort de pieds, maugréant tout sur son passaige, frappant, iurant; mesme qu'il renversa trois poteries tenues par ung sien serviteur qui portoyt la pastée aux chiens; et il se cognoissoyt si peu qu'il auroyt tué ung peigne pour ung mercier. Brief, il aperceut sa despucelée qui resguardoyt sur la route du Moustier, attendant le paige, et ne saichant point que plus iamais ne le verroyt.

— Ha! ma dame, par la rouge triple fourche du diable, suis-je ung mangeur de bourdes et un enfant, pour croire que vous avez si grant pertuys qu'un paige y entre sans vous esveigler? Par la mort! par la teste! par le sang!

— Vère, respondit-elle, voyant que la mine estoyt esventée, je l'ai bien gracieusement senti; mais, comme vous ne m'aviez point appris la chose, i'ai cru resver!

La grant ire du senneschal fondit comme neige au soleil; car la plus grosse cholère de Dieu luy-mesme se fust esvanouie à ung sourire de Blanche.

— Que mille millions de diables emportent cet enfant forain! Ie iure que...

— Là, là, ne iurez point, fit-elle. S'il n'est vostre, il est mien; et, l'aultre soir, ne disiez-vous pas que vous aimeriez tout ce qui viendroyt de moy?

Là-dessus, elle enfila telle venelle d'arraisonnemens, de paroles dorées, de plaintes, querelles, larmes et aultres pastenostres de femmes, comme, d'abord, que les domaines ne feroyent point restour au roy; que iamays enfant n'avoyt esté plus innocemment recté en moule; que cecy, que cela; puis mille choses, tant, que le bon cocqu s'apaisa; et Blanche, saisissant une propice entreioincture, dit : — Et où est le paige?

— Il est au diable!

— Quoy! l'avez-vous tué? dit-elle. Et toute pasle, elle chancela.

Bruyn ne sceut que devenir en voyant cheoir tout l'heur de ses vieulx iours; et il auroyt, pour son salut, voulu lui monstrer ce paige. Lors il commanda de le querrir; mais René s'enfuyoyt à tire d'ailes, ayant paour d'estre desconfict, et se despartit pour les pays d'oultre-mer, à ceste fin d'accomplir son vœu de religion, Alors que Blanche eut apprins par l'abbé dessusdict la pénitence imposée à son bien-aimé, elle chut en griefve mélancholie, disant parfoys : — Où est-il, ce pauvre malheureux, qui est au milieu des dangiers pour l'amour de moy ?

Et tousiours le demandoyt, comme un enfant qui ne laisse aucun repos à sa mère iusqu'à ce que sa quérimonie lui sôit octroyée. A ces lamentations, le vieulx senneschal, se sentant en faulte, se tresmoussoyt à faire mille choses, une seule hormis, affin de rendre Blanche heureuse ; mais rien ne valloyt les doulces friandises du paige...

Cependant, elle eut ung iour l'enfant tant deziré! Comptez que ce feut une belle feste pour le bon cocqu; car la ressemblance du père étant engravée en plein sur la face de ce ioly fruict d'amour, Blanche se consola beaucoup, et reprint ung petit ceste tant bonne gayté et fleur d'innocence qui resiouissoyt les vieilles heures du senneschal. Force de voir courir ce petit, force de resguarder les rires correspondans de luy et de la comtesse, il fina par l'aimer, et se seroyt courroucé bien fort contre ung qui ne l'en auroyt pas creu le père.

Or, comme l'adventure de Blanche et de son paige n'avoyt point été transvasée hors du chasteau, il consta par tout le pays de Tourayne que messire Bruyn s'estoyt encore trouvé en funds d'un enfant. Intacte demoura la vertu de Blanche, qui, par la quintessence d'instruction par elle puisée au rezervoir naturel des femmes, recogneut combien besoing estoyt de taire le péché véniel dont son enfant estoyt couvert. Aussy devint-elle preude et saige, et citée comme une vertueuse personne. Puis, à l'user, elle expérimenta la bonté de son bonhomme ; et, sans lui donner licence d'aller avec elle plus loing que le menton, veu qu'en soy elle se resguardoyt comme acquise à René, Blanche, en retour des fleurs de vieillesse que lui offroyt Bruyn, le dorelotoyt, lui soubrioyt, le maintenoyt en ioye, le papelardant avecques les manières et fassons gentilles dont usent les bonnes femmes envers les maris qu'elles truphent ; et tout si bien, que le senneschal ne vouloyt point mourir, se quarroyt dans sa chaire, et, tant plus vivoyt, tant plus s'accoustumoyt à la vie. Mais, brief, ung soir, il trespassa sans bien sçavoir où il alloyt ; car il disoyt à Blanche : — Ho! ho! m'amie, ie ne te voys plus ! Est-ce qu'il faict nuict ?

C'estoyt la mort du iuste, et il l'avoyt bien méritée pour loyer de ses travaulx en Terre-Saincte.

Blanche mena de ceste mort ung grant et vray dueuil, le plourant comme on ploure ung père. Elle demoura mélancholicque, sans vouloir prester l'aureille aux musicques des secundes nopces; ce dont elle feut louée des gens de bien, lesquels ne sçavoyent point que elle avoyt un espoux du cueur, une vie en espérance; mais elle estoyt la plus part du tems veufve de faict et veufve de cueur, pour ce que n'orrant aulcunes nouvelles de son amy le croizé, la paouvre comtesse le reputoyt mort; et, pendant certaines nuicts, le voyant navré, gisant au loing, elle se resveigloyt toute en larmes. Elle vescut ainsy quatorze années dans le soubvenir d'ung seul iour de bonheur. Finablement, ung iour où elle avoyt avecques elle aulcunes dames de Tourayne, et que elles devisoyent après disner, vécy son petit gars, lequel avoyt lors environ treize ans et demi, et ressembloyt à René plus que n'est permis à un enfant de ressembler à son père, et n'avoyt rien de feu Bruyn que le nom, vécy ce petit, fol et gentil comme sa mère, qui revint du iardin tout courant, suant, eschauffié, hallebotant, graphinant toutes chouses sur son passaige suivant les us et coustumes de l'enfance, et qui court sus à sa mère bien aymée, se gecte en son giron, puis, rompant les devis d'ung chascun, lui cria :

— Ho ! ma mère, i'ai à parler à vous. I'ai veu en la cour une pelerin qui m'a prins bien fort.

— Ha ! s'escria la chastelaine en se virant devers ung sien serviteur, qui avoyt charge de suyvre le ieune comte et veigler sur ses iours précieux, ie vous avoys deffendu à tout iamais de laisser mon fils aux mains d'estrangiers, voire mesme en celles du plus sainct homme du monde... Vous quitterez mon service...

— Hélas ! ma dame, respondit le vieil escuyer tout pantois, celui-là ne lui vouloyt point de mal, pour ce qu'il a plouré en le baysant bien fort.

— Il a plouré, fit-elle, ha ! c'est le père.

Ayant dict, elle pancha la teste sur la chaire où elle estoyt siz et qui, pensez le bien, estoyt la chaire où elle avoyt péchié.

Oyant ce mot incongreu, les dames furent si surprinses que, d prime face, elles ne virent point que la paouvre senneschalle estoy morte, sans que iamais il ayt esté sceu si son brief trespas advin par peine de la despartie de son amant, qui, fidèle à son vœu, n la vouloyt point veoir, ou par grant' ioye de ce retourner et de l'espoir de faire lever l'interdict dont l'abbé de Marmoustiers avoyt frappé leurs amours. Et ce feut ung bien grant dueuil ; car le sire de Iallanges perdit l'esperit au spectacle de sa dame mize en terre, et se fit religieux à Marmoustier, que, dans cettuy tems, aulcuns nommoyent Maimoustier, comme qui diroyt *maius Monasterium*, le plus grant moustier, et, de faict, il estoyt le plus beau couvent de France.

L'HÉRITIER DU DIABLE

Il y avoyt alors ung bon vieulx chanoine de Nostre-Dame de Paris, lequel demouroyt en ung beau logiz à luy, prouche Sainct-Pierre-aux-Bœufs, dans le Parvis. Cettuy chanoine estoyt venu simple prebstre à Paris, nud comme dague, sauf la guaisne. Mais, veu qu'il se trouvoyt estre ung bel homme, bien guarny de tout, et complexionné si plantureusement que, par adventure, il pouvoyt faire l'ouvraige de plusieurs sans trop s'esbrescher, il s'adonna trez-fort à la confession des dames : baillant aux mélancholicques une doulce absolution; aux maladifves, une drachme de son beaulme; à toutes, une petite friandise. Il feut si bien cogneu pour sa discretion, sa bienfaysance et aultres qualitez ecclésiasticques, qu'il eut des praticques à la court. Lors, pour ne point resveigler la ialousie de l'officialité, celle des maris et aultres, brief, pour enduire de saincteté ces bonnes et prouffictables menées, la mareschalle Desquerdes lui bailla un os de sainct Victor, en vertu duquel os tous les miracles du chanoine se parfaisoyent. Et aux curieux, il estoyt respondu : — Il ha un os qui guarrit de tout. Et, à ce, personne ne trouvoyt rien à redire, pour ce qu'il n'estoyt point séant de soubpçonner les relicques. A l'umbre de sa soutane, le bon prebstre eut la meilleure des renommées, celle d'un homme vaillant soubz les armes. Aussy vescut-il comme ung roy : battant monnoye avecques son goupillon, et transmuant l'eaue benoiste en bon vin. De plus, il estoyt couchié parmy tous les *et cœtera* des notaires ez testamens, ou dans les caudiciles, que aulcuns ont escript CODICILE faulsairement, veu que le mot est issu de *cauda*, comme si disiez la queue des legs. Finablement, le bon frocquard eust esté faict archevesque, s'il eust seulement dict par raillerie : — Ie voudroys bien mettre une mitre pour couvrechief, affin d'avoir plus chauld à la teste. Ains, de tous les benefices à lui offerts, il n'esleut qu'un simple canonicat, pour se réserver les bons prouf-

sans qu'à vous. Ie vous iure, au rebours des demoiselles, une des loyaulté qui ne finera que par mort, vostre ou mienne.

Puis se mit à plourer comme font toutes les garses qui ne sont point encore ferrées; car après elles ne plourent plus iamais par les yeulx. Le bon advocat prit ces estranges fassons pour des gogues et appastz dont se servent les filles affin d'allumer davantaige le feu, et faire tourner les devotions de leurs prétenduz en douaires préciputz et aultres droicts d'espousée; aussy le malin n'en tint compte, et se rist des étouffades de la belle fille en luy disant : — A quand les nopces ?

— Drez demain, fit-elle, pour ce que, plus tost ce sera, plus tost seray libre d'avoir des guallans et de mener la ioyeulse vie de celles qui ayment à leur choix.

Là-dessus, ce fol advocat, esprins comme ung pinson dedans la glue d'un enfant, s'en va, faict ses préparatives, interlocute au palais, trotte à l'official, achepte dispenses, et conduict ce pourchas plus vitement que toutes ses aultres playdoiries, ne resvant que de la belle fille. Pendant ce, le Roy, qui se trouvoyt au retourner d'ung voyaige, n'entendant parler en sa court que de la belle fille, laquelle avoyt refusé mille escuz de celuy-cy, rabbroué celuy-là, finablement, qui ne vouloyt estre soubmise par personne et rebuttoyt tous les plus beaulx filz qui eussent quitté Dieu de leur part de paradiz à seule fin de iouyr de ce dragon un seul iour; doncques, le bon Roy, lequel estoyt friand de tel gibier, issyt en la ville, passa aux forges du pont, entra chez l'orphebvre, à ceste fin d'achepter des ioyaulx pour la dame de son cueur, mais *item* pour marchander le plus précieux bijou de la bouticque. Le Roy ne se trouvoyt point de goust aux orphebvreries, ou les orphebvreries ne se trouvoyent point à son goust, tant que le bonhomme fouilla dans une layette cachée pour monstrer au Roy ung gros diamant blanc.

— Ma mye, dit-il alors à la belle fille pendant que le père avoyt le nez en la layette, vous n'estes pas faicte pour vendre des pierreries, mais pour en recepvoir; et si, de toutes ces bagues, vous me donnez le choix, i'en sçays une dont icy l'on est affolé, laquelle me plaist, dont à tousiours seray subiect ou serviteur, et dont le royaulme de France ne pourra iamais payer le prix.

— Ah ! Sire, reprint la belle fille, ie me marie demain. Mais, si vous me baillez le poignard qui est à vostre ceincture, ie deffendray ma fleur et vous la reserveray pour observer l'Evangile où est dict : Donnez à Cezar ce qui est à Cezar.

Tost le Roy luy bailla la petite dague ; et ceste vaillante responce l'enamoura de la fille à en perdre le mangier. Il fit son partement en intention de logier ceste nouvelle mye à la rue de l'Hirundelle, en ung sien hostel. Voilà mon advocat pressé de soy brider qui, au grant despit de ses corrivaulx, mene son espousée au bruit des clochiers, avecques musicques, faict des festins à donner des diarrhées, et, le soir, après les dances, vient en la chambre de son logiz où debvoyt estre couchiée la belle fille ; non plus belle fille, mais lutin processif, mais enragée diablesse, qui, size en ung sien fauteuil, n'avoyt voulu se mettre au lict de l'advocat et restoyt devant le foyer, chauffant son ire et son caz. Le bon mary, tout estonné, vint ployer les genoulx devant elle en la conviant à la iolye bataille des premières armes ; mais elle ne sonna mot ; et, quand il tentoyt de luy lever la cotte affin seulement de voir ung petit ce qui si chier luy coustoyt, elle luy donnoyt un coup de main à luy casser les os et se tenoyt muette. Ce ieu plaisoyt à mon dict advocat, lequel cuydoyt voir la fin de ce, par la chouse que vous sçavez ; et il iouoyt en bonne fiance, attrapant de bons coups de sa sournoyse. Mais tant de bucher, tant de tortiller tant de l'assaillir, il deffit ores une manche, ores deschira la iuppe, et coula sa main au but mignon de fischerie, forfaict dont la belle fille gronda, se dressant en pieds, puis, tirant le poignard du Roy :
— Que voulez-vous de moy, luy dit-elle ?
— Je veulx tout ! fit-il.
— Ha ! ie seroys une grant pute que de me donner à contrecueur. Si vous avez cuydé trouver ma virginité dezarmée, vous errez fort. Vécy le poignard du Roy dont ie vous tue, si vous faictes mine de m'approcher. Cela dict, elle print ung charbon, en ayant tousiours l'œil au procureur ; puis, escripvant une raye sur le planchier, elle adiouxta : — Icy seront les confins du domaine du Roy. N'y entrez ; si le passez, ie ne vous faulx.

L'advocat, qui ne pensoyt pas faire l'amour avecques ce poignard, restoyt tout desconfit, mais ores qu'il escoutoyt ce cruel arrest dont il avoyt déià payé les despens, ce bon mary voyoyt, par les deschireures, si bel eschantillon de cuisse rebondie, blanche et fresche, puis si brillante doubleure de mesnaige bouschant les trous de la robbe, *et cœtera*, que la mort luy sembla doulce, s'il y goustoyt seulement ung petit; et alors se rua dedans le domaine du Roy, disant : — Peu me chauld de mourir ! Et de faict, s'y gecta si dru que la belle fille tomba fort mal sur le lict; mais, ne perdant pas le sens, elle se deffendit si frétillamment que l'advocat n'eut aultre licence que de touchier le poil de la beste; encore y gaigna-t-il ung coup de poignard qui luy trancha ung bon bout de lard sur l'eschine sans le trop blesser : en foy de quoy il ne luy en cousta point trop chier d'avoir faict irruption dans le bien du Roy.

Mais enyvré de ce chetif advantaige, il s'escria : — Ie ne sauroys vivre sans avoir ce tant beau corps et ces merveilles d'amour! Doncques, tuez-moy. Et de rechief, vint assaillir la reserve royale. La belle fille, qui avoyt son Roy en teste, ne feut point touchiée de ce grant amour, et dit griefvement : — Si vous menassez cela de vostre poursuite, ce n'est pas vous, ains moy, que ie tueray...

Et son resguard estoyt farouche assez pour espouvanter le paouvre homme, qui s'assit en deplourant ceste male heure, et passa la nuict, si tant ioyeulse à ceulx qui s'entr'ayment, en lamentations, prières, interiections et aultres promesses : comment elle seroyt servie; pourroyt dissiper tout; mangier dans l'or; de simple damoiselle en feroyt une dame en acheptant des seigneuries; et finablement, que, si elle luy permettoyt de rompre une lance en l'honneur de l'amour, il la quitteroyt de tout, et perdroyt la vie en la fasson qu'elle voudroyt.

Mais elle, tousiours fresche, luy dit au matin qu'elle luy permettoyt de mourir, et que ce seroyt tout l'heur qu'il pouvoyt luy donner.

— Ie ne vous ai point truphé, fit-elle. Mesme, à l'encontre de mes promesses, ie me baille au Roy, vous faisant graace des passans, lourdiers et charretons dont ie vous menaçoys.

Puis, quand le iour feut venu, elle se vestit de ses cottes et aiustemens nuptiaulx, attendit patiemment que le bon mary, dont elle n'avoyt rien voulu, se destournast du logiz pour l'affaire d'ung client, et tost desvalla par la ville, cherchant le Roy. Mais elle n'alla point si loing que le gect d'une harbaleste, pour ce que le dict seigneur Roy avoyt mis en guette ung sien serviteur qui tortilloyt autour de l'hostel; et de prime abord, dit à la mariée, qui estoyt encores cadenassée :

— Ne querez-vous point le Roy?

— Oui, fit-elle.

— Eh bien! ie suys vostre meilleur amy, reprint le fin homme et subtil courtizan; ie vous demande vostre aide et protection, comme ie vous donne meshuy la mienne...

Là-dessus, il luy dit quel homme estoyt le Roy; par quelle coste il debvoyt estre prins; qu'il faisoyt raige ung iour, l'aultre ne sonnoyt mot; et comme estoyt cecy, et comme cela; qu'elle seroyt bien appoinctée, bien fournie; mais qu'elle tinst le Roy en servage : brief, il cacquetta si bien durant le chemin, qu'il en fit une pute parfaicte pieçà qu'elle entrast dans l'hostel de l'Arondelle, où feut depuys madame d'Estampes. Le paouvre mary ploura comme ung cerf aux aboys, lorsque plus ne vit sa bonne femme en son logiz; et devint d'ordinaire mélancholique. Ses confrères luy firent autant de hontes et mocqueries que saint Jacques eut d'honneurs en Compostelle; mais ce cocquard se cuysoyt et desseichoyt dans son ennuy si tant, que les aultres finèrent par vouloir l'allégier. Ces chapperons feurrez, par esperit de chicquane, descretèrent que le dollent bonhomme n'estoyt point cocqu, veu que sa femme avoyt refusé la iousterie; et si le planteur de cornes avoyt esté aultre que le Roy, ils eussent entreprins la dissolution dudict mariage. Mais l'espoux estoyt affolé de ceste gouge à en mourir; et, par adventure, il la laissa au Roy, se fiant qu'ung iour il la pourroyt avoir à luy, estimant qu'une nuictée avecques elle n'estoyt point trop payée par la honte de toute une vie. Il faut aimer, dà, pour ce; et il y ha beaucoup de braguards qui renilleroyent à ceste grant amour. Mais, luy, tousiours pensoyt à elle, négligeant ses plaids, ses cliens, ses voleries et tout. Il alloyt par le palais comme un avare qui querre ung bien perdu; soulcieux, songe-creux; mesme qu'un iour, il compissa la robbe d'ung conseiller, cuydant estre iouxte le mur où les advocats vuydent leurs causes. Ce pendant, la belle fille estoyt aymée soir et matin par le Roy, qui ne pouvoyt s'en assouvir, pour ce qu'elle avoyt des manières espécialles et gentes en amour, se cognoissant aussy bien à allume le feu qu'à l'estaindre. Meshuy, rabrouant le Roy; demain, le papelardant; iamays la mesme, et ayant des phantaisies, plus de mille : au demourant, trez-bonne, iouant du bec comme aulcune ne pouvoyt faire, rieuse et fertile en folastreries et petites cocquasseries.

Ung sieur de Bridoré se tua pour elle, de despit de ne pouvoir estre receu à mercy d'amour, encores qu'il offrist sa terre de Bridoré en Tourayine. Mais de ces bons et anciens Tourangeauds qui donnoyent ung domaine pour ung coup de lance gaye, il ne s'en faict plus. Ceste mort attrista la belle fille; et pour ce que son confesseur luy imputa ce trespas à grief, elle iura, à part soy, que, bien qu'elle fust la mye du Roy, à l'advenir elle accepteroyt les domaines et feroyt secretement la ioye, pour saulver son ame. Aussy commença-t-elle alors ceste grant fortune qui lui ha valu la considération par la ville. Mais aussy, elle empescha beaucoup de gentilshommes de périr, accordant si bien son luth, et trouvant de telles imaginations, que le Roy ne sçavoyt point qu'elle l'aidoyt à rendre ses subiects plus heureux. De faict, il l'avoyt si druement en goust qu'elle luy auroyt faict croire que les planchiers d'en hault estoyent ceulx d'en bas, ce qui luy estoyt plus facile qu'à aulcune autre, pour ce qu'en son logiz de l'Hirunde, ledict Roy ne finoyt d'estre couchié, tant qu'il ne sçavoyt faire la différence des planchiers; baguant tousiours, comme s'il eust voulu veoir si ceste belle estoffe pouvoyt s'user; mais il n'usa que luy, le chier homme, veu qu'il mourut par suitte d'amour. Quoyque elle eust le soing de ne soy donner qu'à de beaulx hommes, les plus ancrez en court, et que ses faveurs fussent rares comme miraclés, ses envieulx et corrivales disoyent que pour dix mille escuz ung simple gentilhomme pouvoyt gouster à la ioye du Roy, ce qui estoyt faulx de toute faulseté, veu que lors de sa noize avecques le dict sire, quand elle feut par lui reprouchée de ce, elle luy respondit fièrement : — I'abomine, ie mauldis, ie trentemille ceulx qui ont mis ceste bourde en vostre esperit! Ie n'en ay eu aulcun qu'il n'ayt despendu pour moy plus de trente mille escuz à la grille.

Le Roy, tout fasché, ne put s'empescher de soubrire, et la guarda encores ung mois environ, pour faire taire les medisances. Enfin, la demoiselle de Pisseleu ne se creut dame et maistresse que sa rivalle ruynée. Ains beaucoup eussent aymé cette ruyne, veu qu'elle feut espousée par ung ieune seigneur qui feut encore heureux avecques elle, tant elle avoyt d'amour et de feu, à en revendre à celles qui pèchent par trop grant frescheur. Ie reprends. Un iour que la mye du Roy se pourmenoyt par la ville dedans sa lictiere, à ceste fin d'achepter des ferrets, lassets, patins, gorgerettes et aultres munitions d'amour, et que tant belle et bien attornée estoyt, que ung chascun, surtout les clercs, la voyant, eussent creu veoir les cieulx ouverts, vécy son bon mary qui vous la ren-

.contre prouche la Croix du Trahoir. Elle, qui bouttoyt son pied mignon hors la lictiere, rentra vitement la teste comme si elle eust veu ung aspic. Elle estoyt bonne femme, car i'en cognoys qui eussent passé fier pour affronter le leur, en grand despect de sa seigneurie coniugale.

— Et qu'avez-vous? luy demanda monsieur de Lannoy, qui par reverence l'accompagnoyt.

— Ce n'est rien, fit-elle tout bas. Mais ce passant est mon mary. Le paouvre homme est bien chaugé! Iadys il ressembloyt à ung cinge, mais auiourd'huy, ie cuyde qu'il est l'imaige de Iob.

Ce desplorable advocat restoyt esbahy, sentant son cueur se fendre, à la veue de ce pied mince et de sa femme tant aymée.

Oyant cela, le sire de Lannoy luy dit en vray goguenard de court : — Est-ce raison, parce que vous estes son mary, que vous l'empeschiez de passer?

A ce proupos, elle s'esclata de rire, et le bon mary, au lieu de la tuer bravement, ploura en escoutant ce rire qui luy fendit la teste, le cueur, l'ame et tout, si bien qu'il faillit à tomber sur ung vieulx bourgeoys occupé à se reschauffer le caz en voyant la mye du Roy. L'aspect de ceste belle fleur qu'il avoyt eue en bouton, mais qui lors estoyt espanouïe, odorante, et ceste nature blanche, bien gorgiasée, taille de fée, tout cela rendit l'advocat plus malade et plus fol d'ycelle que aulcunes paroles pourroyent le dire. Et besoing est d'avoir esté yvre d'une bien aymée qui se refuse à vous, pour parfaictement cognoistre la raige de cet homme. Encores est-il rare d'estre aussy chauldement enfourné que pour lors il estoyt. Il iura que vie, fortune, honneur et tout y passeroyt, mais que, une foys au moins, il seroyt chair à chair avecques elle, et feroyt si grant resgual d'amour que il y lairreroyt peut-estre sa fressure et ses reins. Il passa la nuict disant : — Ho! oui! Ha, ie l'auray! Et sacre, et Dieu! ie suis son mary! Et diable!... se frappant au front, et ne restant point en place.

Il se forge en ce monde des hazards auxquels les gens de petit esperit n'accordent point de créance, pour ce que ces dictes rencontres semblent supernaturelles ; mais les hommes de haulte imagination les tiennent pour vrayes, pour ce que l'on ne sauroyt les inventer; par ainsy arriva-t-il au paouvre advocat, le lendemain mesme de ceste griefve veillée où il avoyt tant masché son amour à vuyde. Ung sien client, homme de grant nom et qui entroyt à ses heures chez le Roy, vint de matin dire à ce bon mary qu'il luy falloyt une grosse somme d'argent, sans aulcun délay, comme douze mille escuz. A quoy le chat fourré respondit que douze mille escuz ne se rencontroyent point au coing d'un rue aussy souvent que ce qu'on y rencontre, et que besoing estoyt, oultre les seuretez et garanties de l'interest, d'avoir un homme qui eust chez luy douze mille escuz les bras croizés, et que de ces gens, peu en estoyt dans Paris, quoique grant il fust, et aultres bourdes que disent les hommes de chicquane.

— Vère, monseigneur, vous avez doncques ung créancier oultre avide et torssionnaire? fit-il.

— Oh! oui, respondit-il, veu que c'est le chouse de la mye du Roy! N'en sonnez mot; mais, ce soir, moyennant vingt mille escuz et ma terre de Brie, ie luy prendray mesure.

Sur ce, l'advocat paslit, et le courtizan s'aperceut qu'il avoyt guasté quelque chouse. Comme il estoyt au retourner de la guerre, il ne sçavoyt point que la belle fille aymée du Roy eust ung mary.

— Vous blesmissez, fit-il.

— I'ay les fiebvres, respondit le chicquanier.

— Mais, reprint-il, est-ce doncques à elle que vous donnez contracts et argent?

— Oui dà!

— Et qui doncques la marchande? est-ce elle aussy?

— Non, dit le seigneur, mais ces menuz arrangemens et solides baguatelles se trafficquent par une meschine qui est bien la plus adroicte chamberière qui iamais feut! Elle est plus fine que moustarde, et il luy reste bien quelques suffraiges aux doigts de ces nuictées prinses au Roy.

— I'ai ung mien lombard, reprint l'advocat, qui pourra vous accommoder; mais rien ne sera faict, et, desdits douze mille escuz, vous n'aurez pas tant seulement ung rouge liard, si ladicte chamberière ne vient léans ensaccher le prix de ce caz qui est si grant alquémiste! il mue le sang en or, vray Dieu!

— Oh! ce sera ung bon tour, si luy faictes signer un 'acquit, respartit le seigneur en riant.

La meschine vint sans faulte au rendez-vous des escuz chez l'advocat qui avoyt prié le seigneur de la luy amener. Et faictes estat que sires ducatz estoyent bel et bien rengez comme nonnes allant à vespres, couchiez ius une table, et auroyent déridé un asne en train d'estre estrillé, tant belles et luysantes estoyent les braves, les nobles, les ieunes piles. Le bon advocat n'avoyt point estably ceste visée pour les asnes. Aussy la meschinette se pourlescha-t-elle trez-humidement les badigoinces, disant mille pastenostres de cinge aux dits escuz. Ce que voyant, le mary luy souffla dedans l'aureille ces mots qui suoyent l'or : — Cecy est à vous!

— Ha! dit-elle, ie n'ai iamais esté payée si chier!

— Ma mye, respartit le chier homme, vous les aurez sans estre grevée de moy... Et la destournant ung petit : — Vostre client ne vous a point dict comment on me nomme? Hein! fit-il, Non! Ores apprenez que ie suis le vray mary de la dame que le Roy a desbauchée de son office, et que vous servez. Emportez-luy ces escuz, et revenez icy ? ie vous compteray les vostres à une condition qui sera de vostre goust.

La meschine effrayée se raffermit, et feut moult curieuse de sçavoir à quoy elle gaigneroyt douze mille escuz sans toucher à l'advocat; aussy ne faillit-elle point à tost revenir.

— Or çà, ma mye, lui dit le mary, vécy douze mille escuz; mais avecques douze mille escuz on acquiert des domaines, des hommes, des femmes, et la conscience de trois prebstres au moins; par ainsy, ie cuyde que, pour ces douze mille escuz, ie puis vous avoir corps, ame, hyppopondrilles et tout. Et i'auray créance en vous, comme ont les advocatz : donnant, donnant. Ie veulx que vous alliez incontinent chez le seigneur qui croit estre aymé ceste nuict par ma femme, et que vous le tartruphiez en luy contant comme quoy le Roy vient souper chez elle, et que, pour ce soir, il faut qu'il mette ordre à sa phantaisie autrement. Puis, cela dit, ie serai au lieu de ce beau fils et du Roy.

— Et comment? fit-elle.

— Oh! respondit-il, ie t'ai acheptée toi et tes engins. Mais tu n'auras pas resguardé deux foys les escuz que tu trouveras ung moyen de me faire avoir ma femme; car, en ceste conjoncture, tu ne pèches nullement! Est-ce pas œuvre pie de s'employer à la saincte coniunction de deux époux dont les deux mains seulement ont été mises l'une dans l'aultre devant le prebstre?

— Par ma ficque, venez, dit-elle. Après souper, les lumières seront estainctes et vous pourrez vous assouvir de ma dame, pourveu que vous ne sonniez mot. Heureusement, à ces heures ioyeuses, elle crie plus qu'elle ne parle, et n'interrogue que par gestes, car elle ha de la pudeur beaucoup, et n'ayme point à tenir de vilains proupos, comme font les dames de la court...

— Oh! fit l'advocat, tiens, prends les douze mille escuz, et ie t'en promets deux foys autant, si i'ay en fraude le bien qui m'appartient en loyaulté.

Là-dessus, ils conviendrent de l'heure, de la porte, du signal, de tout ; et la meschine s'en alla, emportant à dos de mulet, et bien accompaignée, les beaulx deniers pris un à ung par le chicquanous aux veuves, orphelins et aussy à d'aultres, lesquels alloyent tous dans le petit creuset où tout se fond, voire notre vie, qui en vient. Voilà mons l'advocat qui s'esbarbe, se perfume, met son beau linge, se passe d'oignons pour avoir ses hallenées fresches, se resconforte, se superfrise et faict tout ce qu'ung malotru de palais peut inventer pour se mettre soubz forme de guallant seigneur. Il se donne les airs d'un icune desgourd, s'éguise à estre leste, et tasche à desguiser sa face immunde ; mais il eut beau faire, il sentoyt tousiours l'advocat. Il ne feut pas si advisé que la belle buandière de Portillon, laquelle ung dimanche, se voulant mettre en atours pour ung sien amant, lessivoyt son pertuys, et glissant le pénultiesme doigt ung petit où vous savez, elle se flaira :

— Ah! mon mignon! fit-elle, tu t'advises de sentir encore! Là, là, ie vais te rincer avecques de l'eau bleue. Et tost et bien, remit au gué son *crypsimen* rusticque, ce qui l'empescha de se dilater. Mais nostre chicquanous se croyoyt le plus beau fils du monde, encore que de toutes ses drogues il fust la pire. Pour estre brief, il se vestit de légier, quoique le froid pinçast comme ung collier de chanvre, et yssit dehors, gaignant au plus vite ladicte rue de l'Hirundelle. Il y patienta ung bon tronsson de temps. Mais au moment où il cuydoyt avoir esté prins pour ung sot, lors que nuict feut, la chamberière vint luy ouvrir l'huys, et le bon mary se coula tout heureux dedans l'hostel du Roy. Ceste meschine le serra precieusement dans ung reduict qui se trouvoyt près du lict où se couchioyt sa dicte femme et, par les fentes, il la vit dans toute sa beaulté, veu qu'elle se despouilloyt de ses atours, et chaussoyt, au foyer, un habit de combat à travers lequel on apercevoyt tout. Or, cuydant estre seule avecques sa meschine, elle disoyt les folies que disent les femmes en soy vestant. — Ne vaulx-je pas bien vingt mille escuz ce soir? Et cecy, ne sera-ce pas bien payé par ung chasteau de Bric?

En disant cela, elle reslevoyt légierement deux avant-postes, durs comme bastions, lesquels pouvoyent soubstenir bien des assauts, veu qu'ils avoyent esté furieusement attaquez sans mollir.

— Mes espaules seules valent ung royaulme! dit-elle. Ie défie bien le Roy de les refaire. Mais, vray Dieu, ie commence à m'ennuyer de ce mestier. A tousiours besongner, il n'y ha point de plaisir. La meschinette soubrioyt, et la belle fille luy dit : — Ie voudroys bien te veoir en ma place...

Et la chamberière se mit à rire plus fort en luy respondant :
— Taysez-vous, mademoiselle. Il est là.
— Qui?
— Vostre mary.
— Lequel?
— Le vray.
— Chut! reprit la belle fille.

Et sa chamberière luy coupta l'adventure, voulant conserver la faveur de sa maistresse et aussy les douze mille escuz.

— Oh bien! il en aura pour son argent, dit l'advocate. Ie vais le lairrer se morfondre trez-bien. S'il taste de moy, ie veulx perdre mon lustre et devenir aussy laide que le marmouzet d'ung cistre. Tu te boutteras au lict en ma place, et tu verras à gaigner tes douze mille escuz. Va luy dire qu'il tire ses grègues de bon matin, affin que ie ne saiche tes tromperies, et ung peu avant le iour, ie viendrai me mettre à ses costez.

Le paouvre mary greslottoyt et les dents luy claquoyent fort. Aussy la chamberière ratourna devers luy, soubz le prétexte de querrir ung linge, et luy dit : — Entrestenez-vous chaud dans vostre dezir. Madame faict ce soir ses grandes quérémonies, et vous serez bien servi. Mais faictes raige sans souffler aultrement, car ie seroys perdue.

Finablement, quand le bon mary feut de tout poinct gelé, les flambeaux furent estaincts, la meschine cria tout bas dans les rideaux à la mye du Roy que le seigneur estoyt là; puis elle se mit au lict, et la belle fille sortit, comme si elle eust esté la chamberière. L'advocat yssit de sa froide cachette, et se fourra congruement entre les toiles en pourpensant en luy-mesme : — Ah! que c'est bon! De faict, la chamberière lui en donna pour plus de cent mille escuz. Et le bonhomme cogneut bien la différence qui est entre les profusions des maisons royales et la petite despense des bourgeoyses. La meschine, qui rioyt comme une pantophle, se tira de son rolle à merveille, resguallant le chicquanous de cris passablement gentils, torsions, saults, sursaults convulsifs, comme une carpe sur la paille, et faisant des ha! ha! qui la dispensoyent d'aultres paroles. Et tant par elle feut adressé de requestes, et tant furent-elles amplement respondues par l'advocat, qu'il s'endormit comme une poche vuyde; mais paravant de finer, cet amant, qui vouloyt conserver le soubvenir de ceste bonne nuictée d'amour, espila sa femme à la faveur d'ung soubresault, ie ne sais où, veu que ie n'y estoys point, et tint en sa main ce precieux gaige de la chaulde vertu de la belle fille. Vers le mattin, quand le coq chanta, la belle fille se glissa près de son bon mary, et feignit de dormir. Puis la chamberière vint frapper legierement au front du bienheureux en luy disant à l'aureille : — Il est temps. Pouillez vos chausses et tirez d'icy? Vécy le iour. Le bonhomme, griefvement marri de lairrer ce sien trésor, voulut veoir la source de son bonheur esvanouy.

— Oh! oh! fit-il en procédant au recollement des pièces, i'ay du blond, et vécy qui est noir.

— Qu'avez-vous faict? luy dit la meschine, Madame verra qu'elle ne ha point son compte.

— Oui, mais, voyez.

— Mais, fit-elle d'un air de mespris, ne sçavez-vous point, vous qui sçavez tout, que ce qui est déplanté meurt et se descolore?

Et, là-dessus, elle le gecta dehors, en s'esclatant de rire avecques la bonne gouge. Cela feut cogneu. Ce paouvre advocat, nommé Féron, en mourut de despit, voyant qu'il estoyt le seul qui n'eust point sa femme, tandis que elle qui, de ce, feut appelée la belle Féronnière, espousa, après avoir lairré le Roy, un ieune seigneur comte de Buzançois.

Et, sur ses vieulx iours, elle racontoyt ce bon tour, et en riant, veu qu'elle n'avoyt iamais pu sentir l'odeur de ce chicquanous.

Cecy nous apprend à ne point nous attacher plus que nous ne debvons à femmes qui refusent de supporter nostre ioug.

LA MYE DU ROY

Il y avoyt en ce tems ung orphebvre logé aux forges du Pont-au-Change, duquel la fille estoyt citée dans Paris pour sa trez-grande beaulté, renommée sur toute chouse pour sa genteté ; aussy, trez-bien la pourchassoyent aulcuns par les fassons accoustumées de l'amour ; et tant, que certains auroyent baillé de l'argent au père pour avoir sa dicte fille comme véritable espouze, ce qui le rendoyt aise tant que ie ne sauroys dire.

Ung sien voisin, advocat au parlement, lequel, force de vendre son bagoust aux aultres, avoyt autant de domaines que ung chien a de puces, s'advisa d'offrir audict père ung hostel en recognoissance de son consentement à ce mariaige, dont il vouloyt se chausser. A quoy ne faillit point l'orphebvre. Il octroya sa fille, sans avoir soulcy de ce que cettuy chapperon fourré avoyt une mine de cinge, peu de dents en ses mandibules, encore bransloyent-elles, et sans mesme le flairer, quoique il fust ord et puant comme tous iusticiards qui croupissent de reste ez fumiers du palais, parchemins, *olim*, et noires procedures.

Ores que la belle fille le vit, elle dit de prime face : — Mercy Diou ! ie n'en veux point.

— Ce n'est mon compte ! dit le père, qui avoyt déià prins l'hostel en goust. Ie te le donne pour espoux. Accordez vos musicques. Cela maintenant le resguarde, et son office est de t'agréer.

— Est-ce ainsy ? fit-elle. Eh bien ! devant que de vous obéir, ie luy diray son faict.

Et le soir mesme, après souper, lors que l'amoureux commença de luy exposer son cas bruslant, luy desclairant comme il estoyt feru d'elle et luy promettant grant chiere pour le demourant de sa vie, elle luy respondit de brief :

— Mon père vous ha vendu mon corps ; mais, si le prenez, vous ferez de moi une gouge, veu que i'aimeroys mienlx estre aux pas-

ficts de ses confessades. Mais un iour, le couraigeux cnanoine se trouva foyble des reins, veu qu'il avoyt bien soixante et huict ans; et, de faict, avoyt usé bien des confessionnaulx. Alors, se ramentevant toutes ses bonnes œuvres, il creut pouvoir cesser ses travaulx apostolicques, d'autant qu'il possédoyt environ cent mille escuz, gaignés à la sueur de son corps. Dès ce iour il ne confessa plus que les femmes de haut lignaige, et trez-bien. Aussy disoyt-on à la court que, maugré les efforts des meilleurs ieunes clercs, il n'y avoyt encore que le chanoine de Sainct-Pierre-aux-Bœufs pour bien blanchir l'ame d'une femme de condition. Puis, enfin, le chanoine devint, par force de nature, un beau nonagenaire, bien neigeux de la teste; tremblant des mains, mais quarré comme une tour; ayant tant craché sans tousser, qu'il toussoyt lors sans pouvoir cracher; ne se levant plus de sa chaire, luy qui s'estoyt tant levé par humanité; mais beuvant frays, mangeant rude, ne sonnant mot, et ayant toutes les apparences d'un vivant chanoine de Nostre-Dame. Veu l'immobilité de ce susdict chanoine; veu les relations de sa vie maulvaise qui, depuys ung peu de tems, couroyent parmy le menu peuple tousiours ignare; veu sa resclusion muette, sa florissante santé, sa ieune vieillesse, et aultres choses longues à dire, il y avoyt aucunes gens, lesquels, pour faire du merveilleux et nuire à nostre saincte religion, s'en alloyent disant que le vray chanoine estoyt piéçà deffunct, et que depuys plus de cinquante ans le diable logeoyt au corps du dict frocquart. De faict, il sembloyt à ses anciennes praticques que le diable seul avoyt pu, par sa grant chaleur, fournir aux distillations herméticques qu'elles se ramentevoyent avoir obtenues, à leurs soubhaits, de ce bon confesseur qui tousiours avoyt le diable au corps. Mais, comme ce diable estoyt notablement cuict et ruyné par elles et que, pour une royne de vingt ans il n'auroyt pas bougé, les bons esperitz et ceulx qui ne manquoyent point de sens, ou les bourgeoys qui arraisonnoyent sur toutes choses, gens qui trouveroyent des poulx sur testes chaulves, demandoyent pourquoy le diable restoyt soubz forme de chanoine, alloyt à l'ecclise Nostre-Dame, aux heures où vont chanoines, et s'adventuroyt jusqu'à gober les perfums de l'encens, gouster à l'eaue benoiste, puis mille aultres choses!

A ces proupos héréticques, les ungs disoyent que le diable vouloyt sans doubte se convertir, et les aultres, que il demouroyt en fasson de chanoine, pour se mocquer des trois nepveux et héritiers de ce susdict brave confesseur, et leur faire attendre iusques au iour de leur propre trespas la succession ample de cet oncle vers lequel ils se desportoyent tous les iours, allant resguarder si le bonhomme avoyt les yeulx ouverts ; et de faict, le trouvoyent tousiours l'œil clair, vivant et aguassant comme œil de basilic, ce qui les divertissoyt beaucoup, veu qu'ils aymoyent trez-fort leur oncle, en paroles. A ce subiect, une vieille femme racontoyt que pour seur le chanoine estoyt le diable, pour ce que deux de ses nepveux, le procureur et le capitaine, conduisant à la nuict leur oncle, sans fallôt ni lanterne, au rattourner d'ung souper chez le pénitencier, l'avoyent faict, par inadvertence, trebuchier dans ung bon tas de pierres amassées pour élever la statue de sainct Christophe. D'abord le vieillard avoyt faict feu en tombant, puys s'estoyt, aux cris de ses chiers nepveux et aux lueurs des flambeaux qu'ils vindrent querrir chez elle, retrouvé debout, droict comme une quille et guay comme un esmerillon, disant que le bon vin du pénitencier luy avoyt donné le couraige de soutenir ce choc, et que ses os estoyent bien durs et avoyent eu des assaults plus rudes. Les bons nepveux, le cuydant mort, feurent bien estonnés, et virent que le tems ne viendroyt pas facilement à bout de casser leur oncle, veu qu'à ce mestier les pierres avoyent tort. Aussy ne l'appeloyent-ils pas leur bon oncle à faulx, veu qu'il estoyt de bonne qualité. Aulcunes meschantes langues disoyent que le chanoine avoyt trouvé tant de ces pierres sur son passaige, qu'il restoyt chez luy, pour n'estre point malade de la pierre, et que la crainte du pire estoyt la cause de sa reclusion.

De tous ces dires et rumeurs, il conste que le vieulx chanoine, diable ou non, demouroyt en son logiz, ne vouloyt point trespasser, et avoyt trois héritiers avecques lesquels il vivoyt comme avecques ses sciaticques, maulx de reins et aultres dependances de la vie humaine. Desdicts trois héritiers, un estoyt le plus maulvais soudard qui fust issu d'ung ventre de femme, et il avoyt deu bien deschirer l'estoffe de sa mère, en cassant sa cocquille, veu qu'il estoyt sorti de là avecques des dents et du poil. Aussy mangeoyt-il aux deux tems du verbe, le présent et l'advenir, ayant des garses à luy, dont il payoyt les escoffions ; tenant de l'oncle pour la durée, la force et le bon usaige de ce qui est souvent de service. Dans les grosses batailles, il taschoyt de donner des horions sans en recepvoir, ce qui est et sera tousiours le seul problesme à résoudre en guerre; mais il ne s'y espargnoyt iamais; et, de faict, comme il n'avoyt point d'aultre vertu, hormis sa bravoure, il feut capitaine d'une compaignie de grantes lances et fort aymé du duc de Bourgongne, lequel s'enquéroyt peu de ce que faisoyent *aliàs* ses soudards. Cettuy nepveu du diable avoyt nom le capitaine Cochegrue; et ses créanciers, les lourdiers, bourgeoys ou aultres dont il crevoyt les posches, l'appeloyent le *Mau-cinge*, veu qu'il estoyt malicieux autant que fort; mais il avoyt de plus le dos guasté par l'infirmité naturelle d'une bosse, et ne falloyt point faire mine de monter dessus pour veoir plus loing, car il vous auroyt navré, sans conteste.

Le secund avoyt estudié les coustumes, et, par la faveur de son oncle, estoyt devenu bon procureur et plaidoyt au palais, où il faisoyt les affaires des dames que iadis le chanoine avoyt le mieulx confessées. Cettuy-là se nommoyt Pille-grue, pour le railler sur son vray nom qui estoyt Cochegrue, comme celui du capitaine, son frère. Pille-grue avoyt ung chétif corps, sembloyt lascher de l'eaue trez-froide, estoyt pasle de visaige, et possédoyt une physionomie en manière de bec de fouyne. Ce néanmoins, il valloyt bien ung denier de plus que ne valoyt le capitaine, et portoyt à son oncle une pinte d'affection; mais depuis environ deux ans, son cueur s'estoyt ung peu feslé, et, goutte à goutte, sa recognoissance avoyt fuy; de sorte que, de temps à aultre, quand l'aër estoyt humide, il aimoyt à mettre ses pieds dedans les chausses de son oncle, et à presser par advance le ius de ceste tant bonne succession.

Luy et son frère le soudard trouvoyent leur part bien légiere, veu que, loyaulment, en droict, en faict, en iustice, en nature et en réalité, besoing estoyt de donner la tierce partie du tout à ung paouvre cousin, fils d'une aultre sœur du chanoine, lequel héritier, peu aymé du bonhomme, restoyt aux champs où il estoyt bergier près Nanterre. Cettuy gardien de bestes, paysan à l'ordinaire, vint en ville sur l'advis de ses deux cousins, qui le mirent en la maison de leur oncle, dans l'espoir que tant par ses asneries, lourderies, tant par son deffault d'engin, tant par son maltalent, il seroyt desplaisant au chanoine qui le mettroyt à la porte de son testament. Doncques, ce paouvre Chiquon, comme avoyt nom le bergier, habitoyt, luy seul, avecques son vieil oncle, depuis ung mois environ; et trouvant plus de prouffict ou de divertissement à guarder un abbé qu'à veigler sur des moutons, se fit le chien du chanoine, son serviteur, son baston de vieillesse, luy disant : — Dieu vous conserve! quand il pettoyt ; — Dieu vous saulve! quand il esternuoyt, et — Dieu vous garde! quand il rotoyt; allant veoir s'il pleuvoyt, où estoyt la chatte, restant muet, escoutant, parlant, recevant les tousseries du bonhomme par le nez, l'admirant comme le plus beau chanoine qui fust au monde, le tout de cueur, en bonne franchise, ne saichant point qu'il le leschoyt à la manière des chiennes qui espoussettent leurs petits : et l'oncle, auquel ne falloyt point apprendre de quel costé du pain estoyt la frippe, rebuttoyt ce paouvre Chiquon, le faisoyt virer comme un dez ; tousiours appelant Chiquon, et tousiours disant à ses aultres nepveux que ce Chiquon l'aidoyt à mourir, tant baslourd qu'il estoyt. Là-dessus, oyant cela, Chiquon se demenoyt à bien faire à son oncle, et s'esguisoyt l'entendement à le mieulx servir; mais, comme il avoyt l'arrière-train formulé comme une paire de citrouilles, estoyt large des épaules, gros des membres, peu desgourd, il ressembloyt davantaige au sieur Silène qu'à ung légier Zéphirus. Au faict, le paouvre bergier, homme simple, ne pouvoyt se repestrir ; aussy restoyt-il gros et gras, en attendant la succession pour se maigrir.

Ung soir, monsieur le chanoine discouroyt sur le compte du diable et sur les griefves angoisses, supplices, tortures, etc., que Dieu chauffroyt pour les damnés ; et le bon Chiquon, escoutant, d'ouvrir des yeulx grants comme la gueule d'un four, à ces devizs sans en rien croire.

— Vère, fit le chanoine, n'es-tu pas chrestien!

— En dà! oui, respondit Chiquon.

— Eh bien! il y ha ung paradiz pour les bons, ne faut-il point un enfer pour les meschans?

— Oui, monsieur le chanoine ; mais le diable n'est point utile... Si vous aviez céans ung meschant qui vous mettroyt tout cen dessus dessoubz, ne le boutteriez-vous point dehors?

— Oui, Chiquon...

— Ho bien! monsieur mon oncle, Dieu seroyt bien nigaud d lairrer dans cettuy monde, qu'il ha si curieusement basti, un abominable diable espéciallement occupé à lui guaster tout... Foin ! ie ne recognoys point de diable, s'il y ha ung bon Dieu... Fiezvous là-dessus. Ie voudrois bien veoir le diable!... Ha! ie n'ay point paour de ses griphes...

— Ah! si i'estoys dans ta fiance, ie n'auroys nul soulcy de mes ieunes ans où ie confessoys bien dix foys par chascun iour...

— Confessez encores, monsieur le chanoine !... ie vous afferme que ce seront mérites précieux là-hault.

— Là, là, est-ce vray ?...

— Oui, monsieur le chanoine.

— Tu ne trembles point, Chiquon, de nier le diable?...

— Ie m'en soulcie comme d'une gerbe de feurre !...

— Il t'adviendra du déplaisir de ceste doctrine.

— Nullement! Dieu me deffendra bien du diable, pour ce que ie le crois plus docte et moins beste que le font les savans.

Là-dessus, les deux aultres nepveux entrèrent, et recoignoissant à la voix du chanoine qu'il ne haïssoyt point trop Chiquon, et que les doléances qu'il faisoyt à son endroict estoyent de vrayes cingeries pour desguiser l'affection qu'il luy portoyt, se resguardèrent bien estonnez.

Puis, voyant leur oncle en train de rire, ils lui dirent :

— Si vous veniez à tester, à qui lairreriez-vous la maison?

— A Chiquon.

— Et les censives de la rue Sainct-Denis ?

— A Chiquon.

— Et le fief de Ville-Parisis ?

— A Chiquon.

— Mais, fit le capitaine de sa grosse voix, tout sera doncques à Chiquon ?

— Non, respondit le chanoine en soubriant, pour ce que i'auray beau tester en bonne forme, mon héritaige sera au plus fin de vous trois. Ie suis si près de l'advenir que i'y vois lors clairement vos destins.

Et le rusé chanoine gecta sur Chiquon ung resguard malicieux comme auroyt peu faire une linotte coëffée à ung mignon pour l'attirer en son clapier. Le feu de cet œil flambant esclaira le bergier, qui, dès ce moment, eut l'entendement, les aureilles, tout desbrouillé, et la cervelle ouverte, comme est une pucelle le lendemain de ses nopces. Le procureur et le capitaine, prenant ces dires pour prophéties d'évangile, tirèrent leurs révérences et sortirent du logiz, tout chicquanés des visées saugrenues du chanoine.

— Que penses-tu de Chiquon? dit Pille-grue au Mau-cinge.

— Ie pense, ie pense, fit le soudard en grondant, que ie pense à m'embusquer dans la reüe de Jerusalem, pour luy mettre la teste in bas de ses pieds. Il la recollera si bon luy semble.

— Oh! oh! fit le procureur, tu as une fasson de blessure qui se recongnoistroyt, et l'on diroyt : — C'est Cochegrue. Moy ie songeoys à le convier d'ung disner après lequel nous iouerions à nous boutter dans ung sacq, à ceste fin de veoir, comme chez le roy, à qui marcheroyt mieulx ainsy accoustré. Puis, l'ayant cousu, nous le proiecterions dans la Seyne, en le priant de nager...

— Cecy veult estre bien meuri, reprit le soudard.

— Oh! c'est tout meur, fit l'advocat. Le cousin estant au diable, l'hoyrie sera pour lors entre nous deux.

— Ie veulx bien, dit le batailleur. Mais besoing sera d'estre ensemble comme deux iambes d'ung mesme corps, car, si tu es fin comme soye, ie suis fort comme acier; et les dagues valent bien les lassets!... Oyez ça! mon bon frère...

— Oui!... fit l'advocat, la cause est entendue; maintenant, sera-ce le fil ou le fer?...

— Eh! ventre de Dieu! est-ce doncques ung roy que nous avons à deffaire? Pour ung simple lourdeaud de bergier faut-il tant de paroles!... Allons! vingt mille francs sur l'hoyrie à celuy de nous qui, premier, l'aura descoupé!... Ie luy dirai de bon foye : — Ramasse ta teste.

— Et moy : — Nage, mon amy!... s'escria l'advocat en riant comme la fente d'ung pourpoinct.

Puis ils s'en allèrent souper, le capitaine chez sa gouge, et l'advocat chez la femme d'un orphebvre de laquelle il estoyt l'amant.

Qui feut esbahy?... Chiquon! Le paouvre bergier entendoyt le deviz de sa mort, encores que ses deux cousins se pourmenassent dans le parviz, et se parlassent l'un à l'autre comme ung chascun parle à l'ecclise en priant Dieu. Aussy Chiquon estoyt fort en poine de sçavoir si les paroles montoyent ou si ses aureilles estoyent descendues.

— Entendez-vous, monsieur le chanoine?

— Oui! fit-il, i'entends le bois qui sue dans le feu...

— Ho! ho! respondit Chiquon, si ie ne crois point au diable, ie crois en sainct Michel, mon ange gardien, et ie cours là où il m'appelle...

— Va! mon enfant! dit le chanoine, et prends guarde de te mouiller ou de te faire trencher la teste, car ie crois entendre ruisseler de l'eaue; et les truands de la rue ne sont pas tousiours les plus dangereux truands...

A ces mots, Chiquon s'estomira bien fort, et, resguardant le chanoine, luy trouva l'aër bien guay, l'œil bien vif et les pieds bien crochus; mais, comme il avoyt à mettre ordre au trespas qui le menassoyt, il songea qu'il auroyt tousiours le loisir d'admirer le chanoine ou de luy ronguer les ongles, et il dévalla vitement par la ville, comme femme trottant menu devers son plaisir.

— Ses deux cousins, n'ayant nulles présumptions de la science divinatoire dont les bergiers ont maintes bourasques passaigieres, avoyent souventes foys devisé devant luy de leurs traisnées secrettes, le comptant pour rien.

Or, ung soir, pour divertir le chanoine, Pille-grue luy avoyt raconté comment s'y prenoyt, en amour, la femme de cet orphebvre à la teste duquel il aiustoyt trez-bien des cornes ciselées, brunies, sculptées, historiées comme salières de prince. La bonne demoiselle estoyt, à l'entendre, ung vray moule à goguettes, hardie à la rencontre; despeschant une accolade pendant le tems que son mary montoyt les degrez, sans s'esbahir de rien; dévorant la denrée comme si elle goboyt une fraize; ne songeant qu'à hutiner; tousiours vétillant, frétillant; gaye comme une honneste femme à qui rien ne fault; contentant son bon mary qui la chérissoyt aussy fort qu'il pouvoyt aymer son gosier; et fine comme ung perfum; et tant que, depuis cinq ans, elle affustoyt si bien le train de son mesnaige et le train de ses amours, qu'elle avoyt renom de preude femme, la confiance de son mary, les clefs du logiz, la bourse, et tout.

— Et quand doncques iouez-vous de la fluste douce? demanda le chanoine.

— Tous les soirs. Et bien souvent ie couche avecques elle.

— Et comment? fit le chanoine estonné.

— Vécy comme. Il y ha dans un réduict voisin un grant bahut où ie me loge. Quand son bon mary rentre de chez son compère le drapier, où il va souper tous les soirs, pour ce qu'il en faict souvent la besogne près de la drapière, ma maistresse obiecte ung peu de maladie, le laisse couchier seul, et s'en vient faire panser son mal dans la chambre au bahut. L'endemain, quand mon orphebvre est à sa forge, ie devalle; et, comme la maison ha une issue sur le pont et l'aultre en la rue, ie suis tousiours venu par l'huys où le mary n'est pas, soubz prétexte de luy parler de ses procès que i'entretiens tous en ioye et en santé, ne les lairrant point finer. C'est ung cocquaige à rentes, veu que les menus frays et loyaulx cousts des procedures luy despensent autant que chevaulx en l'escuyrie. Il m'ayme beaucoup comme tout bon cocqu doibt aymer celuy qui l'aide à bescher, arrouzer, cultiver, labourer le iardin naturel de Vénus, et il ne faict rien sans moy.

Or ces praticques revinrent en mémoire du bergier, qui feut illuminé par une lueur issue de son dangier, et conseillé par l'intelligence des mesures conservatoires dont chaque animal possède une dose suffisante pour aller iusqu'au bout de son peloton de vie. Aussy, Chiquon gaigna de pied chauld la rue de la Calandre, où debvoyt estre l'orphebvre en train de souper avecques sa commère; et, après avoir cogné à l'huys, respondu à l'interrogatoire à travers la petite grille, et s'estre dict messaigier de secrets d'Estat, il feut admiz au logiz du drapier. Or, venant droict au faict, il fit lever de table le ioyeulx orphebvre, le destourna dans un coing de la salle, et, là, luy dit : — Si ung de vos voisins vous plantoyt ung taillis sur le front, et qu'il vous fust livré pieds et poings liez, ne le boutteriez-vous point dans l'eaue?

— Trez-bien, fit l'orphebvre, mais, si vous vous gaussez de moy, ie vous congneray dur.

— Là! là! reprint Chiquon, ie suis de vos amys, et viens vous advertir que, autant de foys vous avez préconisé la drapière de céans, autant l'a esté vostre bonne femme par l'advocat Pille-grue; et, si vous voulez revenir à vostre forge, vous y trouverez bon feu. A vostre venue, celuy qui balaye gentiment ce que vous sçavez pour le tenir propre se bouttera dedans le grant bahut aux hardes. Or, faictes estat que ie vous achepte ledict bahut, et que ie seray sur le pont avecques ung charreton, à vostre commandement.

Ledict orphebvre print son manteau, son bonnet, faulsa compaignie à son compère, sans dire ung mot, et courut à son trou comme ung rat empoisonné. Il arrive et frappe; on ouvre, il entre, monte les degrez en haste, trouve deux couverts entend fermer le bahut, voit sa femme revenant de la chambre aux amours, et lors il luy dict : — Ma mye, vécy deux couverts.

— Hé bien! mon mignon, ne sommes-nous pas deux?

— Non, fit-il, nous sommes trois.

— Votre compère vient? fit-elle en resguardant aussitost par les degrez avecques une parfaicte innocence.

— Non, ie parle du compère qui est dans le bahut.

— Quel bahut? fit-elle. Estes-vous en vostre bon sens? Où voyez-vous ung bahut? Met-on des compères dans les bahuts Suis-je femme à loger des bahuts pleins de compères? Depuis quand les compères logent-ils dans des bahuts? Rentrez-vous fol, pour mesler vos compères et vos bahuts? Ie ne vous congnoys de compère que maistre Corneille le drapier, et de bahut que celuy où sont nos hardes.

— Oh! fit l'orphebvre. Ma bonne femme, il y ha ung maulvais garson qui est venu m'advertir que tu te laissoys chevaulcher par nostre advocat, et qu'il estoyt dans ton bahut.

— Moy, fit-elle, ie ne sçauroys sentir ces chicquaniers, ils besongnent tout de travers...

— Là! là! ma mye, reprint l'orphebvre, ie te cognoys pour une bonne femme, et ne veulx point avoir de castille avecques toy pour ung meschant bahut. Le donneur d'adviz est ung layetier auquel ie vais vendre ce maudit bahut que ie ne veulx plus iamais voir céans; et, pour celuy-là, il m'en vendra deux iolys petits, où il n'y aura pas tant seulement la place d'un enfant : par ainsy, les meschanceteries et hableries des envieux de ta vertu seront estainctes, faulte d'aliment.

— Vous me faictes bien plaisir, dit-elle, ie ne tiens point à mon bahut, et, par adventure, il n'y ha rien dedans. Nostre linge est à la buanderie. Il sera facile d'emporter dès demain matin ce bahut de meschief. Voulez-vous souper?

— Nenny! dit-il, ie souperai de meilleur appetit sans ce bahut.

— Ie vois, dit-elle, que le bahut sortira plus facilement d'icy que de vostre teste...

— Holà, hé! cria l'orphebvre à ses forgerons et apprentifs. Descendez.

En ung clin d'œil, ses gens feurent en pied. Puis, luy, le maistre, leur ayant commandé briefvement la manutention dudict bahut, le meuble aux amours feut soudainement transfreté par la salle; mais en passant, l'advocat, se trouvant les pieds en l'air, ce dont il n'avait coustume, trebuchia ung petit.

— Allez, dit la femme, allez ! c'est le montant qui bouge.

— Non, ma mye, c'est la cheville.

Et, sans aultre conteste, le bahut glissa trez-gentement le long des degrez.

— Holà, le charreton ! fit l'orphebvre.

Et Chiquon de venir en sifflant ses mules, et bons apprentifs de boutter le bahut processif dessus charrette.

— Hé, hé ! fit l'advocat.

— Maistre, le bahut parle, dit un apprentif.

— En quelle langue ? fit l'orphebvre en luy donnant ung bon coup de pied entre deux gentillesses qui heureusement n'estoyent point de verre. L'apprentif alla cheoir sur ung degré, de sorte qu'il discontinua ses estudes en langue de bahut. Le bergier, accompaigné du bon orphebvre, emmena tout le bagaige au bord de l'eaue, sans escouter la haulte éloquence du bois parlant; et, luy ayant adiouxté quelques pierres, l'orphebvre le gecta en la Seyne.

— *Nage, mon amy!* cria le bergier d'une voix suffisamment raillarde, au moment où le bahut s'humecta en faisant ung beau petit plongeon de canard. Puis, Chiquon continua d'aller par le quay iusques en la reue du port Sainct-Landry, près le cloistre Nostre-Dame. Là, il advisa ung logiz, recogneut la porte et y frappa rudement.

— Ouvrez, dit-il, ouvrez de par le Roy !

Oyant cela, ung vieil homme, qui n'estoyt aultre que le fameux lombard Versoris, accourut à l'huys.

— Qu'est cecy ? fit-il.

— Ie suis envoyé par le prevost pour vous prévenir de faire bonne guette ceste nuict, respondit Chiquon, comme de son costé il mettra sur pied ses archers. Le bossu qui vous a volé est de retour. Demourez ferme soubz les armes, car il pourroyt bien vous délivrer du restant.

Ayant dict, le bon bergier lascha pied et courut en la reue des Marmouzets, à la maison où le capitaine Cochegrue estoyt à bancqueter avecques la Pasquerette, la plus iolye des villotières, et la plus mignonne en perversitez qui fust alors, au dire de toutes les filles de ioye. Le resguard d'icelle estoyt vif, perçant comme ung coup de poignard. Son allure estoyt si chatouilleuse à la veue, qu'elle eust mis le paradiz en rut. Enfin elle estoyt hardie comme une femme qui n'a plus d'aultre vertu que l'insolence. Le paouvre Chiquon estoyt bien empesché, en allant au quartier des Marmouzets. Il avoyt grant paour de ne point descouvrir le logiz de la Pasquerette, ou de trouver les deux pigeons couchiez; mais ung bon ange accommodoyt espécialement les chouses à sa guyse. Vécy comme. En entrant dans la reue des Marmouzets, il vit force lumières aux croizées, testes coëffées de nuict dehors, et bonnes gouges, villotières, femmes de mesnaige, marys, demoiselles, ung chascun freschement levé, se resguardant comme si l'on menoyt pendre ung voleur aux flambeaux.

— Et qu'y a-t-il? fit le bergier à ung bourgeoys, lequel en grant haste estoyt sur sa porte avecques une pertuysane en la main.

— Oh! ce n'est rien, respondit le bon homme. Nous cuydions que les Armignacs dévalloyent par la ville; mais c'est le Mau-cinge qui bat la Pasquerette.

— Où est-ce? demanda le bergier.

— Là-bas, à ceste belle maison dont les piliers ont en hault des gueules de beaulx crapauds volans bien mignonnement engravées. Entendez-vous les varlets et les chamberières?

Et, de faict, ce n'estoyent que cris : — Au meurtre! au secours! Holà! Venez! Puis, dans la maison, pleuvoyent les coups; et le Mau-cinge disoyt de sa grosse voix : — A mort la garse! Tu chantes, ribaulde! Ah! tu veux des escuz! en voilà!

Et la Pasquerette gémissoyt : Hein! hein! ie meurs! à moy! Hein! hein!... Lors ung grant coup de fer, puis la lourde chute du légier corps de la iolye fille sonnèrent, et feurent suyvis d'ung grant silence; après quoy les lumières s'esteignirent : serviteurs, chamberières, convives et aultres rentrèrent; et le bergier, qui estoyt advenu à temps, monta les degrez de compaignie avecques eulx. Mais en voyant dedans la salle haulte les flaccons cassez, les tapisseries coupées, la nappe à terre avecques les plats, ung chascun demoura coi.

Le bergier, hardi comme un homme adonné à ung seul vouloir, ouvrit l'huys de la belle chambre où couchioyt la Pasquerette, et la trouva toute deffaicte, les cheveulx espars, la gorge de travers, gisant sur son tapis ensanglanté; puis le Mau-cinge, esbahi, qui avoyt le verbe bien bas, ne saichant plus sur quelle note chanter le reste de son antienne.

— Allons! ma petite Pasquerette, ne fais point la morte? Viens ça, que ie te raccomode? Ah! sournoyse, deffuncte ou vivante, tu es si iolye dans le sang, que ie vais t'accoller!

Ayant dict, le rusé soudard la print et la gecta sur le lict; mais lle y tomba tout d'une pièce et roide comme le corps d'ung endu. Ce que voyant, le compaignon creut qu'il debvoyt tirer sa bosse du jeu; cependant, le malicieux, avant de lever le pied, dit : — Paouvre Pasquerette! Comment ai-je pu meurdrir une si bonne fille que i'aimoys tant! Mais oui, ie l'ay tuée, et la chouse est claire; car, de son vivant, iamais son ioly tettin ne se fust laissé cheoir comme il est! Vrai Dieu! l'on diroyt un escu au fond d'ung bissac.

Sur ce, la Pasquerette ouvrit l'œil et inclina légierement la teste pour veoir à sa chair, qui estoyt blanche et ferme; lors, elle revint à la vie par un grant soufflet qu'elle bailla sur la ioue du capitaine.

— Voilà pour médire des morts, fit-elle en soubriant.

— Et pourquoy doncques vous tuoyt-il, ma cousine? demanda le bergier.

— Pourquoi? demain les sergens viennent tout saisir léans, et luy qui n'ha pas plus de monnoye que de vertus me reprouchoyt de vouloir faire plaisir à ung ioly seigneur, lequel me doibt saulver de la main de iustice.

— Pasquerette, ie te rompray les os!

— Là! là! dit Chiquon, que pour lors le Mau-cinge recogneut, n'est-ce que cela? Oh bien! mon bon amy, ie vous apporte de notables sommes!

— Et d'où? demanda le capitaine esbahi.

— Venez icy, que ie vous parle en l'aureille. Si quelques trente mille escuz se pourmenoyent nuictamment à l'umbre d'ung poirier, ne vous baisseriez-vous point pour les serrer, affin qu'ils ne se guastassent pas?

— Chiquon, ie te tue comme ung chien, si tu te railles de moy, ou ie te bayse là où tu voudras, si tu me mets en face de trente mille escuz, quand mesme besoing seroyt de tuer trois bourgeoys au coin d'un quay.

— Vous ne tuerez seulement pas ung bonnet. Vécy le faict. I'ai pour amye, en toute loyaulté, la servante du lombard qui est en la Citté prouche le logiz de nostre bon oncle. Or, ie viens de sçavoir, de science certaine, que ce chier homme est parti ce matin aux champs, après avoir enfouy soubz ung poirier de son iardin ung bon boisseau d'or, cuydant n'estre veu que des anges, Mais la fille, qui avoyt, par adventure, ung grant mal de dents et prenoyt l'aër à sa lucarne, a espié le vieulx torssonnier sans le vouloir, et ha iasé avecques moy par mignardise. Si vous voulez iurer de me faire bonne part, ie vous presteray mes espaules à ceste fin de grimper en la creste du mur, et, de là, vous gecterez sur le poirier qui est iouxtant le mur. Hein ! direz-vous que ie suis ung balourd, ung bestial ?

— Nenny ! tu es ung bien loyal cousin, un honneste homme ; et, si tu as iamays à mettre un ennemi à l'umbre, ie suis là, prest à tuer mesme ung de mes amys pour toy. Ie suys non plus ton cousin, ains ton frère. — Holà ! ma mye, cria le Mau-cinge à la Pasquerette, redresse les tables ; essuye ton sang, il m'appartient, ie te le paie et t'en bailleray du mien, cent foys autant que ie t'en ay prins. Fais tirer du meilleur ; raffermis nos oyseaux effarouchiés ; raiuste tes juppes ; ris, ie le veulx ; voys aux ragousts et reprenons nos prières du soir où nous les avons laissées ; demain ie te fais plus brave que la royne. Vécy mon cousin que ie veulx resgualer, quand pour ce besoing seroyt de gecter la maison par les fenestres ; nous retrouverons tout demain dedans les caves. Sus ! sus aux iambons !

Lors, et en moins de tems qu'ung prebstre n'en met à dire son *Dominus vobiscum*, tout le pigeonnier passa des larmes au rire, comme il avoyt passé du rire aux larmes. Il n'y ha que dans ces maisons emputanées où se fasse ainsy l'amour à coups de dague, et où s'esmeuvent des tempestes ioyeulzes entre quatre murs ; mais ce sont chouses que n'entendent point les dames à haults collets. Ledict capitaine Cochegrue feut guay comme ung cent d'escholiers au desjucher de la classe, et fit bien boire son bon cousin, lequel avaloyt tout rusticquement, et trencha de l'homme yvre, en débagoulant mille sornettes : comme quoy, demain, il achepteroyt Paris ; presteroyt cent mille escuz au roy ; pourroyt fianter dans l'or ; enfin, dit tant de bourdes, que le capitaine, redoutant quelques fascheux advœux, et l'estimant bien desfoncé de cervelle, l'emmena dehors, en bonne intention, lors du partaige, d'entamer Chiquon, pour veoir s'il n'avoyt point une esponge dans l'estomach, pour ce qu'il venoyt de humer ung grantissime quartaud de bon vin de Suresne. Ils allèrent devisant de mille chouses théologicques qui s'embrouilloyent trez-fort et finèrent par se couler d'un pied muet ius au mur du iardin où estoyent les escuz du lombard. Ledict Cochegrue, se faisant ung planchier des larges espaules de Chiquon, saulta sur le poirier en homme expert ez assaults des villes ; mais Versoris, qui le guettoyt, luy fit une entaille à la nuque et la réitéra si druement, que, en trois coups, le chief dudict Cochegrue tomba, non sans qu'il eust entendu la voix claire du bergier qui luy crioyt : — *Ramasse ta teste, mon amy!*

Là-dessus, le généreux Chiquon, en qui la vertu recevoyt sa récompense, cuyda qu'il seroyt saige de retourner au logiz du bon chanoine, dont l'héritaige estoyt, par la graace de Dieu, méthodicquement simplifié. Doncques, il gaigna la rue Sainct-Pierre-aux-Bœufs à grant renfort de pieds, et bientost dormit comme ung nouveau-né, ne saichant plus ce que vouloyt dire le mot cousin-germain. Or, le lendemain, il se leva, suyvant la coustume des bergiers, avecques le soleil, et vint en la chambre de son oncle pour s'enquérir s'il crachoyt blanc, s'il toussoyt, s'il avoyt eu bon sommeil ; mais la vieille meschinarde luy dit que le chanoine, entendant sonner les matines de sainct Maurice, premier patron de Nostre-Dame, avoyt esté, par révérence, en la cathédrale, où tout le chapitre debvoyt desieuner chez l'évesque de Paris. Sur ce, Chiquon respondit : — Monsieur le chanoine est-il hors de sens d'aller se rafreschir ainsy ; gaigner des rheumes, amasser froid aux pieds ; veut-il crever ? Ie vais luy allumer ung grant feu pour le resconforter à son retour.

Et le bon bergier saillit en la salle où se tenoyt voulentiers le chanoine ; mais, à son grant esmoy, le vit siz en sa chaire.

— Ha! ha! que dict-elle, ceste folle de Buyrette? ie vous sçavoys bien trop advisé pour estre à ceste heure iuchié en vostre stalle du chœur.

Le chanoine ne sonna mot. Le bergier, qui estoyt, comme tous les contemplateurs, homme de sens caché, n'ignoroyt point que parfoys les vieillards ont de saiges lubies, conversent avecques les essences des chouses occultes et achevent de marmotter, en dedans d'eulx, des discours aultres que ceulx dont s'agit ; en sorte que, par révérence et en grant respect des méditations absconses du chanoine, il alla se seoir à distance et attendit la fin de ces songeries, en vérifiant, sans mot dire, la longueur des ongles du bonhomme, lesquels faisoyent mine de trouer les souliers. Puis, considérant attentivement les pieds de son chier oncle, il feut esbahi de veoir la chair de ses iambes si cramoizie qu'elle rougissoyt les chausses et sembloyt tout en feu à travers les mailles.

— Il est doncques mort ! pensoyt Chiquon.

En ce moment l'huys de la salle s'ouvrit, et il vit encores le chanoine qui, le nez gelé, revenoyt de l'office.

— Ho ! ho ! fit Chiquon, mon oncle, estes-vous hors de sens ? faictes doncques attention que vous ne debvez pas estre à la porte, pour ce que vous estes déia six en votre chaire au coing du feu, et qu'il ne peut pas y avoir deux chanoines comme vous au monde !

— Ah ! Chiquon, il y ha eu ung tems où i'auroys bien voulu estre en deux endroicts à la foys ; mais cela n'est point du faict de l'homme ; il seroyt trop heureux ! As-tu la berlue ? ie suis seul icy !

Lors Chiquon, destournant la teste vers la chaire, la trouva vuyde, et, bien surprins, comme debvez le croire, il s'en approucha et recogneut sur le carreau ung petit tas de cendres d'où fumoyt une senteur de soulphre.

— Ha ! fit-il tout espanté, ie recognoys que le diable s'est conduict à mon esguard en guallant homme ; ie prieray Dieu pour luy.

Et, là-dessus, il raconta naïfvement au chanoine comment le diable s'estoyt diverti à faire de la providence, et l'avoyt aydé à se débarrasser loyalement de ses maulvais cousins ; ce que le bon chanoine admira fort et conceut trez-bien, veu qu'il avoyt beaucoup de bon sens encores, et souventes foys avoyt observé des chouses qui estoyent à l'advantaige du diable. Aussy ce vieulx bonhomme de prebstre disoyt-il qu'il se rencontroyt tousiours autant de bien dans le mal que de mal dans le bien, et, partant, qu'il falloyt estre assez nonchalant de l'aultre vie : ce qui estoyt une griefve hérezie, dont maint concile a faict iustice.

Voilà comment les Chiquons devinrent **riches** et purent, dans ces tems-cy, par la fortune de leur ayeul, ayder à bastir le pont Sainct-Michel, où le diable faict trez-bonne figure sous l'ange, en mémoire de ceste adventure consignée ez histoires véridicques.

LES

IOYEULSETEZ DU ROY

LOYS LE UNZIESME

Le Roy Loys le unziesme estoyt un bon compaignon aymant beaucoup à iocqueter ; et, hormis les interests de son estat de Roy et ceulx de la religion, il bancquetoyt trez-fort et donnoyt aussy bien la chasse aux linottes coëffées qu'aux conils et hault gibier royal. Aussy les grimaulds qui en ont fait ung sournois monstrent bien qu'ils ne l'ont pas cogneu, veu qu'il estoyt bon amy, bon bricolleur et rieur comme pas ung.

C'est lui qui disoyt, quand il estoyt dans ses bonnes, que quatre chouses sont excellentes et opportunes en la vie, à sçavoir : fianter chauld, boire frais, arresser dur et avaller mou. Aulcuns l'ont vituperé d'avoir margaudé des bourbeteuses. Cecy est une insigne bourde, veu que ses filles d'amour, dont une feut légitimée, estoyent toutes issues de grandes maisons et firent des establissemens notables. Il ne donnoyt point dans les canneville et profusions ; mettoyt la main sur le solide ; et de ce que aulcuns mangeurs de peuple n'ont point trouvé de miettes chez luy, tous l'ont honny. Mais les vrays collecteurs de véritez savent que ledict Roy estoyt un bon petit homme en son privé, mesme trez-aimable ; et, avant de faire couper la teste à ses amis ou de les punir, ce dont il n'avoyt espargne, besoing estoyt qu'ils l'eussent truphé beaucoup ; tousiours sa vengeance fut iustice. Ie n'ay veu que dans nostre ami Verville que ce digne souverain se soit trompé ; mais une foys n'est pas coustume ; et encores y ha-t-il plus de la faulte à Tristan, son compère, qu'à luy, Roy. Voicy le faict, tel que le relate ledict Verville, et ie soubçonne qu'il a voulu rire. Ie le rapporte pour ce que aulcuns ne cognoyssent pas l'œuvre exquise de mon parfaict compatriote. I'abrège, et n'en donne que la substance, les détails estant plus amples, comme les savans n'en ignorent :

« Loys XI avoyt donné l'abbaye de Turpenay (dont est

» tion dans *Impéria*) à ung gentilhomme qui, iouissant du revenu,
» se faisoyt nommer monsieur de Turpenay. Il advint que le roy
» estant au Plessis-les-Tours, le vray abbé, qui estoyt moyne, vint
» se présenter au Roy et luy fit sa requeste, luy remonstrant que
» canonicquement et monasticquement il estoyt pourveu de l'abbaye,
» et que le gentilhomme usurpateur luy faisoyt tort contre toute
» raison, et, partant, qu'il invoquoyt Sa Majesté pour luy estre
» faict droict. En secouant sa perruque, le Roy luy promit de le
» rendre content. Ce moyne, importun comme tous animaulx por-
» tant cucule, venoyt souvent aux issues du repast du Roy, lequel,
» ennuyé de l'eaue bénoiste du couvent, appela son compère Tris-
» tan et luy dit : « — Compère, il y ha icy un Turpenay qui me
» fasche, ostez-le moy du monde. » Tristan, prenant un froc pour
» un moyne ou ung moyne pour un froc, vint à ce gentilhomme,
» que toute la court nommoyt monsieur de Turpenay ; et, l'ayant
» accosté, fit tant qu'il le destourna ; puis, le tenant, luy fit com-
» prendre que le roy vouloyt qu'il mourust. Il voulut résister en
» suppliant et supplier en résistant ; mais il n'y eut aulcun moyen
» d'estre ouï. Il feut délicatement estranglé entre la teste et les
» espaules, si qu'il expira ; et, trois heures après, le compère dit
» au Roy qu'il estoyt distillé. Il advint cinq iours après, qui est le
» terme auquel les ames reviennent, que le moyne vint en la salle
» où estoyt le Roy, lequel le voyant demoura fort estonné. Tristan
» estoyt présent. Le Roy l'appelle et luy souffle en l'aureille :
» — Vous n'avez pas faict ce que ie vous ay dict. — Ne vous en
» desplaise, Sire, ie l'ay faict. Turpenay est mort. — Hé ! i'enten-
» doys de ce moyne. — I'ay entendu du gentilhomme !... — Quoy !
» c'est doncques faict ? — Oui, Sire. — Or, bien ! » Se tournant vers
» le moyne : « — Venez icy, moyne. » Le moyne s'approche. Le
» Roy luy dict : « — Mettez-vous à genoilz. » Le paouvre moyne
» avoyt paour. Mais le Roy luy dit : « — Remerciez Dieu, qui ne ha
» pas voulu que vous fussiez tué comme ie l'avoys commandé.
» Celuy qui prenoyt vostre bien l'ha esté. Dieu vous ha faict iustice !
» Allez, priez Dieu pour moy et ne bougez de vostre couvent. »
Cecy prouve la bonté de Loys unze. Il auroyt pu trez-bien faire
pendre ce moyne, cause de l'erreur, car, pour ledict gentilhomme,
il estoyt mort au service du Roy.

Dans les premiers tems de son séiour au Plessis-les-Tours, le
dict Loys, ne voulant faire ses buvettes et se donner ses bonnes ra-

telées en son chasteau, par révérence de Sa Maiesté, finesse de Roy que ses successeurs n'ont point eue, s'enamoura d'une dame nommée Nicole Beaupertuys, laquelle estoyt, pour vray dire, une bourgeoyse de la ville, dont il envoya le mari dans le Ponent, et mit ladicte Nicole en ung logiz prouche le Chardonneret, en l'enroict où est la reue Quincangrogne, pour ce que c'estoyt ung lieu désert, loing des habitations. Le mari et la femme estoyent ainsy à sa dévotion, et il eut de la Beaupertuys une fille qui mourut religieuse. Ceste Nicole avoyt le becq affilé comme ung papegay, se trouvoyt de belle corpulence, guarnie de deux grants, beaulx et amples coussins de nature, fermes au déduict, blancs comme les ailes d'unange, et cogneue, du reste, pour estre fertile en fassons péripathéticques qui faisoyent que iamays avecques elle-mesme chouse ne se rencontroyt en amour, tant elle avoyt estudié les belles résolutions de la science, manières d'accommoder les olives de Poissy, courroyeries des nerfs et doctrines absconses du breviaire ; ce que aymoyt fort le Roy. Elle estoyt gaye comme ung pinson, tousiours chantoyt, rioyt, et iamays ne chagrinoyt personne, ce qui est le propre des femmes de ceste nature ouverte et franche, lesquelles nt tousiours une occupation : équivocquez !... Le Roy s'en alloyt souvent avecques de bons compaignons, ses amis, en ladicte maison ; et, pour ne point estre veu, s'y rendoyt à la nuict, sans suitte. Mais, comme il estoyt deffiant et craignoyt des embusches, il donnoyt à Nicole tous les chiens de son chenil qui estoyent les plus hargneux, et gens à mangier un homme sans crier gare, lesquels chiens royaux ne cognoissoyent que Nicole et le Roy. Quand le sire venoyt, Nicole les laschioyt dans le iardin ; et la porte dudict logiz estant suffisamment ferrée, bien close, le Roy en gardoyt les clefs, et, en toute sécurité, s'adonnoyt avecques les siens aux plaizirs de mille sortes, ne redoutant nulle trahison, rigolant à l'envi, se faisant des niches et montant de bonnes parties. En ces nuictslà, le compère Tristan veilloyt sur la campagne, et ung qui se seroyt pourmené sur le mail du Chardonneret auroyt esté ung peu romptement mis en estat de donner aux passans sa bénédiction avecques les pieds, à moins qu'il n'eust la passe du Roy, veu que souvent Loys unze envoyoyt querrir des garses pour ses amis ou des gens pour soy divertir, par des subtilitez deues à Nicole ou aux convives. Ceulx de Tours estoyent là pour les menus plaizirs du Roy, qui leur recommandoyt légièrement le silence : aussy ne ha-t-on sceu ces passe-tems que luy mort. La farce de *Baise mon cul* feut, dict-on, inventée par ledict sire. Ie la rapporte, bien que ce ne soyt le suiet de ce conte, pour ce que elle faict veoir le naturel comicque et facétieux du bonhomme Roy. Il y avoyt à Tours trois gens avaricieux notés. Le premier estoyt maistre Cornelius, qui est suffisamment cogneu. Le second s'appeloyt Peccard, et vendoyt des doreloteries, dominoteries et ioyaulx d'ecclise. Le troisiesme avoyt nom Marchandeau, et estoyt un vigneron trez-riche. Ces deux Tourangeauds ont faict souche d'honnestes gens, nonobstant leurs ladreries. Ung soir que le Roy se trouvoyt chez la Beaupertuys en belle humeur, ayant beu du meilleur, dict des drosleries et faict avant les vespres sa prière à l'oratoire de Madame, il dit à Le Daim son compère, au cardinal La Balue et au vieulx Dunois qui roussinoyt encores : — Faut rire, mes amys !... Et ie crois que ce seroyt bonne comédie à veoir que avare devant sacq d'or sans pouvoir y touchier... Holà ! Oyant ce, ung sien varlet comparut.

— Allez, dit-il, querrir mon threzorier, et qu'il apporte céans six mille escuz d'or, et tost. Puis vous irez apprehender au corps, d'abord mon compère Cornélius, le dorelotier de la reue du Cygne, puis le vieulx Marchandeau, en les amenant icy, de par le Roy. Puis se remirent à boire et à iudicieusement grabeler de ce que valoyt mieulx d'une femme faisandée ou d'une qui se savonne glorieusement ; d'une qui est maigre ou d'une qui est en bon poinct ; et, comme ce estoyt à la fleur des sçavans, ils dirent que la meilleure estoyt celle qu'on avoyt à soy, comme ung plat de moules toutes chauldes, au moment précis où Dieu envoyoyt une bonne pensée à icelle communiquer. Le cardinal demanda qui estoyt le plus précieux pour une dame : ou le premier ou le darrenier baiser. A quoy la Beaupertuys respondit que c'estoyt le darrenier, veu que elle sçavoyt ce qu'elle perdoyt, et, au premier, ne sçavoyt iamays ce qu'elle gagnoyt. Sur ces dires et d'aultres qui ont esté adhirés par grant malheur, vindrent les six mille escuz d'or, les quels valoyent bien trois cent mille francs d'auiourd'hui, tant nous allons diminuant en toute chouse. Le Roy commanda que les escuz fussent mis sur une table et bien esclairés ; aussy brillèrent-ils comme les yeulx des convives qui s'allumèrent involontairement ; ce dont ils rirent à contre-cueur. Ils n'attendirent pas long-tems les trois avares, que le varlet amena blesmes et pantois, horsmis Cornelius, qui cognoissoyt les phantaisies du Roy.

— Ores çà! més amys, leur dit Loys, resguardez les escuz qui sont dessus ceste table.

Et les trois bourgeoys les grignottèrent de l'œil; et comptez en dà que le diamant de la Beaupertuys reluisoyt moins que leurs petits yeulx vérons.

— Ceci est à vous, adiouxta le Roy.

Sur ce, ils ne mirèrent plus les escuz, mais commencèrent à se toiser entre eulx, et les convives cogneurent bien que les vieulx cinges sont plus experts en grimaces que tous aultres, pour ce que les physionomies devinrent passablement curieuses, comme celles des chats beuvant du laict ou de filles chatouillées de mariaige.

— Dà! fit le Roy, ce sera tout à celuy de vous qui dira trois foys aux deux aultres : — « Baise mon cul! » en mettant la main dans l'or; mais, s'il n'est pas sérieux comme une mousche qui ha violé sa voisine, et s'il vient à soubrire en disant ceste gogue, il payera dix escuz à Madame. Néanmoins, il pourra recommencer trois foys.

— Ce sera tost gaigné! fit Cornelius, lequel en sa qualité de Hollandoys avoyt la bousche aussy souvent close et sérieuse que le caz de Madame estoyt souvent ouvert et riant. Aussy mit-il bravement la main sur les escuz pour veoir s'ils estoyent de bonne forge, et les empoigna gravement; mais, comme il resguardoyt les aultres pour leur dire civilement : « Baisez mon cul!... » les deux avares, redoutant sa gravité hollandoyse, luy respondirent :

— A vos soubhaits! comme s'il avoyt esternué. Ce qui fit rire tous les convives et Cornelius luy-mesme. Lorsque le vigneron voulut prendre les escuz, il sentit telles démangeaisons dans ses badigoinces que son vieulx visaige d'écumoire lairra passer le rire par toutes les crevasses, si bien que vous eussiez dict une fumée sortant par les rides d'une cheminée, et ne put rien dire. Lors ce feut le tour du dorelotier, lequel estoyt ung petit bout d'homme guoguenard et qui avoyt les lèvres serrées comme le cou d'un pendu. Il se saisit d'une poignée d'escuz, resguarda les aultres, voire le Roy, et dit avecques un air raillard : — Baisez mon cul!

— Est-il breneux? demanda le vigneron.

— Il vous sera loysible de le veoir, respondit gravement le dorelotier.

Là dessus, le Roy eut paour pour ses escuz, veu que le dict Peccard recommença sans rire, et pour la troisiesme foys alloyt dire le mot sacramentel, lorsque la Beaupertuys luy fit ung signe de consentement, ce qui luy fit perdre contenance, et sa bousche se fendit en esclats comme ung vray pucelaige.

— Comment as-tu faict, demanda Dunois, pour tenir ta face grave devant six mille escuz?

— Oh! monseigneur, i'ai pensé en premier à ung de mes procez qui se iuge demain; et, en second, à ma femme, qui est une brosse bien chagrinante.

L'envie de gaigner ceste notable somme les fit essayer encores, et le Roy s'amusa pendant environ une heure des chiabrenas de ces figures, des préparations, mines, grimaces et aultres pastenostres de cinge qu'ils firent; mais ils se frottoyent le ventre d'ung panier; et, pour gens qui aymoyent mieulx la manche que le bras, ce feut une douleur bien cramoisie que d'avoir à compter chascun cent escuz à Madame.

Quand ils feurent partis, Nicole dit bravement au Roy : — Sire, voulez-vous que i'essaye, moy?

— Pasques Dieu! respartit Loys unze, non! Ie vous le baiseray bien pour moins d'argent.

C'estoyt d'un homme mesnasgier, comme de faict il feut tousiours.

Ung soir, le gros cardinal La Balue pourchassa guallamment de paroles et de gestes, un peu plus que les canons ne le permettoyent, ceste Beaupertuys, qui, heureusement pour elle, estoyt une fine commère à laquelle ne falloyt pas demander combien il y avoyt de poincts à la chemise de sa mère.

— Vère, dit-elle, monsieur le cardinal, la chouse que ayme le Roy n'en est point à recepvoir les sainctes huiles.

Puis vint Olivier le Daim, auquel elle ne voulut entendre non plus, et aux sornettes de qui elle dit qu'elle demanderoyt au Roy s'il luy plaisoyt qu'elle se fist la barbe.

Ores, comme le dict barbier ne la supplia point de luy guarder le cret sur ses poursuittes, elle se doubta que ces menées estoyent ruses practicquées par le Roy, dont le soubpçon avoyt peut-estre resveiglé par ses amys. Doncques, ne pouvant se venger de ys unze, elle voulut au moins se mocquer desdits seigneurs, es berner et amuser le Roy des tours qu'elle alloyt leur iouer. Adoncques, ung soir qu'ils estoyent venus souper, elle eut une dame de la ville qui vouloyt parler au Roy. Ceste dame estoyt une personne d'authorité qui avoyt à demander la graace de son mari, et que, par suitte de ceste adventure, elle obtint. Nicole Beaupertuys ayant destourné pendant un moment le Roy dedans ung cabinet, luy dit de faire haulser les coudes à tous leurs convives, de les poulser en nourriture; et qu'il fust rieur, bien en train de iocqueter; mais que, la nappe ostée, il leur cherchast aulcunes querelles d'allemand, espluchast leurs dires, les traictast à la fourche, et que, lors, elle le divertiroyt en luy monstrant tout le foing qu'ils auroyent en leurs cornes; enfin que, sur toute chouse, il fist amitié à la dicte dame, et que ce parust estre de bonne foy, comme si elle avoyt le perfum de sa faveur, pour ce que elle s'estoyt guallammnent prestée à ceste bonne ioyeulseté.

— Eh bien! messieurs, dit le Roy en rentrant, allons nous mettre à table, la chasse ha esté longue et bonne.

Et le barbier, le cardinal, un gros évesque, le capitaine de la garde escossaise et un envoyé du parlement, homme de iustice, aymé du Roy, suyvirent les deux dames dedans la salle où l'on se descrottoyt les mandibules.

Et lors ils se cotonnèrent le moule de leurs pourpoincts. Qu'es cela! C'est se carreler l'estomach, faire la chimie naturelle, compulser les plats, fester ses trippes, creuser sa tombe à coups de maschoires, iouer de l'espée de Caïn, enterrer les saulces, soubztenir un cocqu; mais plus filosophicquement, c'est faire du bran avecques ses dents. Ores, comprenez-vous? De combien est-il besoing de mots pour vous desfoncer l'entendement! Point ne failloyt le Roy de faire distiller à ses hostes ce beau et bon souper. Il les farcissoyt de pois verds, retournant au hoschepot, vantant les pruneaulx, commentant les poissons, disant à l'ung : — Pourquoi ne mangez-vous? A l'autre : — Buvons à Madame? A tous : — Messieurs, goustons les escrevisses?· mettons à mort cettuy flaccon? Vous ne cognoissez pas ceste andouille? Et ceste lamproye! Hein! ne luy direz-vous rien? — Voilà, Pasques Dieu! le plus beau barbeau de la Loyre? Allons! crochetez-moi ce pasté! Cecy est gibier de ma chasse, cil qui n'en veult pas me feroyt affront! Puis encores : — Beuvez, le Roy n'en sçayt rien! Dictes ung mot à ces confitures, elles sont de Madame? Esgrappez ce raisin, il est de ma vigne. — Oh! mangeons des nesfles! Et, tout en les aidant à grossir leur principal aposteume, le bon monarque rioyt avecques eulx, et on gaussoyt, disputoyt, crachoyt, mouchoyt, rigoloyt comme si le

Roy n'y eust pas esté. Aussy, tant feut embarqué de victuailles, tant feut sucé de flaccons et ruyné de ragousts, que les trongnes des convives se cardinalizèrent, et leurs pourpoincts firent mine de crever, veu que tous estoyent bourrés comme cervelas de Troyes, depuis l'entonnoir iusques à la bonde de leurs panses. Rentrez dedans la salle, ils tressuoyent déià, souffloyent et commençoyent à mauldire leurs franches lippées. Le Roy fit le silencieux. Ung chascun se tut d'autant plus voulentiers que toutes leurs forces estoyent bendées à faire la décoction intestine de ces platées conficles en leur estomach, lesquelles se tassoyent et gargouilloyent trez-fort. L'ung disoyt à part luy : — I'ai esté desraisonnable de mangier de ceste saulce. L'aultre se grondoyt d'avoir thezaurisé d'ung plat d'anguilles arrangées avecques des caspres. Cettuy-là pensoyt en luy-mesme : — Oh! oh! l'andouille me cherche chicquane. Le cardinal, qui estoyt le plus ventru d'eulx tous, siffloyt par les narines comme ung cheval effrayé. Ce feut luy qui, premier, feut contrainct de donner issue à ung notable rot; et lors il eust bien voulu estre en Allemaigne, où l'on vous salue à ce subiect; car, entendant ce langaige gastréiforme, le Roy resguarda le cardinal en fronssant les sourcils.

—Qu'est-ce à dire, fit-il, suis-je doncques ung simple clerc?

Cecy feut entendu avecques terreur, pour ce que d'ordinaire le Roy faisoyt grant estat d'ung rot bien poulsé. Les aultres convives se deslibérèrent de résouldre aultrement les vapeurs qui gresnouilloyent déià dans leurs cornues pancréaticques. Et d'abord, ils taschèrent de les maintenir, pendant ung bout de tems, ez replis du mezentère. Ce feut alors que, les voyant engraissez comme des maltostiers, la Beaupertuys print à part le bon sire et luy dit : — Saichez maintenant que i'ay faict faire par le dorelotier Peccard deux grantes poupées semblables à ceste dame et à moy. Ores, quand ceulx-cy, pressez par les drogues que i'ay mises en leurs goubelets, iront au siège présidial où nous allons faire mine de nous rendre, ils trouveront tousiours la place prinse. Par ainsy, amusez-vous de leurs tortillemens.

Ayant dict, la Beaupertuys disparut avecques la dame, pour aller ployer le touret, suivant la coustume des femmes, ce dont ie vous diray l'origine ailleurs. Puis, après un honneste laps d'eaue, la Beaupertuys revint seule, en lairrant croire qu'elle avoyt quitté la dame à l'officine d'alquemie naturelle. Là-dessus, le Roy, advisant le cardinal, le fit lever et l'entretint sérieusement de ses affaires, en le tenant par le gland de son aumusse. A tout ce que disoyt le Roy, La Balue respondoyt : — Oui, Sire, pour estre deslivré de ceste faveur et tirer ses chausses, veu que l'eaue estoyt dans ses caves, et que il alloyt perdre la clef de sa porte postérieure. Tous les convives en estoyent à ne sçavoir comment arrester le mouvement du bran, auquel la nature a donné, encore mieulx qu'à l'eaue, la vertu de tendre à ung certain niveau. Leurs dictes substances se mollifioyent et couloyent en travaillant comme ces insectes qui demandent à issir de leurs cocquons, faisant raige, tourmentant et mescognoissant la maiesté royalle; car rien n'est ignorant, insolent comme ces mauldits obiects, et sont importuns comme tous les détenuz auxquels on doibt la liberté. Aussy glissoyent-ils à tous proupos comme anguilles hors d'ung filet; et ung chascun avoyt besoing de grants efforts et sciences pour ne point se conchier devant le Roy. Loys unze print beaucoup de plaizir à interroguer ses hostes, et se plut beaucoup aux vicissitudes de leurs physionomies sur lesquelles se reflétoyent les grimaces breneuses de leurs fronssures.

Le conseiller de iustice dit à Olivier : — Ie donneroys bien mon office pour estre au clos Bruneau environ ung demi-septi' de minutes.

— Oh! il n'y ha pas de iouissance qui vaille un bon caz. Et d'auurd'hui, ie ne suis plus estonné des sempiternelles chieures de mousche, respondit le barbier.

Le cardinal, cuydant que la dame avoyt obtenu quittance en la court des comptes, lairra le flocquard de son cordon aux mains du Roy en faisant ung hault-le-corps comme s'il avoyt oublié de dire ses prières, et se dirigea vers la porte.

— Qu'avez-vous, monsieur le cardinal? dit le Roy.

— Pasques Dieu! ce que i'ai. Il paraist que tout est de grant mesure chez vous, Sire!

Le cardinal s'esvada, lairrant les aultres estonnez de sa subtilité. Il marcha glorieusement vers la chambre basse en laschant ung petit les cordons de sa bourse; mais, quand il ouvrit la benoiste huysserie, il trouva la dame en fonctions sur la chaire comme ung pape en train d'estre sacré. Lors, renguaisant son fruict meur, il descendit la vis pour aller au iardin. Cependant, aux darrenières marches, l'aboyement des chiens le mit en grant paour d'estre mordu à ung de ses precieux hémisphères; et, ne saichant où se deslivrer de ses produicts chimicques, il revint en la salle, tout frissonnant comme un homme qui ha esté à l'aër. Les aultres, voyant rentrer ledict cardinal, cuydèrent qu'il avoyt vuydé ses rezervoirs naturels et desgraissé ses boyaux ecclésiasticques, et le cuydèrent bien heureux. Aussy le barbier se leva-t-il vitement comme pour inventorier les tapisseries et compter les solives, mais gaigna avant qui que ce fust la porte; et, desserrant son sphincter par advance, il fredonna ung refrain en allant au retraict. Arrivé là, force luy feut, comme à La Balue, de murmurer des paroles d'excuses à ceste breneuse éternelle, en fermant l'huys avecques autant de promptitude qu'il l'avoyt ouvert. Puis revint avecques son arrière-faix de molécules agrégées qui encumbroyent ses conduicts intimes. Ainsy firent processionnellement les convives sans pouvoir se libérer du plus de leurs saulces, et se retrouvèrent bientost tous en présence de Loys unze, aussy empeschez qu'auparavant et se resguardèrent avecques intelligence, en se comprenant du c.l mieulx qu'ils ne se comprirent iamays de bousche; car iamays il n'y ha d'équivocque dans les transactions des parties naturelles, et tout y est rationnel, de facile entendement, veu que c'est une science que nous apprenons en naissant.

— Ie cuyde, dit le cardinal au barbier, que ceste dame fiantera iusqu'à demain. Qu'ha doncques eu la Beaupertuys, d'inviter icy une telle diarrhéticque.

— Voilà une heure qu'elle travaille à ce que ie ferais en ung poulce de tems. Que les fiebvres la prennent! s'escria Olivier le Daim.

Tous ces courtizans entreprins de cholicques piétinoyent pour faire patienter leurs matières importunes, lorsque ladicte dame reparut en la salle. Croyez qu'ils la trouvèrent belle, gracieuse, et l'auroyent bien baisée là où leur démangioyt si fort; et iamays ne saluèrent le iour avecques plus de faveur que ceste dame libératrice de leurs paouvres ventres infortunez. La Balue se leva. Les aultres cédèrent par honneur, estime et révérence de l'Ecclise, la plasse au clergié. Puis, prenant patience, ils continuèrent à faire des grimaces dont le Roy rioyt en luy-mesme avecques Nicole, qui l'aidoyt à couper la respiration à ces desvouez. Le bon capitaine escossais, qui avoyt plus que tous les aultres mangié d'ung metz auquel le cuisinier mit une pouldre de vertu laxative, embrena son hault-de-chausses en cuydant ne laschier qu'un légier pet. Il s'en alla honteux dans un coing, espérant que, devant le Roy, la chouse seroyt assez saige pour ne rien sentir. En ce moment, le cardinal revint horrificquement matagrabolizé, pour ce qu'il avoyt trouvé la Beaupertuys sur le siége épiscopal. Ores, dans son tourment, ne saichant si elle estoyt en la salle, il revint et fit un : — Oh ! diabolicque en la voyant près de son maistre.

— Qu'est cecy ? demanda le Roy en resguardant le presbtre à luy donner la fiebvre.

— Sire, dit insolemment La Balue, les chouses du purgatoire sont de mon ministère, et ie doibs vous dire qu'il y ha de la sorcellerie dans ceste maison.

— Ah ! petit presbtre, tu veux plaisanter avecques moy, dit le Roy.

A ces paroles les assistans ne sceurent plus distinguer leurs chausses de la doublure; et se conchièrent de paour à se rompre la gorge.

— Oh ! me manquez-vous de respect? dit le Roy qui les fit blesmir. Holà ! Tristan, mon compère ! cria Loys unze par la fenestre en la levant soudain, monte ici !

Le grant prevost de l'hostel ne tarda point à paroistre, et, comme ces seigneurs estoyent tous gens de rien, eslevez par la faveur du Roy, Loys unze, par un tems de cholicque, pouvoyt les dissouldre à son gré ; de sorte que, horsmis le cardinal qui se fioyt sur sa soutane, Tristan les trouva tous roides et pantois.

— Conduis ces messieurs au prétoire, sur le Mail, mon compère, ils se sont embrenés à trop mangier.

— Suis-je pas une bonne raillarde, luy dit Nicole.

— La farce est bonne, mais orde en diable, respondit-il en riant.

Ce mot royal fit cognoistre aux courtizans que le Roy n'avoyt pas veulu iouer ceste foys avecques leurs testes, ce dont ils benirent le ciel. Ce monarque aymoyt fort ces salauderies. Ce ne estoyt point d'ung meschant homme, comme le dirent les convives en se mettant à l'aise au bord du Mail, avecques Tristan, qui, en bon François, leur tint compaignie et les escorta chez eulx. Voilà pourquoy depuis uncques ne faillirent les bourgeoys de Tours à conchier le mail du Chardonneret, veu que les gens de la court y avoyent esté.

Ie ne quitteray point les chausses de ce grant Roy sans mestre par escript la bonne coyonnerie qu'il fit à la Godegrand, laquelle estoyt une vieille fille, en grant despit de ne point avoir trouvé couvercle à son pot durant les quarante années qu'elle avoyt voté, enraigant dans sa peau tannée d'estre tousiours vierge com ung mulet. Ladicte fille avoyt son logiz de l'aultre costé de maison qui appartenoyt à la Beaupertuys, en l'endroict où est reue de Iérusalem, si bien qu'en se iuchant à ung balcon iouxta le mur, il estoyt amplement facile de veoir ce qu'elle faisoyt et de ouïr ce qu'elle disoyt en une salle basse où elle demouroyt; et, souventes foys, le Roy prenoyt de bons divertissemens de ceste vieille fille, qui ne sçavoyt point estre autant soubz la couleuvrine dudict seigneur. Doncques, un iour de marché franc, il advint que le Roy fit pendre un ieune bourgeoys de Tours, lequel avoyt violé une dame noble, un peu aagée, cuydant que c'estoyt une ieune fille. A ce, il n'y avoyt point de mal, et c'eust esté chouse méritoire pour ladicte dame d'avoir esté prinse pour vierge; mais, en recognoissant s'estre desceu, il l'avoyt abominée de mille iniures; et, la soubpçonnant de ruse, s'estoyt advisé de luy voler ung beau goubelet d'argent vermeil en loyer du prest qu'il venoyt de luy faire. Ce susdict ieune homme estoyt à tous crins, et si beau que toute la ville le voulut veoir pendre, par manière de regret, et aussy par curiosité. Comptez qu'il y avoyt à la pendaison plus de bonnets que de chapeaux. De faict, le dict ieune homme brandilla trez-bien; et, suivant l'us et coustume des pendus de ce tems, mourut en guallant, la lance en arrest, ce dont il feut grant bruict dans la ville. Beaucoup de dames dirent, à ce subiect, que c'estoyt ung meurtre de ne pas avoir conservé une si belle ame de braguette.

— Que diriez-vous, si nous mettions le beau pendu dedans le lict de la Godegrand? demanda la Beaupertuys au Roy.

— Nous l'espouvanterons, respondit Loys unze.

— Nenny! Sire. Soyez ferme qu'elle accueillera bien un homme mort, tant elle ha grant amour d'ung vivant. Hier ie l'ay veue faisant des folies à ung bonnet de ieune homme qu'elle avoyt mis sur le haut d'une chaire, et vous auriez bien ri de ses paroles et momeries.

Ores, pendant que la vierge de quarante ans feut aux vespres, le Roy envoya despendre le ieune bourgeoys qui venoyt d'achever la darrenière scène de sa farce tragicque, et l'ayant vestu d'une chemise blanche, deux estaffiers montèrent par-dessus les murs du iardinet de la Godegrand, et couchièrent ledict pendu dans le lict, du costé de la ruelle. Puis, cela faict, s'en allèrent, et le Roy resta dans la salle au balcon, iouant avecques la Beaupertuys en attendant l'heure du couchier de la vieille fille. La Godegrand revint bientost, ta, ta, belle, belle, comme disent les Tourangeauds, de l'ecclise de Sainct-Martin, dont elle n'estoyt point esloignée, veu que la reue de Iérusalem touche les murs du cloistre. Elle entre chez elle, se descharge de son aumosnière, chapelet, rosaire et aultres magasins que portent les vieilles filles; puis descouvre le feu, le souffle, se chauffe, se boutte en sa chaire, caresse son chat à deffaut d'aultre chouse; puis va au garde-mangier, soupe en soupirant et soupire en soupant, avale toute seule, en resguardant ses tapisseries; et, après avoir beu, fit un gros pet que le Roy entendit.

— Hein! si le pendu luy disoyt : — Dieu vous bénisse !

Sur ce proupos de la Beaupertuys, tous deux s'esclatèrent d'ung rire muet. Et, trez-attentif, le Roy trez-chrestien assista au despouillement de la vieille fille qui se desvestoyt en s'admirant, s'espilant ou se grattant ung bouton malicieusement advenu sur une narine, puis s'espluchiant les dents et faisant mille menues chouses que font, hélas! toutes les dames vierges ou non, dont bien grant leur fasche; mais, sans les légiers deffaults de la nature, elles seroyent trop fières et l'on ne pourroyt plus en iouir. Ayant achevé son discours acquaticque et musical, la vieille fille se mit entre ses toiles et gecta ung beau, gros, ample et curieux cri, alors qu'elle vit, qu'elle sentit la frescheur de ce pendu et sa bonne odeur de ieunesse; puis saulta loing de luy par cocquetterie. Mais, comme elle ne le sçavoyt point estre véritablement deffunct, elle revint, cuydant qu'il se mocquoyt d'elle et contrefaisoyt le mort.

— Allez-vous-en, meschant plaisant, dit-elle.

Mais croyez qu'elle proferoyt ces paroles d'ung ton bien humble et bien gracieux. Puis, voyant qu'il ne bougeoyt, elle l'examina de plus près et s'estomira bien fort de ceste tant belle nature humaine, en recognoissant le ieune bourgeoys, sur lequel la phantaisie la print de faire des expérimentations purement scientificques dans l'interest des pendus.

— Que faict-elle doncques? disoyt la Beaupertuys au Roy.

— Elle essaye de le ranimer. C'est une œuvre d'humanité chrestienne...

Et la vieille fille bouchonnoyt et reboistoyt ce bon ieune homme, en suppliant saincte Marie Ægyptienne de l'aider à ravitailler ce mari qui luy tomboyt tout amoureux du ciel, lorsque tout à coup, en resguardant le mort qu'elle reschauffoyt charitablement, elle creut veoir un légier mouvement d'yeulx : alors mit la main au cueur de l'homme et le sentit battre foyblement. Enfin, aux chaleurs du lict, de l'affection et par la température des vieilles filles, qui est bien la plus bruslante de toutes les bouffées parties des déserts africquains, elle eut la ioye de rendre la vie à ce beau et bon braguard qui, par cas fortuit, avoyt esté trez-mal pendu.

— Voilà comment les bourreaux me servent! dit Loys unze en riant.

— Ha! dit la Beaupertuys, vous ne le ferez pas repondre, il est trop ioly.

L'arrest ne dict pas qu'il sera pendu deux foys; mais il espousera la vieille fille...

De faict, la bonne demoiselle alla, d'un pied pressé, querrir un maistre myrrhe, bon barbier, qui demouroyt en l'abbaye, et le ramena vitement. Aussitost il prit sa lancette, saigna le ieune homme, et, comme le sang ne sortoyt point : — Ah! dit-il, il est trop tard, le transbordement du sang dans les poumons est faict!

Mais tout à coup ce bon ieune sang goutta ung petit; puis vint en abundance, et l'apoplexie chanvreuse, qui n'estoyt qu'esbauchiée, feut arrestée en son cours. Le ieune homme remua, devint plus vivant; puis il tomba, par le vœu de la nature, dans ung grant affaissement et profonde attrition, prostration des chairs et flasquositez du tout. Ores, la vieille fille, qui estoyt tout yeulx, et suivoyt les grants et notables changemens qui se faisoyent en la personne de ce mal pendu, print le barbier par la manche, et, luy monstrant le piteux caz par une œillade curieuse, luy dit : — Est-ce que doresenavant il sera ainsy?

— En dà! bien souvent, respondit le véridicque chirurgien.

— Oh! il estoyt bien plus gentil, pendu.

A ceste parole, le roy s'esclata de rire. Le voyant par la croizée, la fille et le chirurgien eurent grant paour, veu que ce rire leur sembloyt ung second arrest de mort pour leur paouvre pendu. Mais le roy tint parole et les maria. Puis, pour que iustice fust, il donna le nom de sieur de Mortsauf à l'espoux, en lieu et plasse de celuy qu'il avoyt perdu dessus l'eschaffaud. Comme la Godegrand avoyt une trez-ample pannerée d'escuz, ils firent une bonne famille de Tourayne, laquelle subsiste encore en grant honneur, veu que M. de Mortsauf servit trez-fidellement Loys unze en diverses occurrences. Seulement, il n'aymoyt à rencontrer ni potences ni vieilles femmes, et iamays plus ne voulut recepvoir d'assignations amoureuses pour la nuict.

Cecy nous apprend à bien vérifier et recognoistre les femmes, et ne point nous tromper sur la différence locale qui existe entre les vieilles et les ieunes, veu que, si nous ne sommes pas pendus pour nos erreurs d'amour, il y ha tousiours quelques larges risques à courir.

LA CONNESTABLE

Le connestable d'Armignac espousa, par ambition de haulte fortune, la comtesse Bonne, qui s'estoyt déjà trez-proprement enamourée du petit Savoisy, fils du chambellan à Monseigneur le Roy Charles sixiesme.

Le connestable estoyt ung rude homme de guerre, piteux de mine, vieulx de peau, grantement poilu, disant tousiours des paroles noires, tousiours occupé de pendre, tousiours en sueur de batailles ou resvant à stratagesmes aultres que ceulx d'amour. Aussy, ce bon souldard, peu soulcieux d'espicer le ragoust du mariaige, usoyt de sa gente femme en homme qui pense à visées plus haultes; ce que les dames ont en une saigé horreur, veu que elles n'aiment point à avoir les solives du lict pour seuls iuges de leurs mignardises et bons coups.

Doncques, la belle comtesse, dès qu'elle feut connestablée, n'en mordit que mieulx à l'amour dont elle avoyt le cueur encumbré pour le susdict Savoisy; ce que vit bien le compaignon.

Voulant tous deux estudier mesme musicque, ils eurent bientost accordé leurs luths ou deschiffré le groimoire; et ce feut chouse apertement démonstrée à la royne Isabelle que les chevaulx de Savoisy estoyent plus souvent establez chez son cousin d'Armignac qu'en l'Hostel-Sainct-Paul, où demouroyt le chambellan, depuis la destruction de son logiz, faicte par ordre de l'Université, comme ung chascun sçayt.

Ceste preude et saige princesse, redoutant par advance quelque fascheux estrif pour Bonne, d'autant que le dict connestable ne chailloyt pas plus à iouer de sa lame que prebstre à donner ses bénédictions, ladicte royne, fine à dorer comme une dague de plomb, dit un iour en sortant de vespres à sa cousine, qui prenoyt de l'eaue benoiste avec Savoisy :

— Ma mye, ne voyez-vous point du sang dedans ceste eaue?

— Bah! fit Savoisy à la royne, l'amour ayme le sang, madame!…

Ce que ladicte royne trouva fort bien respondu, et le mit en escript, puis plus tard en action, lors que son seigneur Roy navra ung sien amant dont vous verrez poindre la faveur dans cettuy conte.

Vous sçavez, par maintes expérimentations, que, durant le printvère de l'amour, ung chascun des deux amans ha tousiours en grant paour de livrer le mystère de son cueur; et, tant par fleur de prudence, tant pour l'amusement que donnent les doulces truphéries de la guallantise, ils iouent à qui mieulx se mussera. Puis un iour d'oubli suffict pour enterrer toutes les saigesses passées. La paouvre femme se prend en sa ioye comme en ung lasset; son amy signe sa présence ou parfoys un adieu par quelques vestiges de braguettes, escharpes ou esperons lairrés par ung hazard fatal; et vécy ung coup de dague qui trenche la trame si guallamment ouvraigée par leurs délices dorez. Mais, quand pleins sont les iours, point ne faut faire la moue à la mort; et l'espée des marys est ung beau trespas de guallanterie, s'il y ha de beaulx trespas! Ainsy debvoyent finer les belles amours de la connestable.

Ung matin que monsieur d'Armignac avoyt ung morceau de bon tems à prendre par la fuite du duc de Bourgongne, lequel quittoyt Lagny, le connestable doncques s'advisa de soubhaiter bon iour à sa dame, et la voulut resveigler d'une fasson assez doulce pour qu'elle ne se faschast point; mais elle, embourbée dans les grasses sommeilleries de la matinée, respondit au geste sans lever les paupières :

— Laisse-moy doncques, Charles!

— Oh! oh! fit le connestable, oyant ung nom de sainct qui n'estoyt point de ses patrons, i'ay du Charles dans la teste.

Lors, sans toucher à sa femme, il saulta hors du lict et monta, le visaige en flamme et l'espée nue, à l'endroict où dormoyt la chamberière de la comtesse, se doubtant que ladicte servante mettoyt les mains à ceste besongne.

— Ah! ah! gouge d'enfer, luy cria-t-il pour commencer le déduict de sa cholère, dis tes patenostres, car ie vais te tuer sur l'heure, à cause des menées du Charles qui vient céans.

— Ah! Monseigneur, respondit la femme, qui vous ha dict cela?

— Sois ferme que ie te deffais sans rémission, si tu n'advoues les moindres assignations données, et en quelle manière elles s'accordoyent; si ta langue se tortille, si tu bronches, ie te cloue avecques mon poignard. Parle!

— Clouez-moy, respartit la fille, vous ne sçaurez rien !

Le connestable, ayant mal prins ceste excellente response, la cloua net, tant le courroux l'eschauffoyt; puis revint en la chambre de sa femme, et dit a son escuyer qu'il rencontra par les degrez, tout esveiglé aux aboys de la fille :

— Allez là-hault, i'ay corrigé ung peu fort la Billette.

Devant qu'il reparust en présence de Bonne, il alla prendre son fils, lequel dormoyt comme un enfant, et le traisna chez elle avecques des fassons peu mignonnes. La mère ouvrit les yeulx, et bien grants, comme pensez, aux cris de son petit; puis feut grantement esmeue en le voyant aux mains de son mary, lequel avoyt la dextre ensanglantée et gectoyt ung resguard rouge à la mère et au fils.

— Qu'avez-vous? dit-elle.

— Madame, demanda l'homme de briefve exécution, cet enfant est-il issu de mes reins ou de ceulx à Savoisy, vostre amy?...

Sur ce proupos, Bonne devint pasle et saulta sur son fils comme une grenouille effrayée qui se lance à l'eaue.

— Ah! il est bien à nous, fit-elle.

— Si vous voulez ne pas veoir rouler sa teste à vos pieds, conessez-vous à moy, et respondez droict. Vous m'avez adioinct ung lieutenant?

— Oui dà!

— Quel est-il !

— Ce n'est point Savoisy, et ie ne diray iamays le nom d'un homme que ie ne congnois pas.

Là-dessus, le connestable se leva, print sa femme par le bras pour luy trencher la parole d'ung coup d'espée; mais, elle, luy gectant ung resguard impérial, s'escria :

— Oh bien ! tuez-moy, mais ne me touchez plus.

— Vous vivrez, respartit le mary, pour ce que ie vous réserve ung chastiment plus ample que la mort.

Et, redoutant les engins, piéges, arraizonnemens et artifices familiers aux femmes en ces caz fortuits dont elles estudient, nuict et iour, les variantes, à part elles ou entre elles, il se despartit sur ceste rude et amère parole. Il alla incontinent interroguer ses serviteurs, leur monstrant une face divinement terrible aussy tous luy respondirent comme à Dieu le père au iour darrenier, quand ung chascun de nous fera son compte.

Nul d'iceulx ne sceut le sérieux meschief qui estoyt au tresfunds de ces sommaires interroguatoires et astucieuses interlocutions; mais, de tout ce qu'ils dirent, par le connestable feut conclud que aulcun masle du logiz n'avoyt mis le doigt dedans la saulce, horsmis ung de ses chiens qu'il trouva muet, et auquel il avoyt donné commission de veigler aux iardins. Alors, le prenant dans ses mains, il 'estouffa de raige. Ce faict l'incita péripathéticquement à supposer que le sous-connestable venoyt en son hostel par le iardin, qui avoyt pour toute issue une poterne donnant sur le bord de l'eaue. Besoing est de dire à ceulx qui en ignorent la situation de l'hostel d'Armignac, lequel tenoyt un emplassement notable près les maisons royales de Sainct-Paul. Sur ce lieu feut depuis basti l'hostel des Longueville. Ores, quant à présent, le logiz d'Armignac avoyt ung porche de belle pierre en la reue Sainct-Antoine; estoyt fortifié de tout poinct; et les haults murs du costé de la rivière, en face l'isle aux Vasches, en l'endroict où est maintenant le port de la Gresve, estoyent guarnis de tourelles. Le dessin de ce s'est veu long-temps chez le sieur cardinal Duprat, chancelier du Roy. Le connestable vuyda sa cervelle; et, au fund, parmi ses plus belles embusches, tria la meilleure et l'appropria si bien au caz eschéant, que force estoyt au guallant de s'y prendre comme lièvre dans ung collet.

— Par la mort-dieu! dit-il, mon bailleur de cornes est prins, et i'ai le tems de resver à sçavoir comment ie l'accommoderai.

Vécy l'ordre de bataille que ce bon capitaine poilu, qui faisoyt si grosses guerres au duc Jean-sans-Peur, commanda pour donner l'assault à son ennemi secret. Il print bon nombre de ses plus affectionnez et adroits archiers, les aposta dedans les tours du quay, en leur ordonnant soubz les plus griefves poines de tirer, sans aulcune distinction de gens, horsmis la connestable, sur les personnes de sa maison qui feroyent mine de sortir des iardins et d'y lairrer entrer nuictamment ou de iour le gentilhomme aymé. Autant en feut faict du costé du porche, en la reue Sainct-Antoine.

Les serviteurs, mesme le chapelain, eurent consigne de ne point issir du logis soubz peine de mort. Puis, la garde des deux flancs de l'hostel ayant esté commise à des souldards de sa compaignie d'ordonnance, lesquels eurent charge de faire bonne guette dans les reucs latérales, force estoyt que l'amant incogneu, auquel le connestable estoyt débiteur de sa paire de cornes, fust saisi tout chauld, quand, ne saichant rien, il s'en viendroyt, à l'heure accoustumée de l'amour, planter insolemment son estendard au cueur des appartenances légitimes dudict seigneur comte.

C'estoyt une chausse-trappe où debvoyt tomber le plus fin homme, à moins d'estre aussy sérieusement protégé de Dieu que le bon sainct Pierre le feut par le Saulveur quand il l'empescha d'aller au fund de l'eau, le iour où ils eurent phantaisie d'essayer si la mer estoyt aussy solide que le planchier des vasches.

Le connestable avoyt affaire à ceulx de Poissy et debvoyt se mettre en selle après le disner, en sorte que, cognoissant ce dessein, la paouvre comtesse Bonne s'estoyt advisée, dès la veille, de convier son ieune serviteur à ce ioly duel où tousiours elle estoyt la plus forte.

Pendant que le connestable faisoyt à son hostel une ceincture d'yeulx et de mort, et embusquoyt des gens à luy, près la poterne, pour happer le guallant à la sortie, ne saichant d'où il tomberoyt, la connestable ne s'amusoyt point à lier des pois ou à veoir des vasches noires dans les charbons.

D'abord, la chamberière clouée se descloua, puis, se traisnant chez sa maistresse, elle luy dit que le seigneur cocqu ne savoyt rien ; et, devant que de rendre son ame, elle resconforta sa chière maistresse, en luy donnant pour seur que elle pourroyt se fier en sa sœur, laquelle estoyt lavandière en l'hostel, et d'acabit à se laisser hacher menu comme chair à saucisse pour complaire à Madame ; que elle estoyt la plus adroite et miesvre commère du quartier, et renommée depuis les Tournelles iusqu'à la croix du Trahoir, parmi les gens de menu, comme fertile en inventions pour les cas pressez de l'amour.

Lors, tout en desplourant le trespas de sa bonne chamberière, la comtesse manda la lavandière, luy fit quitter ses buées et se mit avecques elle à retourner le bissac aux bons tours, voulant saulver Savoisy au prix de tout son heur à venir.

Et d'abord, les deux femelles desliberèrent de luy faire sçavoir les soubpçons du seigneur de céans, et de l'engagier à se tenir coi.

Vécy doncques la bonne lavandière qui s'encharge de buée comm ung mulet, et venlt issir de l'hostel. Mais au porche, elle trouve un homme d'armes, lequel fit la sourde aureille à toutes les controverses de la buanderie. Alors, elle se résolut, par un espécial dévouement, de prendre le souldard par son endroict foyble, et l'esmoustilla par tant de mignardizes, qu'il ioua trez-bien avecques elle, quoiqu'il fust houzé comme pour aller en guerre ; mais, après le ieu, point ne voulut la laisser aller en la reue, et, encores qu'elle essayast de se faire sceller ung passe-port par quelques-ungs des plus beaulx, les croyant plus guallans, nul des archiers, gens d'armes et aultres, n'osa luy ouvrir ung seul des pertuys les plus estroits du logiz : — Vous estes des meschans et des ingrats, leur dit-elle, de ne pas me rendre la pareille.

Heureusement, à ce mestier, elle s'enquit de tout, et revint en grant haste près de sa maistresse, à qui elle raconta les estranges machinations du comte.

Les deux femmes recommencèrent à tenir conseil, et n'eurent pas tant seulement devisé le tems de chanter deux *alleluia* sur cet appareil de guerre, de guettes, deffenses, ordres et dispositions équivocques, sourdes, spécieuses et diabolicques, que elles recogneurent, par le sixiesme sens dont toute femelle est guarnie, l'espécial dangier qui menassoyt le paouvre amant.

Madame, ayant bientost sceu que elle seule avoyt licence de sortir du logiz, se hazarda vitement à prouffiter de son droict; mais elle n'alla pas si loing que le gect d'ung cranequin, veu que le connestable avoyt commandé à quatre de ses paiges d'estre tousiours en debvoir d'accompaigner la comtesse, et à deux enseignes de sa compaignie de ne la point quitter.

Lors la paouvre connestable revint à sa chambre, en plourant autant que plourent ensemble toutes les Magdelaines qu'on voit ez tableaux d'ecclise.

— Las, disoyt-elle, mon amant va doncques estre desconfit, et plus ne le verray !... luy qui estoyt si doulx de paroles, si gracieux au déduict ! Ceste belle teste qui ha si souventes foys reposé sur mes genoulx sera doncques meurdrie !... Comment ! ie ne sçauroys gecter à mon mary une teste vuyde et de nul prix, en plasse de ceste teste pleine de charmes et de valeur !... une teste orde, pour une teste perfumée ! une teste haïe, pour une teste d'amour !...

— Ha ! madame, s'escria la lavandière, si nous faisions pouiller des vestemens d'homme noble au fils du queux, lequel est fol de moy et m'ennuye bien fort, puis que, l'ayant ainsi accoustré, nous le bouttions dehors par la poterne?

Là-dessus les deux femmes s'entre-resguardèrent d'un œil assassin en diable.

— Ce guaste-saulce, reprint-elle, une foys occiz, tous ces souldards s'envoleroyent comme des grues.

— Oui. Mais le comte ne recognoistra-t-il pas le marmitteux ?

Et la comtesse se congnant au cueur s'escria en branslant le chief :

— Non ! non ! ma mye, icy, c'est du sang noble qu'il fautverser, sans espargne aulcune.

Puis elle pensa ung petit, et, saultant de ioye, elle accola tout à coup la lavandière en disant :

— Pour ce que i'ay saulvé mon amy par ton conseil, ie te solderay ceste vie iusques à ta mort.

Sur ce, la comtesse seichia ses pleurs, se fit ung visaige de fiancée, prit son aumosnière, son livre d'Heures, et desvalla vers l'ecclise de Sainct-Paul dont elle entendoyt sonner les cloches, veu que la darrenière messe alloyt se dire. Orcs, à ceste belle dévotion ne failloyt iamays la connestable, en femme noizeuse comme toutes les dames de la court. Aussy nommoyt-on ceste messe la *messe attornée*, pour ce que il ne s'y rencontroyt que muguets, beaulx fils, ieunes gentilshommes et femmes bien gorgiasées de haults perfums ; brief, il ne s'y voyoyt point de robbes qui ne fussent armoiriées, ni d'esperons qui ne fussent dorez.

Doncques, la comtesse Bonne s'y despartit, lairrant à l'hostel la buandière bien esbahie et enchargiée d'avoir l'œil au grain ; puis vint en grant pompe à la paroësse, accompaignée de ses paiges, de deux enseignes, et gens d'armes.

Il est occurrent de dire que, parmi la bande de iolys chevaliers qui frétilloyent dans l'ecclise autour des dames, la comtesse en avoyt plus d'ung dont elle faisoyt la ioye, et qui s'estoyt adonné de cueur à elle, suivant la coustume du ieune aage, où nous en couchons tant et plus sur nos tablettes, seulement à ceste fin d'en conquester au moins une sur le grant nombre.

De ces oiseaulx de fine proye, lesquels ouvroyent tousiours le becq et resguardoyent plus souvent à travers les bancqs et les pastenostres que devers l'autel et les prebstres, il y en avoyt un auquel la comtesse faisoyt par foys l'aumosne d'ung coup d'œil, pour ce qu'il estoyt moins vétillant et plus profundément entreprins que tous aultres.

Celuy-là se tenoyt coi, tousiours collé au mesme pilier, n'e bougeant point, et vraiment ravi de la seule veue de la dame qu' avoyt esleue pour sienne. Son pasle visaige estoyt doulcement mélancholisié. Sa physionomie faisoyt preuve d'ung cueur bien estoffé ung de ceulx qui se nourrissent d'ardentes passions et s'abymen délicieusement dans les dezespérances d'un amour sans advenir. De ces gens, il y en ha peu, pour ce que, d'ordinaire, on ayme plus ceste chouse que vous sçavez que les félicitez incogneues gissant et florissant au tresfunds de l'ame.

Ce dict gentilhomme, encores que ses vestemens fussent de bonne fasson et propres et simples, ayant mesme ung certain goust respandu dans les agencemens, sembloyt à la connestable debvoir estre ung paouvre chevalier querrant fortune et venu de loing avecques sa cappe et son espée pour tout potaige. Aussy, tant par soubpçon de sa secrette misère ; tant parce qu'elle en estoyt bien aymée ; ung peu pour ce qu'il avoyt bonne contenance, beaulx cheveulx noirs, bien longs, belle taille, et qu'il restoyt humble et soubmis à tout, la connestable luy soubhaitoyt la faveur des femmes et de la fortune. Puis, pour ne point chommer de guallans, et par ung pensier de bonne mesnaigiere, elle le reschauffioyt, suivant ses phantaisies, par quelques menus suffraiges, petits resguards, qui serpentoyent devers luy comme de mordans aspicqs ; se mocquant de ceste ieune vie, en princesse accoustumée à iouer des obiects plus précieux que n'estoyt ung simple chevalier. En effet, son mary, le connestable, hazardoyt le royaulme et tout comme vous feriez d'ung teston au picquet.

Finablement, il n'y avoyt pas plus de trois iours que, au deshuchier des vespres, la connestable, monstrant de l'œil à la royne ce poursuivant d'amour, se print à dire en riant :

— Voilà un homme de qualitez.

Ce mot resta dans le beau languaige. Plus tard, il devint une fasson de désigner les gens de la court. Ce feut à la connestable l'Armignac et non à d'aultres sources que le françoys feut redevable de ceste iolye expression.

Par caz fortuit, la comtesse avoyt rencontré vray à l'endroict du gentilhomme. C'estoyt ung chevalier sans bannière qui avoyt nom Julien de Boys-Bourredon, lequel n'ayant pas hérité sur son fief assez de bois pour se faire mesme ung cure-dent, et ne se cognoissant pas de plus beaulx biens que la riche nature dont sa deffuncte mère l'avoyt guarni fort à proupos, conceut d'en tirer rent et proufficit à la court, saichant combien les dames y estoyent friandes de ces bons revenus, et les prisent hault et chier quand ils peuvent tousiours estre perceus sans faulte entre deux soleils. Il y h beaucoup de ses pareils qui ont ainsy prins l'estroite voye des femmes pour faire leur chemin ; mais, luy, loing de mettre son amour en coupes réglées, despensa le funds et tout, si tost que, venu à la messe attornée, il vit la triomphale beaulté de la comtesse Bonne. Alors il chut en un amour vray, lequel feut grantement de mise pour ses escuz, veu qu'il en perdit le boire et le mangier. Ceste amour est de la pire espèce, pour ce qu'il vous incite à l'amour de la diette, pendant la diette de l'amour; double maladie dont une suffit à estaindre un homme.

Voilà quel estoyt le ieune sire auquel avoyt songié la bonne connestable, et vers lequel elle venoyt vite pour le convier à mourir.

En entrant, elle vit le paouvre chevalier qui, fidelle à son plaizir, l'attendoyt, le dos au pilier, comme ung souffreteux aspire au soleil, au printems, à l'aurore. Alors elle destourna la veue et voulut aller à la Royne pour en requérir assistance en ce caz dezespéré, car elle eut pitié de son amant; mais ung des capitaines luy dit avecques une grant teincte de respect : — Madame, il y ha ordre de ne pas vous lairrer la licence de parler à femme ou homme, quand mesme ce seroyt la royne ou vostre confesseur. Et compte que nostre vie à tous est au jeu.

— Vostre estat, respondit-elle, n'est-il doncques pas de mourir ?

— Et aussy d'obéir, respartit le souldard.

Doncques la comtesse se mit en oraison à sa place accoustumée; et, resguardant encores son serviteur, elle luy trouva la face plus maigre et plus creuse que iamays elle n'avoyt esté.

— Bah ! se dit-elle, i'auray moins de soulcy de son trespas. Il est quasi-mort.

Sur ceste paraphrase de son idée, elle gecta audict gentilhomme une de ces œillades chauldes qui ne sont permises qu'aux princesses et aux galloises; et la faulse amour dont tesmoignèrent ses beaulx yeulx fit ung bon mal au guallant du pilier. Qui n'ayme pas la chaloureuse attaque de la vie alors qu'elle afflue ainsy autour du cueur et y gonfle tout ? La connestable cogneut, avecques ung plaizir tousiours neuf en l'ame des femmes, l'omnipotence de son magnificque resguard à la response que fit le chevalier sans rien dire. Et, de faict, la rougeur dont ses joues s'empourprerent parla mieulx que les meilleures paroles des orateurs griecqs et latins, et feut bien entendue aussy. A ce doulx aspect, la comtesse, pour estre seure que ce n'estoyt point un ieu de nature, print plaizir à expérimenter iusqu'où alloyt la vertu de ses yeulx. Et, après avoir bien chauffié plus de trente foys son serviteur, elle s'affermit dons la créance qu'il pourroyt bravement mourir pour elle. Ceste idée la touchia si fort, que, par trois reprinses, entre ses oraisons, elle feut chastouillée du dezir de luy mettre en ung tas toutes les ioyes de l'homme, et de les luy résouldre en ung seul gect d'amour, affin de ne point estre reprouchée un iour d'avoir dissipé non-seulement la vie, mais aussy le bonheur de ce gentilhomme. Lorsque l'officiant se retourna pour chanter l'*allez-vous-en* à ce beau troupeau doré, la connestable sortit par le costé du pilier où estoyt son courtizan, passa devant luy, tascha de luy insinuer par ung bon coup d'œil le dessein de la suivre, puis, pour l'affermir dans l'intelligence et interprétation significative de ce légier appel, la fine commère se revira ung petit après l'avoir dépassé, pour de rechief requérir sa compaignie. Elle le vit qui avoyt ung peu sailly de sa place et n'ozoyt s'advancer, tant modeste il estoyt; mais, sur ce dernier signe, le gentilhomme, seur de n'estre point oultre-cuydant, se mesla dans le cortége, à pas menus et peu bruyants, comme ung cocquebin qui ha paour de se produire en ung de ces bons lieux qu'on dict maulvais. Et, soit qu'il marchast arrière ou devant, à dextre ou à senestre, tousiours la connestable luy laschioyt ung luisant resguard pour l'appaster davantaige et mieulx l'attirer à elle, comme ung pescheur qui doulcement haulse le fil affin de soubzpeser le gouion. Pour estre brief, la comtesse fit si bien le mestier des filles de ioye quand elles travaillent pour amener l'eaue benoiste en leurs moulins, qu'eussiez dict que rien ne ressemble tant à une pute qu'une femme de haulte naissance. Et de faict, en arrivant au porche de son hostel, la connestable hezita d'y entrer; puis, de rechief, destourna le visaige vers le paouvre chevalier pour l'inviter à l'accompaigner, en luy décochant une œillade si diabolicque, qu'il accourut à la royne de son cueur, se cuydant appelé par elle. Aussitost, la comtesse luy offrit la main, et tous deux, bouillans et frissonnans par causes contraires, se trouvèrent en dedans du logiz. A ceste male heure, madame d'Armignac eut honte d'avoir faict toutes ces putaineries au prouffict de la mort, et de trahir Savoisy pour le mieulx saulver; mais ce légier remords estoyt aussi boiteux que les gros, et venoyt tardivement. Voyant tout mis au ieu, la connestable s'appuya bien fort sur le bras de son serviteur et luy dit :

— Venez vite en ma chambre; car besoing est que ie vous parle...

Et luy, ne saichant point qu'il s'en alloyt de sa vie, ne trouva point de voix pour respondre, tant l'espoir d'ung prochain bonheur l'estouffa. Quand la lavandière vit ce beau gentilhomme si vitement pesché : — En dà! fit-elle, il n'y ha que les dames de la court pour de telles besongnes. — Puis elle considéra ce courtizan par une salutation profonde où se peignoyt le respect ironicque deu à ceulx qui ont le grant couraige de mourir pour si peu de chouse.

— Picarde, fit la connestable en attirant à elle la lavandière par la cotte, ie ne me sens point la force de luy advouer le loyer don ie vais payer son muet amour et sa belle croyance en la loyaulté des femmes...

— Bah! madame, pourquoy luy dire? Renvoyez-le bien content par la poterne. Il meurt tant d'hommes à la guerre pour des riens, celuy-là ne sauroyt-il mourir pour quelque chouse? I'en referay un aultre, si cela peut vous consoler.

— Allons! s'escria la comtesse, ie vais tout luy dire. Ce sera la punition de mon péché...

Cuydant que sa dame accordoyt avecques la meschine quelques menues dispositions et chouses secretes pour n'estre point troublée dans le discours qu'elle luy promettoyt, l'amant incogneu se tenoyt discrettement à distance en resguardant les mousches. Cependant, il pensoyt que la comtesse estoyt bien hardie; mais aussy, comme auroyt faict mesme ung bossu, il trouva mille raisons de la iustifier, et se creut bien digne d'inspirer une telle folie. Il estoyt dans ses bonnes pensées, quand la connestable ouvrit l'huys de son pourpriz et convia son chevalier de l'y suivre. Là, ceste puissante dame déposa tout l'appareil de sa haulte fortune, et devint simple femme en tombant aux pieds de ce gentilhomme.

— Las! beau sire, dit-elle, ie suis en grande faulte à vostre esguard. Escoutez. A vostre despartie de ce logiz, vous trouverez la mort... L'amour dons ie suis affolée pour un aultre m'ha esblouye; et, sans que vous puissiez tenir sa place icy, vous avez la sienne à prendre devant ses meurtriers. Vécy la ioye dont ie vous ay priè.

— Ah! respondit Boys-Bourredon en enterrant au fund de son cueur ung sombre dezespoir, ie vous rends graaces d'avoir usé de moy comme d'ung bien à vous appartenant... Oui, ie vous ayme tant, que tous les iours ie resvoys à vous offrir, à l'imitation des dames, une chouse qui ne se puisse donner qu'une foys! Ores doncques, prenez ma vie!

Et le paouvre chevalier, en ce disant, la resguardoyt d'ung coup pour tout le tems qu'il auroyt eu à la veoir pendant de longs iours. Entendant ces braves et amoureuses paroles, Bonne se leva soudain :

— Ah! n'estoyt Savoisy, que ie t'aymeroys! dit-elle.

— Las! mon sort est doncques accompli, respartit Boys-Bourredon. Mon horoscope prédict que ie mourrai par l'amour d'une grant dame. Ah! Dieu! fit-il en empoignant sa bonne espée, ie vais vendre chier ma vie, mais ie mourray content en songiant que mon trespas asseure l'heur de celle que i'ayme! Ie vivrai mieulx en sa memoère qu'en réalité.

Au veu du geste et de la face brillante de cet homme de couraige, la connestable feut férue en plein dans le cueur. Mais bien tost elle feut picquée au vif de ce qu'il sembloyt vouloir la quitter, sans mesme requérir d'elle une légiere faveur.

— Venez que ie vous arme, luy dit-elle en faisant mine de l'accoler.

— Ha! ma dame, respondit-il en mouillant d'ung légier pleur le feu de ses yeulx, voulez-vous rendre ma mort impossible, en attachant ung trop grant prix à ma vie?

— Allons! s'escria-t-elle domptée par ceste ardente amour, ie ne sçays la fin de tout cecy! mais viens. Après, nous irons périr tous à la poterne!

Mesme flamme embrazant leurs cueurs, mesme accord ayant sonné pour tous deux, ils s'entre-accolèrent de la bonne fasson, et, dans le délicieux accez de ceste folle fiebvre que vous cognoissez, i'espère, ils tombèrent en ung profund oubli des dangiers de Savoisy, des leurs, du connestable, de la mort, de la vie, et de tout.

Pendant ce, les gens de guette au porche estoyent allez informer le connestable de la venue du guallant, et luy dire comment l'enraigé gentilhomme n'avoyt tenu compte des œillades que, pendant la messe et durant le chemin, la comtesse luy avoyt gectées à celle fin de l'empeschier d'estre desconfit. Ils rencontrèrent leur maistre en grant haste d'arriver à la poterne, pour ce que, de leur costé, ses archiers du quay l'avoyent aussy huchié, de loing, luy disant :

— Vécy le sire de Savoisy qui entre.

Et de faict, Savoisy estoyt venu à l'heure assignée ; et, comme font tous les amans, ne pensant qu'à sa dame, il n'avoyt point veu les espies du comte, et s'estoyt coulé par la poterne. Ce conflict d'amans feut cause que le connestable arresta tout court les paroles de ceulx qui venoyent de la reue Sainct-Anthoine, en leur disant avecques ung geste d'authorité qu'ils ne s'advizèrent pas de contredire :

— Ie sçays que la beste est prinse !...

Là-dessus, tous se gectèrent à grant bruict par la susdicte poterne en criant : — A mort ! à mort ! Et gens d'armes, archiers, connestable, capitaines, tous coururent sus à Charles Savoisy, filleul du Roy, lequel ils assaillirent iouxte la croizée de la comtesse ; et, par ung caz notable, les gémissemens du paouvre ieune homme s'exhalèrent douloureusement meslez aux hurlemens des souldards, pendant les soupirs passionnez et les cris que poulsoyent les deux amans, lesquels se hastèrent en grant paour.

— Ah ! fit la comtesse en blanchissant de terreur, Savoisy meurt pour moy !

— Mais ie vivray pour vous, respondit Boys-Bourredon, et me trouveray encores bien heureux en payant mon bonheur du prix dont se paye le sien.

— Mussez-vous dedans ce bahut, cria la comtesse, i'entends le pas du connestable.

Et, de faict, mon sieur d'Armignac se monstra bien tost, avecques une teste à la main, et la posant toute sanglante sur le hault de la cheminée :

— Vécy, madame, dit-il, ung tableau qui vous endoctrinera ur les devoirs d'une femme envers son mary.

— Vous avez tué un innocent, respondit la comtesse sans paslir. Savoisy n'estoyt point mon amant.

Et, sur ce dire, elle resguarda fièrement le connestable avecques ung visaige masqué de tant de dissimulation et d'audace féminines que le mary resta sot comme une fille qui laisse eschapper quelque note d'en bas devant une nombreuse compaignie, et il feut en doubte d'avoir faict ung malheur.

— A qui songiez-vous doncques ce matin? demanda-t-il.

— Ie resvais du Roy, fit-elle.

— Et doncques, ma mye, pourquoy ne pas me l'avoir dict?

— M'auriez-vous creue, dans la bestiale cholère où vous estiez?

Le connestable se secoua l'aureille et reprint :

— Mais comment Savoisy avoyt-il une clef de nostre poterne ?

— Ah! ie ne sçays pas, dit-elle briefvement, si vous aurez pour moy l'estime de croire ce que i'ay à vous respondre.

Et la connestable vira lestement sur ses talons, comme girouette tournée par le vent, faisant mine d'aller vacquer aux affaires du mesnaige. Pensez que monsieur d'Armignac feut grantement embarrassé de la teste du paouvre Savoisy, et que, de son costé, Boys-Bourredon n'avoyt nulle envie de tousser, en entendant le comte qui grommeloyt tout seul des paroles de toutes sortes. Enfin, le connestable frappa deux grands coups sur la table et dit : — Ie vais tomber sur ceux de Poissy! Puis il se despartit, et, quand la nuict feut venue, Boys-Bourredon se saulva de l'hostel sous un desguisement quelconque.

Le paouvre Savoisy feut moult plouré de sa dame, qui avoyt faict tout le plus qu'une femme peut faire pour delivrer un amy; et, plus tard, il feut mieulx que plouré, il feut regretté, veu que la connestable ayant raconté ceste adventure à la royne Isabeau, celle-cy desbaucha Boys-Bourredon du service de sa cousine et le mit au sien propre, tant elle feut touchiée des qualitez et du ferme couraige de ce gentilhomme.

Boys-Bourredon estoyt un homme que la Mort avoyt bien recommandé aux dames. En effect, il se benda si fièrement contre tout, dans la haulte fortune que luy fit la royne, qu'ayant mal traicté le roy Charles, un iour où le paouvre homme estoyt dans son bon sens, les courtizans, ialoux de sa faveur, advertirent le Roy de son cocquaige. Alors, Boys-Bourredon feut en ung moment cousu dans ung sacq et gecté en la Seyne, prouche le bacq de Charenton, comme ung chascun sçayt. Ie n'ay nul besoing d'adiouxter que, depuis le iour où le connestable s'advisa de iouer inconsidérément des couteaulx, sa bonne femme usa si bien des deux morts qu'i. avoyt faicts, et les lui gecta si souvent au nez, qu'elle le rendi. doulx comme le poil d'ung chat, et le mit dans la bonne voye du mariaige. Luy la proclamoyt une preude et honneste connestable, comme de faict elle estoyt. Comme ce livre doibt, suivant les maximes des grants autheurs anticques, ioindre aulcunes chouses utiles aux bons rires que vous y ferez et contenir des préceptes de hault goust, ie vous diray la quintessence de cettuy conte estre cecy. Que iamays les femmes n'ont besoing de perdre la teste dans les caz graves, pour ce que le Dieu d'amour iamays ne les abandonne, surtout quand elles sont belles, ieunes et de bonne maison; puis, que les guallans, en soy rendant à des assignations amoureuses, ne doibvent iamays y aller comme des estourneaux, mais avecques mesure, et bien tout veoir autour des clappiers, pour ne point tomber en certaines embusches et soy conserver, car, après une bonne femme, la chouse la plus précieuse est certes un ioly gentilhomme.

LA PUCELLE DE THILHOUZE

Le seigneur de Valesnes, lieu plaizant dont le chasteau n'est point loing du bourg de Thilhouze, avoyt prins une chétifve femme, laquelle par raison de goust ou de desgoust, plaizir ou desplaizir, maladie ou santé, laissoyt ieusner son bon mary des doulceurs et sucreries stipulées en tous contracts de mariaige. Pour estre iuste, il faut dire que ce dessus dict seigneur estoyt ung masle bien ord et sale, tousiours chassant les bestes faulves, et pas plus amuzant que n'est la fumée dans les salles. Puis, par appoinct du compte, le susdict chasseur avoyt bien une soixantaine d'années desquelles il ne sonnoyt mot, pas plus que la veufve d'ung pendu ne parle de chordes. Mais la nature qui, les tortus, bancals, aveugles et laids, gecte à pannerées icy-bas, sans en avoir plus d'estime que des beaulx, veu que, comme les ouvriers en tapisseries, elle ne sçayt ce qu'elle faict, donne mesme appétit à tous, et à tous mesme goust au potaige. Aussy, par adventure, chaque beste trouve une escurie ; de là le proverbe : Il n'y ha si vilain pot qui ne rencontre son couvercle. Ores doncques, le seigneur de Valesnes cherchoyt partout de iolys pots à couvrir et souvent, oultre la faulve, courroyt la petite beste ; mais les terres estoyent bien desguarnies de ce gibier à haulte robe, et ung pucelaige coustoyt bien chier à descotter. Cependant, force de furreter, force de s'enquérir, il advint que le sieur de Valesnes feut adverti que, dans Thilhouze, estoyt la veufve d'un tisserand, laquelle avoyt ung vray thrézor en la personne d'une petite garse de seize ans, dont iamays elle n'avoyt quitté les iuppes et qu'elle menoyt elle-mesme faire de l'eaue, par haulte prévoyance maternelle ; puis la couchioyt dedans son propre lict ; la veilloyt, la faisoyt lever de matin, la laissoyt à tels travaulx que, à elles deux, elles gaignoyent bien huict sols par chascun iour ; et, aux festes, la tenoyt en laisse à l'ecclise ; luy donnant à grant poine le loizir de broutter ung mot de ioyeulsetez avecques les ieunes gars, encores ne falloyt-il point trop iouer des mains avecques la pucelle. Mais les tems de ce tems-là estoyent si durs que la veufve et sa fille avoyent iuste du pain assez pour ne point mourir de faim ; et, comme elles demouroyent chez ung de leurs parens paouvres, souvent elles manquoyent de bois en hyver et de hardes en esté ; debvoyent des loyers à effrayer ung sergent de iustice, lesquels ne s'effrayent point facilement des debtes d'aultruy. Brief, si la fille croissoyt en beaulté, la veufve croissoyt en misère, et s'endebtoyt trez-fort pour le pucelaige de sa garse, comme ung alquemiste pour son creuset où il fund tout.

Lorsque ses enquestes feurent faictes et parfaictes, un iour de pluye, ledict sire de Valesnes vint par caz fortuit dedans le taudis des deux fileuses, et, pour soy seichier, envoye querrir des fagots au Plessis voisin. Puis, en attendant, il s'assit sur un escabeau entre les deux paouvres femmes. A la faveur des umbres grises et demi-iour de la cabane, il vit le doulx minois de la pucelle de Thilhouze ; ses bons bras rouges et fermes ; ses avant-postes durs comme bastions qui deffendoyent son cueur du froid ; sa taille ronde comme un ieune chesne ; le tout bien frais et net et fringuant et pimpant comme une première gelée ; verd et tendre comme une pousse d'avril ; enfin elle ressembloyt à tout ce qu'il y ha de ioly dans le monde. Elle avoyt les yeulx d'un bleu modeste et saige et le resguard encores plus coi que celuy de la Vierge, veu que elle estoyt moins advancée, n'ayant point eu d'enfant.

Ung qui luy auroyt dict : — Voulez-vous faire de la ioye ? elle auroyt respondu : — En dà ! par où ? tant elle sembloyt nice et peu ouverte aux compréhensions de la chouse. Aussy le bon vieulx seigneur tortilloyt-il sur son escabelle, flairoyt la fille et se deshanchioyt le col comme un cinge voulant attraper des noix grollières. Ce que voyoyt bien la mère et ne souffloyt mot, en paour du seigneur qui avoyt à luy tout le pays. Quand le fagot feut mis en l'aatre et flamba, le bon chasseur dit à la vieille :

— Ah ! ah ! cela reschauffe presque autant que les yeulx de vostre fille.

— Las ! mon seigneur, fit-elle, nous ne pouvons rien cuyre à ce feu-là...

— Si, respondit-il.

— Et comment ?

— Ah ! ma mye, prestez vostre garse à ma femme qui ha besoing d'une chamberière, nous vous payerons bien deux fagots tous les iours.

— Ha! mon seigneur, et que cuyroys-je doncques à ce bon feu de mesnaige?

— Eh bien! reprint le vieulx braguard, de bonnes bouillies, car ie vous bailleray à rente ung minot de bled par saison.

— Et doncques, reprint la vieille, où les mettroys-je?

— Dans vostre mette, s'escria l'acquéreur de pucelaiges.

— Mais ie n'ay point de mette, ni de bahut, ni rien.

— Eh bien! ie vous donneray des mettes, des bahuts et des poëles, des buyes, ung bon lict avecques sa pente et tout.

— Vère, dit la bonne veufve, la pluye les guastera, ie n'ay point de maison.

— Voyez-vous pas d'icy, respondit le seigneur, le logiz de la Tourbellière, où demouroyt mon paouvre picqueur Pillegrain, qui ha esté esventré par ung sanglier?

— Oui, fit la vieille.

— Eh bien! vous vous boutterez là-dedans, iusques à la fin de vos iours.

— Par ma fy! s'escria la mère en lairrant tomber sa quenoille, dictes-vous vray?

— Oui.

— Et doncques, quel loyer donnerez-vous à ma fille?

— Tout ce qu'elle voudra gaigner à mon service, dit le seigneur.

— Oh! mon seigneur, vous voulez gausser.

— Non, dit-il.

— Si, dit-elle.

— Par sainct Gatien, sainct Eleuthère et par les mille millions de saincts qui grouillent là-hault, ie iure que...

— Eh bien! si vous ne gaussez point, reprint la bonne mère, ie vouldroys que ces fagots fussent, ung petit brin, passez pardevant le notaire.

— Par le sang du Christ et le plus mignon de vostre fille, ne suis-je point gentilhomme? Ma parole vault le ieu.

— Ah bien! ie ne dis non, mon seigneur; mais, aussy vray que ie suis une paouvre filandière, i'ayme trop ma fille pour la quitter. Elle est trop ieune et foyble encores, elle se romproyt au service. Hier, au prosne, le curé disoyt que nous respondrons à Dieu de nos enfans.

— Là! là! fit le seigneur, allez querrir le notaire.

Ung vieulx buscheron courut au tabellion, lequel vint et dressa bel et bien ung contract, auquel le sire de Valesnes mit sa croix, ne saichant point escripre ; puis, quand tout feut scellé, signé :

— Eh bien! la mère, dit-il, ne respondez-vous doncques plus du pucelaige de vostre fille à Dieu ?

— Ah! mon seigneur, le curé disoyt iusques à l'aage de raison, et ma fille est bien raisonnable. Lors, se tournant vers elle : — Marie Ficquet, reprint la vieille, ce que tu as de plus chier est l'honneur ; et là où tu vas, ung chascun, sans compter mon seigneur, te le vouldra tollir ; mais tu vois tout ce qu'il vault !... Par ainsý, ne t'en deffais qu'à bon escient et comme il faut. Ores, pour ne point contaminer ta vertu devant Dieu et les hommes (à moins de motifs légitimes), ayes bien soing, par advance, de faire saupouldrer ung petit ton caz de mariaige, aultrement tu iroys à mal.

— Ouï, ma mère, fit la pucelle.

Et là-dessus elle sortit du paouvre logiz de son parent, et vint au chasteau de Valesnes pour y servir la dame qui la trouva fort iolye et à son goust.

Quand ceulx de Valesnes, Saché, Villaines et aultres lieux apprindrent le hault prix donné de la pucelle de Thilhouze, les bonnes femmes de mesnaige, recognoissant que rien n'estoyt plus proucffitable que la vertu, taschèrent d'eslever et nourrir toutes leurs filles pucelles ; mais le mestier feut aussy chanceux que celuy d'éducquer les vers à soye, si subiects à crever, veu que les pucelaiges sont comme les neffles et meurissent vite sur la paille. Cependant il y eut quelques filles, pour ce, notées en Tourayne, et qui passèrent pour vierges dans tous les couvens de religieux, ce dont ie ne vouldroys point respondre, ne les ayant point vérifiées en la manière enseignée par Verville pour recognoistre la parfaicte vertu des filles. Finablement, Marie Ficquet suivit le saige adviz de sa mère, et ne voulut entendre aulcune des doulces requestes, paroles dorées et cingeries de son maistre, sans estre ung peu trempée de mariaige.

Quand le vieulx seigneur faisoyt mine de la vouloir margauder, elle s'effarouchioyt comme une chatte à l'approche d'ung chien, en criant : — Ie le diray à Madame. Brief, au bout de six moys, le sire n'avoyt pas encores seulement recouvré le prix d'un seul fagot. A toutes ses besongnes, la Ficquet, tousiours plus ferme et plus dure, une foys respondoyt à la gracieuse queste de son seigneur : — Quand vous me l'aurez osté, me le rendrez-vous ? (Tein ! Puis en d'aultres tems disoyt : — Quand i'auroys autant de pertuys qu'en ont les cribles, il n'y en auroyt pas ung seul pour vous, tant laid ie vous trouve !

Ce bon vieulx prenoyt ces proupos de village pour fleurs de vertu, et ne chailloyt point à faire de petits signes, longues harangues et cent mille sermens ; car, force de veoir les bons gros avantcueurs de ceste fille, ses cuisses reboudies, qui se mouloyent en relief à certains mouvements, à travers ses cottes, et force d'admirer aultres chouses capables de brouiller l'entendement d'ung sainct, ce bon chier homme s'estoyt enamouré d'elle avecques une passion de vieillard, laquelle augmente en proportions géométrales, au rebours des passions des ieunes gens, pour ce que les vieulx ayment avecques leur foyblesse qui va croissant, et les ieunes avecques leurs forces qui s'en vont diminuant. Pour ne donner aulcune raison de refus à ceste fille endiablée, le seigneur print à partie ung sien sommelier, aagé de plus de septante et quelques années, et luy fit entendre qu'il debvoyt se marier affin de reschauffier sa peau, et que Marie Ficquet seroyt bien son faict. Le vieulx sommelier, qui avoyt gaigné trois cents livres tournoys de rente à divers services dans la maison, vouloyt vivre tranquille sans ouvrir de nouveau les portes de devant ; mais le bon seigneur, l'ayant prié de se marier ung peu pour luy faire plaizir, l'assura qu'il n'auroyt nul soulcy de sa femme. Alors, le vieulx sommelier s'engarria par obligeance dans ce mariaige. Le iour des fiançailles, Marie Ficquet, débridée de toutes ses raisons, et ne pouvant obiecter aulcun grief à son poursuyvant, se fit octroyer une grosse dot et ung douayre pour le prix de sa défloraison ; puis bailla licence au vieulx cocquard de venir tant qu'il pourroyt couchier avecques elle, luy promettant autant de bons coups que de grains de bled donnés à sa mère ; mais, à son aage, ung boisseau luy suffisoyt.

Les nopces faictes, point ne faillit le seigneur, aussitost sa femme mise en toile, de s'esquicher devers la chambre, bien verrée, natée et tapissée, où il avoyt logié sa poulette, ses rentes, ses fagotz, sa maison, son bled et son sommelier.

Pour estre brief, saichez qu'il trouva la pucelle de Thilhouze la plus belle fille du monde, iolye comme tout, à la doulce lumière du feu qui petilloyt dans la cheminée, bien noiseuse entre les draps, cherchant castilles, sentant une bonne odeur de pucelaige, et, de prime faict, n'eut aulcun regret au grant prix de ce bijou. Puis, ne pouvant se tenir de despescher les premières bouchées de ce friant morceau royal, le seigneur se mit en debvoir de franfrelucher, en maistre passé, ce ieune formulaire. Vécy doncques le bienheureux qui, par trop grant gloutonnerie, vétille, glisse, enfin ne sçayt plus rien du ioly mestier d'amour. Ce que voyant, après ung moment, la bonne fille dict innocemment à son vieulx cavalier : — Monseigneur, si vous y estes, comme ie pense, donnez, s'il vous plaist, ung peu plus de volée à vos cloches.

Sur ce proupos, qui finit par se répandre, ie ne sçays comment, Marie Ficquet devint fameuse, et l'on dict encores en nos pays : — C'est une pucelle de Thilhouze ! en mocquerie d'une mariée, et pour signifier une *fricquenelle*.

Fricquenelle se dit d'une fille que ie ne vous souhaite point de trouver en vos draps la première nuict de vos nopces, à moins que vous ne soyez nourri dans la filosophie du Porticque, où l'on ne s'estomiroyt d'aulcun meschief. Et il y ha beaucoup de gens contraincts d'estre stoïciens en ceste conioncture droslaticque, laquelle se rencontre encores assez souvent, car la nature tourne, mais ne change point, et tousiours il y aura de bonnes pucelles de Thilhouze en Tourayne et ailleurs. Que si vous me demandiez maintenant en quoy consiste et où esclate la moralité de ce conte, ie seroys bien en droict de respondre aux dames : que les Cent Contes droslaticques sont plus faicts pour apprendre la morale du plaizir que pour procurer le plaizir de faire de la morale.

Mais, si c'estoyt ung bon vieulx braguard bien desreiné qui m'interlocutast, ie luy diroys, avecques les gracieux mesnagemens deus à ses perrucques iaunes ou grises : que Dieu ha voulu punir le sieur de Valesnes d'avoir essayé d'achepter une danrée faicte pour estre donnée.

LE FRÈRE D'ARMES

Au commencement du règne du roy Henry second du nom, lequel ayma tant la belle Diane, il y avoyt encores une quérémonie dont l'usaige s'est depuis beaucoup affoybli, et qui ha tout à faict disparu, comme une infinité de bonnes chouses des vieulx tems. Ceste belle et noble coustume estoyt le choix d'ung frère d'armes que faisoyent tous les chevaliers. Doncques, après s'estre cogneus pour deux hommes loyaulx et braves, ung chascun de ce gentil couple estoyt marié pour la vie à l'aultre; tous deux devenoyent frères; l'ung debvoyt deffendre l'aultre à la bataille parmi les ennemis qui le menassoyent et, à la court, parmi les amys qui en médisoyent. En l'absence de son compaignon, l'aultre estoyt tenu de dire à ung qui auroyt accusé son bon frère de quelque desloyaulté, meschanterie ou noirceur feslonne : — Vous en avez menti par vostre gorge !... et aller sur le pré, vitement, tant seur on estoyt de l'honneur l'ung de l'aultre. Il n'est pas besoing d'adiouxter que l'un estoyt tousiours le second de l'aultre, en toute affaire, meschante ou bonne, et qu'ils partageoyent tout bonheur ou malheur. Ils estoyent mieux que les frères qui ne sont conioincts que par les hazards de la nature, veu qu'ils estoyent fraternisés par les liens d'ung sentiment espécial, involontaire et mutuel. Aussy la fraternité des armes ha-t-elle produict de beaulx traicts, aussy braves que ceulx des anciens Griecqs, Romains ou aultres... Mais cecy n'est point mon subiect. Le récit de ces chouses se trouve escript par les historiens de nostre pays, et ung chascun les sçayt.

Doncques, en ce tems-là, deux ieunes gentilshommes de Tourayne, dont l'un estoyt le cadet de Maillé, l'aultre le sieur de Lavallière, se firent frères d'armes le iour où ils gaignèrent leurs esperons. Ils sortoyent de la maison de monsieur de Montmorency, où ils feurent nourris des bonnes doctrines de ce grant capitaine, et avoyent monstré combien la valeur est contagieuse en ceste belle compaignie, pour ce que, à la bataille de Ravennes, ils méritèrent les louanges des plus vieulx chevaliers. Ce feut dans la meslée de ceste rude iournée que Maillé, saulvé par le susdict Lavallière, avecques lequel il avoyt eu quelques noises, vit que ce gentilhomme estoyt ung noble cueur. Comme ils avoyent receu chascun des eschancreures en leur pourpoinct, ils baptizèrent ceste fraternité dans leur sang et feurent traictés ensemble, dans ung mesme lict, sous la tente de monsieur de Montmorency, leur maistre. Il est besoing de vous dire que, à l'encontre des habitudes de sa famille où il y ha tousiours eu de iolys visaiges, le cadet de Maillé n'estoyt point de physionomie plaisante, et n'avoyt guères pour luy que la beaulté du diable; du reste descouplé comme ung levrier, large des espaules et taillé en force comme le roy Pepin, lequel feut ung terrible iouteur. Au rebours, le sire de Chateau-Lavallière estoyt un fils goldronné, pour qui sembloyent avoir esté inventez les belles dentelles, les fins haults-de-chausses et les soliers à fenestre. Ses longs cheveulx cendrés estoyent iolys comme une chevelure de dame; et c'estoyt, pour estre court, un enfant avecques lequel toutes les femmes auroyent bien voulu iouer. Aussy, un iour, la Daulphine, niepce du pape, dit en riant à la royne de Navarre, veu qu'elle ne haïssoyt point ces bonnes drosleries : — que cettuy paige estoyt un emplastre à guarrir de tous les maulx! Ce qui fit rougir le ioly petit Tourangeaud, pour ce que, n'ayant encores que seize ans, il print ceste guallanterie comme ung reproche.

Lors, au retourner d'Italie, le cadet de Maillé trouva ung bon chaussepied de mariaige que luy avoyt traficqué sa mère en la personne de madamoiselle d'Annebault, laquelle estoyt une gracieuse fille, riche de mine et bien fournie de tout, ayant ung bel hostel en la reue Barbette, guarni de meubles et tableaux italians, et force domaines considérables à recueillir. Quelques iours après le trespassement du roy Françoys, adventure qui planta la terreur au fund de tous les caz, pour ce que ledict seigneur estoyt mort par suitte du mal de Naples, et que, doresenavant, il n'y avoyt point de sécuritez mesme avecques les plus haultes princesses, le dessus dict Maillé feut contrainct de quitter la court pour aller accommoder aulcunes affaires de griefve importance dans le Piémont. Comptez qu'il luy desplaizoyt beaucoup de laisser sa bonne femme, si ieunette, si friande, si noiseuse, au milieu des dangiers, poursuittes, embusches et surprinses de ceste guallante compaignie où estoyent tant de beaulx fils, hardis comme des aigles, fiers de resguard et amoureux de femmes autant que les gens sont affamés de iambons à Pasques. Dans ceste haulte ialouzie, tout lui estoyt bie desplaizant, mais force de songier, il s'advisa de cadenasser sa femme, ainsy qu'il va estre dict. Il invita son bon frère d'armes à venir au petit iour, le matin de sa despartie. Or, dès qu'il entendit le cheval de Lavallière dans sa court, il saulta hors de son lict, lairrant sa doulce et blanche moitié sommeillant encores de ce petit sommeil brouïnant, tant aymé de tous les friands de paresses. Lavallière vint à luy, et les deux compaignons se mussant dans l'embrazure de la croizée, ils s'accolèrent par une loyale poignée de main; puis, de prime face, Lavallière dit à Maillé : — Ie seroys venu ceste nuict sur ton advis, mais i'avoys ung procez amoureux à vuyder avecques ma dame qui me bailloyt assignation : doncques ie ne pouvoys aulcunement faire deffault; mais ie l'ai quittée de matin... Veux-tu que ie t'accompaigne? ie luy ai dict ton despart, elle m'a promis de demourer, sans aulcun amour, sur la foy des traictés... Si elle me truphe, un amy vault mieux qu'une maistresse!...

— Oh! mon bon frère, respondit Maillé tout esmeu de ces paroles, ie veulx te demander une preuve plus haulte de ton brave cueur... Veux-tu avoir la charge de ma femme, la deffendre contre tous, estre son guide, la tenir en lesse, et me responder de l'intégrité de ma teste?... Tu demoureras icy, pendant le tems de mon absence, dans la salle verde, et seras le chevalier de ma femme...

Lavallière fronssa les sourcils et dit :

— Ce n'est ni toy, ni ta femme, ni moy que ie redoute, mais les meschans qui proufficteront de cecy pour nous brouiller comme des escheveaux de soye...

— Ne sois point en deffiance de moy, reprint Maillé, serrant Lavallière contre luy. Si tel estoyt le bon vouloir de Dieu que i'eusse le malheur d'estre cocqu, ie seroys moins marri que ce fust à ton advantaige... Mais, par ma foy! i'en mourroys de chagrin, car ie suis bien assotté de ma bonne, fresche et vertueuse femme.

Sur ce dire, il destourna la teste pour ne point monstrer à Lavallière l'eaue qui lui venoyt aux yeulx, mais le ioly courtizan vit ceste semence de pleurs, et lors, prenant la main de Maillé : — Mon frère, luy dit-il, ie te iure ma foy d'homme que, paravan qu'ung quelqu'un touche à ta femme, il aura senti ma dague au fund de sa fressure... Et, à moins que ie ne meure, tu la retrouveras intacte de corps, sinon de cueur, pour ce que la pensée est hors du pouvoir des gentilshommes...

— Il est doncques dict là-hault ! s'escria Maillé, que ie seray tousiours ton serviteur et ton obligé...

Là-dessus le compaignon partit pour ne point mollir dans les interiections, pleurs et aultres saulces que respandent les dames en adieux; puis, Lavallière l'ayant conduict à la porte de la ville, revint en l'hostel, attendit Marie d'Annebault au desbucher du lict, luy apprint la despartie de son bon mary, luy offrit d'estre à ses ordres, et, le tout, avecques des manières si gentilles que la plus vertueuse femme eust esté chatouillée du dezir de guarder à soy le chevalier. Mais, de ces belles pastenostres n'estoyt aulcun besoing pour endoctriner la dame, veu que elle avoyt presté l'aureille aux discours des deux amys, et s'estoyt grantement offensée des doubtes de son mary. Hélas! comptez que Dieu seul est parfaict! Dans toutes les idées de l'homme, il y aura tousiours un costé maulvais; et c'est, oui dà, une belle science de vie, mais science impossible, que de tout prendre, mesme ung báston par le bon bout. La cause de ceste grant difficulté de plaire aux dames est qu'il y ha chez elles une chouse qui est plus femme qu'elles, et, n'estoyt le respect qui leur est deu, ie diroys un aultre mot. Ores, nous ne debvons iamays resveigler les phantaisies de ceste chouse malivole. Mais le parfaict goubvernement des femmes est œuvre à navrer un homme, et nous faut rester en totale soubmission d'elles; c'est, ie cuyde, le meilleur sens pour denouer la trez-angoisseuse énigme du mariaige. Doncques, Marie d'Annebault se tint heureuse des bonnes fassons et offres du guallant: mais il y avoyt, en son soubrire, ung malicieux esperit, et, pour aller rondement, l'intention de mettre son ieune garde-chouse entre l'honneur et le plaizir; de si bien le requérir d'amour, le tant testonner de bons soings, le pourchasser de resguards si chaulds, qu'il fust infidelle à l'amitié au prouffict de la guallantize.

Tout estoyt en bon poinct pour les menées de son dessein, veu les accointances que le sire de Lavallière estoyt tenu d'avoir avecques eus par son séiour en l'hostel. Et comme il n'y ha rien au monde qui puisse destourber une femme de ses visées, en toute occurrence, la cingesse tendoyt à l'empiéger dans ung lacqs.

Tantost le faisoyt rester siz près d'elle, devant le feu, iusques à douze heures de la nuict, luy chantant des refrains; et, sur toute chouse, luy monstrant ses bonnes espaules, les tentations blanches dont son corsaige estoyt plein, enfin, luy gectant mille resguards cuysans; le tout, sans avoir la physionomie des pensées qu'elle guardoyt sous son aureille.

Tantost elle se pourmenoyt avecques luy, de matin, dans les iardins de son hostel, et s'appuyoyt bien fort sur son bras, le pressoyt, soupiroyt, luy faisoyt nouer le lasset de son brodequin, qui tousiours se destortilloyt à poinct nommé.

Puis, c'estoyent mille gentilles paroles, et de ces chouses auxquelles entendent si bien les dames; petits soings pour l'hoste : comme venir veoir s'il avoyt ses aises; si le lict estoyt bon; si la chambre propre; s'il y avoyt bon aër; si, la nuict, il sentoyt aulcuns vents coulis; si, le iour, avoyt trop de soleil; luy demandant de ne luy rien celer de ses phantaisies et moindres voulentés, disant :

— Avez-vous coustume de prendre quelque chouse au matin, dans le lict?... soit de l'hydromel, du laict ou des espices? Mangez-vous bien à vos heures? Ie me conformeray à tous vos dezirs?.., dictes?... Vous avez paour de me demander... allons!

Elle accompaignoyt ces bonnes doreloteries de cent mignardises, comme de dire en entrant :

— Ie vous gehenne, renvoyez-moy!... Allons! besoing est que vous soyez libre... Ie m'en vais...

Et tousiours estoyt gracieusement invitée à rester.

Et tousiours la ruzée venoyt vestue à la légière, monstrant des eschantillons de sa beaulté à faire hennir ung patriarche aussy ruyné par le tems que debvoyt l'estre le sieur de Mathusalem à cent soixante ans.

Le bon compaignon, estant fin comme soye, lairroyt aller toutes les menées de la dame, bien content de la veoir occupée de luy, veu que c'estoyt aultant de gaigné; mais, en frère loyal, il remettoyt tousiours le mary absent soubz les yeulx de son hostesse.

Or, ung soir, la iournée ayant esté trez-chaulde, Lavallière redoutant les ieux de la dame, luy dit comme Maillé l'aimoyt fort; qu'elle avoyt à elle un homme d'honneur, ung gentilhomme bien ardent pour elle et bien chatouilleux de son escu...

— Pourquoy doncques, dit-elle, s'il en est chatouilleux, vous ha-t-il mis icy?...

— N'est-ce pas une haulte prudence?... respondit-il. N'estoyt-il pas besoing de vous confier à quelque deffenseur de vostre vertu, non qu'il lui en faille ung, mais pour vous protéger contre les mauvais...

— Doncques, vous estes mon guardien? fit-elle.
— J'en suis fier! s'escria Lavallière.
— Vère! dit-elle, il ha bien mal choisi...

Ce proupos feut accompaigné d'une œillade si paillardement lascive, que le bon frère d'armes print, en manière de reprouche, une contenance fresche et laissa la belle dame seule; laquelle feut picquée de ce refus tacite d'entamer la bataille des amours.

Elle demoura dans une haulte méditation, et se mit à querrir l'obstacle véritable qu'elle avoyt rencontré; car il ne sauroyt venir en l'esperit de aulcune dame qu'ung bon gentilhomme puisse avoir du dédain pour ceste baguatelle qui ha tant de prix et si haulte valeur. Ores, ces pensiers s'entrefilèrent et s'accointèrent si bien, l'un accrochant l'aultre, que, de pièces en morceaux, elle attira toute l'estoffe à elle, et se trouva couchiée au plus profund de l'amour; ce qui doibt enseigner aux dames à ne iamays iouer avecques les armes de l'homme, veu qu'à manier de la glue il en demeure tousiours aux doigts.

Par ainsy, Marie d'Annebault fina par où elle auroyt deu commencer : à sçavoir, que, pour se saulver de ses piéges, le bon chevalier debvoyt estre prins à celui d'une dame; et en bien cherchant autour d'elle où son ieune hoste pouvoyt avoir trouvé un étui de son goust, elle pensa que la belle Limeuil, l'une des filles de la royne Catherine, mesdames de Nevers, d'Estrées et de Giac, estoyent les amyes desclairées de Lavallière, et que, de toutes, il debvoyt en aymer au moins une à la folie.

De ce coup, elle adiouxta la raison de ialousie à toutes les aultres qui la convioyent de séduire son messire Argus, dont elle ne vouloyt point couper, mais perfumer, baiser la teste, et ne faire aulcun tort au reste.

Elle estoyt certes plus belle, plus ieune, plus appetissante et mignonne que ses rivales; du moins, ce feut le mélodieux arrest de sa cervelle. Aussy, meue par toutes les chordes, ressorts de conscience et causes physicques qui font mouvoir les femmes, elle revint à la charge, pour donner nouvel assault au cueur du chevalier; car les dames ayment à prendre ce qui est bien fortifié.

Alors elle fit la chatte, et se roula si bien près de luy, le chatouilla si gentement, l'apprivoisa si doulcement, le patepelua si mignottement, que, ung soir où elle estoyt tombée en de noires humeurs, quoique bien gaye au fund de l'ame, elle se fit demander par son frère guardien :

— Qu'avez-vous doncques?...

A quoy, songeuse, elle luy respondit, en estant escoutée par luy comme la meilleure des musicques :

Qu'elle avoyt espouzé Maillé à l'encontre de son cueur, et qu'elle en estoyt bien malheureuse; qu'elle ignoroyt les doulceurs d'amour; que son mary ne s'y entendoyt nullement, et que sa vie seroyt pleine de larmes. Brief, elle se fit pucelle de cueur, et de tout, veu qu'elle advoua n'avoir encores perceu de la chouse que des desplaizirs. Puis dit encores que, pour le seur, ce manége debvoyt estre fertile en sucreries, friandises de toutes sortes, pour ce que toutes les dames y couroyent, en vouloyent, estoyent ialouses de ceulx qui leur en vendoyent; car, à aulcunes, cela coustoyt chier; que elle en estoyt si curieuse que, pour ung seul bon iour ou une nuictée d'amour, elle bailleroyt sa vie et seroyt tousiours subiecte de son amy, sans aulcun murmure; mais que celuy avecques qui la chouse luy seroyt plus plaisante à faire ne vouloyt pas l'entendre; et que, cependant, le secret pouvoyt estre éternellement guardé sur leurs coucheries, veu la fiance de son mary en luy; finablement, que, s'il la refuzoyt encores, elle en mourroyt.

Et toutes ces paraphrases du petit canticque que sçavent toutes les dames en venant au monde feurent débagoulées entre mille silences entrecoupés de soupirs arrachiés du cueur, aornés de force tortillemens, appels au ciel, yeulx en l'aër, petites rougeurs subites, cheveulx graphinés... Enfin, toutes les herbes de la Sainct-Jean feurent mises dans le ragoust. Et, comme au fund de ces paroles il y avoyt ung pinçant dezir qui embellit mesme les laiderons, le bon chevalier tomba aux pieds de la dame, les lui print, les lui baisa, tout plourant. Faictes estat que la bonne femme feut bien heureuse de les luy laisser à baiser; et mesme, sans trop resguarder à ce qu'il vouloyt en faire, elle luy abandonna sa robbe, saichant bien que besoing estoyt de la prendre par en bas pour la lever; mais il estoyt escript que ce soir elle seroyt saige, car le beau Lavallière luy dit avecques dezespoir :

— Ah! Madame, ie suis ung malheureux et un indigne...

— Non, non, allez !... fit-elle.
— Hélas ! le bonheur d'estre à vous m'est interdict.
— Comment ?... dit-elle.
— Ie n'oze vous advouer mon caz !...
— Est-ce doncques bien mal ?...
— Ha ! ie vous ferai honte !...
— Dictes, ie me cacherai le visaige dans mes mains.

Et la ruzée se mussa de manière à bien veoir son bien aymé pa. ses entre-doigts.

— Las !... fit-il, l'aultre soir, quand vous m'avez dict ceste si gracieuse parole, i'estoys allumé si traistreusement que, ne cuydant point mon bonheur prouche et n'ozant vous advouer ma flamme, i'ai couru en ung clappier où vont les gentilshommes ; là, pour l'amour de vous, et pour saulver l'honneur de mon frère, dont i'avoys honte de salir l'escu, i'ai été pippé ferme, en sorte que ie suis en dangier de mourir du mal italian...

La dame, prinse de frayeur, gecta ung cri d'accouchiée, et, toute esmeue, le repoulsa par ung petit geste bien doulx ; puis, le paouvre Lavallière se trouvant en trop piteuse occurrence, se despartit de la salle ; mais il n'estoyt pas tant seulement aux tapisseries de la porte, que Marie d'Annebault l'avoyt derechief contemplé, disant à part elle : — Ah ! quel dommaige !... Lors, elle rechut en grant mélancholie, plaignant en soy le gentilhomme, et s'enamourant d'autant plus qu'il estoyt fruict par trois foys deffendu.

— N'estoyt Maillé, luy dit-elle ung soir qu'elle le trouvoyt plus beau que de coustume, ie vouldroys gaigner vostre mal ; nous aurions ensemble les mesmes affres...

— Ie vous ayme trop, dit le frère, pour ne pas estre saige.

Et il la quitta pour aller chez sa belle Limeuil. Comptez que, ne pouvant se refuser à recepvoir les flambantes œillades de la dame, il y avoyt, aux heures du maugier et pendant les vesprées, ung feu nourri qui les eschauffioyt beaucoup ; mais elle estoyt contraincte de vivre sans touchier au chevalier aultrement que du resguard. A ce mestier, Marie d'Annebault se trouvoyt fortifiée de tout poinct contre les guallans de la court ; car il n'y ha pas de bornes plus infranchissables et meilleur guardien que l'amour ; il est comme le diable : ce qu'il tient, il l'entoure de flammes. Ung soir, Lavallière ayant conduict la dame de son amy à ung ballet de la royne Catherine, dançoyt avecques sa belle Limeuil, dont il estoyt affolé.

Dans ce tems-là, les chevaliers conduisoyent bravement leurs amours deux à deux, et mesme par troupes. Ores, toutes les dames estoyent ialouzes de la Limeuil, qui deslibéroyt en ce moment de soy donner au beau Lavallière. Avant de se mettre en quadrille, elle luy avoyt donné la plus doulce des assignations pour l'endemain pendant la chasse. Nostre grant royne Catherine, laquelle, par haulte politicque, fomentoyt ces amours et les remuoyt comme pastissiers font flamber leurs fours en les fourgonnant, ladicte royne doncques donnoyt son coup d'œil à tous les gentils couples enlassez dedans son quadrille de femelles, et disoyt à son mary :

— Pendant qu'ils bataillent icy, peuvent-ils faire des ligues contre vous ?... Hein ?

— Oui, mais les ceulx de la religion ?

— Bah ! nous les y prendrons aussy ! dit-elle en riant. Tenez, vécy Lavallière, que l'on soupbçonne estre des hugonneaulx, converti à ma chiere Limeuil qui ne va pas mal, pour une damoiselle de seize ans... Il l'aura bientost mise dans son greffe...

— Ha ! Madame, n'en croyez rien, fit Marie d'Annebault, car il est guasté par le mal de Naples qui vous ha faict royne !...

A ceste bonne naïfveté, Catherine, la belle Diane et le roy, qui estoyent ensemble, s'esclatèrent de rire, et la chouse courut dans toutes les aureilles. Alors ce feut pour Lavallière une honte et des mocqueries qui ne finèrent plus. Le paouvre gentilhomme, monstré aux doigts, auroyt bien voulu d'un aultre dans ses chausses; car la Limeuil, à qui les corrivaulx de Lavallière n'eurent rien de plus hasté que de l'advertir en riant de son dangier, fit une mine de heurtoir à son amant, tant grant estoyt l'espantement, et griefves estoyent les appréhensions de ce maulvais mal. Aussy, Lavallière se vit de tout poinct abandonné comme ung leppreux. Le roy luy dit un mot fort desplaizant, et le bon chevalier quitta la feste suivi de la paouvre Marie au dezespoir de ceste parole. Elle avoyt de tout poinct ruyné celui qu'elle aimoyt, luy avoyt tolli son honneur et guasté sa vie, veu que les physicians et maistres myrrhes advançoyent, comme chouse non équivocque, que les gens italianisés par ce mal d'amour y debvoyent perdre leurs meilleurs advantaiges, n'estre plus de vertu générative, et noircis dans leurs os.

En sorte que nulle femme ne se vouloyt plus lairrer chausser en légitime mariaige par le plus beau gentilhomme du royaulme, s'il estoyt seulement soubpçonné d'estre ung de ceulx que maistre François Rabelays nommoyt *ses croustes-levés trez-precieux.*

Comme le bon chevalier se taisoyt beaucoup et restoyt en mélancholie, sa compaigne luy dit en rattournant de l'hostel d'Hercules où se donnoyt la feste :

— Mon chier seigneur, ie vous ai faict ung grant dommaige !...

— Ha ! Madame, respondit Lavallière, le mien est réparable, mais dans quel estrif estes-vous tombée ?... Deviez-vous estre au faict du dangier de mon amour ?...

— Ah! fit-elle, ie suis doncques bien seure maintenant de tousiours vous avoir à moy, pour ce que, en eschange de ce grant blasme et deshonneur, ie doibs estre à iamays vostre amye, vostre hostesse et vostre dame, mieux encores, vostre meschine. Aussy ma voulenté est-elle de m'adonner à vous pour effacer les traces de ceste honte, et vous guarrir par mille soings, par mille veilles; et, si les gens de l'estat desclairent que le mal est trop entesté, qu'il y va pour vous de la mort comme au roy deffunct, ie requiers vostre compaignie, affin de mourir glorieusement en mourant de vostre mal. En dà ! fit-elle en plourant, il n'y ha pas de supplices pour payer le mal dont ie vous ay entaché.

Ces paroles feurent accompaignées de grosses larmes ; son trez-vertueux cueur s'esvanouit, et elle tomba vrayment pasmée. Lavallière, espouvanté, la print et luy mit sa main sur le cueur au-dessoubz d'ung sein d'une beaulté sans secunde. La dame revint à la chaleur de ceste main aymée, sentant de cuysantes délices à en perdre la coignoissance de nouveau.

— Las ! dit-elle, ceste caresse maligne et superficielle sera doresenavant les seules iouissances de nostre amour. Elles sont encores de mille picques au-dessus des ioyes que le paouvre Maillé cuydoyt me faire... Lairrez vostre main là, dit-elle... Vrayment, elle est sur mon ame et la touche !...

A ce discours, le chevalier, restant trez-piteux de mine, confessa naïfvement à sa dame que il sentoyt tant de félicitez à ce touchier que les douleurs de son mal croissoyent beaucoup, et que la mort estoyt préférable à ce martyre.

— Mourons doncques ! dit-elle.

Mais la lictière estoyt en la court de l'hostel ; et comme il n'y avoyt aulcun moyen de mourir, ung chascun d'eulx se couchia loing de l'aultre, bien encumbré d'amour. Lavallière ayant perdu sa belle Limeuil, et Marie d'Annebault ayant gaigné des iouissances sans pareilles.

Par cet estrif qui n'estoyt point préveu, Lavallière se trouva mis au ban de l'amour et du mariaige; il n'oza plus se monstrer nulle part, et il vit que la guarde d'ung caz de femme coustoyt bien chier; mais plus il despendoyt d'honneur et de vertus, plus il rencontroyt de plaizir à ces haults sacrifices offerts à sa fraternité. Cependant son debvoir luy feut trez-ardu, trez-espineux et intolérable à faire aux derniers iours de sa guette. Vécy comme :

L'adveu de son amour qu'elle cuydoyt partagié, le tort advenu par elle à son chevalier, la rencontre d'ung plaizir incogneu, communicquèrent moult hardiesse à la belle Marie, qui chut en amour platonicque, légierement tempéré par les menus suffraiges dont le dangier estoyt nul. De ce vindrent les diabolicques plaizirs de la petite oie, inventée par les dames qui, depuis la mort du roy Françoys, redoutoyent de se contagionner, mais vouloyent estre à leurs amants; et, à ces cruelles délices du touchier, pour iouer son roole, Lavallière ne pouvoyt auculnement se refuser. Par ainsy, tous les soirs, la dolente Marie attachoyt son hoste à sa iuppe, luy tenoyt les mains, le baisoyt par ses resguards, colloyt gentement sa ioue à la sienne; et, dans ceste vertueuse accointance, où le chevalier estoyt prins comme ung diable dans ung benoistier, elle luy parloyt de son grant amour, lequel estoyt sans bornes, veu qu'il parcouroyt les espaces infinis des dezirs inexaulcez. Tout le feu que les dames bouttent en leurs amours substantielles, lorsque la nuict n'ha point d'aultres lumières que leurs yeux, elle le transferoyt dedans les gects mysticques de sa teste, les exsultations de son ame et les ecstases de son cueur. Alors naturellement et avecques la ioye délicieuse de deux anges accouplez d'intelligence seulement, ils entonnoyent de concert les doulces litanies que répétoyent les amans de ce tems en l'honneur de l'amour, antiennes que l'abbé de Thelesme ha paragraficquement saulvées de l'oubli, en les engravant aux murs de son abbaye, située, suyvant maistre Alcofribas, dans nostre pays de Chinon, où ie les ai veues en latin et translatées icy pour le prouffict des chrestiens.

— Las! disoyt Marie d'Annebault, tu es ma force et ma vie, mon bonheur et mon threzor.

— Et vous, respondoyt il, vous estes une perle, un ange.

— Toy, mon séraphin.

— Vous, mon ame!

— Toy, mon dieu!

— Vous, mon estoile du soir et du matin, mon honneur, ma beaulté, mon univers.

— Toy, mon grant, mon divin maistre.

— Vous, ma gloire, ma foy, ma religion.

— Toy, mon gentil, mon beau, mon couraigeux, mon noble, mon chier, mon chevalier, mon défenseur, mon roy, mon amour.

— Vous, ma fée, la fleur de mes iours, le songe de mes nuicts.

— Toy, ma pensée de tous les momens.

— Vous, la ioye de mes yeulx.

— Toy, la voix de mon ame.

— Vous, la lumière dans le iour.

— Toy, la lueur de mes nuicts.

— Vous, la mieulx aymée entre les femmes.

— Toy, le plus adoré des hommes.

— Vous, mon sang, ung moy meilleur que moy.

— Toy, mour cueur, mon lustre.

— Vous, ma saincte, ma seule ioye.

— Ie te quitte la palme de l'amour, et tant grant soit le mien, ie cuyde que tu m'aymes plus encores, pour ce que tu es le seigneur.

— Non, elle est à vous, ma déesse, ma Vierge Marie.

— Non, ie suis ta servante, ta meschine, ung rien que tu peux dissoudre.

— Non, non, c'est moy qui suis vostre esclave, vostre paige fidelle, de qui vous pouvez user comme d'ung soufflé d'air, sur qui vous debvez marcher comme sur ung tapis. Mon cueur est vostre throsne.

— Non, amy, car ta voix me transfige.

— Vostre resguard me brusle.

— Ie ne vois que par toy.

— Ie ne sens que par vous.

— Oh! bien, mets ta main sur mon cueur, ta seule main, et tu vas me veoir paslir quand mon sang aura prins la chaleur du tien.

Alors, en ces luttes, leurs yeulx déià si ardens s'enflammoyent encores; et bon chevalier estoyt ung peu complice du bonheur que prenoyt Marie d'Annebault à sentir ceste main sur son cueur. Ores, comme dans ceste légiere accointance se bendoyent toutes ses forces, se tendoyent tous ses deʑirs, se resolvoyent toutes ses idées de la chouse, il luy arrivoyt de se pasmer trez-bien et tout à faict. Leurs yeulx plouroyent des larmes bien chauldes, ils se saisissoyent l'ung de l'aultre en plein, comme le feu prend aux maisons; mais c'estoyt tout! De faict, Lavallière avoyt promis de rendre sain et sauf à son amy le corps seulement et non le cueur.

Lorsque Maillé fit sçavoir son retourner, il estoyt grantement tems, veu que nulle vertu ne pouvoyt tenir à ce mestier de gril; et, tant moins les deux amans avoyent de licence, tant plus ils avoyent de iouissance en leurs phantaisies.

Lairrant Marie d'Annebault, le bon compaignon alla au devant de son amy iusques au pays de Bondy pour l'aider à passer les bois sans male heure; et, lors, les deux frères couchièrent ensemble suyvant la mode anticque dans le bourg de Bondy.

Là, dedans leur lict, ils se racontèrent, l'ung ses adventures de voyage, l'aultre les cacquets de la court, histoires guallantes *et cœtera.* Mais la première requeste de Maillé feut touchant Marie d'Annebault, que Lavallière iura estre intacte en cet endroict precieux où est logié l'honneur des marys, ce dont Maillé l'amoureux feut bien content.

L'endemain, ils feurent tous trois réunis, au grant despit de Marie, qui, par la haulte iurisprudence des femelles, festoya bien son bon mary, mais du doigt elle monstroyt son cueur à Lavallière par de gentilles mignardizes, comme pour dire : — Cecy est ton bien!

Au souper, Lavallière annonça son partement pour la guerre. Maillé feut bien marri de ceste griefve résolution, et vouloyt suivre son frère; mais Lavallière le refuza tout net.

— Madame, fit-il à Marie d'Annebault, ie vous ayme plus que la vie, mais non plus que l'honneur.

Et il paslit en ce disant, et madame de Maillé paslit en l'escoutant, pour ce que iamays, dans leurs ieux de la petite oie, il n'y avoyt eu autant d'amour vray que dans ceste parole. Maillé voulut tenir compaignie à son amy iusques à Meaulx. Quand il revint, il desliberoyt avecques sa femme les raisons incogneues et causes absconses de ceste despartie, lorsque Marie, qui se doubtoyt des chagrins du paouvre Lavallière, dit : — Ie le sçays, c'est qu'il est trop honteux ici, pour ce que ung chascun cognoyt qu'il a le mal de Naples.

— Luy! fit Maillé tout estonné. Ie l'ay veu quand nous nous

couchiasmes à Bondy, l'aultre soir, et hier à Meaulx. Il n'est est rien ! Il est sain comme vostre œil.

La dame se fondit en eaue, admirant ceste grant loyaulté, ceste sublime résignation en sa parole, et les haultes souffrances de ceste passion intérieure. Mais comme elle aussy guarda son amour au fund de son cueur, elle mourut quand mourut Lavallière devant Metz, comme l'ha dict ailleurs messire Bourdeilles de Brantosme en ses cacquetaiges.

LE CURÉ D'AZAY-LE-RIDEAU

En ce tems-là, les prebstres ne prenoyent plus aulcune femme en légitime mariaige, mais avoyent, à eulx, de bonnes concubines, iolyes si faire se pouvoyt ; ce qui, depuis, leur feut interdict par les conciles, comme ung chascun sçayt, pour ce que, de faict, il n'estoyt pas plaisant que les espéciales confidences des gens fussent racontées à une gouge qui s'en rioyt, oultre les aultres doctrines absconses, ménagemens ecclésiasticques et spéculations qui abundèrent en ce cas de haulte politicque romaine. Le prebstre de nostre pays qui, théologalement, entretint le darrenier une femme dans son presbytère, en la résguallant de son amour scholasticque, feut ung certain curé d'Azay-le-Ridel, endroict trez-agréable nommé plus tard Azay-le-Bruslé, maintenant Azay-le-Rideau, dont le chastel est une des merveilles de Tourayne. Ores, ce dict tems où les femmes ne haïssoyent pas l'odeur de prebstre n'est point aussy loing que aulcuns le pourroyent penser ; car encores estoyt sur le siége de Paris monsieur d'Orgemont, fils du précédent évesque, et les grosses querelles d'Armignacs n'avoyent finé. Pour dire le vray, cettuy curé faisoyt bien d'avoir sa cure en ce siècle, veu qu'il estoyt fièrement moulé, hault en couleur, de belle corporence, grant, fort, mangeant et beuvant comme ung convalescent ; et, de faict, relesvoyt tousiours d'une doulce maladie qui le prenoyt à ses heures : doncques, plus tard il eust esté son propre bourreau, s'il eust voulu observer la continence canonicque. Adiouxtez à ce qu'il estoyt Tourangeaud, *id est*, brun, et portant dans les yeulx du feu pour allumer et de l'eaue pour estaindre tous les fours de mesnaige qui vouloyent estre allumez ou estaincts. Aussy, iamays plus à Azay ne s'est veu curé pareil ! ung beau curé, quarré, frais, tousiours bénissant, hennissant ; aymant mieulx les nopces et baptesmes que les trespassemens ; bon raillard, religieux en l'ecclise, homme partout. Il y ha bien eu des curés qui ont bien beu et bien

mangié ; d'aultres, qui ont bien béni, et certains mouit henni ;
mais, à culx tous, ils faisoyent à grand poine en détail la valiscence de ce curé susdict ; et luy seul ha dignement rempli sa cure
de bénédictions, l'ha tenue en ioye et y ha consolé les affligées, tout
si bien, que nul ne le voyoyt saillir de son logiz sans le vouloir mettre
en sa fressure, tant il estoyt aymé. C'est luy qui, le premier, ha
dict en ung prosne que le diable n'estoyt pas si noir qu'on le faisoyt, et qui, pour madame de Candé, transformoyt les perdrix en
poissons, disant que les perches de l'Indre estoyent perdrix de rivière, et, au rebours, les perdrix, perches de l'aër. Iamais ne fit
de coups fourrez à l'umbre de la morale ; et, souventes foys, rail-
loyt en disant qu'il prefferoyt estre couchié en ung bon lict que
sur ung testament ; que Dieu s'estoyt fourni de tout et n'avoyt besoing de rien. Au resguard des paouvres et aultres, iamays ceulx
qui vindrent querrir de la laine en son presbytère ne s'en allèrent
tondus, veu qu'il avoyt tousiours la main à la poche, et mollissoyt
(lui qui, du reste, estoyt si ferme !...) à la veue de toutes les misères, infirmitez, et se bendoyt à boucher toutes les playes. Aussy
ha-t-on dict long-tems de bons contes sur ce roy des curés !.. C'est
luy qui fit tant rire aux nopces du seigneur de Valesnes, près Sacché.
Comme la mère dudict seigneur se mesloyt ung peu des victuailles,
pstisseries et aultres appretz qui abundoyent tant, que du moins
on eust faict le plus d'ung bourg, mais il est vray, pour tout dire,
que l'on venoyt à ces espousailles de Montbazon, de Tours, de
Chinon, de Langeais, de partout ; et pour huict iours.

Ores, le bon curé, qui revenoyt en la salle où se gaudissoyt la
compaignie, fit rencontre d'ung petit pastronnet, lequel vouloyt
advertir Madame que toutes les substances élémentaires et rudimens
gras, ius et saulces, estoyent apprestez pour ung boudin de haulte
qualité dont elle se iactoyt de surveiller les compilations, enfon-
çages et manipulations secrettes, à ceste fin de resgualler les parens
de la fille. Mon dict curé donne ung petit coup sur l'aureille du
guaste-saulce, en luy disant qu'il estoyt trop ord et sale pour se
faire veoir à gens de haultes conditions, et qu'il s'acquitteroyt dudict messaige. Et vécy le raillard qui poulse l'huys, qui roule ses
doigts gauches en manière de guaisne, et dedans ce pertuys fourre
à plusieurs foys trez-gentement le doigt du milieu de sa dextre ;
puis, ce faisant, il resguarda finement la dame de Valesnes en luy
disant : — Venez, tout est prest ! Ceulx qui ne sçavoyent pas la

chouse s'esclaffèrent de rire, en voyant Madame se lever et aller à curé, pour ce que elle sçavoyt qu'il retournoyt du boudin, et non de ce que cuydoyent les aultres.

Mais ung vray conte est la manière dont ce digne pasteur perdit sa femelle, à laquelle le promoteur mestropolitain ne souffrit point d'héritière ; mais, pour ce, ledict curé ne faillit point d'ustensiles de mesnaige. Dans la paroësse, toutes se firent un honneur de lui prester les leurs ; d'autant que c'estoyt un homme à ne rien guaster, et qui avoyt grant cure de bien les rincer, le chier homme ! Mais vécy le faict. Ung soir le bon curé revint souper, la face toute mélancholisiée, veu qu'il avoyt mis en prez un bon métayer, mort d'une fasson estrange dont ceulx d'Azay parlent encores souventes foys. Voyant qu'il ne mangioyt que du bout des dents et trouvoyt de l'amer dans ung bon planté de trippes, dont la coction s'estoyt saigement accomplie à sa veue, sa bonne femme luy dit :

— Avez-vous doncques passé devant le Lombard (Voyez MAITRE CORNÉLIUS, *passim*), rencontré deux corneilles, ou veu remuer le mort en sa fousse, que vous voilà tout desmanché ?

— Ho ! ho !

— Vous ha-t-on deceu ?

— Ha !.. ha !..

— Dictes doncques ?

— Ma mye, ie suis encores tout espanté de la mort de ce paouvre Cochegrue, et il n'est en ce moment, à vingt lieues à la ronde, langue de bonne mesnaigiere et lèvres de vertueux cocqu qui n'en parlent...

— Et qu'est-ce ?

— Oyez. Ce bon Cochegrue rattournoyt du marché, ayant vendu son bled et deux cochons à lard. Il revenoyt sur sa iolye iument, laquelle, depuis Azay, commençoyt à s'enamourer, sans que, de ce, il eust le moindre vent ; et paouvre Cochegrue trottoyt, trottinoyt, en comptant ses proufficts. Vécy, au destourner du vieulx chemin des Landes de Charlemaigne, ung maistre cheval, que le sieur de la Carte nourrit en ung clos, pour en avoir belle semence de chevaulx, pour ce que ce dict animal est trez-idoyne à la course, beau comme peut l'estre un abbé, hault et puissant, tant que monsieur l'admiral l'est venu veoir et dit que c'estoyt une beste de haulte futaye ; doncques ce diable chevalin flaire ceste iolye iument, faict le sournoys, ne hennit, ni ne dict aulcune périphrase de cheval, mais, quand elle est iouxte le chemin, saulte quarante chaisnées de vignes, court dessus en piaffant des quatre fers, entame l'escopetterie d'un amoureux qui chosme d'accointance, déclicque des sonneries à faire lascher vinaigre aux plus hardis, et si dru, que ceulx de Champy l'ont entendu et ont eu grant paour. Cochegrue, se doubtant de l'estrif, enfile les Landes, picque sa lascive iument, se fie sur son rapide cours, et, de faict, la bonne iument l'escoute, obéit et vole, vole comme un oiseau ; mais, à portée de cranequin, le grant braguard de cheval suyvoit, tapoyt de ses pieds la terre comme si mareschaulx eussent battu ung fer ; et, toutes ses forces bendées, tous crins espars, respondoyt au ioly train du grant galop de la iument par son effroyable patapan, patapan !... Lors, bon fermier, sentant accourir la mort avecques l'amour de la beste, d'esperonner sa iument, et iument de courir ; enfin, Cochegrue, pasle et mi-mort, atteint la grant court de sa métairie ; mais, trouvant la porte de ses escuyries fermée, il crie : — Au secours ! à moy ! ma femme !... Puis il tourne, tourne autour de sa mare, cuydant esviter le mauldit cheval auquel les amourettes brusloyent, qui faisoyt raige, et croissoyt d'amour au grief pourchaz de sa iument. Tous les siens, espouvantés de ce dangier, n'osoyent aller ouvrir l'huys de l'escuyrie, redoutant l'estrange accolade et les coups de pied de l'amoureux ferré. Brief, la Cochegrue y va ; mais, iouxte la porte que la bonne iument avoyt enfilée, le damné cheval l'assaille, l'estrainct, luy donne sa sauvaige venue, l'embrasse des deux iambes, la serre, la pince, la trentemille ; et, pendant ce, pestrit et muclte si dur le Cochegrue, que dudict il n'ha esté trouvé qu'ung desbris informe concassé comme ung gasteau de noix, après l'huile distillée. C'estoyt pitié de le veoir escarbouillé tout vif et meslant ses plaintes à ces grants soupirs d'amour de cheval.

— Oh ! la iument, s'écria la bonne gouge de curé.

— Quoy ? fit le bon prebstre estonné...

— Mais oui ! Vous aultres, ne feriez point tant seulement crever une prune.

— En dà ! respartit le curé, vous me reprouchez à tort !

Le bon mary la gecta de cholère sur le lict ; et, de son poinçon, l'estampa si rude qu'elle s'esclatta sur le coup, toute escharbottée ; puis mourut, sans que ni chirurgians, ni physicians ayent eu cognoissance de la fasson dont se firent les solutions de continuité, tant feurent violemment desioinctées les charnières et cloisons médianes. Comptez que c'estoyt ung fier homme, ung beau curé, comme ha esté dessus dict.

Les honnestes gens du pays, voire les femmes, convindren qu'il n'avoyt point eu tort et qu'il estoyt dans son droict. De là, peut-estre, est venu le proverbe tant dict en ce tems : *Que l'aze le saille !* Lequel proverbe est encores plus deshonneste de mots que ie ne le dis par révérence des dames. Mais ce grant et noble curé n'estoyt pas fort que de là, et, paravant ce malheur, il fit ung coup tel, que nuls voleurs n'ozoyent plus iamays luy demander s'il avoyt des anges dans sa pochette, encores qu'ils eussent esté vingt et quelques pour l'assaillir. Ung soir, il y avoyt tousiours sa bonne femme, après souper, qu'il avoyt bien festoyé l'oie, la gouge, le vin et tout, et restoyt en sa chaire à deviser où il feroyt construire une grauge neufve pour les dixmes, vécy venir ung messaige du seigneur de Sacché qui rendoyt l'ame, et vouloyt se réconcilier à Dieu, le recepvoir, et faire toutes les quérémonies que vous sçavez. — C'est ung bon homme et loyal seigneur, i'y vais ! dit-il. Là-dessus, passe à son ecclise, prend la boëte d'argent où sont les pains sacrez, sonne luy-mesme sa clochette pour ne point esveigler son clercq, et va, de pied legier, trez-dispos, par les chemins. Iouxte le Gué-droit, qui est un rut qui se gecte dans l'Indre à travers la prairie, mon bon curé aperceut ung malandrin. Et qu'est ung malandrin ? C'est ung clercq de sainct Nicholas. Et quoy encore cecy ? Eh bien ! c'est ung qui voit clair en pleine nuict, s'instruit en compulsant et retournant les bourses, et prend ses degrez sur les routes. Y estes-vous ? Doncques, ce malandrin attendoyt la boëte qu'il sçavoyt estre de bien grant prix.

— Oh ! oh ! fit le prebstre en desposant le cyboire ius la pierre du pont, toi, reste là sans bougier.

Puis il marche au voleur, luy donne ung croc-en-iambe, luy arrache son baston ferré, et alors que ce maulvais gars se resleve pour lucter avecques luy, il vous l'estrippe d'ung coup bien adressé dans les escoutilles du ventre.

Puis il reprind le viaticque en luy disant bravement : — Hein ! si ie m'estoys fié à ta providence, nous estions fondus !... Mais préférer ceste impiété sur le grant chemin de Sacché, c'estoyt ferrer des cigales, veu qu'il la disoyt, non pas à Dieu, mais bien à l'archevesque de Tours, lequel l'avoyt durement tancé, menassé d'interdict et admonesté au chapitre, pour avoir dict en chaire à gens lasches que les moissons ne venoyent point par la graace de Dieu, ains par bons labours et grant poine : ce qui sentoyt le fagot. Et, de faict, il avoyt tort, pour ce que les fruicts de la terre ont besoing de l'un et de l'aultre; mais il mourut dans ceste hérézie car il ne voulut iamays comprendre que moissons pussent venir sans la pioche, s'il plaizoyt à Dieu ; doctrine que les sçavants on prouvée estre vraye, en demonstrant que iadis le bled estoyt bien poulsé sans les hommes... Point ne lairreray ce beau modèle de pasteur, sans enclore icy l'ung des traicts de sa vie, lequel prouve avecques quelle ferveur il imitoyt les saincts dans le partaige de leurs biens et manteaux, qu'ils donnoyent iadis à paouvres et passans. Un iour, il revenoyt de Tours tirer sa révérence à l'official, et gaignoyt Azay, monté sur sa mule. Chemin faisant, à ung pas de Ballan, il rencontre une belle fille qui alloyt à pied, et feut marri de veoir ceste femme voyageant comme les chiens, d'autant qu'elle estoyt visiblement fatiguée et levoyt son arrière-train à contre-cueur. Alors il la hucia doulcement, et belle fille de soy retourner et arrester. Le bon prebstre, qui s'entendoyt à ne point effaroucher les fauvettes, surtout les coëffées, la requit si gentement de se mettre en croupe sur la mule, et de si bonne manière, que la garse monta, non sans faire quelques rezerves et cingeries, comme elles en font toutes quand on les convie à mangier ou à prendre de ce qu'elles veulent. L'ouaille appareillée avecques le pasteur, la mule va son train de mule ; et la garse de glisser de cy, de là, vétillant si mal, que le curé luy remonstra, au sortir de Ballan, que ce seroyt mieulx de se tenir à luy; et aussitost la belle fille de croizer ses bras potelés sur le pectoral de son cavalier, tout en n ozant.

— Las, ballottez-vous encore? Estes-vous bien? dit le curé.
— En dà! oui, ie suis bien. Et vous?
— Moy, fit le prebstre, ie suis mieulx.

Et, de faict, il estoyt à l'aise, et feut bientost gracieusement chauffié dans le dos par deux tangentes qui le froissoyent, et finèrent par vouloir s'empreindre dans ses omoplates, ce qui eust esté dommaige, veu que ce n'estoyt point le lieu de ceste bonne et blanche marchandise. Peu à peu, le mouvement de la mule mit en coniunction la chaleur interne de ces deux bons cavaliers, et fit mouvoir leur sang plus vite veu qu'il avoyt le bransle de la mule avecques le sien; et, par ainsy, la bonne garse et le curé finèrent par cognoistre leurs pensées, mais non celles de la mule. Puis, quand ung chascun se feut acclimaté, le voisin chez la voisine, et voisine au voisin, ils sentirent ung remue-mesnaige qui se résolut en secrets dezirs. — Hein! fit le curé qui se retourna devers sa compaigne, vécy une belle rachée de bois qui ha poulsé bien espesse...

— Elle est trop près de la route, reprint la fille. Les maulvais gars couperont les branches, ou les vasches mangeront les ieunes poulses.

— Et n'estes-vous point mariée? demanda le curé reprenant ie trot.

— Non, fit-elle.

— Pas du tout?

— Ma fy! non.

— Et c'est honteux à vostre aage...

— En dà, oui! monsieur; mais, voyez-vous, une paouvre fille qui ha faict un enfant est ung bien maulvais bestail.

Lors, le bon curé, ayant pitié de ceste ignorance, et saichant que les canons disoyent, entre aultres chouses, que les pasteurs debvoyent endoctriner leurs ouailles et leur remonstrer leurs debvoirs et charges en ceste vie, creut bien faire son office en apprenant à celle-cy le faix que elle auroyt un iour à porter. Alors il la pria doulcement qu'elle ne fust point paoureuse, et que, si elle vouloyt se fier en sa loyaulté, iamays ne seroyt sceu de personne l'essay du chausse-pied de mariaige qu'il luy proposoyt de faire incontinent; et comme, depuis Ballau, à ce pensoyt la fille; que son envie avoyt esté soigneusement entretenue et accreue par le chauld mouvement de la beste, elle respondit durement au curé : — Si vous parlez ainsy, ie vais descendre.

Lors le bon curé continua ses doulces requestes, si bien qu atteignirent les bois d'Azay, et que la fille voulut descendre; et faict, le presbtre la descendit, car il estoyt besoing d'estre à che ultrement pour achever ce desbat. Alors la vertueuse fille sulva dedans le plus espais du bois pour fuir le curé, criant : Oh! meschant, vous ne sçaurez point où ie suis.

La mule arrivée en une clairière où la pelouze estoyt belle, la fille tresbuchia à l'encontre d'une herbe, et rougit. Le curé vint à elle; puis là, comme il avoyt sonné la messe, il la dit; et tous deux prindrent un gros à-compte sur les ioyes du paradiz. Le bon presbtre eut à cueur de la bien instruire, et trouva sa catechumène bien docile, aussy doulce d'ame que de peau, vray biiou. Aussy feut-il bien contrit d'avoir si fort abrégié la leçon en la donnant si près d'Azay, veu qu'il seroyt bien peu aisé de la recommencer, comme font tous les docteurs, qui disent souvent la mesme chouse à leurs élèves.

— Ah! mignonne, s'escria le bonhomme, pourquoy doncques has-tu tant fretinfretaillé, que nous nous soyons accordez seulement iouxte Azay?

— Ah! fit-elle, ie suis de Ballan.

Pour le faire de brief, ie vous diray que, lorsque ce bon homme mourut en sa cure, il y eut ung grant numbre de gens, enfans et aultres, qui vindrent désolez, affligez, plourant, chagrins, et tous dirent : — Ah! nous avons perdu nostre père. Et les garses, les veufves, les mariées, les garsettes s'entre-resguardoyent, en le regrettant mieulx qu'un amy, et toutes disoyent : — Ce estoyt bien plus qu'ung prebstre, c'estoyt un homme! De ces curés, la grayne en est au vent, et ne se reproduira plus, maulgré les séminaires.

Voire mesme les paouvres, à qui son espargne feut lairrée, trouvèrent qu'ils y perdoyent encores. Et ung vieulx estropied don il avoyt soing beulgloyt dans la court, criant : — Ie ne mourray point, moy! cuydant dire : — Pourquoy la mort ne m'ha-t-elle pas prins en sa plasse? Ce qui faisoyt rire aulcuns, ce dont l'umbre du bon curé ne deut point estre faschée.

L'APOSTROPHE

La belle buandière de Portillon-lèz-Tours, dont ung mot droslaticque ha déia esté consigné dans ce livre, estoyt une fille dotée de tant de malice, qu'elle avoyt volé celle de six prebstres ou de trois femmes au moins. Aussy les mignons ne lui manquoyent point, et tant en avoyt, qu'eussiez dict, en les voyant autour d'elle, des mousches voulant rentrer le soir dans leur rusche. Ung vieulx taincturier de soyeries qui demouroyt en la reue Montfumier et y possédoyt ung logiz scandaleux de richesse, venant de son clos de la Grenadière, situé sur le ioly costeau de Sainct-Cyr, passoyt à cheval devant Portillon pour gaigner le pont de Tours. Lors, par la chaulde soirée qu'il faisoyt, il feut allumé par ung dezir fou, en voyant la belle buandière assise sur le pas de sa porte. Ores, comme depuis long-tems il resvoyt de ceste ioyeuse fille, sa résolution feut prinse d'en faire sa femme; et bientost de lavandière elle devint taincturière, bonne bourgeoyse de Tours, ayant des dentelles, du beau linge, des meubles à foison, et feut heureuse, nonobstant le taincturier, veu qu'elle s'entendit trez-bien à le pellauder. Le bon taincturier avoyt pour compère ung fabricateur de méchanicques à soyeries, lequel estoyt petit de taille, bossu pour toute sa vie et plein de meschanterie. Aussy, le iour des nopces, il disoyt au taincturier : — Tu as bien faict de te marier, mon compère, nous aurons une iolye femme... Puis mille gaudrioles matoises comme il est coustume d'en dire aux mariez.

De faict, ce dict bossu courtoysa la taincturière, qui, de sa nature, aimant peu les gens mal bastis, se mit à rire des requestes du méchanicien, et le plaisanta trez-bien sur ses ressorts, engins et aultres bobines dont il avoyt sa bouticque trop pleine. Enfin, ceste grant amour dudict bossu ne se rebuta de rien, et devint si fort poizante à la taincturière, qu'elle se résolut de la guarrir par mille maulvais tours. Ung soir, après de sempiternelles poursuites, elle dit à son amoureux de venir à la petite porte du logiz, et que, vers minuict, elle luy ouvriroyt tous les pertuys. Ores c'estoyt, notez, par une belle nuict d'hyver ; la reue Montfumier aboutit à la Loyre, et, dans ce pertuys citadin, s'engouffrent, mesme en esté, des vents picquans comme ung cent d'esguilles. Le bon bossu, bien empapilloté dans son manteau, ne faillit point à venir, et se pourmena pour se tenir chauld en attendant l'heure. Vers minuict, il estoyt à moitié gelé, tempestoyt comme trente-deux diables prins dans une estole, et alloyt renoncer à son bonheur, quand une foyble lumière courut par les fentes des croizées et descendit jusqu'à la petite porte.

— Ah ! c'est elle !... fit-il.

Et cet espoir le reschauffia. Lors, il se colla sur la porte et entendit une petite voix.

— Estes-vous là ? luy dit la taincturière.

— Oui !

— Toussez, que ie voye...

Le bossu se mit à tousser.

— Ce n'est pas vous.

Alors le bossu dit à haulte voix :

— Comment ! ce n'est pas moi ! Ne recognoissez-vous point ma voix ? Ouvrez !

— Qui est là ? demanda le taincturier en levant sa croizée.

— Las ! vous avez resveiglé mon mary qui est revenu d'Emboise, ce soir, à l'improviste...

Là-dessus, voilà le taincturier qui, voyant au clair de la lune un homme en sa porte, luy gecte une bonne portée d'eaue froide et crie : — Au voleur ! en sorte que force feut au bossu de s'enfuir ; mais, dans sa paour, il saulta fort mal par-dessus la chaisne tendue au bout de la reue, et tomba dans le trou punais que, lors, les eschevins n'avoyent point faict encores remplacer par une vanne à deschargier les boues en Loyre. De ce bain pensa crever le méchanicien, qui mauldit la belle Tascherette, veu que son mary se nommant Taschereau, les gens de Tours avoyent ainsy désigné sa gentille femme par mignonnerie.

Carandas, c'estoyt le facteur d'engins à tisser, filer, bobiner et enrouler les soyes, n'estoyt point assez entreprins pour croire à l'innocence de la taincturière, et luy iura une haine de diable. Mais quelques iours après, quand il feut remis de sa trempette dans l'esgout des taincturiers, il vint souper chez son compère. Alors, la taincturière l'arraizonna si bien, luy mit tant de miel dans quelques paroles et l'entortilla de si belles promesses, qu'il n'eut plus de soubpçons. Il demanda nouvelle assignation, et la belle Tascherette, avecques le visaige d'une femme occupée de ces chouses-là, luy dit : — Venez demain soir. Mon mary restera trois iours à Chenonceaux. La royne veult faire taindre de vieilles estoffes et deslibérera des couleurs avecques luy; cela sera long...

Carandas se chaussa de ses plus belles nippes, ne fit point deffault, comparut à l'heure dicte, et trouva ung brave souper : la lamproye, le vin de Vouvray, nappes bien blanches, car il ne falloyt point en remonstrer à la taincturière sur le tainct des buées ; et tout estoyt si bien appresté que il y avoyt plaizir à veoir les plats d'estain bien nets, à sentir la bonne odeur des metz, et mille jouissances sans nom à mirer, au mitant de la chambre, la Tascherette leste, pimpante et appetissante comme une pomme par un iour de grant chaleur. Ores, le méchanicien, oultre-chauffié par ces ardentes perspectives, voulut, de prime sault, assaillir la taincturière, lorsque maistre Taschereau frappa de grands coups à la porte de la reue.

— Ha ! fit la Portillone, qu'est-il advenu?... Mettez-vous dans le bahut!... Car i'ai esté vitupérée à vostre endroict; et si mon mary vous trouvoyt, il pourroyt vous deffaire, tant violent il est dans ses maulvaisetiez.

Et tost elle boutte le bossu dedans le bahut, en prind la clef et va vite à son bon mary, qu'elle sçavoyt debvoir revenir de Chenonceaux pour souper. Lors le taincturier feut baisé chauldement sur les deux yeulx, sur les deux aureilles ; et, luy de mesme, accolla sa bonne femme par de gros baisers de nourrice qui clacquoyent tant et plus. Puis les deux espoux se mirent à table, iocquetèrent, finèrent par se couchier, et le méchanicien entendit tout, contrainct d'estre debout, de ne point faire de tousserie ni mouvement aulcun. Il estoyt parmi des linges, serré comme une sardine dans ung poinçon, et n'avoyt de l'aër que comme les barbeaulx ont du soleil au fund de l'eaue; mais il eut, pour soy divertir, les musicques de l'amour, les soupirs du taincturier, et les iolys proupos de la Tascherette. Enfin, quand il creut son compère endormi, le bossu fit mine de crocheter le bahut.

— Qui est là ? dit le taincturier.

— Qu'as-tu, mon mignon? reprint sa femme en levant le nez au-dessus de la courte-poincte.

— l'entends gratter, dit le bonhomme.

— Nous aurons de l'eaue demain, c'est la chatte, respondit la femme.

Le bon mary de remettre sa teste sur la plume, après avoir esté papelardé légierement par la taincturière.

— Là! mon fils, vous avez le somme bien légier. Ah! il ne faudroyt point s'adviser de vouloir faire de vous un mary de haulte futaye. Là! tiens-toy saige. Oh! oh! mon papa, ton bonnet est de travers. Allons! recoëffe-toy, mon petit bouchon, car il faut estre beau, mesme en dormant. Là! es-tu bien?

— Oui.

— Dors-tu? fit-elle en le baisant.

— Oui.

Au matin, la belle taincturière vint, de pied coi, ouvrir au méchanicien, qui estoyt plus pasle qu'un trespassé.

— Oh! de l'aër, de l'aër! fit-il.

Et il se saulva, guarri de son amour, emportant autant de haine en son cueur qu'une poche peut contenir de bled noir. Le dict bossu lairra Tours et s'en alla dans la ville de Bruges, où aulcuns merchands l'avoyent convié de venir arrangier des méchanicques à faire des haubergeons. Pendant sa longue absence, Carandas, qui avoyt du sang maure dans les veines, veu qu'il descendoyt d'un ancien Sarrasin quitté quasi-mort dans le grant combat qui se donna entre les Moricauds et les Françoys en la commune de Ballan (dont est question au conte précédent), auquel lieu sont les landes dictes de Charlemaigne, où il ne pousse rien, pour ce sont des mauldits, des mescréans qui y sont ensevelis, et que l'herbe y damne mesme les vasches; doncques, ce Carandas ne se levoyt, ni ne se couchioyt en pays estranger, sans songier comment il donneroyt pasture à ses dezirs de vengeance, et il y resvoyt tousiours et ne vouloyt guères moins que le trespas de la bonne buandière de Portillon, et souventes foys se disoyt : — Ie mangeroys de sa chair. Dà! ie feroys cuire l'un de ses tettins et le croqueroys, mesme sans saulce. C'estoyt une haine cramoisie de bon tainct, une haine cardinale, une haine de guespe ou de vieille fille; mais c'estoyent toutes les haines cogneues, fondues en une seule haine, laquelle rebouilloyt, se concoctionnoyt et se resolvoyt en un élixir de fiel, de sentiments maulvais et diabolicques, chauffie au feu des plus flambans tisons de l'enfer ; enfin, c'estoyt une maistresse haine.

Ores, ung beau iour, ledict Carandas revint en Tourayne avecques force deniers qu'il rapporta des pays de Flandres, où il avoyt trafficqué de ses secrets méchanicques. Il achepta ung beau logiz dans la reue Montfumier, lequel se voyt encores et faict l'estonnement des passans, pour ce que il y ha des rondes-bosses bien plaisantes practicquées sur les pierres des murs. Carandas le haineux trouva de bien notables changemens chez son compère le taincturier, veu que le bonhomme avoyt deux iolys enfans, lesquels, par caz fortuit, ne présentoyent aulcune ressemblance ni avecques la mère, ni avecques le père ; mais comme besoing est que les enfans ayent une ressemblance quelconque, il y en ha de ruzés qui vont chercher les traicts de leurs ayeulx, quand ils sont beaulx, les petits flatteurs ! Doncques, en revanche, il estoyt trouvé par le bon mary que ses deux gars ressembloyent à ung sien oncle, iadis prebstre à Nostre-Dame de l'Esgrignolles ; mais, pour aulcuns diseurs de gogues, ces deux marmots estoyent les petites pourtrayctures vivantes d'ung gentil tonsuré desservant de Nostre-Dame-la-Riche, célèbre paroësse située entre Tours et le Plessis. Ores, croyez une chouse et insculquez-la dans vostre esperit ; et quand, en cettuy livre, vous n'auriez broutté, tiré à vous, extraict, puisé que ce principe de toute vérité, resguardez-vous comme bien heureux : à sçavoir, que iamays un homme ne pourra se passer d'ung nez, *id est*, que tousiours l'homme sera morveux, c'est-à-dire qu'il demourera homme, et, par ainsy, continuera dans tous les siècles futurs à rire et boire, à se trouver en sa chemise sans y estre meilleur, ni pire, et aura mesmes occupations ; mais ces idées préparatoires sont pour vous mieux ficher en l'entendement que ceste aine à deux pattes croira tousiours pour vraies les chouses qui chatouillent ses passions, caressent ses haines et servent ses amours : de là, la logique ! Par ainsy, du premier iour que le dessus dict Carandas vit les enfans de son compère, vit le gentil prebstre, vit la belle taincturière, vit le Taschereau, tous assiz à table, et vit, à son détriment, le meilleur tronsson de la lamproye donné d'ung certain aër par la Tascherette à son amy prebstre, le méchanicien se dit : — Mon compère est cocqu, sa femme couche avecques le petit confesseur, les enfans ont été faicts avecques son eaue benoiste, et ie leur demonstrerai que les bossus ont quelque chouse de plus que les aultres hommes.

Et cela estoyt vray, comme il est vray que Tours ha esté et sera tousiours les pieds dedans la Loyre, comme une iolye fille qui se baigne et ioue avecques l'eaue, faisant flicq flacq en fouettant les ondes avecques ses mains blanches ; car ceste ville est rieuse, rigoleuse, amoureuse, fresche, fleurie, perfumée mieulx que toutes les aultres villes du monde, qui ne sont pas tant seulement dignes de luy paigner ses cheveulx, ni de luy nouer sa ceincture. Et comptez, si vous y allez, que vous luy trouverez, au milieu d'elle, une iolye raye, qui est une reue délicieuse où tout le monde se pourmène, où tousiours il y ha du vent, de l'umbre et du soleil, de la pluye et de l'amour. Ha ! ha ! riez doncques, allez-y doncques ! C'est une reue tousiours neufve, tousiours royale, tousiours impériale, une reue patrioticque, une reue à deux trottoirs, une reue ouverte des deux bouts, bien percée, une reue si large que iamays nul n'y ha crié : gare ! une reue qui ne s'use pas, une reue qui mène à l'abbaye de Grand-Mont et à une trenchée qui s'emmanche trez-bien avecques le pont, et au bout de laquelle est ung beau champ de foire ; une reue bien pavée, bien bastie, bien lavée, propre comme un mirouère, populeuse, silencieuse à ses heures, cocquette, bien coëffée de nuict par ses iolys toicts bleus ; brief, c'est une reue où ie suys né, c'est la royne des reues, tousiours entre la terre et le ciel, une reue à fontaine, une reue à laquelle rien ne manque pour estre célébrée parmy les reues ! Et de faict, c'est la vraye reue, la seule reue de Tours. S'il y en ha d'aultres, elles sont noires, tortueuses, estroites, humides, et viennent toutes respectueuses saluer ceste noble reue, qui les commande. Où en suis-je, car, une foys dans ceste reue, nul n'en veut issir, tant plaisante elle est. Mais ie debvoys cet hommaige filial, hymne descriptive, venue du cueur, à ma reue natale, aux coins de laquelle manquent seulement les braves figures de mon bon maistre Rabelays et du sieur Descartes, incogneus aux naturels du pays. Doncques, le dessus dict Carandas feut, à son retourner de Flandres, festoyé par son compère et par tous ceulx dont il estoyt aymé pour ses gogues, drosleries et facétieuses paroles. Le bon bossu parut deschargié de son ancien amour, fit des amitiés à la Tascherette, au prebstre, embrassa les enfans ; et, quand il feut seul avecques la taincturière, lui ramenteva la nuict du bahut, la nuict de l'esgout, en luy disant : — Hein ! comme vous vous estes gaussée de moy !

— Cela vous estoyt deu, répondit-elle en riant. Si vous vous estiez lairré, par grant amour, turlupiner, trupher, goguenarder, encores ung tronsson de tems, vous m'auriez peut-estre fanfreluchée comme tous les aultres!...

Là-dessus, Carandas se print à rire en enraigeant. Puis, voyant «edict bahut où il avoyt failly crever, sa cholère devint d'autant plus chaulde, pour ce que la belle taincturière s'estoyt encores embellie comme toutes celles qui s'enraieunissent en soy trempant dans les eauex de Iouvence, lesquelles ne sont aultres que les sources d'amour. Le méchanicien estudia l'allure du cocquuaige chez son compère, affin de soy venger : car, autant sont de logiz, autant sont de variantes en ce genre ; et, quoique tous les amours se ressemblent de la mesme manière que les hommes ressemblent tous les uns aux aultres, il est prouvé aux abstracteurs de chouses vrayes que, pour le bonheur des femmes, chaque amour ha sa physionomie espéciale et que, si rien ne ressemble tant à un homme qu'un homme, il n'y ha aussy rien qui diffère plus d'un homme qu'un homme. Voilà qui confund tout, ou explique les mille phantaisies des femmes, lesquelles querrent le meilleur des hommes avecques mille poines et mille plaizirs, plus de l'ung que de l'aultre. — Mais comment les vitupérer de leurs essays, changemens et visées contradictoires? Quoy! la nature fretille tousiours, vire, tourne, et vous voulez qu'une femme reste en place! Sçavez-vous si la glace est vrayment froide? Non. Eh bien! vous ne sçavez pas non plus si le cocquaige n'est pas ung bon hazard, producteur de cervelles bien guarnies et mieulx faictes que toutes aultres. Cherchez doncques mieulx que des ventositez sous le ciel. Cecy fera bien ronfler la réputation philosophicque de ce livre concentricque. — Oui, oui, allez, celuy qui crie : *Vécy la mort aux rats!* est plus advancé que ceulx occupés à trousser la nature, veu que c'est une fière pute, bien capricieuse et qui ne se laisse veoir qu'à ses heures. Entendez-vous! Aussy, dans toutes les langues, elle appartient au genre féminin, comme chouse essenciellement mobile, féconde et fertile en piperies.

Aussy, bientost recogneut Carandas que parmi les cocquaiges, le mieulx entendu, le plus discret estoyt le cocquaige ecclésiasticque. De faict, vécy comme la bonne taincturière avoyt establi ses traisnées. Elle se despartoyt tousiours devers sa closerie de la Grenadière-lèz-Saint-Cyr, la veille du dimanche, lairrant son bon mary parachever ses travaulx, compter, vérifier, payer les labeu** d'ouvriers; puis, Taschereau la venoyt reioindre l'endemain matin, et trouvoyt ung bon deieuner, sa bonne femme gaye, et tousiours amenoyt le prebstre avecques luy. De faict, le damné prebstre traversoyt la Loyre en ung bateau la veille pour aller tenir chauld à la taincturière et luy calmer ses phantaisies, affin qu'elle dormist bien pendant la nuict, ouvraige auquel s'entendent bien les ieunes gars. Puis, le beau brideur de phantaisies revenoyt au matin en son logiz, à l'heure où le Taschereau advenoyt le requérir de se divertir à la Grenadière, et tousiours le cocqu trouvoyt le prebstre en son lict. Le batelier bien payé, nul ne sçavoyt ceste allure, veu que l'amant ne voyageoyt la veille que de nuict, et le dimanche de grant matin. Lorsque Carandas eut bien vérifié l'accord et constante praticque de ces dispositions guallantes, il attendit un iour où les deux amans se reioindroyent bien affamés l'ung de l'aultre, après quelque caresme fortuit. Ceste rencontre eut lieu bientost, et le curieux bossu vit le manége du batelier attendant au bas de la grève, prouche le canal Saincte-Anne, le susdict prebstre, lequel estoyt un ieune blond, bien gresle, gentil de formes, comme le guallant et couard héros d'amour tant célébré par messire Arioste. Alors le méchanicien vint trouver le vieulx taincturier, qui tousiours aymoyt sa femme et se croyoyt seul à mettre le doigt dans son ioly benoistier. — Hé! bonsoir, mon compère, fit Carandas à Taschereau. Et Taschereau d'oster son bonnet.

Puis, vécy le méchanicien qui raconte les secrettes festes de l'amour, desbagoule des paroles de toutes sortes et picque de tous costez le taincturier.

Enfin, le voyant prest à tuer sa femme et le prebstre, Carandas luy dict : — Mon bon voisin, i'ay rapporté de Flandres une espée empoisonnée, laquelle occit net quiconque, pourveu qu'elle luy fasse une esgratigneure; ores, dès que vous en aurez tant seulement touchié vostre gouge et son concubin, ils mourront.

— Allons la querrir, s'escria le taincturier.

Puis les deux marchands d'aller à grant erre au logiz du bossu, de prendre l'espée et de courir en campaigne.

— Mais les trouverons-nous couchiez? disoyt Taschereau.

— Vous attendrez, fit le bossu se gaussant de son compère.

De faict, le cocqu n'eut pas la griefve poine d'attendre la ioye des deux amans. La iolye taincturière et son bien aymé estoyent occupez à prendre, dans ce ioly lacqs que vous sçavez, cet oyseau mignon qui tousiours s'en eschappe; et rioyent, et tousiours essayoyent, et tousiours rioyent.

— Ah! mon mignon, disoyt la Tascherette en l'estreignant comme pour se l'engraver dessus l'estomach, ie t'ayme tant que ie vouldreys te crocquer. Non. Encores mieulx, t'avoir en ma peau pour que tu ne me quittasses iamays.

— Ie le veulx bien, respondoyt le prebstre; mais ie ne puis y estre tout entier, il faut se contenter de m'avoir en destail.

Ce feut en ce doulx moment que le mary entra l'espée haulte et nue. La belle taincturière, à qui le visaige de son homme estoyt bien cogneu, vit que c'en estoyt faict de son bien aymé le prebstre. Mais, tout à coup, elle s'élança vers le bourgeoys, demi-nue, les cheveux espars, belle de honte, plus belle d'amour, et luy dit : — Arrête, malheureux, tu vas tuer le père de tes enfans!

Sur ce, le bon taincturier, tout esbloui par la maiesté paternelle du Cocquaige et peut-estre aussy par la flamme des yeulx de sa femme, lairra tomber l'espée sur le pied du bossu qui le suivoyt, et, par ainsy, le tua.

Cecy nous apprend à n'estre point haineux

ÉPILOGUE

Cy fine le premier dixain de ces contes, miesvre eschantillon des œuvres de la Muse droslaticque iadis née en nos pays de Tourayne, laquelle est bonne fille et sçayt par cueur ce beau dicton de son amy Verville, escript dans LE MOYEN DE PARVENIR : *Il ne faut qu'estre effronté pour obtenir des faveurs.* Las! folle mignonne, recouche-toy, dors, tu es essoufflée de ta course, peut-estre has-tu esté plus loing que le présent. Doncques, essuye tes iolys pieds nus, bousche-toy les aureilles et retourne à l'amour. Si tu resves d'aultres poësies tissues de rires, pour en parachever les comicques inventions, tu ne doibs escouter les foltes clameurs et iniures de ceulx qui, entendant chanter un oyeux pinson gauloys, diront : Ah! le vilain oiseau!

LES
CONTES DROLATIQUES

COLLIGEZ EZ ABBAYES DE TOURAYNE

ET MIS EN LUMIÈRE

PAR LE SIEUR DE BALZAC

POUR L'ESBATTEMENT DES PANTAGRUELISTES

ET NON AULTRES

CE SECUND DIXAIN

HE ESTE IMPRIMÉ POUR LA PRIMÉ FOYS A PARIS

ET ACHEVÉ EN JANVIER

MDCCCXXXIII

LES
CONTES DROLATIQUE

DEUXIESME DIXAIN

PROLOGUE

Aulcuns ont à l'autheur reprouché de ne pas plus sçavoir le languaige du vieulx tems que les lièvres ne se cognoissent à faire des fagots. Iadis ces gens eussent esté nommez, à bon escient, cannibales, agelastes, sycophantes, voire mesme ung peu issus de la bonne ville de Gomorrhe. Mais l'autheur consent à leur espargner ces iolyes fleurs de la criticque anciénne, il se rabat à ne point soubhaiter estre en leur peau, veu que il auroyt honte et mesestime de luy-mesme, et se cuyderoyt le darrenier des cacographes de calumnier ainsy ung paouvre livre qui n'est dedans la voye d'aulcun guaste-papier de cettuy tems.

Hé! maulvaises gens, vous gectez par les fenestres une précieuse bile dont feriez meilleur employ entre vous! L'autheur s'est consolé de ne point plaire à tous, en songiant que ung vieulx Tourangeaud, d'éterne mémoere, eut telles contumelies de gars de mesme estoffe que elles avoyent lassé sa patience, et *s'estoyt*, dict-il en ung de ses prologues, *délibéré de ne plus escripre ung iota*. Aultre aage, mesmes mœurs. Rien ne chet en métamorphose, ni Dieu, là-hault; ni les hommes, icy-bas. Doncques l'autheur s'est affermi sur sa besche en riant et se respousant sur l'advenir du loyer de ses griefves poines. Et certes est-ce bien ung grief labeur que d'excogiter CENT CONTES DROSLATICQUES, veu que après avoir essuyé le feu des ruffians et envieux, celuy des amis ne luy ha point faict deffault; lesquels sont venus à la male heure, disant : — Estes-vous fol? y songiez-vous? iamays homme a-t-il eu dedans la bougette de son imagination une centaine de contes pareils? Quittez l'hyperbolicque estiquette de vos sacqs, bon homme! Au bout point n'iriez! Ceux-là ne sont point des misanthropes, ni des cannibales; pour ruffians, ie ne sçays; mais sont, pour le seur, de bien bons amis, de ceulx qui ont le couraige de vous débagouler mille duretez tout le long de la vie, sont aspres et resches comme estrilles, soubz prétexte que ils se donnent à vous de foye, de bourse et de pieds, en les énormes meschiefs de la susdicte vie, et descouvrent tout leur prix en l'heure de l'extresme onction. Encores si tels gens s'en tenoyent à ces tristes gentillesses; mais point. Quand sont desmenties leurs terreurs, ils disent triumphalement : — Ha! ha! Ie le sçavoys! Bien l'avoys-je prophetizé.

A ceste fin de ne point descouraiger les beaulx sentiments, encores que ils soyent intolérables, l'autheur lègue à ces amis ses vieilles pantophles fenestrées, et leur baille asseurance, pour les resconforter, que il ha, en toute propriété mobilière,

exempte de saisies de iustice, dedans le réservoir de nature ci
replis du cerveau, septante iolys contes. Vray Dieu! de beaulx
fils d'entendement, bien nippez de phrases, soigneusement
fournis de péripéties, amplement vestus de comicque tout neuf,
levé sur la pièce diurne, nocturne et sans deffault de trame que
tisse le genre humain en chaque minute, chaque heure, chaque
semaine, mois et an du grant comput ecclésiasticque commencé
en ung tems où le soleil n'y voyoyt goutte et où la lune attendoyt qu'on luy monstrast son chemin. Ces septante subiects,
qu'il vous octroye licence d'appeler de maulvais subiects, pleins
de piperies, esfrontez, paillards, pillards, raillards, ioueurs,
ribleurs, estant ioincts aux deux dixains présentement escloz,
sont, ventre Mahom! ung légier à-compte sur la dessusdicte
centaine. Et n'estoyt la male heure des bibliopoles, bibliophiles,
bibliomanes, bibliographes et bibliothecques, qui arreste la bi-
bliophagie, il les eust donnez d'une razade et non goutte à
goutte, comme s'il estoyt affligé d'une dysurie de cervelle.
Ceste infirmité n'est, *per Braguettam*, nullement à redouter
en luy, veu que souvent il faict bon poids, bouttant plus d'ung
conte en ung seul, comme il est apertement demonstré par plusieurs de ce dixain. Comptez mesme que il a esleu, pour finer,
les meilleurs et plus ribaulds d'entre eulx, à ceste fin de n'estre
point accusé d'ung senile décours. Doncques, meslez plus d'a-
mitiez en vos haines, et moins de haines en vos amitiez. Ores,
mettant en oubli l'avaricieuse rareté de la nature à l'endroict
des conteurs, lesquels ne sont pas plus de sept parfaicts en
l'océan des escripteures humaines, d'aultres, tousiours amis,
ont esté d'advis que, en ung tems où chascun va vestu de noir,
comme en dueuil de quelque chouse, besoing estoyt de concoc-
tionner des ouvraiges ennuyeusement graves ou gravement en-
nuyeux; que ung scriptolastre ne pouvoyt vivre désormais
qu'en logeant son esperit en de grants esdifices, et que ceulx

qui ne sçavoyent point rebastir les cathédrales et chasteaulx, dont aulcune pierre ni ciment ne bouge, mourroyent incogneus comme les mules des papes. Ces amis feurent requis de desclairer ce que mieulx ils aymoyent, ou d'une pinte de bon vin ou d'ung fouldre de cervoise; d'ung diamant de vingt-deux carats ou d'ung caillou de cent livres; de l'anneau d'Hans Carvel conté par Rabelays ou d'un escript moderne piteusement expectoré par un escholier? Ceulx-là demourant quinaulds et pantois, il leur feut dict sans cholère : — Avez-vous entendu, bonnes gens? Ores doncques retournez à vos vignes!

Mais besoing est d'adiouxter cecy pour tous aultres : — Le bonhomme auquel nous debvons des fables et contes de sempiternelle authorité n'y ha mis que son outil, ayant robbé la matière à aultruy; mais la main-d'œuvre despensée en ces petites figures les ha revestues d'une haulte valeur; et encores qu'il fust, comme messer Loys Ariosto, vitupéré de songier à miesvreries et vetilles, il y ha tel insecte, engravé par luy, tourné depuis en monument de perennité plus asseurée que n'est celle des ouvraiges les mieulx massonés. En l'espéciale iurisprudence du Gay-Sçavoir, la coustume est d'existimer plus chierement ung feuillet extorqué au gézier de la Nature et de la Vérité que tous les tièdes volumes dont, tant beaulx soyent-ils, ne sçauriez extraire ni ung rire, ni ung pleur. L'autheur ha licence de dire cecy sans aulcune incongruité, veu que il n'ha point intention de se dresser en pieds à ceste fin d'obtenir une taille supernaturelle, mais pour ce qu'il s'en va de la maiesté de l'art et non de luy-mesme, paouvre greffier dont le mérite est d'avoir de l'encre en son galimart, d'escouter Messieurs de la Court, et calligrapher les dires de ung chascun en ce verbal. Il y est pour la main-d'œuvre, la nature pour le demourant; veu que, depuis la Vénus du seigneur Phidias Athénian iusques au petit bon homme Godenot, nommé le sieur

Breloque, curieusement élabouré par ung des plus célèbres autheurs de ce tems, tout est estudié sur le moule éternel des imitations humaines, qui à tous appartient. En cet honneste mestier, heureux les voleurs, ils ne sont point pendus, ains estimez et chéris ! Mais est ung triple sot, voire sot dix cors en la teste, cil qui se quarre, iacte et pavane d'un advantaige deu au hazard des complexions, pour ce que la gloire est seulement en la culture des facultez et aussy dans la patience et le couraige.

Quant aux petites voix flustées et aux becqs gentils de celles qui sont venues mignonnement en l'aureille de l'autheur, s'y plaignant d'avoir graphiné leurs cheveulx et guasté leurs iuppes en certains endroicts, il leur dira : — Pourquoy y estes-vous allées ? A ces chouses, il est contrainct, par les insignes maulvaisetiez d'aulcuns, d'adiouxter un advertissement aux gens bénignes, à ceste fin qu'ils en usent pour clorre les calumnies des dessusdicts cacographes en son endroict.

Ces Contes droslasticques sont escripts, suyvant toute authorité, durant le tems où la royne Catherine, de la maison des Medicis, feut en pieds, bon tronsson de règne, veu qu'elle se mesla tousiours des affaires publicques à l'advantaige de nostre saincte religion. Lequel tems ha prins beaucoup de gens à la gorge, depuis nostre deffunct maistre Françoys premier du nom, iusques aux Estats de Blois où chut monsieur de Guyse. Ores les escholiers qui iouent à la fossette sçavent que, en ceste période de prinses d'armes, pacifications et troubles, le languaige de France feut ung peu trouble aussy, veu les inventions de ung chascun poëte qui, en cettuy tems, souloyt faire, comme en celuy-cy, ung françoys pour luy seul, oultre les mots bizarres, griecqs, latins, italians, allemands, souisses, phrases d'oultre mer et iargons hespaignols advenus par le faict des estrangiers, en sorte que ung paouvre scriptophile ha les coudées franches en ce languaige Babelificque auquel ont pourveu depuis messieurs de Balzac, Blaise Pascal, Furetière, Mesnage, Saint-Evremond, de Malherbe et aultres, qui les premiers balyèrent le françoys, firent honte aux mots estranges et donnèrent droict de bourgeoysie aux paroles légitimes, de bon usaige et sceues de tous, dont feut quinauld le sieur Ronsard.

Ayant tout dict, l'autheur ratourne à sa dame, et soubhaite mille ioyeulsetez à ceulx dont il est aymé; aux aultres, des noix grollières en leur degrez. Quand les hirundes descamperont, il reviendra non sans le tiers et quart dixain dont il baille ici promesse aux pantagruelistes, aux bons braguards et mignons de tout estaige auxquels desplaisent les tristifications, méditations et mélancholies des choléographes.

LES

TROIS CLERCQS DE SAINCT-NICHOLAS

L'hostel des Trois Barbeaulx estoyt iadis à Tours l'endroict de la ville où se faisoyt la meilleure chiere, veu que l'hoste, resputé le hault bonnet des rostisseurs, alloyt cuyre les repasts de nopces iusques à Chastellerault, Loches, Vendosme et Blois. Ce susdict homme, vieulx reistre parfaict en son mestier, n'allumoyt iamays ses lampes de iour, sçavoyt tondre sur les œufs, vendoyt poil, cuir et plume, avoyt l'œil à tout, ne se lairroyt point facilement payer en monnoye de cinge, et, pour ung denier de moins au compte, eust affronté quiconque, voire mesme ung prince. Au demourant, bon gausseur, beuvant et riant avecques les grands avalleurs, tousiours le bonnet en main devant les gens munis d'indulgences plenières au titre du *Sit Nomen Domini benedictum*, les poulsant en despense et leur prouvant au besoing, par de bons dires, que les vins estoyent chiers ; que quoi que on fist, rien ne se donnant en Tourayne, force estoyt d'y tout achepter, partant d'y tout payer. Brief, s'il l'eust pu sans honte, auroyt compté : tant pour le bon aër, et tant pour la veue du pays. Aussy fit-il une bonne maison avecques l'argent d'aultruy, devint-il rond comme ung quartaud, bardé de lard, et l'appela-t-on Monsieur. Lors de la darrenière foyre, trois quidams, lesquels estoyent des apprentifs en chicquane, dans qui se trouvoyt plus d'estoffe à faire des larrons que des saincts, et sçavoyent bien déià iusques où possible estoyt d'aller sans se prendre en la chorde des haultes œuvres, eurent intention de soy divertir et vivre, en condamnant quelques merchands forains ou aultres en tous les despens. Doncques, ces escholiers du diable faulsèrent compaignie à leurs procureurs, chez lesquels ils estudioyent le grimoire en la ville d'Angiers, et vindrent de prime abord se logier en l'hostel des Trois Barbeaulx, où ils voulurent les chambres du légat, mirent tout cen dessus dessoubz, firent les desgoutez, retindrent les lamproyes au marché, s'annoncèrent en gens de hault négoce, qui ne traisnoyent point de merchandises avecques eulx, et voyageoyent seuls de leur personne. L'hoste de trotter, de remuer les broches, de tirer du meilleur, et d'appresler ung vray disner d'avocats à ces trois congne-festu, lesquels avoyent ià despensé du tapaige pour cent escuz, et qui bien pressurez n'auroyent pas tant seulement rendu douze sols tournoys que l'ung d'eulx faisoyt frestiller en sa bougette. Mais, s'ils estoyent desnuez d'argent, point ne manquoyent d'engin, et tous trois s'entendirent à iouer leur roole comme larrons en foyre. Ce feut une farce où il y eut à boire et à mangier, veu que ils se ruèrent pendant cinq iours tant et si bien sur les provisions de toute sorte, qu'ung parti de lansquenets en eust moins guasté qu'ils n'en frippèrent. Ces trois chats fourrez dévalloyent en la foyre après désieuner, bien abreuvez, pansez, pansus ; et, là, tailloyent en plein drap sur les becsiaunes et aultres, robbant, prenant, iouant, perdant ; despendant les escripteaux ou enseignes et les changéant, mettant celuy de bimbelotier à l'orphebvre et de l'orphebvre au cordouanier ; gectant de la poudre ez bouticques, faisant battre les chiens, coupant la bride aux chevaulx attachez, laschant des chats sur les gens assemblés ; criant au voleur ou disant à chascun : — Estes-vous pas monsieur d'Entrefesses d'Angiers? Puis, ils donnoyent des poulsées au monde, faisoyent des trouées aux sacqs de bled, cherchoyent leur mouschenez en l'aumosnière des dames, et en relesvoyent les cottes, plourant, questant un ioyau tombé, et leur disant :

— Mes dames, il est dans quelque trou ! Ils esguaroyent les enfants, se tapoyent en la pance de ceulx qui bayoyent aux corneilles, ribloyent, escorchioyent et conchioyent tout. Brief, le diable eust esté saige en comparaison de ces damnez escholiers, qui se fussent pendus, s'il leur avoyt fallu faire acte d'honneste homme ; mais autant auroyt valu demander de la charité à deux plaideurs enraigez. Ils quittoyent le champ de foyre non fatiguez, mais lassez de malfaisances, puis s'en venoyent disner iusques à la vesprée, où ils recommençoyent leurs ribleries aux flambeaux. Doncques, après les forains, ils s'en prenoyent aux filles de ioye auxquelles, par mille ruses, ils ne donnoyent que ce qu'ils en recevoyent, suyvant l'axiome de Iustinian : *Cuicum ius tribuere*, à chascun son ius. Puis, en se gaussant après le coup, disoyent à ces paouvres garses :

— Que le droict estoyt à eulx et le tort à elles.

L'ANGEVIN.   LE BOURGUIGNON.   LE PICARD.

Ces trois chats fourrez dévalloyent en la foyre après désieuner
bien abreuvez, pansez, pansus.

(LES TROIS CLERCQS DE SAINCT-NICHOLAS.)

Enfin, à leur souper n'ayant point de subiects à pistolander, ils se congnoyent entre eulx ou, pour se gaudir encores, se plaignoyent des mousches à l'hoste en luy remonstrant qu'ailleurs les hosteliers les faisoyent attacher, pour que les gens de condition n'en fussent point incommodez. Cependant, vers le cinquiesme iour, qui est le iour criticque des fiebvres, l'hoste n'ayant iamays veu, encores qu'il escarquillast trez-bien ses yeulx, la royale figure d'un escu chez ses chalands, et saichant que, si tout ce qui resluit estoyt or, il cousteroyt moins chier, commença de renfroigner son museau et de n'aller que d'ung pied froid à ce que vouloyent ces gens de hault négoce. Ores, redoutant de faire ung maulvais traficq avecques eulx, il entreprint de sonder l'aposteume de leurs bougettes. Ce que voyant, les trois clercqs luy dirent, avecques l'asseurance d'ung prevost pendant son homme, de vitement leur servir ung bon souper, attendu que ils alloyent partir incontinent. Leur ioyeulse contenance desgreva l'hoste de ses soulcys. Ores, pensant que des draules sans argent debvoyent estre graves, il appresta ung digne souper de chanoines, soubhaitant mesme de les veoir ivres, affin de les serrer sans desbats en la geole, le cas eschéant. Ne saichant comment tirer leurs grègues de la salle où ils estoyent autant à l'aise que sont les poissons en la paille, les trois compaignons mangièrent et beurent de raige, resguardant la longitude des croitées, espiant le moment de descamper, mais ne rencontroyent ni ioinct ni desioinct. Maudissant tout, l'ung vouloyt aller destacher ses chausses en plein aër pour raison de cholicque ; l'aultre querrir ung médecin pour le troisiesme qui s'esvanouiroyt comme faire se pourroyt. Le maudict hostelier baguenaudoyt tousiours de ses fourneaux à la salle, et de la salle aux fourneaux, guettoyt les quidams, avançoyt ung pas pour saulver son deu, en resculoyt deux pour ne point estre congné de ces seigneurs, au caz où ce seroyent de vrays seigneurs, et alloyt en brave hostellier prudent, qui aymoyt les deniers et haïssoyt les coups. Mais, soubz umbre de les bien servir, tousiours avoyt une aureille en la salle, ung pied en la court ; puis se cuydoyt tousiours appelé par eulx, venoyt au moindre esclat de rire, leur monstroyt sa face en guyse du compte et tousiours leur disoyt : — Messeigneurs, que vous plaist-il ? Interroguat en response duquel ils auroyent voulu luy donner dix doigts de ses broches dedans le gozier, pour ce que il faisoyt mine de bien sçavoir ce qui leur plaisoyt en ceste coniuncture, veu que, pour avoir vingt escuz tresbuschans, ils eussent vendu chascun le tiers de leur éternité. Comptez que ils estoyent sur leurs bancqs comme sur des grilz, que les pieds leur desmangioyent trez-bien, et que le c.l leur brusloyt ung peu. Déjà l'hoste leur avoyt mis les poires, le fourmaige et les compotes soubz le nez ; mais eulx, beuvant à petits coups, maschant de travers, s'entre-resguardoyent pour veoir si l'ung d'eulx trouveroyt en son sacq ung bon tour de chicquane ; et tous commençoyent à se divertir trez-tristement. Le plus rusé des trois clercqs, qui estoyt ung Bourguignon, soubrit et dit en voyant le quart-d'heure de Rabelays arrivé :

— Besoing est de remettre à huictaine, messieurs, comme s'il eust esté au palais.

Et les deux aultres, nonobstant le dangier, se hastèrent de rire.

— Que debvons-nous ? demanda celuy qui avoyt en sa ceincture les dessus dicts douze sols. Il les mouvoyt comme s'il eust cuydé leur faire engendrer des petits par cet enraigé mouvement. Cettuy estoyt ung Picard, cholère en diable, et homme à s'offenser d'une rien pour pouvoir boutter l'hoste par la croizée en toute seureté de conscience. Doncques, il dit ces paroles avecques un aër rogue, comme s'il eust eu dix mille doublons de rente au soleil.

— Six escuz, messeigneurs... respondit l'hoste en tendant la main.

— Ie ne souffrirai pas, vicomte, estre resgualé par vous seul... fit le tiers estudiant, qui estoyt un Angevin, rusé comme une femme enamourée.

— Ni moy ! dit le Bourguignon.

— Messieurs, messieurs ! respartit le Picard, vous voulez gausser. Ie suis vostre serviteur !...

— Sambreguoy ! s'escria l'Angevin, vous ne nous lairrerez pas payer trois fois... Nostre hoste ne le souffriroyt mie.

— Hé bien ! fit le Bourguignon, cil de nous qui dira le pire conte satisfera l'hoste.

— Qui sera le iuge ? demanda le Picard, renguaisnant ses douze sols.

— Pardieu ! nostre hoste. Il doibt s'y entendre, veu qu'il est un homme de hault goust, dit l'Angevin. Allons ! maistre queux, bouttez-vous là, beuvons, et prestez-nous vos deux aureilles. L'audience est ouverte.

Là-dessus l'hoste s'assit, non sans se verser amplement à boire.

— A moy ! dit l'Angevin, ie commence.

— En nostre duchié d'Aniou, les gens de la campaigne sont trez-fidelles servateurs de nostre saincte religion catholicque, et pas ung ne quitteroyt sa part du paradiz, faulte de faire pénitence ou de tuer un hérétique. En dà ! si ung ministre des liffre-loffres passoyt par là, tost il seroyt mis en pré, sans sçavoir d'où luy tomberoyt la male mort. Doncques, un bon homme de Iarzé, revenant ung soir de dire ses vespres en vuydant le piot à la Pomme-de-Pin, où il avoyt lairré son entendoire et sapience mémoriale, tomba dedans la rigole d'eaue de sa mare, cuydant estre en son lict. Ung sien voisin, qui ha nom Godenot, l'advisant déià prins dans la gelée, veu qu'il s'en alloyt de l'hyver, luy dit en gaussant :

— Hé ! qu'attendez-vous doncques là ?

— Le desgel, fit le bon ivrogne, se voyant empesché par la glace.

Lors Godenot, en bon chrestien, le désencanche de sa mortaise et luy ouvre l'huys du logiz, par hault respect du vin qui est seigneur de ce pays. Le bonhomme vint lors se couchier en plein lict de sa servante, laquelle estoyt ieune et gente fillaude. Puis le vieulx manouvrier, fort de vin, en besongna le chauld sillon, cuydant estre en sa femme, et la mercia du restant de pucelaige qu'il luy truvoyt. Ores, entendant son homme, la femme se mit à crier comme mille, et par ces cris horrificques, le laboureur feut adverti que il n'estoyt point dedans la voye du salut, ce dont paouvre laboureur de se navrer plus qu'on ne sçauroyt le dire.

— Ha ! fit-il, Dieu m'ha puni de n'avoir point esté à vespres en l'ecclise.

Puis s'excusa de son mieux sur le piot qui avoyt brouillé la mémoere de sa braguette, et en revenant au lict, ragottoyt à sa bonne mesnaigiere que, pour sa meilleure vasche, il vouldroyt n'avoir point ce meschief sur la conscience.

— Ce n'est rien !... disoyt à son homme la femme, à qui la fille ayant respondu que elle resvoyt de son amant, la battoyt un peu ferme pour luy enseigner à ne point dormir si fort. Mais le chier homme, veu l'énormité du caz, se lamentoyt dessus son grabat et plouroyt des larmes de vin par crainte de Dieu.

— Mon mignon, fit-elle, drez demain va en confession, et n'en parlons plus.

Le bonhomme trotte au confessionnal et raconte en toute humilité son caz au recteur de la paroësse, lequel estoyt ung bon vieulx prebstre capable d'estre là-hault la pantophle de Dieu.

— Erreur n'est pas compte, fit-il à son pénitent, vous ieusnerez demain, et vous absous.

— Ieusner! Avecques plaizir! dit le bon homme. Ça n'empesche point de boire.

— Ho! respondit le curé, vous boirez de l'eaue, puis ne mangerez rien aultre chouse, sinon ung quarteron de pain et une pomme.

Lors le bon homme, qui n'avoyt nulle fiance en son entendement, revint, répétant à part soy la pénitence ordonnée. Mais ayant loyalement commencé par ung quarteron de pain et une pomme, il arriva chez luy disant : — Ung quarteron de pommes et ung pain.

Puis, pour se blanchir l'ame, se mit en debvoir d'accomplir son ieusne, et sa bonne mesnaigiere luy ayant tiré ung pain de la mette, et descroché les pommes du planchier, il ioua trez-mélancholicquement de l'espée de Caïn. Comme il faisoyt ung soupir en arrivant au darrenier boussin de pain, ne saichant où le mettre, veu qu'il en avoyt iusques en la fossette du cou, sa femme luy remonstra que Dieu ne vouloyt point la mort du pécheur, et que, faulte de mettre ung rusteau de pain de moins en sa pance, il ne luy seroyt point reprouché d'avoir mis ung petit son chouse au verd.

— Tais-toi, femme! dit-il. Quand ie debvroys crever, faut que ie ieusne.

— J'ai payé mon escot. A toy, vicomte... adiouxta l'Angevin en resguardant le Picard d'ung air narquois.

— Les pots sont vuydes, dit l'hoste. Holà! du vin...

— Beuvons, s'escria le Picard. Les lettres mouillées coulent mieulx.

Là-dessus, il lampa son verre plein, sans y lairrer une crotte de vin, et, après une belle petite tousserie de prosneur, dit cecy :

— Ores, vous sçavez que nos petites garses de Picardie, premier que de se mettre en mesnaige, ont accoustumé de gaigne saigement leurs cottes, vaisselle, bahuts, brief, tous ustensiles d mariaige. Et, pour ce faire, vont en maison à Péronne, Abbeville Amiens et aultres villes, où sont chamberières, fouettent les verres torchent les plats, ployent le linge, portent le disner et tout ce qu'ell peuvent porter. Puis sont tos espouzées dès que elles sçavent fair quelque chouse, oultre ce qu'elles apportent à leurs marys. Ce sont les meilleures mesnaigieres du monde, pour ce que elles cognoissent le service, et tout trez-bien. Une de Azonville, qui est le pays dont ie suis seigneur par héritaige, ayant ouï parler de Paris où les gens ne se baissoyent point pour ramasser six blancs, et où l'on se substantoyt pour un iour à passer devant les rostisseurs, rien qu'à humer l'aër, tant graisseux il estoyt, s'ingénia d'y aller, espérant rapporter la valeur d'ung troncq d'ecclise. Elle marche à grant renfort de pieds, arrive de sa personne, munie d'ung panier plein de vuyde. Là, tombe à la porte Sainct-Denys, en ung tas de bons souldards plantez pour ung tems en vedette, à cause des troubles, veu que iceulx de la religion faisoyent mine de s'envoler à leurs presches. Le sergent, voyant venir ceste danrée coëfféc, boutte son feutre sur le costé, en secouc la plume, retrousse sa moustache, haulse la voix, affarouche son œil, se met la main sur la hanche, et arreste la Picarde comme pour veoir si elle est deument percée, veu qu'il est deffendu aux filles d'entrer aultrement à Paris. Puis luy demande, pour faire le plaisant, mais de mine griefve, en quel pensier vient-elle, cuydant que elle vouloyt prendre d'assault les clefs de Paris. A quoy la naïfve garse respondit que elle y cherchioyt une bonne condition en laquelle elle pust servir, et n'auroyt cure d'aulcun mal, pourveu qu'elle gaignast quelque chouse.

— Bieu vous en prind, ma commère, dit le raillard; ie suis Picard, et vais vous faire entrer icy où vous serez traictée comme une royne vouldroyt l'estre souvent, et vous y gaignerez de bonnes chouses.

— Lors il la mène au corps de garde, où il luy dict de balyer les planchiers, bien escumer le pot, attiser le feu et veiller à tout, adiouxtant que elle auroyt trente sols parisis par ung chascun homme, si leur service luy plaisoyt. Ores, veu que l'escouade estoyt là pour ung mois, elle gaigneroyt bien dix escus, puis à leur despartie trouveroyt les nouveau-venus qui s'arrangeroyent trez-fort d'elle, et à cet honneste mestier emporteroyt force deniers et présens de Paris en son pays. La bonne fille de rendre la chambre nette, de tout nettoyer, de si bien apprester le repast et tout, chantant, rossignolant, que, ce iour, les bons souldards trouvèrent à leur taudis la mine d'ung réfectouère de bénédictins. Aussy, tous contens, donnèrent-ils chascun ung sol à leur bonne chamberièrc. Puis, bien repue, la couchièrent au lict de leur commandant, qui estoyt en ville chez sa dame, et l'y dodinèrent bien congruement avecques mille gentillesses de soldats philosophes, *id est*, amoureux de ce qui est saige. La voilà bien attifée en ses draps. Ores, pour éviter les noises et querelles, nos gaule-bon-tems tirèrent au sort le tour de chascun; puis se mirent à la rangette, allant trez-bien à la Picarde, tous chaulds, ne soufflant mot, bons soldats, ung chascun en prenant au moins pour six-vingts sols tournoys. Encores que ce feust service ung peu dur dont elle n'avoyt coustume, la paouvre fille s'y employa de son mieulx, et, par ainsy, ne ferma point l'œ ni rien de toute la nuict. Au matin, voyant les souldards bien endormis, elle leva le pied, heureuse de n'avoir aulcune escorcheure au ventre après avoir porté si lourde charge, et, quoique légierement fatiguée, gaigna le large à travers champs avecques ses trente sols. Lors, sur la route de Picardie, voit une de ses amyes qui, à son imitation, vouloyt taster du service de Paris, et venoyt toute affriolée, laquelle l'arreste et l'interrogue sur les conditions.

— Ah! Perrine, n'y va pas, il y fauldroyt ung c.l de fer, encores l'useroyt-on bientost, luy dit-elle.

— A toy, grosse panse de Bourgongne, fit-il en rabattant l'aposteume naturel de son voisin par une tape de sergent. Crache ton conte, ou paye?...

— Par la royne des andouilles! respondit le Bourguignon, par ma fey! par le morbey! par Dieu! par diable! ie ne sçays que des histoires de la court de Bourgongne, lesquelles n'ont cours qu'avecques nostre monnoye...

— Eh! ventre dieu! sommes-nous pas en ta terre de Beauffremont? s'escria l'aultre, monstrant les pots vuydez.

— Ie vous diray doncques une adventure bien cogneue à Diion, laquelle est advenue au tems où i'y commandoys, et ha deu estre mise par escript. Il y avoyt ung sergent de iustice nommé Franc-Taupin, lequel estoyt ung vieulx sacq à mauvaisetiez, tousiours grongnant, tousiours battant, faisant à tout une mine de verglas, ne resconfortant iamays par quelques gaudriolles ceulx qu'il menoyt pendre, et, pour estre brief, homme à trouver des poux en teste chauve et des torts à Dieu. Ce dict Taupin, rebuté de tout poinct, s'enchargea d'une femme et, par grant hazard, il luy en écheut une doulce comme pelure d'oignon. Laquelle, voyant la deffectueuse complexion de son mari, se donna plus de poine pour luy cuire de la ioye au logiz qu'une aultre en eust prins à l'encorner.

Mais, encores qu'elle se complust à luy obéir en toutes chouses, et pour avoir la paix eust tasché de luy fianter de l'or, si Dieu "eust voulu, ce maulvais homme rechignoyt perpétuellement, et n'espar-noyt pas plus les coups à sa femme qu'ung débiteur les promesses auxrecors. Ce traictement incommode continuant maulgré les soings et travail angélicque de la paouvre femme, elle feut contraincte, ne s'y accoustumant point, à en référer à ses parens, lesquels inter-vindrent à la maison. Lors, eulx venus, leur feut par le mary des-clairé : Que sa mesnaigiere estoyt despourveue de sens, qu'il n'en recevoyt que des desplaizirs, et que elle luy rendoyt la vie trez-dure à passer ; tantost le resveigloyt dans son premier somme; tantost ne venoyt point ouvrir la porte, et le lairroyt à la brouine ou à la ge-lée ; puis que iamays rien n'estoyt à proupos céans. Ses agraphes manquoyent de boutons et ses aiguillettes de ferrets. Le linge se chamoussoyt, le vin se picquoyt, le bois suoyt, le lict crioyt tous-iours imtempestivement. Brief, tout estoyt mal. A ce dévoyement de faulses paroles, la femme respondit en monstrant les hardes, et tout, en bon état de réparations locatives. Lors le sergent dit que il estoyt trez-mal traicté; ne trouvoyt iamays son disner appresté, ou que, s'il l'estoyt, le bouillon n'avoyt point d'yeulx, ou la soupe es-toyt froide ; il failloyt du vin ou des verres à table ; la viande estoyt nue, sans saulce, ni persil; la moustarde estoyt tournée ; il ren-controyt des cheveulx sur le rost, ou les nappes sentoyent le vieulx et luy ostoyent l'appétit ; en fin de tout, elle ne luy donnoyt iamays rien qui feust à son goust. La femme, estonnée, se contentoyt de nier le plus honnestement que faire se pouvoyt ces estranges griefs à elle imputez. — Ha! fit-il, tu dis non ? robbe pleine de crotte! Eh bien ! venez disner céans vous-mesmes au iour d'huy, vous se-sez tesmoings de ses desportemens. Et, si elle peut me servir une foys selon mon vouloir, i'auray tort en tout ce que i'ay advancé, ne leveray plus la main sur elle, ains luy lairreray ma hallebarde, les braguettes, et luy quitteray le commandement ici.

— Oh bien ! dit-elle toute gaye, ie seray doncques désormais dame et maistresse.

Lors le mary, se fiant en la nature et les imperfections de la femme, voulut que le disner feust appresté sous la treille dans sa court, pensant à crier après elle, si elle tardoyt en trottant de la table à la crédence. La bonne mesnaigiere s'employa de tous crins à bien faire son office. Et si donna-t-elle des plats nets à s'y mirer.

de la moustarde fresche et du bon faiseur, ung disner bien coucoctionné chauld à emporter la gueule, appétissant comme ung fruict desrobbé, les verres bien fringuez, le vin rafreschi, et tout si bien, si blanc, si reluysant, que son repast eust faict honneur à la Margot d'un évesque. Mais au moment où elle se pourleschioyt devant sa table, en y gectant l'œillade superflue que les bonnes mesnaigieres ayment à donner à tout, son mary vient à heurter la porte. Lors, une maudicte poule, qui avoyt eu l'engin de monter sur le treilliz pour se saouler de raizins, lairra cheoir une ample ordeure au plus bel endroict de la nappe. La paouvre femme faillit à tomber quasi-morte, tant grant feut son dezespoir, et ne sceut aultrement remédier à l'intempérance de la poule qu'en en couvrant le caz incongreu d'une assiette où elle mit des fruicts qui se trouvoyent en trop dedans sa poche, n'ayant plus aulcun soulcy de la symétrie. Puis, à ceste fin que nul ne s'aperceust de la chouse, apporta promptement le potaige, fit seoir ung chascun en son bancq et les convia gayment tous à se rigoller.

Ores, tous voyant ceste belle ordounance de bonnes platées, se rescrièrent, moins le diable de mary, lequel restoyt sombre, refroignoyt, iouoyt des sourcils, grommeloyt, resguardoyt tout, cherchant ung festu à veoir pour en assommer sa femme. Lors, elle se print à luy dire, bien heureuse de pouvoir l'aguasser à l'abri de ses prouches :

— Voilà vostre repast bien chauld, bien dressé, le linge bien blanc, les salières pleines, les grez bien nets, le vin frais, le pain doré. Que manque-t-il? Que querrez-vous? Que voulez-vous? Que vous faut-il?

— Du bran ! dit-il par haulte cholère.

La mesnaigiere descouvre vitement l'assiette et répond :

— Mon amy, en voilà !

Ce que voyant, le sergent demoura quinauld, pensant que le diable estoyt passé du costé de sa femme. Là-dessus, il feut griefvement reproché par les parens qui luy donnèrent tort, luy chantèrent mille pouilles, et luy dirent plus de gogues en une aulne de tems qu'ung greffier ne fait d'escriptures en son mois. Depuis ce iour, le sergent vesquit trez-bien en paix avecques sa femme, laquelle, à la moindre équivocque, fronsseure de sourcils, luy disoyt :

— Veux-tu du bran?...

— Qui a faict le pire? s'escria l'Angevin en frappant ung petit coup de bourreau sur l'espaule de l'hoste.

— C'est luy ! c'est luy ! dirent les deux aultres, et lors commencèrent à disputer comme de beaulx pères en ung concile, cherchèrent à s'entrebattre, à se gecter les pots à la teste, se lever, et par un hazard de bataille, courir et gaigner les champs.

— Ie vais vous accorder, s'escria l'hoste, voyant que là où il avoyt eu trois débiteurs de bonne voulenté, maintenant aulcun ne pensoyt au vray compte.

Il s'arrestèrent espouvantés.

— Ie vais vous en faire ung meilleur, par ainsy vous me donnerez dix sols par chaque panse.

— Escoutons l'hoste ! fit l'Angevin

— Il y avoyt dans nostre faulxbourg de Nostre-Dame-la-Riche, duquel dépend ceste hostellerie, une belle fille qui, oultre ses advantaiges de nature, avoyt une bonne charge d'escus. Doncques, aussitost que elle feut en aage et force de porter le faix du mariaige, elle eut autant d'amans qu'il y ha de sols au troncq de Sainct-Gatien le iour de Pasques. Ceste fille en esleut ung qui, sauf vostre respect, pouvoyt faire de la besongne le iour et la nuict autant que deux moynes. Aussy feurent-ils bientost accordez et le mariaige en bon train. Mais le bonheur de la première nuictée ne s'approuchoyt point sans causer une légiere appréhension à l'accordée, veu qu'elle estoyt subiecte par infirmité de ses conduits souterrains à excogiter des vapeurs qui se résolvoyent en manière de bombe.

Ores, redoutant de laschier la bride à ses folles ventositez, pendant que elle penseroyt à aultre chouse, en ceste première nuict, elle fina par advouer son caz à sa mère, dont elle invocqua l'assistance. Lors la bonne dame luy desclaira que ceste propriété d'engendrer le vent estoyt en elle un héritaige de famille, et que elle avoyt esté fort empeschée en son temps. Mais que, sur le tard de la vie, Dieu luy avoyt faict la graace de serrer sa cropière, et que, depuis sept ans, elle n'avoyt rien esvaporé, sauf une darrenière foys où, par fasson d'adieu, elle avoyt notablement esventé son deffunct mary. — Mais, dit-elle à sa fille, i'avoys une seure recepte que me légua ma bonne mère, pour amener à rien ces paroles de surplus et les exhaler sans bruict. Ores, veu que ces souffles n'ont point odeurs maulvaises, le scandale est parfaictement esvité. Pour ce, doncques, besoing est de laisser mijoter la substance venteuse et la retenir à l'issue du pertuys; puis de poulser ferme : alors l'aër, s'estant amenuizé, coule comme ung soubpçon. Et, en nostre famille, cecy s'appelle estrangler les pets.

La fille, bien contente de sçavoir estrangler les pets, mercia s mère, dança de la bonne fasson, tassant ses flatuositez au fund de son tuyau comme ung souffleur d'orgue attendant le premier coup de la messe. Puis, venue en la chambre nuptiale, elle se deslibéra d'expulser le tout en montant au lict ; mais le fantasque élément s'estoyt si bien cuict qu'il ne voulut point issir. Le mary vint; ie vous laisse à penser comme ils s'escrimèrent à la iolye bataille où avecques deux chouses on en faict mille, si l'on peut. Au mitant de la nuict, l'espousée se leva, soubz ung petit pretexte menteur, puis revint vitement, mais en eniambant à sa place, son pertuys, ayant eu lors phantaisie d'esternuer, fit une telle descharge de couleuvrine, que vous eussiez creu comme moy que les rideaulx se deschiroyent.

— Ha ! i'ay manqué mon coup, fit-elle.

— Tudieu ! luy dis-je, ma mye, alors espargnez-les. Vous gaigneriez vostre vie à l'armée avecques ceste artillerie. C'estoyt ma femme.

— Ho ! ho ! ho ! firent les clercqs. Et ils se respandirent en esclats, se tenant les costes, louant l'hoste.

— As-tu, vicomte, entendu meilleur conte?

— Ha ! quel conte !

— C'est ung conte !

— C'est un maistre conte.

— Le roy des contes.

— Ha ! ha ! il estrippe tous les contes, et il n'y ha dezormais contes que contes d'hostellerie.

— Foy de chrestien ! vécy le meilleur conte que i'aie ouy de ma vie.

— Moy ! i'entends le pet.

— Moy, ie vouldroys baiser l'orchestre.

— Ha ! monsieur l'hoste, dit gravement l'Angevin, nous ne sçaurions sortir de léans sans avoir veu l'hostesse ; et si nous ne demandons pas à baiser son instrument, c'est par grant respect pour ung si bon conteur.

Là-dessus, tous exaltèrent si bien l'hoste, son conte et le chouse de la femme, que le vieulx rostisseur, ayant fiance en ces rires nans et pompeux éloges, huchia sa femme. Mais, elle ne venant point, les clercqs dirent, non sans intention frustratoire : — Allons la veoir.

Doncques tous sortirent de la salle. Puis l'hoste print la chandelle, monta, premier, par les degrez pour leur montrer le chemin en les esclairant, mais, voyant la porte de la reue entrebayée, les chicquaniers s'esvadèrent, légiers comme des umbres, lairrant à hoste licence de prendre pour solde un aultre pet de sa femme.

LES BONS PROUPOS

DES RELIGIEUSES DE POISSY

L'abbaye de Poissy ha esté célébrée par les vieulx autheurs comme ung lieu de liesse où les desportemens des nonnains prindrent commencement, et d'où tant de bonnes histoires procédèrent pour apprester à rires aux laïcques aux despens de nostre saincte religion. Aussy là dessus dicte abbaye est-elle devenue matière à proverbes que aulcuns sçavans ne comprennent plus de nos iours, quoique ils les vannent et concassent de leur mieulx pour les digérer.

Si vous demandiez à ung d'eulx ce que sont les *olives de Poissy*, gravement il respondroyt que ce est une périphrase en l'endroict des truffes, et que la *manière de les accommoder*, dont on parloyt en se gaussant iadis de ces vertueuses filles, debvoyt emporter une saulce espéciale. Voilà comme ces plumigères rencontrent vray une foys sur cent. Pour en revenir à ces bonnes recluzes, il estoyt dict, en riant s'entend, que elles aymoyent mieulx trouver une pute qu'une femme de bien en leurs chemises. Aulcuns aultres raillards les reprouchoyent d'imiter la vie des sainctes à leur méthode, et disoyent-ils que de la Marie Ægyptiacque elles n'existimoyent que sa fasson de payer les bateliers. D'où la raillerie : *Honorer les saincts à la mode de Poissy*. Il y ha encore *le crucifix de Poissy*, lequel tenoyt chauld à l'estomach. Puis *les matines de Poissy*, lesquelles finissoyent par des enfans de chœur. Enfin, d'une brave galloise bien entendue aux friandises de l'amour, il estoyt dict : *Ce est une religieuse de Poissy*. Ceste certaine chouse que vous sçavez et que l'homme ne peut que prester, ce estoyt *la clef de l'abbaye de Poissy*. Pour ce qui est du *portail* de la dicte abbaye, ung chascun le congnoyt de bon matin. Cettuy portail, porte, huys, ouvrouere, baye, car tousiours reste entrebaillé, est plus facile à ouvrir qu'à fermer, et couste moult en réparations. Brief, il ne s'inventoyt pas, dans cettuy tems, une gentillesse en amour qu'elle ne vinst du bon couvent de Poissy. Comp-

gence mit martel en teste aux seigneurs de la court, et desman
geaison entre les pieds des dames, lesquelles, par grant dévoue
ment envers la couronne, se feussent presque toutes offertes d'alle
à Madrid, n'estoyt la noire deffiance de Charles-Quint, qui n
lairroyt point au Roy licence de veoir aulcuns de ses subiects n
mesme les gens de sa famille. Aussy feut-il besoing de négocier le
despart de la Royne de Navarre. Doncques, il n'estoyt bruict que
de ce ieusne desplourable et du deffaut d'exercice amoureux si
contraire à ung prince qui en estoyt si grant coustumier. Brief, de
plainte en quérimonie, les femmes finèrent par plus penser à la
braguette du Roy qu'à luy-mesme. La Royne feut première à dire
que elle soubhaitoyt avoir des aësles. A ce respondit Monseigneur
Odet de Chastillon que elle n'avoyt point besoing de ce pour estre
un ange. Une, ce feut madame l'Admirale, s'en prenoyt à Dieu
de ne pouvoir envoyer en courrier ce qui deffailloyt tant au
paouvre sire, veu que chascune d'elles le presteroyt à son tour.

— Dieu ha bien faict de les clouer, s'escria gentement la Daulphine, car nos marys nous lairreroyent, en leurs absences, bien
traistreusement despourvéues.

Tant feut dict, tant feut pensé, que la Royne des Marguerites
feut, à sa despartie, enchargiée par ces bonnes chrestiennes de bien
baiser le captif pour toutes les dames du royaulme; et, s'il leur
eust esté loysible de faire provision de liesse comme de moustarde,
la Royne en eust esté encumbrée à en vendre aux deux Castilles.

Ce pendant que madame Marguerite passoyt les monts, maulgré
les neiges, à grant renfort de mules, courant à ces consolations
comme au feu, le Roy se trouvoyt arrivé à la plus ardue pesanteur
de reins où il debvoyt estre en sa vie. Dans ceste extreme réver-
bération de nature, il s'ouvrit à l'empereur Charles-Quint, à ceste
fin d'estre pourveu d'ung miséricordieux spécificque, luy obiectant
que ce seroyt honte éternelle à ung Roi d'en lairrer mourir un
aultre, faulte de guallanterie. Le Castillan se monstra bon homme.
Ores, pensant que il pourroyt se récupérer de ses Hespaignoles
sur la ransson de son hoste, il arraisonna brouillificquement les
gens commis à la garde de son prisonnier, leur baillant licence oc-
culte de luy complaire en cela. Doncques, ung certain don Hiios
de Lara-y-Lopez Barra di Pinto, paouvre capitaine, desnué d'escus,
maulgré sa généalogie, et qui songioyt depuis ung tems à querir
fortune en la court de France, cuyda qu'en procurant au dict sci-

gneur ung doulx cataplasme de chair vifve il s'ouvriroyt une porte honnestement fécunde, et de faict, ceux qui cognoissent et la court et le bon Roy sçavent s'il se trompoyt.

Quand le dessus dict capitaine vint à son tour de roole en la chambre du Roy de France, il luy demanda respectueusement si son bon plaizir estoyt de luy permettre une interroguation dont il estoyt curieux autant que d'indulgences papales. A quoy le prince, quittant sa mine hypocondriacque et se mouvant en la chaire où il estoyt siz, fit signe de consentement. Le capitaine luy dit de ne point s'offenser de la licence de son languaige; puis, luy advouant qu'il avoyt renom d'estre, luy Roy, ung des plus grants paillards de France, il vouloyt sçavoir de luy-mesme si les dames de sa court estoyent bien expertes en amour. Le paouvre Roy, se ramentevant ses bons coups, lascha ung soupir tiré de creux et dit : — Nulles femmes d'aulcuns pays, y compris celles de la lune, ne cognoistre mieulx que les dames de France les secrets de ceste alquemie, et que, au soubvenir des savoureuses, gracieuses et vigoureuses mignardises d'une seule, il se sentoyt homme, si elle luy estoyt lors offerte, à la ferrer avecques raige, sur un aiz pourri, à cent pieds au-dessus d'ung précipice...

En ce disant, ce bon Roy, ribauld si iamays il en feut, gectoyt la vie et la flamme par les yeulx, si druement que le capitaine, quoique brave, en sentit des tresmoussements intimes dedans sa fressure, tant flamba là trez-sacrée maiesté de l'amour royal. Mais retrouvant son couraige, il print la deffense des dames hespaignoles, se iactant que, en Castille seulement, faisoyt-on bien l'amour, pour ce que il y avoyt plus de religion qu'en aulcun lieu de la chrestienté, et que, tant plus les femmes y avoyent paour de se damner en s'adonnant à un amant, tant mieulx elles y alloyent, saichant que elles debvoyent prendre plaizir en la chouse pour toute l'éternité. Puis il adiousta que, si le seigneur Roy vouloyt gaiger une des meilleures et plus prouffictables seigneuries terriennes de son royaulme de France, il luy donneroyt une nuictée d'amour à l'hespaignole en laquelle une Royne fortuite luy tireroyt l'ame par sa braguette, s'il n'y prenoyt guarde.

— Tost, tost ! fit le Roy se levant de sa chaire. Ie te bailleray, de par Dieu, la terre de la Ville-aux-Dames en ma province de Tourayne, avecques les plus amples priviléges de chasse et de haulte et basse iustice.

Lors le capitaine, qui cognoissoyt la Dona du cardinal archevesque de Tolède, la requit de rouer de tendresse le Roy de France, et luy demonstrer le hault advantaige des imaginations castillannes sur le simple mouvement des Françoyses. A quoy consentit la marqueza d'Amaesguy pour l'honneur de l'Hespaigne, et aussy pour le plaizir de sçavoir de quelle paste Dieu faisoyt les roys, veu que elle l'ignoroyt, n'en estant encores qu'aux princes de l'Ecclise. Doncques, elle vint, fougueuse comme ung lion qui ha brisé sa caige, et fit cracquer les os, la moëlle du Roy et tout si druement, qu'un aultre en seroyt mort. Mais le dessus dict seigneur estoyt si bien guarni, si bien affamé, si bien mordant, que il ne se sentit point mordre, et de ce duel horrificque la marqueza sortit quinaude, cuydant avoir eu le diable à confesser.

Le capitaine, confiant en sa guaisne, s'en vint saluer son seigneur, pensant à luy faire hommaige de ce fief. Lors, le Roy luy dit en manière de raillerie que les Hespaignoles estoyent d'assez bonne température, qu'elles y alloyent druement, mais que elles mettoyent trop de phrenesie là où besoing estoyt de gentillesse, et qu'il cuydoyt à chasque gaudisserie que ce feust un esternuement ou ung caz de viol, brief, que les accointances françoyses y ramenoyent le beuveur plus altéré, ne le lassant iamays, et que avecques les dames de sa court l'amour estoyt une doulceur sans pareille et non labeur de maistre mistron en son pestrin.

Le paouvre capitaine feut estrangement picqué de ce languaige. Maulgré la belle foy de gentilhomme dont le Roy faisoyt estat, il creut que le sire vouloyt le gabeler comme un escholier robbant ung tronsson d'amour en ung clappier de Paris. Néanmoins, ne saichant au demourant si la marqueza n'avoyt point par trop hespaignolé le Roy, il demanda revanche au captif, luy baillant sa parole que il y auroyt, pour le seur, une vraye fée, et luy gaigneroyt son fief. Le Roy estoyt trop courtois et guallant chevalier pour ne point octroyer ceste requeste, et adiouxta mesme une gentille parole royale, en tesmoignant dezir de perdre la gageure. Doncques, après vespres, le guarde passa toute chaulde, en la chambre du Roy, la dame la plus blanchement reluysante, la plus mignonnement folastre, à longs cheveulx, à mains velouxtées, enflant sa robbe au moindre geste, veu que elle estoyt gracieusement rebondie, ayant une bousche rieuse et des yeulx humides par advance, femme à rendre l'enfer saige, et dont la prime parole eut telle puissance chordiale que la brayette du Roy en cracqueta. L'endemain, alors que la belle feut esvadée après le desieuner du Roy, le bon capitaine vint bien heureux et triumphant en la chambre.

A sa venue, le prisonnier de s'escrier :

— Baron de la Ville-aux-Dames, Dieu vous procure ioyes pareilles! I'ayme ma geole! Par nostre Dame, ie ne veux point iuger entre l'amour de nos pays, mais paye la gageure.

— Ie le sçavoys bien! dit le capitaine.

— Et comment? fit le Roy.

— Sire, c'est ma femme.

Voilà l'origine des Larray de la Ville-aux-Dames en nostre pays, veu que par corruption de nom, celuy de Lara-y-Lopez fina par se dire Larray. Ce feut une bonne famille, bien affectionnée au service des Roys de France, et qui a moult frayé. Bientost la Royne de Navarre vint à tems pour le Roy, qui, se desgoustant de la manière hespaignole, vouloyt se gaudir à la françoyse; mais le surplus n'est point le subiect de ce conte. Ie me réserve de dire ailleurs comme s'y print le légat pour espongier les péchez de la chouse, et le gentil mot de nostre royne des Marguerites, laquelle mérite une niche de saincte en ces dixains, elle qui, première, fit de si beaulx contes. Les moralités de cettuy sont de facile entendement.

En prime enseignement, les roys ne doibvent point se lairrer prendre en guerre plus que leur archétype au ieu du sieur Palamede. Mais, de ce, il conste que ce est une bien calamiteuse et horrificque playe tombée sur le populaire que la captivité de son Roy. Si c'eust esté une royne, ou mesme une princesse, quel pire destin! Mais aussy, ie cuyde que, voire chez les cannibales, la chouse n'advindroyt point. Y ha-t-il iamays raison d'emprisonner la fleur d'ung royaulme? Ie pense trop bonnes diableries de Astaroth, Lucifer et aultres, pour imaginer que, eulx régnant, ils voulussent musser la ioye de tous, la lumière bien faisante à quoy se chauffent les paouvres souffreteux. Et besoing estoyt que le pire des diables, *id est*, une vieille meschante femme hérétique, se rencontrast en ung throsne, pour detenir la iolye Marie d'Escosse, à la honte de tous les chevaliers de la chrestienté, lesquels debvroyent estre advenus, tous sans assignation, aux pieds de Fotheringay, n'en lairrant aulcune pierre

LE IEUSNE DE FRANÇOYS PREMIER

Ung chascun sçayt par quelle adventure le Roy Françoys premier du nom feut prins comme un oyseau niais et mené dedans la ville de Madrid en Hespaigne. Là, l'empereur Charles cinquiesme le serra trez-estroictement, ainsy que chouse d'ung hault prix, en ung sien chasteau, ce dont nostre deffunct maistre, d'éterne mémoere, conceut beaucoup d'anuy, veu qu'aymant le grant aër, ses aises et tout, il ne s'entendoyt pas plus à demourer en caige qu'une chatte à renger des dentelles. Aussy tomba-t-il en des tristifications si estranges que, ses lettres leues en plein conseil, madame d'Engoulesme, sa mère; madame Catherine, la Daulphine; le cardinal Duprat, monsieur de Montmorency et ceulx qui avoyent en charge l'Estat de France, cognoissant tous la haulte paillardise du Roy, feurent d'advis, après meure délibération, de luy desputer la Royne Marguerite, de laquelle il recevroyt seurement allégeance en ses soulcys, la bonne dame estant bien aymée de luy, ioyeulse et docte en toute sapience. Mais elle, alléguant qu'il s'en alloyt de son ame, pour ce qu'elle ne sçauroyt, sans grant dangier, estre seule avecques le Roy en sa geole, il feut despesché devers la court de Rome ung secrétaire habile, le sieur de Fizes, avecques mandat d'impétrer du Pontife un bref d'espéciales indulgences, contenant valables absolutions des légiers péchez que, veu la consanguinité, pourroyt faire ladicte Royne en veue de guarrir la mélancholie au Roy.

En ce tems, le Batave Hadrien VII chaussoyt encores la tiare, lequel, bon compaignon au demourant, ne mit point en oubly, maulgré les liens scholasticques qui l'unissoyent à l'Empereur, que il s'agissoyt du fils aisné de l'Ecclise catholicque, et eut la guallantise d'envoyer en Hespaigne un exprès légat muni de pleins pouvoirs à ceste fin d'adviser à saulver, sans trop nuyre à Dieu, l'ame de la Royne et le corps du Roy. Ceste affaire de griefve urtez qu'il y ha beaucoup de menteries et d'emphases hyperboliques dans ces proverbes, mocqueries, bourdes et coq-à-l'asne. Les nonnes dudict Poissy estoyent de bonnes damoiselles qui trichoyent bien, ores-cy, ores-là, Dieu au prouffict du diable, comme tant d'aultres, pour ce que nostre naturel est fragile; et que, encores qu'elles feussent religieuses, elles avoyent leurs imperfections. En elles force estoyt qu'il se rencontrast un endroit où l'estoffe manquoyt, et de là le maulvais. Mais le vray de cela est que ces maulvaisetiez feurent le faict d'une abbesse, laquelle eut quatorze enfans, tous vivans, veu qu'ils avoyent esté parfaicts à loysir. Ores, les amours phantasques et les drosleries d'icelle, qui estoyt une fille de sang royal, mirent à la mode le couvent de Poissy. Et lors il n'y eut histoire plaisante advenue ez abbayes de France qui ne feust issue des desmangeaisons de ces paouvres filles, lesquelles auroyent bien voulu y estre seulement pour la dixme. Puis, l'abbaye feut resformée comme ung chascun sçayt, et l'on osta à ces sainctes nonnains le peu d'heur et de liberté dont elle iouissoyent. En ung vieulx cartulaire de l'abbaye de Turpenay près Chinon, qui, par ces darreniers maulvais tems, avoyt trouvé azyle en la bibliothecque d'Azay, où bien le receut le chastelain d'auiourd'huy, i'ay rencontré ung fragment soubz la rubrique de : *les Heures de Poissy*, lequel ha évidemment esté composé par un ioyeulx abbé de Turpenay pour le divertissement de ses voisines d'Ussé, Azay, Mongauger, Sacchez, et aultres lieux de ce pays. Ie le donne sous l'authorité du frocq, mais en l'accommodant à ma guyse, veu que i'ay esté contrainct de le transvaser de latin en françoys. Ie commences Doncques, à Poissy, les religieuses avoyent coustume, quand Mademoiselle, fille du Roy, leur abbesse, estoyt couchiée... Ce feut elle qui nomma *faire la petite oie*, s'en tenir, en amour, aux préliminaires, prolégomènes, avant-proupos, préfaces, protocoles, advertissemens, notices, prodromes, sommaires, prospectus, argumens, nottes, prologues, épigraphes, titres, faulx titres, titres courans, scholies, remarques marginales, frontispices, observations, dorures sur tranche, iolys signets, fermails, reiglets, roses, vignette, culs-de-lampes, gravures, sans auculnement ouvrir le livre ioyeulx, pour lire, relire, estudier, appréhender et comprendre le contenu. Et si rassembla-t-elle en corps de doctrine toutes les menues gaudisseries extra-iudiciaires de ce beau languaige qui procède bien des lèvres, mais ne faict aulcun bruict, et le practicqua si saigement qu'elle mourut vierge de formes et point guastée. Ceste gaye science feut depuis grantement approfundie par les dames de la court, lesquelles prenoyent des amans pour la petite oie, d'aultres pour l'honneur, et, parfoys aussy, aulcuns qui avoyent sur elles droict de haulte et basse iustice estoyent maistres de tout, estat que beaucoup préfèrent. Ie reprends : Quand doncques ceste vertueuse princesse estoyt nue entre ses draps, sans avoir honte de rien, les dictes filles, celles qui avoyent le menton sans rides et le cueur gay, sortoyent à petit bruict de leurs cellules et venoyent se musser en celle d'une de leurs sœurs, laquelle estoyt fort affectionnée de toutes. Là, elles faisoyent de bonnes causettes entremeslées de confictures, dragées, beuveries, noises de ieunes filles, houspillant les vieilles, les contrefaisant en cingeries, s'en mocquant avecques innocences, disant des contes à plourer de rire, et iouant à mille ieux. Tantost elles mesuroyent leurs pieds, cherchant les plus mignons ; comparoyent les blanches rondeurs de leurs bras ; vérifioyent quel nez avoyt l'infirmité de rougir après souper ; comptoyent leurs grains de rousseur ; se disoyent où estoyent situez leurs signes ; estimoyent qui avoyt le tainct plus net, les plus iolies couleurs, la taille plus belle. Faictes estat que parmi ces tailles appartenant à Dieu s'en rencontroyent de fines, de rondes, de plates, de creusées, de bombées, de souples, de gresles, de toutes sortes. Puis, elles se disputoyent à qui falloyt moins d'estoffe pour la ceincture, et celle qui comportoyt le moins d'empans estoyt contente sans sçavoir pourquoy. Tantost se racontoyent leurs resves et ce qu'elles y avoyent aperceu. Souvent une ou deux, aulcunes foys toutes, avoyent songié tenir bien fort les clefs de l'abbaye. Puis se consultoyent pour leurs petits maulx. L'une s'estoyt eschardé le doigt ; l'aultre avoyt ung panariz ; ceste-cy s'estoyt levée avecques ung filet de sang dedans le blanc de l'œil ; ceste-là s'estoyt desmanchié l'index à dire son rosaire. Toutes avoyent ung petit remue-mesnaige.

— Ha ! vous avez menti à nostre mère, vos ongles sont marqués de blanc ? disoyt l'une à sa voisine.

— Vous estes restée long-tems à confesse ce matin, ma sœur, disoyt une aultre, vous aviez doncques bien des péchez mignons a desclairer ?

Puis, comme il n'y ha rien qui mieulx qu'une chatte ressemble a ung chat, elle se prenoyent en amitié, se querelloyent, se boudoyent, disputoyent, s'accordoyent, se reconcilioyent, se ialouzoyent, se pinçoyent pour rire, rioyent pour se pincer, faisoyen des tours aux novices.

Puis souvent disoyent : — Si ung gendarme tomboyt icy par ung temps de pluye, où doncques le boutterions-nous?...

— Chez la sœur Ovide, sa cellule est la plus grante, il pourroyt y entrer avecques son penache.

— Qu'est-ce à dire, s'escria la sœur Ovide, nos cellules sontelles pas toutes pareilles?

Sur ce, mes filles de rire comme des figues meures. Ung soir, elles approuvisionnèrent leur petit concile d'une iolye novice qui avoyt dix-sept ans, paroissoyt innocente comme enfant qui naist, auroyt eu le bon Dieu sans confession, laquelle avoyt l'eaue en la bousche de ces secrettes causeries, petites beuvettes et iouteries par lesquelles les ieunes nonnes adoulcissoyent la sacro-saincte captivité de leurs corps; et plouroyt-elle de n'y estre point admise.

— Hé bien! luy dit la sœur Ovide, avez-vous bien dormi, ma petite bischette?

— Oh non! fit-elle, i'ay esté mordue par des puces.

— Ha! vous avez des puces dans vostre cellule? mais il faut vous en deslivrer sur-le-champ. Sçavez-vous comment la règle de nostre Ordre enioint de les chasser pour que iamays une sœur n'en revoye la queue d'une pendant tout le tems de sa vie conventuelle?

— Non! respondit la novice.

— Ores bien, ie vais vous l'enseigner. Voyez-vous des puces? Apercevez-vous vestiges de puces? Sentez-vous odeur de puces? Y ha-t-il aulcune apparence de puce en ma cellule? Cherchez.

— Ie n'en trouve point, dit la petite novice, qui estoyt madamoiselle de Fiennes, et ne sens aultre odeur que la nostre!

— Faictes ce que ie vais vous dire, et ne serez plus mordue. Si tost que vous serez picquée, ma fille, besoing est de vous despouiller, de lever vostre chemise et ne point pécher en resguardant vostre corps partout. Vous ne debvez vous occuper que de la mauldicte puce en la cherchant avecques bonne foy, sans faire aulcune attention aux aultres chouses, ne pensant qu'à la puce et à la prendre, ce qui est déia une œuvre difficile, veu que vous pouvez vous tromper à de petites taches noires naturelles, venues en vostre peau par héritaige. En avez-vous, ma mignonne?

— Oui, fit-elle. I'ay deux lentilles violettes, une à l'espaule et aultre dans le dos, un peu bas, mais elle est cachée dans la raye...

— Comment l'avez-vous veue ? demanda la sœur Perpétue.

— Ie n'en sçavoys rien, c'est monsieur de Montrezor qui l'ha descouverte.

— Ha! ha! dirent les sœurs, et n'a-t-il veu que cela ?

— Il ha veu tout, fit-elle. I'estoys bien petite. Luy avoyt quelque chouse de plus que neuf ans, et nous nous amusions à iouer...

Lors, les religieuses cuydant s'estre trop pressées de rire, la sœur Ovide reprint : — Là-dessus dicte puce ha doucques beau saulter de vos iambes à vos yeulx, vouloir se musser dans les creux, dans les forests, dans les fossés, aller à val, à mont, s'entester à vous eschapper, la règle de la maison ordonne de la poursuyvre couraigeusement en disant des *ave*. D'ordinaire, au troisiesme *ave* la beste est prinse....

— La puce ? demanda la novice.

— Tousiours la puce ! respartit sœur Ovide, mais, pour éviter les dangiers de ceste chasse, besoing est, en quelque lieu que vous mettiez le doigt sur la beste, de ne prendre qu'elle... Alors, sans avoir aulcun esguard à ses cris, à ses plainctes, à ses gémissemens, à ses efforts, à ses tortillemens, si, par adventure, elle se révolte, ce qui est ung caz assez fréquent, vous la pressez sous vostre poulce, ou tout aultre doigt de la main occupée à la tenir, puis, de l'aultre main, vous cherchez une guimpe pour bender les yeulx de ceste puce et l'empescher de saulter, veu que la beste, n'y voyant plus clair, ne sçayt où aller. Cependant, comme elle pourroyt encores vous mordre et seroyt en caz de devenir enraigée de cholère, vous luy entr'ouvrez légierement le becq et y mettez délicatement ung brin du buys benoist qui est au petit benoistier pendu à vostre chevet. Alors la puce est contraincte de rester saige. Mais songez que la discipline de nostre Ordre ne nous octroye la propriété d'aulcune chouse sur terre, et que ceste beste ne scauroyt vous appartenir. Ores, il vous faut penser que ce est une créature de Dieu, et tascher de la luy rendre plus agréable. Doncques, avant toute chouse, besoing est de vérifier trois caz graves. A sçavoir : si la puce est masle, si elle est femelle, si elle est vierge. Prenez que elle soyt vierge, ce qui est trez-rare, veu que ces bestes n'ont point de mœurs, sont toutes des galloises trez-lascives, et se donnent au premier venu : vous saisissez ses pattes de derrière en les tirant de dessoubz son petit caparasson, vous les liez avecques ung de vos cheveulx, et la portez à la supérieure, qui décide de son sort après avoir consulté le chapitre. Si ce est ung masle...

— A quoi peut-on veoir qu'une puce est pucelle? demanda la curieuse novice.

— D'abord, reprint la sœur Ovide, elle est triste et mélancholicque, ne rit pas comme les aultres, ne mord pas si dru, ha la gueule moins ouverte et rougit quand on la touche vous sçavez où...

— En ce cas, respartit la novice, i'ay esté mordue par des masles...

Sur ce, les sœurs s'esclafferent de rire tant et tant que l'une d'elles fit ung pet en la-dieze, si druement attaqué qu'elle en laissa cheoir de l'eaue, et la sœur Ovide la leur monstra sur le planchier, disant :

— Voyez, il n'y ha point de vent sans pluye.

La novice en rit elle-même et cuyda que ces estouffades venoyent de l'apostrophe eschappée à la sœur.

— Doncques, reprint la sœur Ovide, si c'est une puce masle, vous prenez vos ciseaulx, ou la dague de vostre amant, si par hazard il vous l'ha baillée en souvenir de luy avant vostre entrée au couvent. Brief, munie d'un instrument trenchant, vous fendez avecques précaution le flanc de la puce. Attendez-vous à l'entendre iapper, tousser, cracher, vous demander perdon; à la veoir se tordre, suer, faire des yeulx tendres, et tout ce qu'elle aura idée de faire pour se soustraire à ceste opération ; mais ne vous en estonnez point. Raffermissez vostre couraige en songiant que vous agissez ainsy pour mettre une créature pervertie dedans la voye du salut. Alors vous prenez dextrement la fressure, le foye, les poumons, le cueur, le gezier, les parties nobles, puis vous trempez le tout à plusieurs reprinses dedans l'eaue benoiste en les y lavant, les y purifiant, non sans implorer l'Esprit sainct de sanctifier l'intérieur de ceste beste. Enfin, vous remettez promptement toutes ces chouses intestines dans le corps de la puce impatiente de les recouvrer. Etant, par ce moyen, baptizée, l'ame de ceste créature devient catholicque. Aussitost vous allez querrir une aiguille et du fil et recousez le ventre de la puce avecques les plus grants mesnagements, avecques des esguards, des attentions, pour ce que vous en debvez à vostre sœur en Iésus-Christ. Vous priez mesme pour elle, soing auquel vous la verrez sensible, par les génuflexions et resguards attentifs que la dame vous adressera. Brief, elle ne criera plus, n'aura plus envie de vous mordre, et il s'en rencontre souvent qui meurent de plaizir d'estre ainsy converties à nostre saincte religion. Vous vous comportez de mesme à l'esguard de toutes celles que vous prenez; ce que voyant, les aultres s'en vont après s'estre estomirées de la convertie, tant elles sont perverses et ont grant paour de devenir ainsy chrestiennes...

— Et elles ont bien tort assurément, dit la novice. Est-il ung plus grant bonheur que d'estre en religion?

— Certes, reprint la sœur Ursule, icy nous sommes à l'abri des dangiers du monde, et de l'amour, où il s'en rencontre tant...

— Est-ce qu'il y en ha d'aultres que celui de faire intempestivement un enfant? demanda une ieune sœur.

— Depuis le nouveau règne, respondit sœur Ursule en hochant la teste, l'amour ha hérité de la leppre, du feu Sainct-Anthoine, du mal des Ardens, de la plicque rouge, et en ha pilé toutes les fiebvres, angoisses, drogues, souffrances, dans son ioly mortier, pour en faire issir un effroyable mal dont le diable a donné la recepte, heureusement pour les couvens, pour ce qu'il y entre ung numbre infini de dames espouvantées, lesquelles se font vertueuses par paour de cet amour.

Là-dessus, toutes se serrèrent les unes contre les aultres, effrayées des paroles, mais voulant en sçavoir davantaige.

— Et il suffit d'aimer pour souffrir, dit une sœur.

— Oh! oui, mon doulx Iésus, s'écria la sœur Ovide.

— Vous aymeriez une paouvre petite foys un ioly gentilhomme, reprint la sœur Ursule, que vous auriez la chance de veoir vos dents s'en aller une à une, vos cheveulx tomber un à un, vos ioues bleuir, vos cils se desplanter avecques des douleurs sans pareilles, et l'adieu de vos plus gentilles chouses vous couste bien chier. Il y ha de paouvres femmes auxquelles vient une escrevisse au bout du nez, d'autres ont une beste à mille pattes qui fourmille tousoiurs et ronge ce que nous avons de plus tendre. Enfin, le pape a esté obligé d'excommunier ceste nature d'amour.

— Ah! que ie suis heureuse de n'avoir rien eu de tout cela! s'escria bien gracieusement la novice.

En entendant ceste remembrance d'amour, les sœurs se doubtèrent que la susdicte s'estoyt ung peu desgourdie à la chaleur de quelque crucifix de Poissy et avoyt trufé la sœur Ovide, en se gaudant d'elle. Toutes se resiouirent d'avoir en elle une bonne robbe, bien gaye, comme de faict elle estoyt, et luy demandèrent à quelle adventure elles debvoyent sa compaignie.

— Hélas! dit-elle, ie me suis laissée mordre par une grosse puce qui avoyt ià esté baptizée.

A ce mot, la sœur au la-dieze ne put retenir ung second soupir.

— Ah! dit la sœur Ovide, vous estes tenue de nous monstrer le troisiesme. Si vous parliez ce languaige au chœur, l'abbesse vous mettroyt au régime de la sœur Pestronille. Ainsi bouttez une sourdine à vostre musicque...

— Est-il vrai, vous qui avez cogneu la sœur Pestronille en son vivant, que Dieu luy avoyt impétré le don de n'aller que deux foys l'an à la chambre des comptes? demanda la sœur Ursule.

— Oui, fit la sœur Ovide. Et il luy arriva ung soir de rester accropie iusque à matines, disant : — Ie suis là, à la voulenté de Dieu! Mais au premier verset, elle feut deslivrée, pour qu'elle ne manquast point l'office. Néanmoins la feue abbesse ne vouloyt pas que cela vinst d'une espéciale faveur octroyée d'en hault, et disoyt que la veue de Dieu n'alloyt point si bas. Vécy le faict : Deffuncte nostre sœur, dont nostre Ordre poursuict, à ceste heure, la canonisation en la court du Pape, et l'auroyt obtenue, s'il pouvoyt payer les loyaulx cousts du Bref, Pestronille doncques, eut l'ambition d'avoir son nom escript au calendrier, ce qui ne nuisoyt point à l'Ordre. Ores, elle se mit à vivre en prières, restoyt en ecstase devant l'autel de la Vierge qui est du costé des prées, et préfendoyt entendre apertement les anges voler en paradiz, si bien qu'elle en a pu noter la musicque. Ung chascun sçayt qu'elle y ha prins le gentil chant de *Adoremus*, dont aulcun homme n'auroyt pu trouver ung seul soupir. Elle demouroyt des iours entiers l'œil fixe comme une estoile, ieusnant et ne mettant pas plus de nourriture en son corps qu'il n'en peut tenir dedans mon œil. Elle avoyt faict vœu de ne iamays gouster de viande ni cuicte, ni vifve, et ne mangioyt que ung frusteau de pain par iour ; mais aux festes à doubles bastons, elle ioignoyt à son ordinaire ung peu de poisson au sel, sans aulcun soubpçon de saulce. A ceste diette, elle devint maigre elle-mesme, iaune comme saffran, seiche comme un os de cimetière, veu que elle estoyt de complexion ardente, et ung qui auroyt eu l'heur de la congner en auroyt tiré du feu comme d'ung caillou. Cependant, si peu qu'elle mangeast, elle n'avoyt point pu se soustraire à une infirmité de laquelle nous sommes plus ou moins subiectes pour notre malheur ou pour notre bonheur, puisque, si ce n'estoyt pas, nous pourrions estre bien embarrassées. Ores, ceste chouse est l'obligation d'expulser vilainement, et après le repast, comme tous les animaulx, un bran plus ou moins gracieux selon les personnes. Ainsy, sœur Pestronille différoyt des aultres en ce qu'elle fiantoyt sec et dur qu'auriez dict des crottes de bische en amour, lesquelles sont bien les coctions les mieulx cimentées que aulcuns geziers produisent, si, par adventure, vous en avez rencontré sous vos pieds en ung sentier de forest. Aussy, pour leur dureté sont nommées des nouées en languaige de haulte venerie. Cecy de sœur Pestronille n'estoyt doncques point supernaturel, veu que les ieusnes entretenoyent son tempérament en cuisson permanente. Suyvant les vieilles sœurs, sa nature estoyt si bruslante qu'en la mettant dans de l'eaue elle y faisoyt *frist* comme ung charbon. Il y ha eu des sœurs qui l'ont accusée de cuire secrettement des œufs, la nuict, entre ses deux orteils, affin de supporter ses austeritez. Mais c'estoyent des maulvaisetiez inventées pour ternir ceste grant sainctelé dont les aultres moustiers concevoyent ialouzie. Nostre sœur estoyt pilottée en la voye du salut et perfection divine par l'abbé de Sainct-Germain-des-Prez de Paris, sainct homme, lequel finoyt tousiours ses advis par ung dernier, qui disoyt d'offrir à Dieu toutes nos poines et de nous soubmettre à ses voulentez, veu que rien n'arrivoyt sans son exprès commandement. Ceste doctrine, saige en apparence, ha donné matière à grosses controverses et ha esté finablement condamnée sur l'advis du cardinal de Chastillon, lequel ha prétendu qu'alors il n'y auroyt plus de péchez, ce qui pourroyt amoindrir les revenus de l'Ecclise. Mais sœur Pestronille vivoyt imbue de ceste sentence, sans en cognoistre le dangier. Après le quaresme et les ieusnes du grant iubilé, pour la première foys depuis huict mois, elle eut besoing d'aller en la chambre dorée, et, de faict, y alla. Puis, là, reslevant honnestement ses cottes, elle se mit en debvoir et posture de faire ce que nous paouvres pécheresses faisons ung peu plus souvent. Ains la sœur Pestronille n'eut d'aultre valiscence que d'expectorer ung commencement de la chouse, qui la tint en haleine, sans que le reste voulust issir du réservoir. Encores qu'elle tortillast son bagonisier, iouast des sourcils et pressast tous les ressorts de le machine, son hoste preferoyt demourer dans ce benoist corps, mettant seulement la teste hors la fenestre naturelle comme grenouille prenant l'aër, et ne se sentoyt nulle vocation de tomber en la vallée de misère, parmi les aultres, alléguant qu'il n'y seroyt point en odeur de saincteté. Et il avoyt du sens pour ung simple crottin qu'il estoyt. La bonne saincte ayant usé de toutes les voyes coërcitives iusqu'à enfler oultre mesure ses muscles buccinateurs et bender les nerfs de sa face maigre de manière à les faire saillir, recogneut que nulle souffrance au monde n'estoyt si griefve, et sa douleur atteignant l'apogée des affres sphinctérielles : — O mon Dieu! dit-elle en poulsant de rechief, ie vous l'offre! Sur ceste oraison, la matière pierreuse se cassa net au razibus de l'orifice et thoppa comme ung caillou contre les murs du pryvé, faisant croc, croc, crooc, paf! Vous comprenez, mes sœurs, qu'elle n'eut aulcun besoing de mouschecul, et remit le reste à l'octave.

— Adoncques elle voyoyt les anges? dit une sœur.

— Ont-ils ung derrière, demanda une aultre.

— Mais non, fit Ursule. Ne sçavez-vous point que en un iour d'assemblée, Dieu leur ayant ordonné de se seoir, ils luy respondirent qu'ils n'avoyent point de quoy.

Là-dessus, elles allèrent se couchier, les unes seules, les aultres presque seules. C'estoyent de bonnes filles qui ne faisoyent de tort qu'à elles.

Ie ne les quitteray point sans raconter une adventure qui eut lieu dans leur maison, quand la réforme y passa l'esponge et les fit toutes sainctes, comme ha esté dessus dict. En cettuy tems, doncques, il y avoyt au siége de Paris ung véritable sainct qui ne sonnoyt point ses œuvres avecques des crecelles, et n'avoyt de soulcy que des paouvres et souffreteux, lesquels il logioyt dans son cueur de bon vieulx évesque, se mettoyt en oubly pour les gens indoloris, estoyt en queste de toutes les misères affin de les paner en paroles, en secours, en soings, en argent, selon l'occurrence, advenant en la male heure des riches comme en celle des paouvres, racoustrant leurs ames, leur ramentevant Dieu, s'employant des quatre fers à veigler sur son troupeau, le chier bergier! Doncques ce bon homme alloyt nonchalant de ses soutanes, manteaux, braguettes, pourveu que les membres nuds de son Ecclise fussent couverts. Et il estoyt charitable à se boutter en gaige pour saulver mesme ung mescréant de poine. Ses serviteurs estoyent contraincts de songier à luy. Souvent il les rabbrouoyt quand iceulx luy changioyent, sans en estre requis, ses vestemens rongés pour des neufs, et il souloyt les faire rapetasser iusques *ad extremis*. Ores, ce bon vieulx archevesque sceut que le feu sieur de Poissy lairroyt une fille sans sou ne maille, après en avoir mangié et aussy beu, voire ioué la légitime. Laquelle damoiselle demouroyt en ung bouge, sans feu en hyver, sans cerizes au printems, labourant à menus ouvraiges, ne voulant point se mésallier ni vendre sa vertu. En attendant qu'il rencontrast un ieune espoux dont il la pust fournir, le prélast conceut de luy en envoyer le moule dans la personne de ses vieilles braguettes à raccommoder, ouvraige que la paouvre damoiselle feut moult heureuse d'avoir dans son desnument de tout. Doncques, un iour que l'archevesque deslibéroyt à part luy se rendre au couvent de Poissy, pour veiller auxdictes filles réformées, il bailloyt à ung sien serviteur le plus vieulx de ses hault-de-chausses, qui imploroyt ung racoustraige. — Portez cecy, Saintot, aux damoiselles de Poissy.... dit-il. Nottez que il cuydoyt dire à madamoiselle de Poissy. Et, comme il songioyt aux affaires du cloistre, il n'enseigna point à son varlet le logiz de ladicte damoiselle, dont il avoyt discrettement célé la situation dezespérée.

Saintot prind le hault-de-chausses à braguette et s'achemine vers Poissy, gay comme ung hosche-queue, s'arrestant avecques les amys qu'il rencontre en chemin, festant le piot chez les cabaretiers, et faisant veoir bien des chouses à la braguette de l'archevesque, laquelle put s'instruire en ce voyage. Brief, il arrive au moustier de Poissy, et dict à l'abbesse que son maistre l'a envoyé devers elle pour luy remettre cecy. Puis, le varlet s'en va, lairrant à la révérende mère le vestement habitué à modeler en relief les proportions archiépiscopales de la continente nature du bon homme, selon le mode du tems, oultre l'imaige de ces chouses dont le Père éternel ha privé ses anges, et qui ne péchoyent point par ampleur chez le preslat. Madame l'abbesse ayant advisé les sœurs d'ung précieux messaige du bon archevesque, elles vindrent en haste, curieuses et affairées comme fourmis en la respublicque desquelles tombe une bogue de chastaigne. Lors, au despacqueter de la braguette, qui s'entrebailla trez horrificquement, elles s'esclamèrent, se voilant les yeulx d'une main, en appréhension de voir issir le diable, l'abbesse ayant dict : — Mussez-vous mes filles, cecy est la demeure du péché mortel.

La mère des novices, coulant ung resguard entre ses doigts, raffermit le couraige du sainct clappier, en iurant par un *ave qui* aulcune beste vivante n'estoyt logiée en ceste braguette. Lors, toutes rougirent à leur aise en considérant cet Habitavit, songiant que peut-estre la voulenté du preslat estoyt que elles y descouvrissent quelque saige admonition ou parabole évangelicque. Ores, encores que ceste veue fist certains ravaiges au cueur de ces trezvertueuses filles, elles ne tinrent aulcun compte des tresmoussemens de leurs fressures, et gectant ung peu d'eaue benoiste au fund de ceste abyme, une y touchant, l'aultre y passant le doigt en ung trou, toutes s'enhardirent à la veoir. Mesme, ha-t-on prétendu, l'abbesse trouva, la prime estouffade dissipée, une voix non esmeue pour dire : — Qu'y ha-t-il au fund de cela ? En quelle intention nostre père nous envoye-t-il ce qui consomme la ruyne des femmes ?

— Vécy quinze ans, ma mère, que ie ne avoys eu licence de veoir la bougette au démon !

— Taisez-vous, ma fille, vous m'empeschez de songier raisonnablement à ce qu'il est prudent de faire.

Lors tant feut tournée et retournée, flairée, soubpoisée, mirée et admirée, tirée et destirée, mise cens dessus dessoubz, ladicte braguette archiépiscopale ; tant en feut desliberé, parlé, tant y feut pensé, tant y feut resvé la nuict, le iour, que le lendemain une petite sœur dit après avoir chanté les matines, en lesquelles le couvent obmit ung verset et deux respons : — Mes sœurs, i'ay trouvé la parabole de l'archevesque. Il nous ha baillé, par mortification, son hault-de-chausses à raccommoder, en sainct enseignement de fuir l'oisivetié, mère abbesse de tous les vices.

Là-dessus, ce feut à qui mettroyt la main aux chausses de l'archevesque ; mais l'abbesse usa de sa haulte authorité pour se réserver les méditations de ce rhabillage. Et si s'employa-t-elle avecques la sous-prieure, pendant plus de dix iours, à parfiler ladicte braguette, y passer des soyes, faire de doubles ourlets bien cousus en toute humilité. Puis, le chapitre assemblé, feut conclud que le couvent tesmoigneroyt, par ung gentil soubvenir, son heur au dict archevesque, de ce que il songioyt à ses filles en Dieu. Doncques toutes, iusques à la plus novice, eut à faire ung labeur en ces chausses de hault entendement, à ceste fin d'honorer la vertu du bon homme.

Pendant ce, le preslat avoyt tant de pois à ramer que il mit ses chausses en oubly. Vécy comme. Il fit coguoissance d'ung seigneur de la court, lequel ayant perdu sa femme, vitieuse en diable, et brehaigne, dit au bon prebstre que il avoyt la grant ambition d'en vouloir une saige, conficte en Dieu, avecques laquelle il eust la chance de n'estre point brancheyé, d'avoir de beaulx et bons enfants, et deziroyt la tenir de sa main, ayant fiance en luy. Ores le sainct homme luy fit si grant estat de madamoiselle de Poissy, que ceste belle fille devint tost madame de Genoilhac. Les nopces se célébrèrent en l'archevesché de Paris, où il y eut ung festin de qualitez, et une table bordée de dames de hault lignaige, beau monde de la court, où l'espousée parut la plus belle, veu que l'on estoyt seur que elle feust pucelle, l'archevesque se portant guarant de sa fleur.

Lorsque les fruicts, compotes et pastisseries, feurent, avecques force ornemens, sur la nappe, Saintot dit à l'archevesque : — Mon seigneur, vos bien-aymées filles de Poissy vous envoyent ung beau plat pour le milieu.

— Plantez-le, fit le bon homme en admirant ung hault esdifice de veloux, de satin, brodé de cannetilles et bobans en manière de vase anticque, dont le couvercle exhaloyt odeurs superfines.

Aussitost l'espousée, le descouvrant, trouva sucreries, dragées, massepains, et mille confictures délicieuses dont se resgualèrent les dames. Puis une d'elles, quelque dévote curieuse, apercevant une aureillette en soye et l'attirant à elle, fit veoir à l'aër l'habitacle de la boussole humaine, à la grant confusion du preslat, veu que mille rires esclatèrent comme une escopetterie sur tous les bancqs.

— Bien! en ha-t-on faict le plat du milieu? fit le marié. Ces damoiselles sont de saige entendement. Là sont les sucreries du mariaige.

Y ha-t-il meilleures moralitez que ce que ha dict monsieur de Genoilhac ? Aussy point n'en faut aultre.

COMMENT FEUT BASTI

LE CHASTEAU D'AZAY

Iean, fils de Simon Fourniez, dict Simonnin, bourgeoys de Tours, originaire du village de Moulinot, près de Beaune, dont, à l'imitation de aulcuns traitans, il print le nom, alors que il obtint la charge d'argentier du feu roy Loys unze, s'enfuyt un iour en Languedoc avecques sa femme, estant tombé en grant disgraace, et lairra son fils Iacques tout nud en Tourayne. Cettuy, qui ne possédoyt rien au monde, fors sa personne, sa cappe et son espée, mais que les vieulx dont la braguette avoyt rendu l'ame eussent cuydé bien riche, boutta dedans sa cervelle ferme intention de saulver son père et faire sa fortune en la court, laquelle vint pour lors en Tourayne. Dès le matin, ce bon Tourangeaud lairroyt son hostel, et mussé dans son manteau, fors le nez qu'il mettoyt à l'es vent, le gezier vuyde, se pourmenoyt par la ville sans estre trop encumbré de ses digestions. Lors, entroyt dans les ecclises, les estimoyt belles, inventorioyt les chapelles, esmouchioyt les tableaux, numbroyt les nefs en curieux qui de son tems et argent ne sçayt que faire. A d'aultres foys, feignoyt de réciter des pastenostres, mais faisoyt de muettes prières aux dames, leur offroyt à leur des partie de l'eaue benoiste, les suivoyt de loin et taschioyt, par ces menus services, de rencontrer quelque adventure où, au péril de sa vie, il se seroyt fourni d'ung protecteur ou d'une gracieuse maistresse. Il avoyt en sa ceincture deux doublons, lesquels il mesnagioyt plus que sa peau, veu que elle pouvoyt se refaire, et les dessus dicts doublons, nullement. Par ung chascun iour, il prenoyt sur ses deniers le prix d'une miche et de quelques meschantes pommes avecques quoy il se substantoyt, puis beuvoyt, à son aise et discrétion, l'eaue de la Loyre. Ceste saige et prudente diette, oultre que elle estoyt saine pour ses doublons, l'entretenoyt frisque et légier comme ung levrier, luy faisoyt un entendement clair et ung cueur chauld, veu que l'eaue de la Loyre est de tous les sirops le plus eschauffant, pour ce que, issue de loing, elle s'est eschauffée à courir sur les gresves par avant d'estre à Tours. Aussy comptez que le paouvre hère ingenioyt mille et une fortunes et bonnes rencontres auxquelles il ne s'en manquoyt que d'ung poulce que vrayes elles feussent. Ho! le bon tems! Ung soir, Jacques de Beaune, nom que il guarda, encores que il ne fust point seigneur de Beaune, alloyt le long des levées occupé de mauldire son estoile et tout, veu que le darrenier doublon faisoyt mine de le quitter sans nul respect, alors que, au destourner d'une petite reue, il faillit aheurter une dame voilée qui luy donna par les nazeaux une bourrasque superfine de bonnes odeurs de femme.

Ceste pourmeneuse, bravement montée sur de iolys patins, avoyt une belle robbe de veloux italian, à grandes manches doublées en satin ; puis, pour eschantillon de sa fortune, à travers le voile, ung diamant blanc d'ampleur raisonnable brilloyt sur son front aux rais du soleil couchant, entre des cheveulx si bien mignonnement roulez, estagez, tressez et si nets, que ses femmes y avoyent deu passer trois heures. Elle marchioyt comme une dame qui ha coustume de n'aller qu'en lictière. Ung sien paige bien armé la suivoyt. Ce estoyt aulcune fille folle de son corps appartenant à quelque seigneur de hault rang ou aulcune dame de la court, veu que elle levoyt bien ung peu sa cotte, et tortilloyt gentement sa croupe en femme de hault mouvement. Dame ou galloise, elle plut à Iacques de Beaune, lequel ne fit point le desgousté et print l'imagination dezespérée de s'attacher à elle et n'en quitter que mort. Dans ceste visée, il se deslibéra de la pourchasser à ceste fin de sçavoir où elle le meneroyt, en paradiz ou ez limbes de l'enfer, au gibet ou dedans ung réduict d'amour; tout luy feut espoir au fund de sa misère. La dame alla se pourmener le long de la Loyre, en aval, devers le Plessis, et respiroyt, comme les carpes, la bonne frescheur de l'eau, allant, bimbelottant, fagottant en souriz qui trotte, veult tout veoir et gouster à tout. Lorsque ledict paige s'aperceut que Iacques de Beaune faisoyt de l'entesté, suivoyt la dame en toutes ses desmarches, s'arrestoyt à ses repos et la resguardoyt niaiser, sans vergongne, comme si la chouse luy estoyt loysible, il se ratourna brusquement et luy monstra une mine rogue et griesche, comme celle d'ung chien qui dict : — Arrière, messieurs! Mais le bon Tourangeaud avoyt ses raisons. Cuydant que si ung chien voit, sans conteste, passer ung Papa, luy baptizé pouvoyt veoir ung mi-

non de femme, il alloyt de l'avant, feignoyt de soubrire au dict
paige et se preslassoyt derrière ou devant la dame. Ores, elle, ne disoyt mot, resguardoyt le ciel qui se coëffoyt de nuict, les estoiles
et tout pour son plaizir. Voilà qui va bien. Brief, venue en face de
Portillon, elle demoura debout : puis, pour mieulx veoir, regecta
son dict voile sur son espaule, et, en faisant, lança sur le compaignon ung resguard de fine commère, pour s'enquérir s'il y avoyt
aulcun dangier d'estre volée. Faictes estat que Iacques de Beaune
pouvoyt faire l'ouvraige de trois marys, estre aux costés d'une princesse sans luy causer de honte, avoyt l'air brave et résolu qui plaist
aux dames; et, s'il estoyt un peu bruni par le soleil force de courir devant, son tainct debvoyt apertement se blanchir soubz les
courtines d'ung lict. Le resguard coulant comme anguille que luy
darda ceste dame luy parut estre plus animé que celuy qu'elle auroyt gecté en ung livre de messe. Et doncques, il funda l'espoir
d'une aubaine d'amour sur ce coup d'œil, et se résolut à poulser
l'adventure iusques au bord de la iuppe, risquant, pour aller encores plus loing, non pas sa vie, veu qu'il y tenoyt peu, mais ses
deux aureilles et mesme encores quelque chouse. Ores, le sire suivit en ville la dame qui rentra par la reue des Trois-Pucelles, et
mena le guallant, par un escheveau meslé de petites ruelles, iusques au quarroi où est auiourd'huy l'hostel de la Crouzille. Là,
elle s'arresta au porche d'ung beau logiz auquel aheurta le paige.
Puis ung sien serviteur ouvrit, et la dame rentrée, se ferma la
porte, lairrant le sieur de Beaune béant, pantois et sot comme monseigneur sainct Denys devant qu'il se feust ingénié de ramasser sa
teste. Il leva le nez en l'aër pour veoir s'il lui tomberoyt une
goutte de faveur, et ne vit rien aultre chouse, si ce n'est une lumière qui montoyt par les degrez et couroyt par les salles, puis
s'arresta à une belle croizée où debvoyt estre la dame. Croyez que
le paouvre amoureux demoura là tout mélancholifié, resvasseur,
ne saichant plus à quoy se prendre. La croizée grongna soudain et
l'interrompit dans ses phantaisies. Ores, cuydant que sa dame alloyt le huchier, il dressa derechief le nez, et sans l'appuy de la
dessus dicte croizée qui le préserva en fasson de couvrechief, il
eust recipé fort amplement de l'eaue froide, plus le contenant du
tout, veu que l'anse resta aux mains de la personne en train d'estuver l'amoureux. Iacques de Beaune, trez-heureux de ce, ne perdit point l'etœuf et se gecta en bas du mur, criant : — Ie meurs,

d'une voix trez-estaincte. Puis, se roydit dans les tessons et demoura mort, attendant le reste. Vécy les serviteurs en grant remue-mesnaige, qui, en crainte de la dame à laquelle ils advouèrent leur faulte, ouvrent l'huys, se chargent du navré, lequel faillit à rire alors que il feut ainsy convoyé par les degrez.

— Il est froid, disoyt le paige.

— Il ha bien du sang, disoyt le maistre d'hostel, lequel en le instant se conchioyt les mains dedans l'eaue.

— S'il en revient, ie funde une messe à Sainct-Gatien, s'escria le coupable en pleurs.

— Madame tient de son deffunct père, et, si elle fault à te faire pendre, le moindre loyer de ta poine sera d'estre boutté hors de sa maison et de son service, respartit un aultre. Oui, certes, il est bien mort, il poise trop.

— Ha! ie suis chez une bien grant dame, pensa Iacques.

— Las! sent-il le mort! demanda le gentilhomme autheur du meschief.

Lors, en hissant à grant poine le Tourangeaud le long de la vis, le pourpoinct d'iceluy s'accrocha dans une tarasque de la rampe, et le mort dit : — Ha! mon pourpoinct.

— Il ha geint, dit le coupable, sospirant de ioye.

Les serviteurs de la Regente, car ce estoyt le logiz de la fille du feu Roy Loys le unziesme, de vertueuse mémoere, les serviteurs doncques entrèrent Iacques de Beaune en la salle, et le lairrèrent royde sur une table, ne cuydant point qu'il se saulvast.

— Allez querrir ung maistre myrrhe, fit madame de Beauieu, allez cy, allez là...

Et en ung *pater*, tous les gens descendirent les degrez. Puis la bonne Régente despescha ses femmes à l'ongueut, à la toile à bender les playes, à l'eaue du bonhomme, à tant de chouses que elle demoura seule. Lors, advisant ce bel homme pasmé, dit à haulte voix, admirant sa prestance et sa deffuncte bonne mine : — Ha! Dieu veult me rabbrouer. Pour une paouvre petite foys que, en ma vie, ung maulvais vouloir s'est resveiglé du fund de ma nature et me l'ha endiablottée, ma saincte patronne se fasché et m'enlève le plus ioly gentilhomme que i'aie iamays veu. Pasques Dieu! par l'ame de mon père, ie feray pendre tous ceulx qui auront mis la main à son trespas.

— Madame, fit Iacques de Beaune en saultant de l'ais où il

gizoyt aux pieds de la Régente, ie vis pour vous servir et suis si peu meurdri que, pour ceste nuict, ie vous promets autant de ioyes que il y ha de mois en l'année, à l'imitation du sieur Hercules baron païen.

— Depuis vingt iours, reprint le bon compaignon, se doubtant que, là, besoing estoyt de mentir ung petit pour moyenner les chouses, vécy ie ne sçays combien de rencontres que ie fais de vous, dont ie me suis affolé, et n'ozoys, par grant respect de vostre personne, m'advancer à vous; mais comptez que ie suis bien ivre de vos royales beaultez, pour avoir inventé la bourde à quoy ie doibs l'heur d'estre à vos pieds.

Là-dessus, il les baisa bien amoureusement, et resguarda la bonne dame d'un aër à tout ruyner. La dicte Régente, par force de l'aage, lequel ne respecte point les roynes, estoyt, comme ung chascun sçayt, en la secunde ieunesse des dames. Ores, en ceste criticque et rude saïson, les femmes iadis saiges et desnuées d'amans convoitent, ores cy, ores là, de prendre, à l'insceu de tout, fors Dieu, aulcune nuictée d'amour, à ceste fin de ne point issir en l'aultre monde les mains, le cueur et le tout vuydes, faulte d'avoir notablement cogneu les chouses espéciales que vous sçavez. Doncques ma dicte dame de Beauieu, sans faire de l'estonnée en escoutant la promesse de ce ieune homme, veu que les personnes royales doibvent estre accoustumées à tout avoir par douzains, guarda ceste parole ambitieuse au fund de sa cervelle ou de son registre d'amour qui en grezilloyt d'avance. Puis elle resleva le jeune Tourangeaud qui trouvoyt dedans sa misère le couraige de soubrire à sa maistresse, laquelle avoyt la maiesté d'une vieille rose, les aureilles en escarpin et le tainct d'une chatte malade, mais si bien attifée, si iolye de taille, et le pied si royal, la croupe tant alerte, que il pouvoyt se rencontrer, en ceste maulvaise fortune, des ressorts incogneus pour l'aider à parfaire le verbe qu'il voyt lasché.

— Qui estes-vous? fit la Régente en prenant l'aër rebarbatif du feu Roy.

— Ie suis vostre trez-fidelle subiect Iacques de Beaune, fils de vostre argentier, lequel est tombé en disgraace, maulgré ses féaulx services.

— Hé bien! respondit la dame, rebouttez-vous sur vostre ais! I'entends venir, et il n'est point séant que les gens de ma maison cuydent que ie suis vostre complice en ceste farce et momerie.

Ce bon fils vit, au doulx son de la voix, que la bonne dame luy pardonnoyt bien gracieusement l'énormité de son amour. Doncques il se couchia sur la table et songia que aulcuns seigneurs estoyent advenus à la court en chaussant ung vieil estrier; pensier qui le raccommoda parfaictement avecques son bon heur.

— Bien! fit la Régente à ses meschines, ne faut rien. Ce ge tilhomme est mieulx. Graaces soyent rendues à Dieu et à la sainc Vierge, il n'y aura point eu de meurtre en mon hostel.

En ce disant, elle passoyt la main dedans les cheveulx de l'amant qui luy estoyt à point tombé du ciel; puis, prenant de l'eaue du bon homme, elle luy en frotta les tempes, deffit le pourpoinct, et, soulz l'umbre de veoir au salut du navré, vérifia, mieulx qu'ung greffier commis à aulcune expertize, combien doulce et ieune estoyt la peau de ce bon petit homme si dru prometteur de liesse. Ce que ung chascun, gens et femmes, s'esbahirent de veoir faire à la Régente. Mais l'humanité ne messied iamays aux personnes royales. Iacques se dressa, fit le desconnu, mercia trez-humblement la Régente et congédia le physician, maistres myrrhes et aultres diables noirs, se disant revenu du coup. Puis se nomma et voulut s'esvader, en saluant madame de Beaulieu comme ayant paour d'elle à cause de la disgraace où estoyt son père, mais sans doubte effrayé de son horrificque vœu.

— Ie ne sçauroys permettre, fit-elle. Les gens qui viennent en mon logiz ne doibvent point y recepvoir ce que vous avez receu.

— Le sieur de Beaune soupera céans, dit-elle à son maistre de l'hostel. Cil qui le ha induement congné sera à sa discrétion, s'il se faict incontinent cognoistre; sinon, ie le fais rechercher et branchier par le prevost de l'hostel.

Entendant ce, le paige qui avoyt suivi la dame à la pourmenade s'advança.

— Ma dame, fit Iacques, qu'il luy soyt accordé à ma prière et perdon et guerdon, veu que à luy doibs-je l'heur de vous veoir, la faveur de souper en vostre compaignie et peut-estre celle de faire restablir mon père en la charge qu'il ha plu à vostre glorieux père luy commettre.

— Bien dict, respartit la Régente. D'Estouteville, fit-elle en se revirant devers le paige, ie te baillie une compaignie d'archiers. Mais à l'advenir ne gecte plus rien par les fenestres.

Puis la Régente, affriandée dudict Beaune, luy tendit la main, et il la mena fort guallamment dedans sa chambre où ils devisèrent trez-bien en attendant l'apprest du souper. Là, point ne faillit le sieur Iacques à desbagouler son sçavoir, iustifier son père et se bien seoir en l'esperit de la dicte dame, laquelle, comme ung chascun sçayt, practiquoyt bien l'estat de son père et menoyt tout en grantes volées. Iacques de Beaune pourpensoyt en luy-mesme que bien difficile estoyt que il couchiast avecques la Régente ; tels trafficqs ne parfaisoyent point comme le mariaige des chattes, qui ont tousiours une gouttière ez toits des maisons pour y aller margauder à leur aise. Doncques, il se gaudissoyt d'estre cogneu de la Régente sans avoir à luy compter ce douzain diabolicque, veu que, pour ce, besoing estoyt que meschines et gens feussent à l'escart et l'honneur sauf. Néanmoins, redoutant l'engin de la bonne dame, parfoys il se tastoyt, se disant : — En auroys-je l'estoffe ? Mais à l'umbre de ses discours, à ce songioyt aussy la bonne Régente, laquelle avoyt accommodé mainte affaire moins crochue. Et de deviser trez-saigement. Elle fit venir ung sien secrétaire, homme au faict des imaginations idoynes au parfaict goubvernement du royaulme, et luy donna en commandement de lui remettre secrettement ung faulx messaige pendant le souper. Puis vint le repast, auquel point ne touchia la dame, veu que son cueur estoyt gonflé comme esponge et avoyt diminué l'estomach, car tousiours elle pensoyt à ce bel et duysant homme, n'ayant appétit que de luy. Iacques ne se fit faulte de mangier, pour raisons de toutes sortes. Bon messaigier de venir, madame la Régente de tempester, froncer les sourcils à la mode du feu Roy, de dire : — N'aura-t-on point la paix en cet Estat ? Pasques Dieu ! nous ne sçaurions avoir une vesprée de bonne ! Et Régente de se lever, de marcher. — Holà ! ma hacquenée ! Où est monsieur de Vieilleville, mon escuyer ? Point. Il est en Picardie. D'Estouteville, vous allez me reioindre avecques ma maison au chasteau d'Emboise... Et advisant son Iacques, elle dit : — Vous serez mon escuyer, sieur de Beaune. Vous voulez servir le Roy ? Bonne est l'occasion. Pasques Dieu ! venez. Il y ha des mescontens à rebattre, et besoing est de fidelles serviteurs.

Puis, le tems que ung vieulx paouvre eust mis à dire ung cent d'*ave*, chevaulx feurent bridez, sanglez, prests, Madame sur sa hacquenée, et le Tourangeaud à ses costez, courant dare, dare, au chasteau d'Emboyse, suivis de gens d'armes. Pour estre brief et venir au faict sans commentaires, le sieur de Beaune feut logié à douze toises de madame de Beauieu, loin des espies. Les courtizans et tous les gens, bien estonnez, discouroyent s'enquérant d'où viendroyt l'ennemy; mais le douzainier, prins au mot, sçavoyt bien où il estoyt. La vertu de la Régente, chouse cogneue dans le royaulme, la saulvoyt des soubpçons, veu que elle passoyt pour estre aussy imprenable que le chasteau de Péronne. A l'heure du couvre-feu, quand tout feut clos, les aureilles et les yeulx, le chasteau muet, madame de Beauieu renvoya sa meschine, et manda son escuyer. Escuyer de venir. Lors, la dame et l'adventurier se virent soubz le manteau d'une haulte cheminée, accottez sur ung bancq bien guarni de veloux; puis la curieuse Régente de demander aussitost à Iacques d'une voix mignarde : — Estes-vous poim meurdri? Ie suis bien maulvaise de avoir faict chevaulcher pendant douze milles ung gentil serviteur navré tout à l'heure par ung des miens. I'estoys tant en poine que ie n'ay point voulu me couchier sans vous avoir veu. Ne souffrez-vous point?

— Ie souffre d'impatience, fit le sire au douzain, existimant que il falloyt ne point resnagler en ceste occurrence.

— Bien vois-je, reprint-il, ma noble et toute belle maistresse, que vostre serviteur ha trouvé graace devant vous.

— Là! là! respondit-elle, ne mentiez-vous pas alors que vous me disiez...

— Quoy? fit-il.

— Mais, me avoir suivie ceste douzaine de foys aux ecclises et aultres lieux où i'alloys de ma personne.

— Certes, dit-il.

— Doncques, respondit la Régente, ie m'estonne de n'avoir veu que auiourd'huy ung preux ieune homme dont le couraige est si bien engravé dedans les traicts. Ie ne me dédis point de ce que vous avez entendu, quand ie vous cuydoys navré. Vous m'agréez et vous veulx bien faire.

Lors, l'heure du sacrifice diabolicque estant sonnée, Iacques tomba aux genoilz de la Régente, luy baisa pieds, mains, tout, dict-on. Puis, en baisant et faisant ses préparatoires, prouva par maint argument à la vieille vertu de sa souveraine que une dame portant le faix de l'Estat estoyt bien en droict de s'esbattre ung petit. Licence que n'admit point ladicte Régente, laquelle tenoyt à estre forcée, affin d'enchargier son amant de tout le péché. Ce néanmoins comptez que elle s'estoyt, par advance, trez-bien perfumée, attornée de nuict, et reluisoyt de ses dezirs d'accointance, dont la haulte couleur luy prestoyt ung fard de bon aloy, lequel luy avoyt bien esclairci le tainct. Et maulgré sa molle deffense feut, comme ung tendron, emportée d'assault en son lict royal, où la bonne dame et le ieune douzainier s'espousèrent en conscience. Là, de ieux en noize, de noize en riottes, de riottes en ribaulderies, de fil en esguille, la Régente desclaira croire mieulx en la virginité de la Royne Marie qu'au douzain promis. Ores, par adventure, Iacques de Beaune ne trouvoyt point d'aage à ceste grant dame, sous les toiles, veu que tout chet en metamorphose à la lueur des lampes de nuict. Bien des femmes de cinquante ans, au iour, ont vingt ans sur le minuict, comme aulcunes ont vingt ans à midi, et cent après vespres. Doncques Iacques, plus heureux e ceste rencontre que de celle du Roy en un iour de pendaison, ant derechief sa gageure. Ores, madame, estonnée à part elle, y romit de son costé bonne assistance, oultre la seigneurie d'Azay-le-Bruslé, bien guarnie de mouvances, dont elle s'engagioyt à ensaisiner son cavalier, oultre la graace du père, si de ce duel elle sortoyt vaincue.

Lors le bon fils de se dire : — Vécy pour saulver mon père de iustice. Cecy pour le fief! Cela pour les lods et ventes! Cettuy pour la forest d'Azay. *Item* pour le droict de pesche. Encores pour les isles de l'Indre. Gaignons la prairie. Desgageons des mains de la iustice nostre terre de la Carte, si chierement acheptée par mon père... Voilà pour une charge en court.

En arrivant sans encumbre à cet à-compte, il creut la dignité de sa braguette engagée, et songia que, tenant soubz luy la France, il s'en alloyt de l'honneur de la couronne. Brief, moyennant ung vœu qu'il fit à son patron monsieur sainct Iacques de luy bastir ne chappelle audict lieu d'Azay, il présenta son hommaige-lige a la Régente en unze périphrases claires, nettes, limpides et bien sonnantes. Pour ce qui est du darrenier épilogue de ce discours en bas lieu, le Tourangeaud eut l'oultre-cuydance d'en vouloir festoyer largement la Régente, luy guardant, à son resveil, ung salut d'honneste homme, et comme besoing estoyt au seigneur d'Azay de mercier sa souveraine. Ce qui estoyt saigement entendu. Mais, quand la nature est fourbue, elle agit comme ung ray cheval, se couche, mourroyt soubz le fouet paravant de bougier, et gist iusques à ce que il luy plaise de se lever guarnie en ses magazins. Doncques, alors que, au matin, le faulxconneau du chasteau d'Azay entreprint de saluer la fille du Roy Loys unze, il feut contrainct, maulgré ses bonnetades, de la saluer comme se saluent les souverains par des salves à pouldre seulement. Aussy la Régente, au desiucher du lict, cependant que elle desieunoyt avecques Iacques, lequel se disoyt seigneur légitime d'Azay, print acte de ceste insuffisance pour contredire son escuyer et prétendit que il n'avoyt point gaigné la gageure, partant point de seigneurie.

— Ventre-Sainct-Paterne ! i'en ay esté bien près ! dit Jacques de Beaune. Mais, ma chiere dame et noble souveraine, il n'est séant ni à vous ni à moy d'estre iuges en nostre cause. Ce caz, estant ung caz allodial, doibt estre porté en vostre conseil, veu que le fief d'Azay relesve de la couronne.

— Pasques Dieu ! respartit la Régente en riant, ce qui luy advenoyt petitement, ie vous donne la charge du sieur de Vieilleville en ma maison, ne fairay point rechercher vostre père, ie vous baille Azay, et vous boutteray en ung office royal, si vous pouvez, mon honneur sauf, exposer le caz en plein conseil. Mais, si ung mot venoyt à entacher mon renom de preude femme, ie...

— Ie veulx estre pendu, dit le douzainier, tournant la chouse en rire, pour ce que madame de Beauieu avoyt ung soubpçon de cholère en son visaige.

De faict, la fille de Loys le unziesme se soulcioyt plus voulentiers de la royaulté que de ces douzains de miesvreries, dont elle ne fit aulcun estat, veu que, cuydant avoir sa bonne nuictée sans bourse deslier, elle préféra le récit ardu de la chouse à un aultre douzain dont le Tourangeaud luy faisoyt offres réelles.

— Doncques, ma dame, reprint le bon compaignon, ie seray, pour le seur, vostre escuyer...

Ung chascun des capitaines, secrétaires et aultres gens ayant des offices en la régence, estonnez de la briefve despartie de madame de Beauieu, apprindrent son esmoi, vindrent au chasteau d'Emboyse, en haste de sçavoir d'où procédoyt le tumulte, et se trouvèrent prests à tenir conseil, au lever de la Régente. Elle les convocqua, pour ne point estre soubpçonnée de les avoir truphez, et leur donna aulcunes bourdes à distiller que ils distillèrent saigement. En fin de ceste séance, vint le nouvel escuyer, pour accompaigner la dicte dame. Voyant les conseillers levez, le hardi Tourangeaud leur demanda solution d'ung litige qui importoyt à luy et au domaine du Roy.

— Escoutez-le, fit la Régente. Il dict vray.

Lors, Jacques de Beaune, sans s'espanter de l'appareil de ceste haulte iustice, print la parole ainsy, ou à peu près : — Nobles seigneurs, ie vous supplie, encores que ie vais parler à vous de cocquilles de noix, d'estre attentifs en ceste cause, et me perdoiner la vétillerie du languaige. Ung seigneur se pourmenant avecques un aultre seigneur, en ung verger, advizèrent ung beau noyer de Dieu, bien planté, bien venu, bel à veoir, bel à guarder, quoique ung peu creux; ung noyer tousiours frais, sentant bon, ung noyer dont vous ne vous lasseriez point, si vous l'aviez veu; noyer d'amour qui sembloyt l'arbre du bien et du mal, deffendu par le Seigneur Dieu, et pour lequel feurent bannis nostre mère Ève et le sieur son mary. Ores, Messeigneurs, ce dict noyer feut le subiect d'une légiere noize entre les deux seigneurs, une de ces ioyeulses gageures que nous soulons faire entre amys. Le plus ieune se iacta d'envoyer douze foys, à travers ce noyer feuillu, ung baston que, pour lors, il avoyt en la main comme ung chascun de nous en ha parfoys en la sienne quand il se pourmène emmy son verger, et, par chaque gect dudict baston, iouxter par terre une noix...

— Ce est-il bien le nœud du procès?... fit Iacques se virant ung petit devers la Régente.

— Oui, messieurs, respondit-elle, surpriuse de l'estocq de son escuyer.

— L'aultre gagea le contre... reprint le plaideur. Vécy mon beau parieur de gecter le baston avecques adresse et couraige, si gentement et si bien, que tous deux y avoyent plaizir. Puis, par ioyeulse protection des saincts qui soy divertissoyent sans doubte à les veoir, en chaque coup tomboyt une noix; et, de faict, en eurent douze. Mais, par caz fortuit, la darrenière des noix abattues se trouva creuze et n'avoir aulcune poulpe nourricière d'où pust venir un aultre noyer, si iardinier l'eust voulu mettre en terre. L'homme au baston a-t-il gaigné? I'ay dict. Iugez!

— Tout est dict, fit Messire Adam Fumée; Tourangeaud qui, lors, avoyt les sceaulx en garde. L'aultre n'ha qu'une manière de s'en tirer.

— En quoy ? dit la Régente.

— En payant, madame.

— Il est par trop subtil, fit-elle en donnant ung coup de main sur la ioue de son escuyer, il sera pendu quelque iour...

Elle cuydoyt gausser. Mais ce mot feut la réalle horoscope du dict argentier, lequel rencontra l'eschelle de Montfaulcon au bout de la faveur royale, par la vengeance d'une aultre vieille femme et la trahison insigne d'un homme de Ballan, sien secrétaire, dont il avoyt faict la fortune, lequel ha nom Prévost, et non point René Gentil, comme aulcuns l'ont à grant tort appelé. Cettuy Ganelon et maulvais serviteur bailla, dict-on, à madame d'Engoulesme, la quittance de l'argent que luy avoyt compté le dict Iacques de Beaune, alors devenu baron de Semblançay, seigneur de la Carte, d'Azay, et ung des plus haults bonnets de l'Estat. De ses deux fils, l'un estoyt archevesque de Tours ; l'aultre, général des finances et gouverneur de Tourayne. Mais cecy n'est point le subiect des présentes.

Ores, pour ce qui est de ceste adventure de la ieunesse du bon homme, madame de Beauieu, à qui si beau ieu estoyt escheu ung peu tard, bien contente de rencontrer haulte sapience et entendement des affaires publicques en son amant fortuit, luy bailla en garde l'espargne du Roy, où il se comporta si bien, multiplia si curieusement les douzains royaulx, que sa grant renommée luy acquit un iour le maniement des finances dont il feut superintendant et controola iudicieusement l'employ, non sans de bons proufficts pour luy, ce qui iuste estoyt. La bonne Régente paya la gageure et fit deslivrer à son escuyer la seigneurie d'Azay-le-Bruslé, dont le chastel avoyt esté piéçà ruyné par les premiers bombardiers qui vindrent en Tourayne, comme ung chascun sçayt. Et, pour ce miracle pulverin, sans l'intervention du Roy, les dicts engineurs eussent esté condamnez comme fauteurs et hérélicques du démon par le tribunal ecclésiasticque du chapitre.

Lors, se bastissoyt aux soings de Messire Bohier, général des finances, le chasteau de Chenonceaulx, lequel, par mignardise et curiosité, bouttoyt son bastiment à cheval sur la rivière de Cher.

Ores, le baron de Semblançay, voulant aller à l'encontre dudict Bohier, se iacta d'esdifier le sien au fund de l'Indre, où il est encores debout, comme le ioyau de ceste belle vallée verde, tant il y feut solidement assis ez pilotis. Aussy Iacques de Beaune y despendit-il trente mille escuz, oultre les corvées des siens. Comptez en dà que ce chasteau est ung des beaulx, des gentils, des mignons, des mieulx élabourez, chasteaux de la mignonne Tourayne, et se baigne tousiours en l'Indre comme une galloise princière, bien attifé de ses pavillons et croizées à dentelles, avecques iolys soldats en ses girouettes, tournant au gré du vent comme tous les souldards. Mais feut pendu le bon Semblançay paravant de le finer, en sorte que nul depuis ne s'est rencontré assez pourveu de deniers pour le parachever. Cependant son maistre, le Roy Françoys, premier du nom, y avoyt esté son hoste, et cy en voit-on encores la chambre royale. Au couchier du Roy, Semblançay, lequel estoyt, par ledict sire, nommé mon père, en honneur de ses cheveulx blancs, ayant entendu dire à son maistre auquel il estoyt tant affectionné :

— Voilà douze heures bien frappées en vostre horologe, mon chier père !

— Hé ! Sire, reprint le superintendant des finances, à douze coups d'ung marteau, pour le présent bien vieil, mais bien frappez iadis en ceste mesme heure, doibs-je ma seigneurie, l'argent despendu en icelle et l'heur de vous servir...

Le bon Roy voulut sçavoir ce que entendoyt son serviteur par ces estranges paroles. Doncques, ce pendant que le sire se bouttoyt en son lict, Iacques de Beaune luy raconta l'histoire que vous sçavez. Ledict Françoys premier, lequel estoyt friand de ces margauderies, estima la rencontre bien droslaticque, et y print d'autant plus de divertissement que, alors, madame sa mère, duchesse d'Engoulesme, sur le retourner de la vie, pourchassoyt ung petit le connestable de Bourbon, pour en obtenir quelques-uns de ces douzains. Maulvais amour de maulvaise femme, car, de ce vint en péril le royaulme, feut prins le Roy et mis à mort le paouvre Semblançay, comme ha esté cy-dessus dict.

I'ai eu cure de consigner icy comment feut basti le chasteau d'Azay, pour ce qu'il demeure constant que ainsy print commencement la haulte fortune de Semblançay, lequel ha moult faict pour sa ville natale que il aorna ; et si employa-t-il bien de notables sommes au parachevement des tours de la cathedrale. Ceste bonne adventure s'est contée, de père à fils et de seigneur à seigneur, au dict lieu d'Azay-le-Ridel, où ledict récit fringue encores soubz les courtines du Roy, lesquelles ont esté curieusement respectées iusques auiourd'huy. Doncques est faulse de toute faulseté l'attribution de ce douzain tourangeaud à ung chevalier d'Allemaigne, qui, par ce faict, auroyt conquesté les domaines d'Austriche à la maison de Hapsbourg. L'autheur de notre tems qui ha mis en lumière ceste histoire, quoique bien sçavant, s'est lairré trupher par aulcuns chroniqueurs, veu que la chancellerie de l'empire romain ne faict point mention de ceste manière d'acquest. Ie luy en veulx d'avoir cuydé que une braguette nourrie de bierre ayt pu fournir à ceste alquemie honneur des braguettes chinonnoises tant prizées de Rabelays. Et i'ay pour l'advantaige du pays, la gloire d'Azay, la conscience du chastel, le renom de la maison de Beaune, d'où sont issus les Sauves et les Noirmoustiers, restabli le fait dans sa véritable, historicque et mirificque gentillesse. Si les dames vont veoir le chasteau, elles trouveront encores, dans le pays, quelques douzains, mais en destail.

LA FAULSE COURTIZANE

Ce que aulcuns ne sçavent point est la vérité touchant le trespassement du duc d'Orleans, frère du roi Charles sixiesme, meurtre qui advint par bon nombre de causes, dont une sera le subiect de ce conte. Cettuy prince ha esté, pour le seur, le plus grant et aspre paillard de toute la race royale de monseigneur sainct Loys, qui feut, en son vivant, roy de France, sans mettre néanmoins hors de concours aulcun de ceulx qui ont esté les plus desbauchez de ceste bonne famille, laquelle est si concordante aux vices et qualitez espéciales de nostre brave et rigoleuse nation, que vous inventeriez mieux l'Enfer sans monsieur Satan que la France sans ses valeureux, glorieux et rudes braguards de Roys. Aussy riezvous autant des regrattiers de philosophie qui vont disant : « Nos pères estoyent meilleurs ! » que des bonnes savattes philanthropicques, lesquelles prétendent les hommes estre en voye de perfection. Ce sont tous aveugles, lesquels n'observent point le plumaige des huistres et le cocquillage des oyseaulx qui iamays ne changent, non plus que nos alleures. Hé doncques ! regoubillonnez ieune, beuvez frais et ne plourez point, veu que ung quintal de mélancholie ne sçauroyt payer une once de frippe.

Les desportemens de ce seigneur, amant de la royne Isabeau, laquelle aymoit dru, comportèrent beaucoup d'adventures plaizantes, veu que il estoyt goguenard, d'un naturel alcibiadesque, vray Françoys de la bonne roche. Ce feut luy qui, premier, conceut d'avoir des relays de femmes, en sorte que, alors que il alla de Paris à Bourdeaux, trouvoyt tousiours, au desseller de sa monture, ung bon repast et ung lict guarni de iolyes doubleures de chemise. Heureux prince ! qui mourut à cheval, comme tousiours il estoyt, voire mesme entre ses draps. De ses comicques ioyeulsetez, nostre trez-excellent Roy Loys le unziesme en ha consigné une mirificque au livre des *Cent Nouvelles nouvelles*, escriptes soubz ses yeulx, pendant son exil en la court de Bourgongne, où pendant les vesprées, pour soy divertir, luy et son cousin Charolois se racontoyent les bons tours advenus en cettuy tems. Puis, quand défailloyent les vrays, ung chascun de leurs courtizans leur en inventoye à qui mieulx. Mais, par respect pour le sang royal, monseigneur le Daulphin ha mis la chouse advenue à la dame de Cany sur le compte d'ung bourgeoys, et sous le nom de *la Medaille à revers*, que ung chascun peut lire au recueil dont il est ung des ioyaux les mieulx œuvrez et commence la centaine. Vécy le mien.

Le duc d'Orléans avoyt ung sien serviteur, seigneur de la province de Picardie, nommé Raoul d'Hocquetonville, lequel print pour femme, au futur estrif du prince, une damoiselle alliée de la maison de Bourgongne, riche en domaines. Mais, par exception aux figures d'héritières, elle estoyt d'une beauté si esclatante que, elle présente, toutes les dames de la Court, voire la royne et madame Valentine, sembloyent estre dans l'umbre. Néanmoins ce ne estoyt rien, en la dame d'Hocquetonville, que sa parenté bourguignotte, ses hoyries, sa ioliesse et mignonne nature, pour ce que ces rares advantaiges recevoyent ung lustre religieux de sa supresme innocence, belle, modeste et chaste éducquation. Aussy le duc ne flaira-t-il pas long-tems ceste fleur tombée du ciel, sans en estre enfiebvré d'amour. Il chut en mélancholie, ne se soulcia plus d'aulcun clappier, ne donna qu'à regret, de tems à aultre, ung coup de dent au friand morceau royal de son Allemande Isabeau, puis, s'enraigea et iura de iouir par sorcellerie, par force, par trupherie ou bonne voulenté, de ceste tant gracieuse femme, laquelle, par la vision de son mignon corps, le contraignoyt à s'appréhender luy-mesme pendant ses nuicts devenues tristes et vuydes. D'abord la pourchassa trez-fort de paroles dorées; mais bien tost cogneut à son aër guay que, à part elle, estoyt conclud de demourer saige, veu qu'elle luy respondit sans s'estomirer de la chouse, ni soy fascher comme font les femmes de court talon : — Mon seigneur, ie vous diray que ie ne veulx point m'incommoder de l'amour d'aultruy, non par mespris des ioyes qui s'y rencontrent, car bien cuisantes doibvent-elles estre, pour ce que si grant nombre de femmes s'y abyment, elles, leurs maisons, gloire, advenir et tout, mais par amour des enfants dont i'ay la charge. Point ne veulx mettre la rougeur en mon front, alors que ie rebattray mes filles de ce principe servateur : que dans la vertu sont pour nous les vrayes felicitez. De faict, mon seigneur, si nous avons plus de vieulx iours que de ieunes, à ceulx-là debvons-nous songier. De ceulx qui m'ont nourrie, i'ay apprins à existimer réallement la vie, et sçays que tout en est transitoire, fors la sécurité des affections naturelles. Aussy, ie veulx l'estime de tous, et par-dessus celle de mon espoux, lequel est pour moy le monde entier. Doncques ay-je dezir d'estre honneste à ses yeulx. I'ay dict. Et vous supplie de me lairrer vacquer en paix aux chouses de mon mesnaige, aultrement i'en refereroys sans vergongne à mon seigneur et maistre, qui se retireroyt de vous.

Ceste brave response amourachant davantaige le frère du Roy, il se deslibéra d'empiéger ceste noble femme, à ceste fin de la posséder morte ou vifve, et ne doubta point de la mettre en son greffe, se fiant à son sçavoir en ceste chasse, la plus ioyeulse de toutes, où besoing est d'user des engins des aultres chasses, veu que ce ioly gibier se prind à courre, aux miroueres, aux flambeaux, de nuict, de iour, à la ville, en campaigne, ez fourrez, aux bords d'eaue, aux filets, aux faulxcons deschapperonnez, à l'arrest, à la trompe, au tir, à l'appeau, aux rets, aux toiles, à la pipée, au giste, au vol, au cornet, à la glue, à l'appast, au pipeau, enfin à tous piéges ingéniez depuis le bannissement d'Adam. Puis se tue de mille manières, mais presque tousiours à la chevaulchée.

Doncques le bon sournoys ne sonna plus mot de ses dezirs, mais fit donner à la dame d'Hocquetonville une charge en la maison de la Royne. Ores, un iour que la dicte Isabeau s'en alloyt à Vincesnes veoir le Roy malade, et le laissoyt maistre en l'hostel Sainct-Paul, il ordonna le plus friand souper royal au queux, lui enioignant de le servir dedans les chambres de la Royne. Puis manda sa restive dame par exprès commandement et par ung paige de nostel. La comtesse d'Hocquetonville, cuydant estre dezirée par madame Isabelle pour affaires de sa charge, ou conviée à quelque esbat soudain, se hasta de venir. Ores, selon les dispositions prinses par le desloyal amoureux, nul ne put informer la noble dame de la despartie de la princesse ; doncques, elle accourut iusques en la belle salle qui est à l'hostel Sainct-Paul avant la chambre où couchioyt la Royne. Là, vit le duc d'Orleans seul. Lors redouta quelque traistre emprinse, alla vitement en la chambre, ne rencontra point de Royne, mais entendit ung bon franc rire de prince.

— Ie suis perdue! fit-elle. Puis voulut se enfuir.

Mais le bon chasseur de femmes avoyt aposté des serviteurs dévouez, lesquels, sans cognoistre ce dont il s'en alloyt, fermèrent l'hostel, barricadèrent les portes, et dedans ce logiz, si grant que faisoyt-il le quart de Paris, la dame d'Hocquetonville se trouva comme en ung désert, sans aultre secours que celuy de sa patronne et Dieu. Lors, doubtant de tout, la paouvre dame tressaillit horrificquement et tomba sur une chaire, quand le travail de ceste embusche, si curieusement excogitée, luy feut démonstré entre mille bons rires par son amant. Alors que le duc fit mine de s'approucher, ceste femme se leva, puis luy dit en s'armant de sa langue d'abord, et mettant mille malédictions en ses yeulx :

— Vous iouirez de moy, mais morte! Ha! mon seigneur, ne me contraignez point à une lucte qui se sçaura sans doubte aulcun. En ce moment, ie puis me retirer, et le sieur d'Hocquetonville ignorera la male heure que vous avez mise à tousiours en ma vie. Duc, vous resguardez trop le visaige des dames pour trouver le tems d'estudier en celuy des hommes, et vous ne cognoissez point quel serviteur est à vous. Le sire d'Hocquetonville se feroyt bascher pour vostre usaige, tant il est bien lié à vous, en mémoere de vos bienfaicts, et aussy pour ce que vous luy plaisez. Mais autant il ayme, autant il hait. Et ie le cuyde homme à vous deschargier, sans paour, ung coup de masse en vostre teste, pour tirer vengeance d'ung seul cri que vous me auriez contraincte à gecter. Soubhaitez-vous ma mort et la vostre, meschant? Soyez accertené que mon tainct d'honneste femme ne sçayt guarder ne taire mon bon ni maulvais heur. Ores bien, ne me lairrerez-vous point issir?...

Et le braguard de siffler. Oyant ceste sifflerie, la bonne femme alla soudain en la chambre de la Royne et y print, en ung lieu que elle sçavoyt, ung ferrement agu. Puis, alors que le duc entra pour s'enquérir de ce que vouloyt dire ceste fuite : — Quand vous passerez ceste raye, cria-t-elle en luy monstrant le planchier, ie me tueray.

Le duc, sans s'effrayer, print une chaire, se boutta iuz la solive, et commença des arraizonnemens de négociateur, ayant espoir d'eschauffier les esperits à ceste femme faulve, et la mettre au poinct de n'y veoir goutte, en lui remuant la cervelle, le cueur et le reste par les imaiges de la chouse. Doncques, il luy vint dire, avecqués les fassons mignonnes dont les princes sont coustumiers, que :

d'abord, les femmes vertueuses acheptoyent bien chier la vertu, veu que, en ceste fin de gaigner les chouses fort incertaines de l'advenir, elles perdoyent les plus belles iouissances du présent, pour ce que les marys estoyent contraincts, par haulte politicque coniugale, de ne point leur descouvrir la boëte aux ioyaulx de l'amour, veu que cesdicts ioyaulx resluisoyent tant dans le cueur, avoyent si chauldes délices, si chatouilleuses voluptez, que une femme ne sçavoyt plus rester ez froides régions du mesnaige ; que ceste abomination maritale estoyt trez-feslonne, en ce que, pour le moins, ung homme debvoyt-il, en recognoissance de la saige vie d'une femme de bien et de ses tant cousteux mérites, s'eschiner, se bender, s'exterminer à la bien servir en toutes les fassons, pigeonneries, becquetaiges, rigolleries, beuvettes, friandises et gentilles confictures de l'amour ; et que, si elle vouloyt gouster ung petit à la séraphicque doulceur de ces mignonneries à elle incogneues, elle ne verroyt le restant des chouses de la vie que comme festus ; et, si telle estoyt sa voulenté, luy seroyt plus muet que ne sont les trespassez ; par ainsy, nul scandale ne conchieroyt sa vertu. Puis le ruzé paillard, voyant que la dame ne se bouchioyt nullement les aureilles, entreprint de luy descripre en manière de peinctures arabesques, qui lors avoyent grant faveur, les lascives inventions des desbauchez. Ores doncques, il gecta des flammes par les yeulx, boutta mille braziers dedans ses paroles, musicqua sa voix, et print plaizir pour luy-mesme à se ramentevoir les diverses méthodes de ses amyes, les nommant à madame d'Hocquetonville, et luy racontant mesme les lesbineries, chattonneries et doulces estrainctes de la royne Isabelle, et fit usaige d'une loqueile si gracieuse et si ardemment incitante, que il creut veoir lascher à la dame ung petit son redoutable fer agu et lors fit mine d'approucher. Mais elle, honteuse d'estre prinse à resver, resguarda fièrement le diabolicque Leviathan qui la tentoyt et luy dit : — Beau sire, ie vous mercie. Vous me faictes davantaige aymer mon noble espoux, pour ce que, par ces chouses, i'apprends qu'il m'existime moult, en ayant tel respect de moy qu'il ne deshonore point sa couche par les veautreries des villotières et femmes de maulvaise vie. Ie me cuyderoys à iamays honnie et seroys contaminée pour l'éternité, si ie mettoys les pieds en ces bourbiers où vont les posticqueuses. Aultre est l'espouse, aultre est la maistresse d'un homme.

— Ie gaige, dit le duc en soubriant, que dezormais vous presserez néanmoins ung peu plus le sire d'Hocquetonville au déduict.

A cecy, la bonne femme fremit et s'escria : — Vous estes ung maulvais. Maintenant ie vous mesprise et vous abomine. Quoy! ne pouvant me tollir mon honneur, vous visez à souiller mon ame! Ha! mon seigneur, vous porterez griefve poine de cettuy moment.

Si ie vous le pardoint,
Dieu ne l'oubliera point.

Ne est-ce pas vous qui avez faict ces versiculets?
— Madame, dit le duc paslissant de cholère, ie puis vous faire lier...
— Ho, non! ie me suis faicte libre, respondit-elle en brandissant son fer agu.

Le braguard se print à rire.
— N'ayez paour, fit-il. Ie scauray bien vous plongier en les bourbiers où vont les posticqueuses et dont vous foignez.
— Iamays, moy vivante!
— Vous irez en plain, reprint-il, et des deux pieds, des deux mains, de vos deux tettins d'ivoire, de vos deux aultres chouses blanches comme neige, de vos dents, de vos cheveulx et de tout!... Vous irez de bonne voulenté, bien lascivement et à briser vostre chevaulcheur comme feroyt une hacquenée enraigée qui casse sa croppière, piaffant, saultant et pétarradant! Ie le iure par sainct Castud!

Et tost il siffla pour faire monter ung paige. Puis, le paige venu, secrettement luy commanda d'aller querrir le sire d'Hocquetonville, Savoisy, Tanneguy, Cypierre et aultres ruffians de sa bande, les invitant à souper céans, non, sans eulx conviez, requérir aussy quelques iolyes chemises pleines de belle chair vifve.

Puis revint se seoir en sa chaire, à dix pas de la dame, laquelle il n'avoyt cessé de guigner, en faisant à voix muette ses commandemens au paige.

— Raoul est ialoux, dit il. Alors ie vous doibs ung bon advis. En ce reduict, fit-il, montrant un huys secret, sont les huiles et senteurs superfines de la Royne. En ceste aultre petit bouge, elle faict ses estuveries et vacque à ses obligations de femme. Ie sçays, par mainte expérimentation, que ung chascun de vos gentils becqs ha son perfum espécial à quoy il se sent et est recogneu.

Lors, si Raoul ha, comme vous dictes, une ialousie estranglante, ce qui est la pire de toutes, vous userez de ces senteurs de bourbeteuse, puisque bourbier y ha.

— Ha! mon seigneur, que prétendez-vous?

— Vous le sçaurez en l'heure où besoing sera que vous en soyez informée. Ie ne vous veulx nul mal, et vous baille ma parole de loyal chevalier que ie vous respecteray trez-fort et me tairay sempiternellement sur ma desconfiture. Brief, vous cognoistrez que le duc d'Orleans ha bon cueur et se venge noblement du mespris des dames en leur donnant en main la clef du paradiz. Seulement, prestez l'aureille aux paroles ioyeulses qui se desbagouleront en la pièce voisine, et sur toutes chouses ne toussez point, si vous aymez vos enfans.

Veu que aulcune issue n'estoyt en ceste chambre royale, et que la croix des bayes lairroyt à grant poine la place de passer la teste, le braguard ferma l'huys de ceste chambre, acertené d'y tenir la dame captive, et à laquelle il commanda en darrenier lieu de demourer coite. Vécy mes rigolleurs venir en grant haste, et trouvèrent-ils ung bel et bon souper qui rioyt ez platz vermeils en la table, et table bien dressée, bien esclairée, belle de ses piots d'argent et piots pleins de vin royal. Puis leur maistre de dire :

— Sus, sus aux bancqs, mes bons amis ! I'ai failly m'ennuyer. Ores, songiant à vous, i'ay voulu faire en vostre compaignie ung bon tronsson de chère lie à la méthode anticque, alors que les Griecqs et Romains disoyent leurs *Pater noster* à messer Priapus et au dieu cornu qui ha nom Bacchus en tous pays. La feste sera, vère, à doubles bastons, veu que au serdeau viendront de iolyes corneilles à trois becqs, dont ie ne sçays, depuis le grant usaige que i'en fays, quel est le meilleur au becqueter.

Et tous, recognoissant leur maistre en toute chouse, s'esbaudirent à ce gay discours, fors Raoul d'Hocquetonville, qui s'advança pour dire au prince :

— Biau sire, ie vous aideray mie à la bataille, mais non en celle des iuppes; en champ cloz, mais non en celuy des piots. Mes bons compaignons que vécy sont sans femmes au logiz, ains non moy. Si ai-je gentille espouse à laquelle ie doibs ma compaignie et compte de tous mes faicts et gestes.

— Doncques moy, qui suis chaussé de mariaige, ie suis en faulte ? fit le duc.

— Ho! mon chier maistre, vous estes prince et vous comportez à vostre mode...

Ces belles paroles firent, comme bien vous pensez, chauld et froid au cueur de la dame prizonnière.

— Ha! mon Raoul! fit-elle, tu es ung noble homme!

— Tu es, respondit le duc, un homme que i'ayme et tiens pour le plus fidelle et prizable de mes serviteurs.

— Nous aultres, fit-il en resguardant les trois seigneurs, sommes des maulvais!

— Mais, Raoul, reprint-il, sieds-toy. Quand viendront les linottes, qui sont linottes de hault estaige, tu te despartiras devers ta mesnaigiere. Par la mort de Dieu! ie t'avoys traicté en homme saige, qui des ioyes de l'amour extraconiugal ne sçayt rien, et t'avoys soigneusement mis, en ceste chambre, la Royne des Lesbines, une diablesse en qui s'est retiré tout l'engin de la femelle. Ie vouloys, une foys en ta vie, toy qui ne ha iamays eu grant goust aux saulces de l'amour et ne resves que de guerre, te bailler à cognoistre les absconses merveilles du guallant déduict, veu qu'il est honteux à un homme qui est à moy de mal servir une gente femme.

Sur ces dires, d'Hocquetonville s'attabla, pour complaire au prince en ce qui luy estoyt licite de faire. Doncques, tous de rire, teinir ioyeulx devis et fourrager les dames en paroles. Puis, suyvant leurs us, se confessèrent leurs adventures, bonnes rencontres, n'espargnant auculne femme, fors les bien aymées, trahissant les fassons espéciales de chascune; d'où s'ensuyvit de bonnes petites horribles confidences qui croissoyent en traistrise et paillardise à mesure que descroissoyent les piots. Duc, gay comme ung légataire universel, de poulser ses compaignons, disant faulx pour cognoistre le vray; et les compaignons de aller au trot vers les platz, au galop vers les piots, et d'enrouler leurs ioyeulx devis. Ores, en les escoutant, en s'empourprant, le sire d'Hocquetonville se deshouza, brin à brin, de ses restivetez. Maulgré ses vertus, il s'indulg eaquelques dezirs de ces chouses et desboula dedans ces impuretez comme ung sainct qui s'englube en ses prières.

Ce que voyant, le prince, attentif à satisfaire son ire et sa bile, se print à luy dire en iocquetant : — Hé! par sainct Castud! Raoul, nous sommes tous mesmes testes en ung bonnet, tous discrets hors de table. Va, nous n'en dirons rien à Madame! Doncques, ventre-Dieu! ie veulx te faire cognoistre les ioyes du ciel.

— Là! fit il en tocquant l'huys de la chambre où estoyt la dame d'Hocquetonville, là est une dame de la court et amye de la Royne, mais la plus grant prestresse de Vénus qui feut oncques, et dont ne sauroyent approcher aulcunes courtizanes, clapotières, bourbeteuzes, villotières ni posticqueuses... Elle ha esté engendrée en ung moment où le Paradiz estoyt en ioye, où la nature s'entresiloyt, où les plantes practicquoyent leurs hymenées, où les bestes hannissoyent, baudouinoyent, et où tout flamboyt d'amour. Quoique femme à prendre un autel pour son lict, elle est néanmoins trop grant dame pour se lairrer veoir et trop cogneue pour proférer aultres paroles que cris d'amour. Mais point n'est besoing de lumière, veu qué ses yeulx gectent des flammes; et point n'est besoing de discours, veu que elle parle par des mouvements et torsions plus rapides que celles des bestes faulves surprinses en la feuillée. Seulement, mon bon Raoul, avecques monture si gaillarde, tiens-toy mie aux crins de la beste, lucte en bon chevaulcheur et ne quitte point la selle, veu que d'ung seul gect elle te cloueroyt aux solives, si tu avoys à l'eschine ung boussin de poix. Elle ne vit que sur la plume, brusle tousiours et tousiours aspire à homme. Nostre paouvre amy deffunct, le ieune sire de Giac, est mort blesmi par son faict, elle en ha frippé la moelle en ung printems. Vray Dieu! pour cognoistre feste pareille à celle dont elle sonne les cloches et allume les ioyes, quel homme ne quitteroyt le tiers de son heur à venir! et qui l'ha cogneue donneroyt, pour une seconde nuictée, l'éternité tout entière, sans nul regret.

— Mais, fit Raoul, en chouses si naturellement unies, comment y ha-t-il doncques si fortes dissemblances?

— Ha! ha! ha!

Vécy mes bons compaignons de rire. Puis, animez par les vins, et sur ung clignement d'yeulx du maistre, tous se prindrent à raconter mille finesses, mignardizes en criant, se démenant et s'en pourleschant. Ores, ne saichant point que une naïfve escholière estoyt là, ces braguards, qui avoyent noyé leur vergongne ez piots, desnombrèrent des chouses à faire rougir les figures engravées aux cheminées, lambriz et boizeries. Puis le duc enchérit sur tout, disant que la dame qui estoyt couchiée en la chambre et attendoyt ung guallant debvoyt estre l'empérière de ces imaginations farfallesques, pour ce qu'elle en adiouxtoyt en chaque nuict de diabolicquement chauldes. Sur ce, les piots estant vuydez, le duc poulsa

Raoul, qui se lairra poulser à bon escient, tant il estoyt endiablé, de dans la chambre où, par ainsy, le prince contraignoyt la dame à desliberer de quel poignard elle vouloyt ou vivre ou mourir. Sur le minuict, le sire d'Hocquetonville issyt trez-ioyeulx, non sans remords d'avoir truphé sa bonne femme. Lors le duc d'Orléans fit saulver madame d'Hocquetonville par une porte des iardins, à ceste fin que elle gaignast son hostel devant que son espoux y arrivast.

— Cecy, luy dit-elle en l'aureille en passant la poterne, nous coustera chier à tous.

Un an après, en la vieille reue du Temple, Raoul d'Hocquetonville, qui avoyt quitté le service du duc pour celuy de Iehan de Bourgongne, deschargea, premier, ung coup de hache en la teste dudict seigneur, frère du Roy, et le navra, comme ung chascun sçayt. Dans l'année estoyt morte la dame d'Hocquetonville, ayant despéri comme fleur sans aër, ou rongée par ung taon. Son bon mary fit engraver au marbre de sa tumbe, qui est en ung cloistre de Péronne, le deviz ensuyvant :

CY GIST
BERTHE DE BOURGONGNE

NOBLE ET GENTE FEMME

DE

RAOUL SIRE DE HOCQUETONVILLE

Las ! ne priez point pour son ame

ELLE

HA REFLORI EZ CIEULX

le onze ianvier de l'an de N. S. MCCCCVIII

EN L'AAGE DE XXII ANS

Lairrant deux fieux et son sieur espoux en grant dueuil.

Ce tumbeau feut escript en beau latin, mais, pour la commodité de tous, besoing estoyt de le françoyser, encores que le mot de

gente soit foyble pour celuy de *formosa*, qui signifie *gracieuse
de formes*. Monseigneur le duc de Bourgongne, dict *sans paour*, en qui, paravant de mourir, se deschargea le sire de Hocquetonville de ses poines, cimentées à chaulx et à sable en son cueur, souloyt dire, maulgré son aspre dureté en ces chouses, que ceste épitaphe le muoyt en mélancholie pour ung mois, et que parmi les abominations de son cousin d'Orléans, s'en trouvoyt une pour laquelle il recommenceroyt à le meurdrir, si jà ne l'estoyt, pour ce que ce maulvais homme avoyt vilainement mis le vice en la plus divine vertu de ce monde, et prostitué deux nobles cueurs l'ung par l'autre. Et, ce disant, il songioyt à la dame d'Hocquetonville et à la sienne, dont la pourtraycture avoyt esté induement placée au cabinet où son cousin bouttoyt les imaiges de ses gouges.

Ceste adventure estoyt si griefvement espouvantable que, alors que elle feut racontée par le comte de Charolois au Daulphin, depuis le Roy Loys unziesme, cettuy ne voulut point que les secrétaires la missent en lumière dedans son Recueil, par esguard pour son grant uncle le duc d'Orléans, et pour Dunois son vieil compaignon, fils d'iceluy. Mais le personnaige de la dame de Hocquetonville est si reluysant de vertus et beau de mélancholie, que, en sa faveur, sera pardoint à cettuy conte d'estre icy, maulgré la diabolicque invention et vengeance de monseigneur d'Orléans. Le iuste trespas de ce braguard ha néanmoins causé plusieurs grosses guerres que, finablement, Loys le unziesme, impatienté, estaignit à coups de hache.

Cecy nous démonstre que dans toutes chouses il y ha de l femme, en France et ailleurs, puis nous enseigne que tost ou tard il faut payer nos folies

LE
DANGIER D'ESTRE TROP COCQUEBIN

Le sieur de Moncontour, bon souldard Tourangeaud, lequel, en l'honneur de la bataille remportée par le duc d'Aniou, de présent nostre trez-glorieux sire, fit bastir lez-Vouvray le chasteau ainsy nommé, veu que il se estoyt fort vaillamment comporté en ceste affaire, où il deffit le plus gros des héreticques, et, de ce, feut authorisé à en prendre le nom, doncques, ce dict capitaine avoyt deux fils, bons catholicques, dont l'aisné trez-bien en court.

Lors de la pacification, qui feut faicte par avant le stratagesme dressé au iour de Sainct-Bartheslemy, le bonhomme revint en son manoir, lequel n'estoyt point aorné comme il est au iour de huy. Mais là receut le triste messaige du trespas de son fils, occis en duel par le sieur de Villequier. Le paouvre père feut d'autant plus navré de ce, que il avoyt moyenné ung bon estat de mariaige à ce dict fils, avecques une damoiselle de la branche masle d'Emboyse. Ores, par ce descez trez-piteusement intempestif, s'en alloyt tout l'heur et les advantaiges de sa famille dont il souloyt faire une grant et noble maison. Dans ceste vizée, avoyt mis son aultre fils en ung moustier, soubz la conduite et goubvernement d'un homme renommé pour sa saincteté, lequel le nourrissoyt trez-chrestiennement selon le vœu du père, qui vouloyt, en veue de sa haulte ambition, en faire ung cardinal de mérite. Pour ce, le bon abbé tenoyt en chartre privée le dict ieune homme, le couchioyt à ses costez en sa cellule, ne lairroyt poulser aulcune maulvaise herbe en son esperit, l'esducquoyt en blancheur d'ame et vraye contrition, comme debvroyent estre tous prebstres. Ce dict clercq, à dix-neuf ans sonnez, ne cognoissoyt aultre amour que l'amour de Dieu; aultre nature que celle des anges, lesquels n'ont point nos chouses charnelles, pour demourer en grant pureté, veu que, sinon, en useroyent-ils bien fort. Ce que ha redouté le Roy d'en pault, qui vouloyt avoir ses paiges tousiours nets. Bien luy en ha prins, pour ce que ses petites bonnes gens ne pouvant poculer ez cabarets et fouziller ez clappiers comme les nostres, il est divinement servi ; mais aussy, comptez qu'il est seigneur de tout. Doncques, en ce meschief, le sieur de Moncontour s'advisa de faire issir son secund fils du cloistre, luy bailler la pourpre soldatesque et courtisanesque, au lieu et place de la pourpre ecclésiasticque. Puis se deslibéra de le donner en mariaige à la dicte fille promise au mort, ce qui estoyt saigement pensé, pour ce que, tout cotonné de continence et farci de toutes sortes comme estoyt le moynillon, l'espouzée en seroyt bien servie et plus heureuse que elle n'auroyt esté avecques l'aisné, déià bien fourraigé, desconfict, flatry par les dames de la court. Le frocquard desfrocqué, trez-moutonnièrement fassonné, suivit les sacres voulentez de son père, et consentit au dict mariaige, sans sçavoir ce que estoyt d'une femme, ni, caz plus ardu, d'une fille. Par adventure, son voyaige ayant esté empeschié par les troubles et marches des partis, ce cocquebin, plus cocquebin que n'est licite à un homme d'estre cocquebin, ne vint au chasteau de Moncontour que la veille des nopces, qui s'y faisoyent avecques dispenses acheptées en l'archevesché de Tours. Besoing est de dire, en ce lieu, ce que estoyt l'espouzée. Sa mère, veufve depuis ung long tems, habitoyt le logiz de monsieur de Braguelongue, lieutenant civil du Chastelet de Paris, dont la femme d'iceluy vivoyt avecques le sieur de Lignieres, au grant scandale de cettuy tems. Mais ung chascun avoyt lors tant de solives en l'œil que nul n'avoyt licence de veoir les chevrons ez yeulx d'aultruy. Doncques, en chaque famille, les gens alloyent en la voye de perdition, sans s'estomirer du voisin, les uns à l'amble, les aultres au petit trot, beaucoup au galop, le moindre numbre au pas, veu que ceste voye est fort déclive. Aussy, en ces momens, le diable fit trez-bien ses orges en toute chouse, veu que les desportemens estoyent de bon aër. La paouvre anticque dame Vertu s'estoyt, grelottante, resfugiée on ne sçayt où, mais, de cy, de là, vivottoyt en compaignie de preudes femmes.

Dans la trez-noble maison d'Emboyse, demouroyt encores en pieds la douairière de Chaumont, vieille vertu trez-esprouvée, et en qui s'estoyt retirée toute la religion et gentilhomie de ceste belle famille. La dicte dame avoyt prins, en son giron, dès l'aage de dix ans, la petite pucelle dont s'agit en ceste adventure, ce dont madame d'Emboyse ne receut aulcun soulcy, en feut plus libre de ses menées, et, depuis, vint veoir sa fille une foys l'an, quand la court passoyt par là. Nonobstant ceste haulte réserve de maternité, feut conviée madame d'Emboyse aux nopces de sa damoiselle, et aussy le sieur de Braguelongne, par le bonhomme, souldard qui sçaroyt son monde. Mais point ne vint à Moncontour la chière douairière, pour ce que ne luy en octroya point licence sa desplourable sciaticque, sa catarrhe, ni l'estat de ses iambes, lesquelles ne gambilloyent plus. De ce moult ploura la bonne femme. Si froigna-t-elle bien de laschier, ez dangiers de la court et de la vie, ceste gente pucelle, iolye autant que iolye peut estre une iolye fille; mais si falloyt-il luy donner la volée. Ains ce ne feut point sans luy promettre force messes et oraisons, dictes en chasque vesprée pour son bonheur. Et se resconforta ung petit la bonne dame en songiant que son baston de vieillesse iroyt aux mains d'ung quasi-sainct, dressé à bien faire par le dessus dict abbé, lequel estoyt de sa cognoissance; ce qui aida fort au prompt eschange des espoux. Enfin, la baisant avecques larmes, la vertueuse douairière luy fit les darrenières recommandations que font les dames aux espouzées : comme quoy debvoyt estre en respect devant madame sa mère, et bien obéir en tout au mary. Puis arrive en grant fracas la pucelle, soubz la conduite des meschines, chamberières, escuyers, gentils hommes et gens de la maison de Chaumont, que vous eussiez cuydé son train estre celuy d'ung cardinal légat. Doncques vindrent les deux espoux, la veille de leurs espouzailles. Puis, les festes faictes, feurent mariez en grant pompe, au iour de Dieu, à une messe dicte au chasteau par l'évesque de Blois, lequel estoyt un grant amy du sieur de Moncontour. Brief, se parachevèrent les festins, dances et festoyements de toute sorte iusques au matin. Mais, par avant les coups de minuict, les filles de nopces allèrent couchier la mariée, selon la fasson de Tourayne. Et, pendant ce, fit-on mille noizes au paouvre cocquebin pour l'entraver de aller à sa cocquebine, lequel s'y presta fort, par ignardize. Cependant le bon sieur de Moncontour arresta les iocqueteurs et drosleries, pour ce que besoing estoyt que son fils s'occupast de bien faire. Doncques alla le cocquebin en la chambre de son espouzée, laquelle il estimoyt plus belle que ne l'estoyent les vierges Maries painctes ez tableaux italians, flamands et aultres, aux pieds desquels il avoyt dit ses pastnostres. Mais comptez que bien empeschié se trouvoyt-il d'estre devenu si tost un espoux, pour ce que rien ne sçavoyt de la besongne, fors que une certaine besongne estoyt à despeschier, de laquelle, par grant et pudicque estrif, il n'avoyt osé s'informer, mesme à son père, qui luy dit sommairement :

— Tu sçays ce que tu as à faire, et vas-y vaillamment.

Lors vit la gente fille qui luy estoyt baillée, bien couchiée ez toiles de lict, curieuse en diable, la teste de costé, mais qui cou-noyt ung resguard picquant comme pointe de hallebarde, et se disoyt :

— Ie doibs luy obéir.

Et, ne saichant rien, attendoyt le vouloir de ce gentilhomme, ung peu ecclésiasticque, auquel, de faict, elle appartenoyt. Ce que voyant, le chevalier de Moncontour vint auprès du lict, se gratta l'aureille, et s'y agenouilla, chose à quoy il estoyt expert.

— Avez-vous dict vos prières? fit-il trez-patepeluement.

— Non, fit-elle, ie les ay oubliées. Soubhaitez-vous les dire?

Doncques, les deux mariez commencèrent les chouses du mesnaige par implorer Dieu; ce qui n'estoyt point malséant. Mais, par cas fortuit, le diable ouyt et respondit seul ceste requeste, Dieu s'occupant lors de la nouvelle et abominable religion refformée.

— Que ha-t-on commandé à vous? dit le mary.

— De vous aymer, dit-elle en toute naïfveté.

— Cecy ne m'ha point esté prescript, mais ie vous ayme, et, i'en ay honte, mieux que ie n'aymoys Dieu.

Ceste parole n'effarouchia point trop la mariée.

— Ie vouldroys bien, respartit le marié, me boutter dedans vostre lict, sans trop vous gehenner.

— Ie vous feray place voulentiers, pour ce que ie doibs vous estre soubmise.

— Hé bien! fit-il, ne me resguardez point. Ie vais me despouiller et venir.

A ceste vertueuse parole la damoiselle se tourna vers la ruelle, en grant expectative, veu que ce estoyt bien la prime foys que elle alloyt se trouver séparée d'un homme par les confins d'une chemise seulement. Puis vint le cocquebin, se glissa dedans le lict, et, par ainsy, se trouvèrent unis de faict, mais bien loing de la chouse que vous sçavez. Vîtes-vous iamays cinge advenu de son pays d'oultre-mer auquel pour la prime foys est baillée noix grollière? Cettuy cinge, saichant, par haulte imagination cingesque, combien est délicieuse la victuaille cachée soubz ce brou, flaire et se tortille en mille cingeries, disant ie ne sçays quoy entre ses ba-ligoinces. Hé! de quelle affection l'estudie; de quelle estude l'examine; en lequel examen la tient, puis la tabutte, la roule, la sacqueboute de cholère, et souvent, quand ce est ung cinge de petite extraction et intelligence, lairre la noix! Autant en fit paouvre cocquebin, lequel, devers le iour, feut contrainct d'advouer à sa chiere femme que, ne saichant comment faire son office, ni quel estoyt le dict office, ni où se déduisoyt l'office, besoing luy estoyt de s'enquérir de ce, d'avoir aide et secours.

— Oui, fit-elle, veu que par malheur ie ne vous l'enseigneray point.

De faict, maulgré leurs inventions, essais de toute sorte, maulgré mille chouses dont s'ingénient les cocquebins, et dont iamays ne se doubteroyent les sçavants en matière d'amour, les deux espoux s'endormirent, desolez de n'avoir point ouvert la noix grollière du mariaige. Mais convindrent par sapience de se dire tous deux trez-bien partagiez. Lorsque se leva la mariée, tousiours damoiselle, veu que elle n'avoyt point esté damée, se vanta trez-bien de sa nuictée, et dit avoir le roy des maris, et y alla, dans ses cacquetaiges et resparties, dru comme ceulx qui ne sçavent rien de ces chouses. Aussy, ung chascun trouva la pucelle ung peu bien desgourdie, veu que, par double raillerie, une dame de la Roche-Corbon ayant incité une ieune pucelle de la Bourdaisière, laquelle ne sçavoyt rien de la chouse, à demander à la mariée : — Combien de pains vous ha prins vostre mary sur la fournée? — Vingt et quatre, fit-elle.

Ores, comme s'en alloyt triste le sieur marié, ce qui faisoyt grant poine à sa femme, laquelle le suivoyt de l'œil en espoir de veoir finer son cocquebinage, les dames cuydèrent que la ioye de ceste nuict luy coustoyt chier, et que ladicte mariée avoyt ià grant repentance de l'avoir piéçà ruyné. Puis au desieuner de nopces, vindrent les maulvais brocards, qui, en ce tems, estoyent dégustez comme excellens. Ung disoyt que la mariée avoyt l'aër ouvert; un aultre que il s'estoyt faict de bons coups ceste nuict dans le chasteau; cettuy-cy que le four avoyt bruslé; cettuy-là que les deux familles avoyent perdu quelque chouse ceste nuict que elles ne retrouveroyent point. Et mille aultres bourdes, coq-à-l'asne, contrepeteries que, par maulvais heur, ne comprint point le mary. Mais, veu la grant affluence de parens, voisines et aultres, nul ne s'estoyt couchié. Tous avoyent dancé, beu, ballé, rigollé comme est coustume ez nopces seigneuriales.

De ce feut content mon dict sieur de Braguelongne, auquel ma dame d'Emboyse, vermillonnée par le pensier des bonnes chouses qui advenoyent à sa fille, gectoyt au lieutenant de son chastelet des resguards d'esmerillon en manière d'assignations guallantes. Le paouvre lieutenant civil, se cognoissant en recors et sergens, luy qui happoyt les tirelaines et maulvais garsons de Paris, feignoyt de ne point veoir son héur, encores que sa vieille dame l'en requestat. Mais comptez que ceste amour de grant dame luy poisoyt bien fort. Aussy ne tenoyt-il plus à elle que par esperit de iustice, pour ce que il n'estoyt point séant à ung lieutenant criminel de changier de maistresse comme à un homme de court, veu que il avoyt en charge les mœurs, la police et la religion. Ce néanmoins sa rébellion debvoyt finer. L'endemain des nopces, bon numbre de conviez se despartirent. Lors, madame d'Emboyse, monsieur de Braguelongne et les grants parens purent se couchier, leurs hostes descampez. Doncques, approuchant le souper, le sieur lieutenant alloyt recepvoir sommations à demi-verbales auxquelles il n'estoyt point séant, comme en matière processive, d'opposer aulcunes raisons dilatoires.

Paravant de souper, la dicte dame d'Emboyse avoyt faict des aguasseries, plus de cent, à ceste fin de tirer le bon Braguelongne de la salle où il estoyt avecques la mariée. Mais issyt, au lieu et place du lieutenant, le marié, pour se pourmener en la compaignie de la mère de sa gentille femme. Ores, en l'esperit de ce cocquebin estoyt poulsé comme champignon un expédient, à sçavoir : d'interroguer ceste bonne dame qu'il tenoyt pour preude. Doncques, se ramentevant les religieux préceptes de son abbé, lequel luy disoyt de s'enquérir en toute chouse ez vieils gens, experts de la vie, il cuyda confier son caz à ma dicte dame d'Emboyse. Mais, en l'abord, fit, tout pantois et bien coi, aulcunes allées et venues, ne trouvant nul terme pour desgluber son caz. Et se taysoit aussy trez-bien la dame, veu que elle estoyt outrageusement férue de la cécité, surdité, paralysie voulontaire du sieur de Braguelongne. Et disoyt, à part elle, cheminant aux costés de ce friand à crocquer, cocquebin auquel point ne pensoyt, n'imaginant point que ce chat, si bien pourveu de jeune lard, songiast au vieulx :

— Ce hon ! hon ! hon !... à barbe en pieds de mousches ; barbe molle, vieille, grise, ruynée, ahannée; barbe sans compréhension, sans vergongne, sans nul respect féminin; barbe qui feint de ne point sentir, ni veoir ni entendre; barbe esbarbée, abattue, desbiffée; barbe esreinée. Que le mal italian me deslivre de ce meschant braguard à nez flatry, nez embrené, nez gelé, nez sans religion, nez secq comme table de luth, nez pasle, nez sans ame, nez qui ne ha plus que de l'umbre, nez qui n'y voit goutte, nez grezillé comme feuilles de vigne, nez que ie hais! nez vieux! nez farci de vent... nez mort. Où ays-je eu la veue de m'attacher à ce nez en truffle, à ce vieil verrouil qui ne cognoist plus sa voye! Ie donne ma part au diable de ce vieulx nez sans honneur, de ceste vieille barbe sans sucq, de ceste vieille teste grise, de ce visaige de marmouzet, de ces vieilles guenippes, de ce vieil haillon d'homme, de ce ie ne sçays quoy. Et veulx me fournir d'un ieune espoux qui m'espouse bien... et beaucoup, et tous les iours. Et me... En ce saige pensier estoyt-elle quand s'ingénia le cocquebin de desbagouler son antienne à ceste femme si asprement chatouillée, laquelle à la prime périphrase print feu en son entendement, comme vieil amadou à l'escopette d'ung souldard. Puis, trouvant saige d'essayer son gendre, se dit en elle-mesme : — Ah! barbe ieunette, sentant bon... Ah! ioly nez tout neuf!... Barbe fresche, nez cocquebin, barbe pucelle, nez plein de ioye, barbe printanière, bonne clavette d'amour!

Elle eut à en dire pendant tout le cours du iardin, lequel estoyt long. Puis, convint avecques le cocquebin que, la nuict venue, il sçauroyt saillir de sa chambre et saulter en la sienne où elle se iactoyt de le rendre plus sçavant que n'estoyt son père. Bien feut content l'espoux et mercia madame d'Emboyse, la requérant de ne sonner mot de ce trafficq.

Pendant ce avoyt pesté le bon vieulx Braguelongne, lequel disoyt en son ame : — Vieille Ha! Ha! vieille Hon! Hon! que t'estouffe la cocqueluche! que te ronge un cancre! vieille estrille esdentée! vieille pantophle où le pied ne tient plus! vieille arquebuse! vieille morue de dix ans! vieille araignée qui ne remue plus que an s'entoilant le soir! vieille morte à yeulx ouverts! vieille berceuse du diable! vieille lanterne du vieil crieur d'oublies! vieille de qui le resguard tue... vieille moustache de vieil theriacleur! vieille à faire plourer la mort!... vieille pédale d'orgue! vieille guaisne à cent coulteaulx! vieulx porche d'ecclise usé par les genoilz! vieulx troncq où tout le monde ha mis! Ie donneroys tout mon heur venir pour estre quitte de toy! Comme il parachevoyt ce légier pensier, la iolye mariée, qui songioyt au grant chagrin où estoy son ieune mary de ne point sçavoir les erremens de ceste chouse essentielle en mariaige, et ne se doubtant nullement de ce que es soyt, cuyda luy saulver quelque grant estrif, honte et poines graves, en soy instruisant. Puis compta bien l'estonner et resiouir, en la prochaine nuictée, alors que elle luy diroyt en luy enseignan son debvoir : — Voilà ce que est de la chouse, mon bon amy. Doncques, nourrie en grant respect des vieilles gens par sa chier douairière, elle se deslibéra d'arraizonner cettuy bonhomme avec ques des manières gentilles, pour en distiller le doulx mystère d l'accointance. Ores le sieur de Braguelogne, honteux de s'estre entortillé dans les pensées navrantes de sa besongne du soir et de ne rien dire à si frisque compaignie, fit ung interroguation sommaire à la iolye mariée sur ce que elle estoyt bien heureuse, fournie d'ung ieune mary, bien saige.

— Oui, bien saige, fit-elle.

— Trop saige... peut-estre, dit le lieutenant soubriant.

Pour estre brief, les chouses s'entrefilèrent si bien entre eulx que, en entonnant un aultre canticque pétillant d'allaigresse, le sieur de Braguelongne s'engagea, de ce requis, à ne rien espargner pour desemberlucocquer l'entendement de la bru de madame d'Emboyse, laquelle promit venir estudier la lesson chez luy. Faictes estat que la dicte dame d'Emboyse, après souper, ioua terrible musicque en haulte gamme à monsieur de Braguelongne : Comme quoy n'avoyt aulcune recognoissance des biens que elle lui avoyt apportez : son estat, ses finances, sa fidélité, *et cœtera*. Enfin elle parla demi-heure sans avoir esvaporé le quart de son ire. De ce, mille coulteaulx feurent entre eulx tirez, mais en guardèrent les gaisnes. Pendant ce, les mariez, bien couchiez, se deslibéroyent, ung chascun à part luy, de soy esvader, pour faire plaizir à l'aultre. Et le cocquebin de se dire tout tresmoussé de ne sçavoit quoy, et de vouloir aller à l'aër. Et femme non damée de l'inviter à prendre ung rayon de lune. Et bon cocquebin de plaindre sa petite de demourer seulette ung moment. Brief, tous deux, en tems divers, issirent de leur lict conjugal, en grant haste de querrir la sapience, et vindrent à leurs docteurs, tous bien impatients, comme vous debvez croire. Aussy leur feut-il baillé un bon enseignement.

Comment ? Ie ne sçauroys le dire, pour ce que ung chascun ha sa méthode et praticque et que, de toutes sciences, ceste-cy est la plus mouvante en principes. Comptez seulement que iamays escholiers ne receurent plus vifvement les préceptes de aulcune langue, grammaire ou lessons quelconques. Puis revindrent les deux espoux en leur nid, bien heureux de se communiquer les descouvertes de leurs pérégrinations scientificques.

— Ha ! mon amy, fit la mariée, tu en sçays déià plus long que mon maistre.

De ces curieuses esprouvettes, vint leur ioye en mesnaige et parfaicte fidélité, pour ce que, dès leur entrée en mariaige, ils expérimentèrent combien ung chascun d'eulx avoyt des chouses meilleures pour les déduicts d'amour que ceulx de tous aultres, leurs maistres comprins. Doncques, pour le demourant de leurs iours, s'en tindrent à la légitime estoffe de leurs personnes. Aussy le sieur de Moncontour disoyt-il en son vieil aage à ses amys :

— Faictes comme moy, soyez cocqus en herbe et non en gerbe.

Ce qui est la vraye moralité des brayettes coniugales.

LA CHIERE NUICTÉE D'AMOUR

En l'hyver où se emmancha la prime prinse d'armes de ceulx de la religion, et qui feut appelée le Tumulte d'Emboyse, un advocat nommé Avenelles presta son logiz, situé en la reue des Marmouzets, pour les entreveues et conventions des Hugonneaux, estant ung des leurs, sans néanmoins se doubter que le prince de Condé, La Regnaudie et aultres délibéroyent ià d'enlever le Roy.

Ce dict Avenelles estoyt une maulvaise barbe rousse, poli comme ung brin de réglisse, pasle en diable, ainsy que sont tous chicquanous enfouis ez ténèbres du parlement, brief, le plus meschant garson d'advocat qui iamays ayt vescu, riant aux pendaisons, vendant tout, vray Iudas. Suivant aulcuns autheurs, en chat fourré de hault entendement, il estoyt en ceste affaire moitié figue, moitié raizin, ainsy qu'il appert d'abundant par ce présent conte. Cettuy procureur avoyt espouzé une trez-gente bourgeoyse de Paris dont il estoyt ialoux à la tuer pour une fronsseure en ses draps de lict dont elle ne auroyt pas sceu rendre raison ; ce qui eust esté mal, pour ce que souvent il s'y rencontre d'honnestes plis ; mais elle ployoyt trez-bien ses toiles, et voilà tout. Comptez que, cognoissant le naturel assassin et maulvais de cet homme, estoyt-elle bien fidelle, la bourgeoyse, tousiours preste comme ung chaudelier, rengée à son debvoir, comme ung bahut qui iamays ne bouge et s'ouvre à commandement. Néanmoins, l'advocat l'avoyt mise soubz la tutelle et l'œil clair d'une vieille meschine, douegna laide comme ung piot sans gueule, laquelle avoyt nourri le sieur Avenelles, et luy estoyt moult affectionnée. Paouvre bourgeoyse, pour tout heur en son froid mesnaige, souloyt aller à ses dévotions en l'ecclise de Sainct-Jehan, sur la place de Gresve, où, comme ung chascun sçayt, le beau monde se donnoyt rendez-vous. Puis, en disant ses pastenostres à Dieu, elle se resgualoyt par les yeulx de veoir tous ces guallans frisez, parez, empoisez, allans, venans, fringuans comme de vrays papillons. Puis fina par trier, parmi eulx tous, ung gentilhomme amy de la Royne-mère, bel Italian dont elle s'affola pour ce qu'il estoyt dans le may de l'aage, noblement mis, de ioly mouvement, brave de mine, et estoyt tout ce que un amant doibt estre pour donner de l'amour plein le cueur à une honneste femme trop serrée ez liens du mariaige, ce qui la gehenne et tousiours l'incite à se desharnacher de la règle coniugale. Et faictes estat que s'affola bien le ieune gentilhomme de la bourgeoyse, dont l'amour muet luy parla secretement, sans que le diable ni eulx ayent iamays sceu comment. Puis, l'un et l'autre eurent de tacites correspondances d'amour. D'abord l'advocate ne s'attorna plus que pour venir en l'ecclise, et tousiours y venoyt en nouvelles somptuositez. Puis, au lieu de songier à Dieu, ce dont Dieu se fascha, pensoyt à son beau gentilhomme et, lairrant les prières, s'adonnoyt au feu qui luy brusloyt le cueur et luy humectoyt les yeulx, les lèvres et tout, veu que ce feu se résould tousiours en eaue, et souvent disoyt-elle en soy : — Ha ! ie donneroys ma vie pour une seule accointance avecques ce ioly amant qui m'ayme ! Souvent encores, au lieu de dire ses litanies à Madame la Vierge, pensoyt-elle en son cueur cecy : — Pour sentir la bonne ieunesse de cet amant gentil et avoir ioyes pleines en amour, gouster tout en ung moment, peut me chault du buschier où sont gectez les héréticques. Puis le gentilhomme, voyant les atours de ceste bonne femme et ses supercoulorations alors que il l'advisoyt, revint tousiours près de son bancq et luy adressa de ces requestes auxquelles entendent bien les dames. Puis, à part luy, disoyt :

— Par la double corne de mon père ! ie iure d'avoir ceste femme, encores que i'y laisseroys la vie.

Et, quand la douegna tournoyt la teste, les deux amans se serroyent, pressoyent, sentoyent, respiroyent, mangioyent, devoroyent et baisoyent par ung resguard à faire flamber la mesche d'ung arquebouzier, si arquebouzier eust esté là. Force estoyt qu'un amour entré si avant au cueur prist fin. Le gentilhomme se vestit en escholier de Montaigu, se mit à resgualer les clercqs dudict Avenelles et gausser en leur compaignie à ceste fin de cognoistre les alleures de ce mary, ses heures d'absence, ses voyaiges et tout, guettant un ioinct pour l'encorner. Et vécy comme, à son dam, se rencontra le ioinct. L'advocat, contrainct de suivre la cours de ceste coniuration, alors mesme qu'il estoyt, à part luy, conclud, le caz eschéant, de la déduire aux Guyses, se deslibéra d'aller à Bloys où lors estoyt la Court en grant dangier d'estre enlevée. Saichant celà, le gentilhomme vint premier en la ville de Bloys, et y rubricqua ung maistre piége où debvoyt tomber le sieur Avenelles maulgré sa ruse, et n'en sortir que trempé d'ung cocquaige cramoisy. Ce dict Italian, ivre d'amour, convocqua tous ses paiges et serviteurs, et les embusqua de sorte que, à l'arrivée dudict advocat, de sa femme et de sa douegna, il leur feust desclairé par toutes les hostelleries en lesquelles ils vouldroyent logier que, l'hostellerie estant pleine par le séiour de la Court, ils allassent ailleurs. Puis le gentilhomme fit tel accord avecques l'hostelier du Soleil royal, que, luy gentilhomme, auroyt à luy toute sa maison et l'occuperoyt, sans que nul des serviteurs accoustumez dudict logiz y demourast. Pour plus grant fiance, le seigneur envoya ledict maistre rostisseur et ses gens en campaigne, et aposta les siens à ceste fin que l'advocat ne sceust rien de ce trafficq. Vécy mon bon gentilhomme qui loge en son hostellerie ses siens amys, venus en la Court; et, pour soy, guarde une chambre située au-dessus de celles en lesquelles il comptoyt mettre sa belle maistresse, son advocat et la douegna, non sans faire practicquer une trappe au planchier. Puis son maistre queux ayant charge de iouer le roole de l'hostelier, ses paiges dressez en fasson de pastronnets, ses meschines, en servantes d'hostellerie, il attendit que ses espies luy convoyassent les personnaiges de ceste farce, à sçavoir : femme, mary, douegna et tout, lesquels ne faillirent point à venir. Veu la grant affluence de gros seigneurs, merchans, gens d'armes, gens de service et aultres amenez par le séiour du ieune Roy, des deux Roynes, des Gryses et de toute la Court, aulcune ame n'eut licence de s'esbahir ni devizer de la chausse-trappe à chicquanier, et du remue-mesnaige advenu au Soleil royal. Vécy doncques le sieur Avenelles, à son desbotté, rebutté, luy, sa femme et la chamberière douegua, d'hostellerie en hostellerie, lequel se cuyda trez-heureux d'estre receu à ce Soleil royal où se chauffioyt le guallant et cuysoyt l'amour. L'advocat logié, le gentilhomme se pourmena dans la court, en guette et queste d'ung coup d'œil de sa dame, et point trop n'attendit, veu que la damoiselle Avenelles resguarda bien tost en la court, suyvant la coustume des dames, et y recogneut, non sans ung tresmoussement de cueur, son guallant et bien-aymé gentilhomme. En dà, fut-elle bien heureuse! Et, si, par caz fortuit, tous deux eussent esté, seul à seul, pour une once de tems, point n'auroyt attendu son heur le bon gentilhomme, tant elle estoyt embrazée des pieds en la teste.

— Ho! faict-il chauld aux rais de ce seigneur, dit-elle, cuydant tire de ce soleil, veu que en reluysoyt ung bon rayon.

Oyant cela, l'advocat de saulter à la croizée et de veoir mon gentilhomme.

— Ha! il vous faut des seigneurs, ma mye, fit l'advocat en la tirant par le bras et la gectant comme ung de ses sacqs sur le lict. Songiez bien que, si j'ay ung galimard aux costez et non une espée, si ay-je ung ganivet en ce galimard; et ganivet ira bien à vostre cueur, à la moindre umbre de plumaige coniugal. Ie cuyde avoir veu ce gentilhomme quelque part.

L'advocat estoyt si aigrement meschant que la damoiselle se leva, puis luy dit : — Vère, tuez-moy! I'ay honte de vous trupher. Iamays plus ne me toucherez-vous, après m'avoir ainsy menassée. Et ne songe plus, d'huy, qu'à couchier avecques un amant plus gentil que vous n'estes.

— Là! là! ma bischette, fit l'advocat surprins, i'ay esté trop loing. Baise-moy, mignonne, et qu'il me soyt pardoint.

— Ie ne vous baise ni vous pardonne, fit-elle, vous estes ung maulvais.

Avenelles enraigé voulut avoir par force ce que l'advocate luy desnioyt, et de ce s'ensuivit ung combat d'où sortit le mary tout graphiné; mais le pire estoyt que l'advocat paraphé d'esgratigneures, estant attendu par les coniurez qui tenoyent conseil, feut contrainct de quitter sa bonne femme en la lairrant à la guarde de la vieille.

Le chicquanier dehors, gentilhomme de poser ung sien serviteur en guette, au coin de la reue, de monter à sa bienheureuse trappe, de la lever sans bruict aulcun et de huchier la dame par ung : *psit, psit!* à demi muet, lequel feut entendu par le cueur qui, d'ordinaire, entend tout. La damoiselle de haulser la teste et de veoir le gentil amant au-dessus d'elle à quatre saults de puce. Sur ung signe, elle print deux lassets de grosse soye, auxquels estoyent attachées des boucles par où elle passa les bras et, en ung clin d'œil, feut translatée moyennant deux poulies de son lict en la chambre supérieure par le ciel, qui, s'estant clos comme il avoyt esté ouvert, lairra seule la vieille meschine douesgnarde en grant meschief, alors que, tournant la teste, ne vit plus ni robbe ni femme, et comprint que la femme estoyt robbée. Comment? par qui? par quoy? où?... Pille, Nade, Iocque, Fore! Aultant en sçavoyent les alquemistes à leurs fourneaux en lisant Her Trippa. Seulement la vieille cognoissoyt bien le creuzet et le grand œuvre : cettuy estoyt le cocquaige, et l'aultre, le gentil chouse de l'advocate. Elle demoura quinaulde, attendant le sieur Avenelles, autant dire la mort, veu que, dans sa raige, il desconfiroyt tout, et ne pouvoyt soy saulver, la paouvre douegna, car, p. r haulte prudence, le ialoux avoyt emporté les clefs. En prime veue, trouva, la damoiselle Avenelles, ung gentil souper, bon feu en la cheminée, mais ung meilleur au cueur de son amant, lequel la print, la baisa, avecques larmes de ioye, sur les yeulx d'abord pour les mercier de leurs bonnes œillades pendant les dévotions de l'ecclise Sainct-Jehan en Gresve. Puis, point ne refusa son becq à l'amour la bonne advocate embrazée, et se lairra bien adorer, presser, caresser, heureuse d'estre bien adorée, bien pressée, bien caressée, à la mode des amans affamez. Puis, tous deux feurent d'accord d'estre l'un à l'aultre durant toute la nuict, non chalans de ce qui pourroyt en advindre : elle, comptant l'advenir comme festu en comparaison des ioyes de ceste nuictée; luy, se fiant sur son crédit et son espée pour en avoir d'aultres. Brief, tous deux peu soulcieux de la vie, pourveu que, en ung coup, ils consumassent mille vies, prissent mille delices, en en rendant, ung chascun à l'aultre, le double, cuydant elle et luy tomber en un abyme et voulant y rouler bien accolez, en bouttant tout l'amour de leur ame avecques raige en un coup. En dà, s'aymoyent-ils bien! Aussy, point ne cognoissent l'amour les paouvres bourgeoys qui couchent coitement avecques leurs mesnaigieres, veu que ils ne sçavent point ce qu'il y ha d'aspres frestillemens de cueur, de chaulds iects de vie, de vigoureuses emprinses, alors que deux ieunes amans, blanchement unis et reluysans de dezirs, se couplent en veue d'ung dangier de mort. Doncques la damoiselle et le gentilhomme touchièrent peu au souper et se couchièrent tost. Besoing est de les lairrer à leur besongne, veu que nuls mots, fors ceulx du paradiz à nous incogneus, ni diroyent leurs delicieuses angoisses et leur angoisseuses frestillades. Pendant ce, le sieur mary si bien cocqussé que tout soubvenir de mariaige estoyt balyé net par l'amour, le dict Avenelles se trouvoyt en grant empeschement. Au conciliabule des Hugonneaux vint le prince de Condé, accompaigné de tous les chiefs et haults bonnets ; et, là, feut résolu d'enlever la Royne-mère, les Guyses, le ieune Roy, la ieune Royne, et changer l'Estat. Cecy devenu grave, l'advocat, voyant sa teste au ieu, ne sentit point le bois qui s'y plantoyt, et courut desbagouler la coniuration à monsieur le cardinal de Lorraine, lequel emmena mon dict chicquanous chez le duc son frère, où tous trois demourèrent à devizer, faisant belles promesses au sieur Avenelles, que ils laschèrent, à grant poine, vers les minuict, heure à laquelle il issyt secrettement du chasteau. En cettuy moment, les paiges du gentilhomme et tous ses gens faisoyent une medianoche endiablée, en l'honneur des nopces fortuites de leur maistre. Ores, advenant en plein regoubilloner, au milieu de l'ivresse et hocquets ioyeux, le dessus dict Avenelles feut perforaminé de railleries, brocards, rires qui le firent blesmir, alors que il advint en sa chambre où ne vit que la douegna. Ceste paouvre meschine voulut parler, mais l'advocat luy mit promptement le poing sur le gozier, et luy commanda silence par ung geste. Puis fouilla dedans sa malle et y print ung bon poignard. Alors que il le desguaisnoyt et mercioyt, ung franc, naïf, ioyeulx, amoureulx, gentil, céleste esclat de rire, suivi d'auculnes paroles de facile compréhension, coula par la trappe. Le rusé d'advocat, esteignant sa chandelle, vit ez fentes du planchier, au deffault de ceste huys extra-iudiciaire, une lumière qui luy descouvrit vaguement le mystère, veu qu'il recogneut la voix de sa femme et celle du combattant. Le mary print la meschine par le bras et vint par les degrez, à pas de veloux, querrant l'huys de la chambre où estoyent les amans, et ne faillit point à le trouver. Entendez bien que d'une horrificque ruade d'advocat il gecta bas la porte, et feut en ung sault dessus le lict où il surprint sa femme demi-nue aux bras du gentilhomme.

— Ah! fit-elle.

L'amant ayant esvité le coup, voulut arracher le poignard aux mains du chicquanier, qui le tenoyt mie. Ores, en ceste lucte de vie et de mort, le mary se sentant empeschié par son lieutenant qui l'enserroyt griefvement de ses doigts de fer, et mordu par sa femme qui le deschiroyt à belles dents, le rongioyt comme ung chien faict d'un os, il songia vifvement à mieulx assouvir sa cholère. Doncques ce diable nouvellement cornu commanda malicieusement en son patois à la meschine de lier les amoureux avecques les chordes de soye de la trappe, et gectant le poignard au loing, il aida la douegna à les empiéger. Puis, la chouse ainsy faicte en ung tour de main, leur mit du linge en la bousche pour les empeschier de crier et courut à son bon poignard, sans mot dire. En ce moment, entrèrent plusieurs officiers du duc de Guyse, que, pendant le combat, nul n'avoyt entendu mettre tout à sacq dedans l'hostellerie en y querrant le sieur Avenelles. Ces souldards, advertis soudain par ung cri des paiges du seigneur enlassé, baillonné, quasi-tué, se iectèrent entre l'homme au poignard et les amans, le dezarmèrent, puis accomplirent leur charge en l'arrestant et le menant en la prizon du chasteau, luy, sa femme et la douegna. Sur ce, les gens de messieurs de Guyse, recognoissant un amy de leurs maistres, dont en ce moment la royne estoyt en poine pour desliberer, et qu'il leur estoyt enioinct de mander au Conseil, le convièrent à venir avecques eulx. Lors, en soy vestant, le gentilhomme, tost deslié, dit à part au chief de l'escorte : Que sur sa teste, pour l'amour de luy, il eust soing de tenir le mari loing de la femme, luy promettant sa faveur, bon advancement, et mesme force deniers, s'il avoyt cure de luy obéir en ce poinct. Puis, pour plus grant fiance, il luy descouvrit le pourquoy de ceste chouse, adiouxtant que, si le mary se trouvoyt à portée de ceste gentille femme, il luy bailleroyt, pour le seur, une ruade au ventre, dont elle ne reviendroyt iamays. En fin de tout, luy commanda de boutter dedans la geole du chasteau la dame, en un endroict plaizant, au rez des iardins, et l'advocat en ung bon cachot, non sans l'enchaisner bel et bien. Ce que promit le dict officier et fit les chouses selon le vouloir du gentilhomme, qui tint compaignie à la dame iusques en la court du chasteau, l'acertenant que de ce coup elle seroyt veufve, et que luy l'espouseroyt peut-estre en légitime mariaige. De faict, le sieur Avenelles feut gecté en ung cul de fosse sans aër et sa gentille femme mise en ung petit bouge au-dessus de luy, à la considération de son amant, lequel estoyt le sieur Scipion Sardini, noble Lucquois, trez-riche, et, comme ha esté dessus dict, amy de la royne Catherine de Médicis, laquelle menoyt alors tout de concert avecques les Guyses. Puis, monté vitement chez la royne, où se tenoyt lors ung grant conseil secret, là, sceut l'Italian ce dont il s'en alloyt, et le dangier de la Court. Monseigneur Sardini trouva les conseillers intimes bien empeschiez et surprins de cet estrif; mais il les accorda tous en leur disant d'en tirer à eulx tout le prouffict, et à son advis feut deu le saige parti de logier le Roy au chasteau d'Emboyse, pour y prendre les héréticques comme renards en ung sacq et les y occir tous. De faict, ung chascun sçayt que la Royne-mère et les Guyses se tinrent en dissimulation et comment fina le Tumulte d'Emboyse. Cecy n'est nullement l'obiect des présentes. Alors que, au matin, ung chascun quitta la chambre de la Royne-mère, où tout avoyt esté moyenné, monseigneur Sardini, ne mettant point l'amour de sa bourgeoyse en oubly, quoique lors il feust féru griefvement de la belle Limeuil, fille appartenant à la Royne-mère et sa parente, par la maison de La Tour de Turenne, demanda pourquoy le bon Iudas avoyt esté mis en caige. Lors le cardinal de Lorraine luy dit que son intention n'estoyt nullement de faire mal à ce chicquanier; mais que, redoutant son repentir, ou en plus grant fiance de son silence iusques à la fin de l'affaire, il l'avoyt mis à l'umbre, et le libéreroyt en tems et lieu.

— Le libérer! fit le Lucquois. Nenny! bouttez-le en ung sacq et gectez-moy ceste robbe noire dedans la Loyre. D'abord ie le cognois, il n'est point de cueur à vous pardoiner sa geolé, et ratournera au presche. Par ainsy, ce est œuvre plaizante à Dieu que de le deffaire d'un héréticque. Puis personne ne sçaura vos secrets et nul de ses adhérens ne s'advizera de vous demander ce qui sera de luy advenu, pour ce que ce est ung traistre. Lairrez-moy faire saulver sa femme et accommoder le reste, ie vous en deslivreray.

— Ha! ha! fit le cardinal, vous estes de bon conseil. Doncques, ie vais, par avant de distiller vostre advis, les faire tous deux plus estroictement detenir. Holà!

Vint un iusticiard, auquel feut commandé de ne lairrer qui que ce feust communiquer avecques les deux prizonniers. Puis le cardinal pria Sardini de dire à son hostel que le dict advocat s'estoyt desparti de Bloys pour ratourner à ses procez de Paris. Les gens enchargiez d'arrester l'advocat avoyent eu verbalement ordre de le traicter en homme d'importance, aussy point ne le desnuèrent ni le despouillèrent. Doncques, le dict advocat conserva trente escuz d'or en sa bourse, et se résolut à tout perdre pour assouvir sa vengeance, et prouver par de bons argumens aux geoliers qu'il debvoyt luy estre loysible de veoir sa femme dont il raffoloyt et vouloyt la légitime accointance. Monseigneur Sardini, redoutant pour sa maistresse le dangier du voisinaige de ce chicquanier à cheveulx roux, et, pour elle, ayant grant paour d'aulcunes maulvaisetiez, se deslibéra de l'enlever à la nuict et la mettre en ung lieu seur. Doncques il freta des bateliers, et aussy leur bateau, les embusqua près du pont et commanda trois de ses plus agiles serviteurs pour limer les barreaux du bouge, s'enchargier de la dame et la conduire au mur des iardins où il l'attendroyt.

Ces préparatives estant faictes, de bonnes limes acheptées, il obtint de parler de matin à la Royne-mère dont les chambres estoyent situées au-dessus des fossez, où gizoyent le dict advocat et sa femme, se fiant que la royne se presteroyt voulentiers à ceste fuite. De faict il feut receu par elle et la pria de ne point trouver maulvais, qu'à l'insceu du cardinal et de monsieur de Guyse, il deslivrast ceste dame. Puis l'engagea derechief trez-fort à dire à monsieur de Lorraine de gecter l'homme à l'eaue. A quoi la Royne dit : *Amen.* Alors, l'amant envoya vitement à sa dame ung billet en ung plat de concombres, pour l'adviser de son prochain veufvaige et de l'heure de la fuite, dont, du tout, elle feut bien contente, la bourgeoyse. Doncques, à la brune, les souldards de guette escartez par la Royne, qui les envoya voir ung rayon de lune dont elle avoyt paour, vécy mes serviteurs de lever la grille en haste, et de huchier la dame, qui vint sans faulte et feut amenée au mur à monseigneur Sardini.

Mais la poterne close et l'Italian dehors avecques la dame, vécy la dame de gecter sa mante, vécy la dame de se changer en un advocat, et vécy mon dict advocat d'estraindre au col son cocquard et de l'estrangler en le traisnant vers l'eaue pour le boutter au fond de la Loyre ; et Sardini de se deffendre, crier, lucter, sans pouvoir se deffaire, maulgré son stylet, de ce diable en robbe. Puis se tut en tombant dedans ung bourbier, sous les pieds de l'advocat, auquel il vit, à travers les patineries de ce combat diabolicque et à la lueur de la lune, le visaige mousheté du sang de sa femme. L'advocat, enraigé, quitta l'Italian le cuydant mort, et aussy pour ce que accouroyent des serviteurs armez de flambeaux. Mais il eut le tems de saulter dedans la barque et s'esloingner en grant haste.

De ce, la paouvre damoiselle Avenelles mourut seule, veu que monseigneur Sardini, mal estranglé, feut rencontré gizant, et revint de ce meurtre. Puis plus tard, comme chascun sçayt, espouza la belle Limeuil, après que ceste iolye fille eut accouchié dedans le cabinet de la Royne. Grant meschief que, par amitié, voulut celer la Royne-mère, et que, par grant amour, couvrit de mariaige Sardini, auquel Catherine bailla la belle terre de Chaumont-sur-Loyre et aussy le chasteau. Mais il avoyt néanmoins esté si raigeusement estrainct, maltraicté, piétiné, escharbotté par le mary, que il ne fit point de vieulx os, et feut veufve en son printems la belle Limeuil. Maulgré son ire, l'advocat ne feut point recherché. Bien au contraire il eut l'engin de se faire comprendre au darrenier Édict de pacification parmi ceulx qui ne debvoyent point estre inquiétez, estant ratourné aux Hugonneaux pour lesquels il s'employa en Allemaigne.

Paouvre dame Avenelles, priez pour son salut, pour ce que elle feut gectée on ne sçayt où, point n'eut de prières d'Ecclise ni sépulture chrestienne. Las! songiez à elle, dames dont les amours vont à bien.

LE
PROSNE DU IOYEULX CURÉ DE MEUDON

Quand vint en darrenier lieu maistre Françoys Rabelays à la Court du roy Henry, secund du nom, ce feut en l'hyver où debvoyt-il, par force de nature, quitter son pourpoint de chair pour revivre éternellement en ses escripts resplendissans de ceste bonne filosophie à laquelle besoing sera de tousiours revenir. Le bon homme avoyt lors, ou peu s'en fault, compté septante couvées d'hirundelles. Son chief homérique estoyt bien desguarni de cheveulx, mais avoyt encores sa barbe particularisée en toute maiesté, et respiroyt tousiours le printems en son coi soubrire, comme vivoyt toute sapience en son ample front. Ce estoyt ung beau vieulx homme, au dire de ceulx qui ont eu l'heur de veoir sa face où Socrate et Aristophanes, iadis ennemis, mais là devenus amys, mesloyent leurs imaiges. Doncques, oyant son extresme heure tintinnuler en ses aureilles, se deslibéra d'aller saluer le Roy de France, pour ce que ledict seigneur estant venu en son chasteau des Tournelles, le bonhomme avoyt la Court à un gect de palet, veu que il demouroyt en ung logiz siz ez iardins Sainct-Paul. Se trouvèrent lors en la chambre de la royne Catherine : madame Diane, que par haulte politicque elle recevoyt en sa compaignie; le Roy; puis monsieur le connestable, les cardinaulx de Lorraine et du Bellay, messieurs de Guyse, le sieur de Birague et aultres Italians, qui ià se mettoyent bien avant en Court soubz le couvert de la Royne; l'admiral; Montgommery, les gens de service en leurs charges, et aulcuns poëtes comme Melin de Sainct-Gelays, Philibert de l'Orme et le sieur Brantosme.

Apercevant le bonhomme, le Roy, qui l'estimoyt facétieux, luy dit en soubriant, après aulcuns deviz : — Has-tu iamays desgoizé aulcun prosne à tes paroissiens de Meudon?

Maistre Rabelays cuyda que le Roy vouloyt gausser, veu qu'il n'avoyt iamays perceu de sa cure aultre soulcy que les revenus du bénefice, et doncques il respondit : — Sire, mes ouailles sont en tous lieux, et mes prosnes bien entendus de la haulte chrestienté.

Puis, gectant ung resguard à tous ces gens de Court, lesquels, fors messieurs du Bellay et de Chastillon, souloyent veoir en luy ung sçavant Triboulet, alors que il estoyt le roy des esperits et mieulx roy que n'estoyt celuy dont les courtisans vénéroyent la bienfaisante couronne seulement, il print au bonhomme, par avant de tirer ses chausses de ce monde, ung malicieux dezir de les filosophicquement compisser tous en la teste, comme bon Gargantua se plut à estuver les Parisiens ez tours de Nostre-Dame. Lors il adiouxta : — Si vous estes en vos bonnes, Sire, ie puis vous resgualler d'ung beau petit sermon de perpetuel usaige que i'ay guardé soubz le tympan de mon aureille senestre, à ceste fin de le dire en bon lieu, par manière de parabole aulicque.

— Messieurs, fit le Roy, la parole est à maistre Françoys Rabelays, et il s'en va de nostre salut. Ores, faictes silence et prestez l'aureille, il est fécond en drosleries évangelicques.

— Sire, dit le bonhomme, ie commence.

Lors tous les courtizans se turent et se rangièrent en ung cercle, souples comme ozier, devant le père de Pantagruel, qui leur desgluba le conte suyvant en paroles dont rien ne sçauroyt æquiparer l'inclyte éloquence. Mais, pour ce que cettuy conte ne ha esté que verbalement conservé iusques à nous, il sera pardoint à l'autheur de l'escripre à sa guyse.

En ses vieulx iours, Gargantua estoyt coustumier de bigearries, dont s'estomiroyent moult les gens de sa maison, mais luy estoyent bien pardonnées, veu que il avoyt d'aage sept cents et quatre ans, maulgré l'advis de sainct Clément d'Alexandrie en ses *Stromates*, lequel veult que, en cettuy tems, il eust ung quart de iour de moins, dont peu nous chault. Doncques, ce maistre paterne, voyant que tout alloyt à tracqen son logiz et que ung chascun tiroyt à soy la laine, tomba en grant paour d'estre desnué en ses darreniers momens et se résolut d'inventer une plus parfaicte gubernation de ses domaines. Et il fit bien. Doncques, en ung réduict du logiz gargantuesque enfouit ung beau tas de froment rouge, oultre vingt pots de moustarde et plusieurs friands morceaulx, comme pruneaux et halleberges de Tourayne, fouaces, rillons, rillettes, fourmaiges d'olivet, de chievre et aultres, bien cogneus en Langeais et Loches, pots beurriers, pastez de lièvre, canards à la dodine, pieds de porcq au son, navaux et potées de pois pilez, iolyes petites boëtes de coingtinact d'Orléans, muyds de Lamproye, bussards de saulce verde, gibier de rivière : comme francolys, tyransons, tadournes, pouacres, phénicoptères conservez en sel marin, raizins cuicts, langues fumées en la manière inventée par Happe-Mousche, son célèbre ayeul; puis des sucreries pour Gargamelle aux bons iours; enfin mille aultres chouses dont le détail se lit au recueil des lois Ripuaires et dedans aulcuns feuillets saultez des Capitulaires, Pragmaticques, Establissemens royaulx, Ordonnances et Institutions du tems. Brief, le bonhomme mettant ses bezicles en son nez ou son nez en ses bezicles, se mit à querrir ung beau dragon volant ou licorne auquel pust estre commis en guarde ce threzor précieux. Et en ce grave pensier se pourmena dans ses iardins. Point ne voulut d'ung Cocquesigrue, pour ce que les Ægyptiens s'en estoyent mal trouvez, ainsi qu'il appert des Hieroglyphes. Il rebuffa les cohortes de Caucquemarres, veu que les empereurs s'en desgoustèrent, et aussy les Romains, au rapport de ce sournoys qui ha nom Tacite. Puis regecta les Pichrocholiers unis en sénat; les pellées de Mages, pannerées de Druides, la légion de Papimanie et les Massoretz, lesquels poulsoyent comme chiendents et envahissoyent tous les terrains, comme luy avoyt esté dict par son fils Pantagruel au ratourner de son voyage. Ores, le bon homme, gaulant en Gauloys les anticques histoires, n'avoyt nulle fiance à aulcune race, et, s'il eust esté loysible, en auroyt impétré une quasi-neufve du Créateur de toutes chouses; mais n'ozant le rebattre de ses miesvreries, paouvre Gargantua ne sçavoyt qui eslire, et se douloyt d'estre empesché de tant de biens, alors que rencontra en son chemin une petite gentille Muzaraigne de la noble race des muzaraignes, lesquels portent en ung champ d'azur tout de gueules. Ventre Mahom! comptez que ce estoyt ung beau masle, lequel avoyt la plus belle queue de sa famille, et se pavanoyt au soleil en brave muzaraigne de Dieu, fier d'estre en ce monde depuis le renouveau du déluge, suyvant lettres patentes d'incontestable noblesse registrées au parlement universel, veu qu'il conste, au verbal œcumenicque, une muzaraigne estre en l'arche de Noë...

Là, maistre Alcofribas soubleva ung petit son bonnet et dit religieusement :

... Noë, mes seigneurs, lequel planta les vignes, et premier eut l'heur de se saouler de vin.

— Car, pour seur, une muzaraigne estoyt en la nauf, reprint-il, d'où nous sommes tous issuz ; mais les hommes se sont mésalliez, et point les muzaraignes, pour ce que les muzaraignes sont ialoux de leur blazon plus que tous aultres animaulx, et ne recevroyent point ung mulot des champs parmi eulx, encores que cettuy mulot auroyt l'espécial don de transmuter les grains de sables en iolyes noisettes fresches. Ceste belle vertu de gentilhomme ayant plu au bon Gargantua, il eut l'imagination de bailler à ce muzaraigne la lieutenance de ses grayniers, avecques les plus amples pouvoirs : la Iustice, les *Committimus*, *Missi dominici*, Clergié, Gens d'armes, et tout. Le muzaraigne promit de bien accomplir sa charge et faire son debvoir en féal muzaraigne, à la condition de vivre au tas de bled, ce que bon Gargantua trouva légitime. Vécy mon muzaraigne de caprioler en son beau pourpriz, heureux comme ung prince qui est heureux, allant recongnoistre ses immenses pays de moustarde, contrées de sucreries, provinces de iambons, duchiés de raizins, comtez d'andouilles, baronnies de toutes sortes, grimpant ez tas de bled, et balyant tout de sa queue. Brief, partout avecques honneur feut receu le muzaraigne par les pots qui se tindrent en ung respectueux silence, sauf un ou deux hanaps d'or qui s'entre-chocquèrent comme cloches d'ecclise, en manière de tocq sainct, ce dont il se monstra trez-content, et les mercia, de dextre à senestre, par un hoschement de teste, en se pourmenant dedans ung rais de lumière qui soleilloyt en son pourpriz. Là resplendit si bien la couleur tannée de son pélage, que vous eussiez cuydé ung roy du Nord en sa fourreure de martre zibeline. Puis, après ses tours, retours, saults et caprioles, crocqua deux grains de bled assiz sur le tas, comme ung roy en court plenière, et se creut le plus brave des muzaraignes. En cettuy moment vindrent, en leurs trous accoustumez, messieurs de la court noctambule, veu que ils courent à petits pieds ez planchiers, lesquels sont les rats, souriz, et ung chascun des bestes rongeuses, pillardes, fainéantes, dont se plaignent les bourgeoys et mesnaigieres. Ores, toutes, voyant ce muzaraigne, eurent paour et se tindrent cois au seuil de leurs taudiz. Parmi toutes ces testes menues, maulgré le dangier s'advança moult ung vieulx mescreant de la race trotteuse et grignotteuse des souriz, lequel, mettant son muzeau à la croizée, eut le couraige d'envisaiger ce sieur Muzaraigne, fièrement campé sur son cul, la queue en l'aër, et recogneut finablement que ce estoyt un diable avecques lequel il n'y avoyt que coups de griffes à gaigner. Vécy comme. Bon Gargantua, pour que la haulte authorité de son lieutenant feust universellement cogneue de tous muzaraignes, chats, belettes, fouynes, mulots, souriz, rats, et aultres maulvais garsons de mesme farine, luy avoyt trempé légierement son muzeau, pointu comme lardoyre, dedans une huile de muscq, dont depuis ont hérité les muzaraignes, pour ce que cettuy se frotta, maulgré les saiges advis de Gargantua, aux autres gens fouinesques. De ce vindrent les troubles en Muzaraignoys, dont vous rendroys bon compte en ung livre d'histoire, si le tems ne me deffailloyt. Lors ce vieulx souriz ou ung rat, les rabbins du Talmud ne sont point encores d'ung mesme advis sur l'espèce, recongnoissant à ce susdict perfum que ce muzaraigne avoyt mission de veiller au grain des Gargantua, et avoyt esté saupouldré de vertus, investi de pouvoir suffisant, armé de tout poinct, eut paour de ne plus vivre, selon les coustumes souricquoises, de miettes, grignotteries, croustons, frusteaux, reliefs, boussins, morceaulx, fragmens, et des mille aultres chouses de ceste terre promise des rats. Ores, en cet estrif, la bonne souriz, rusée comme ung vieulx courtizan qui ha veu deux régences et trois roys, se résolut de taster l'esperit du muzaraigne, et se dévoua pour le salut de toutes les maschoires ratamorphes. Cecy eust esté beau pour un homme, mais ce estoyt bien plus, eu esguard à l'égoïsme des souriz, lesquelles vivent pour elles seules, sans pudeur ne honte; et, à ceste fin de passer plus vite, conchieroyent en une hostie, rongeroyent une estole de prebstre, sans vergongne, et boiroyent en ung calice, peu soulcieuses de Dieu. La souriz s'advança faisant de jolyes courbettes, et le muzaraigne la laissa venir ung peu près, pour ce que besoing est de vous dire que, de leur nature, les muzaraignes y voyent peu. Lors le Curtius des grignotteurs dit ces paroles, non en patoys de souriz, ains en bon toscan de muzaraignoys : — Seigneur, j'ay entendu moult parler de vostre glorieuse famille, dont ie suis ung des serviteurs les plus devouez, et sçays toute la légende de vos ancestres, qui jadis ont esté révérez des anciens Ægyptiacques, lesquels les avoyent en grant vénération et les adoroyent comme aultres oyseaulx sacrez. Néanmoins vostre robbe fourrée est si

royalement perfumée, et la couleur en est si superlificocquen-
cieusement tannée, que ie doubte à vous recognoistre comme
estant de ceste race, veu que ie n'en ay iamays veu de si bravement vestu. Cependant vous avez esgoussé le grain à la mode anticque; vostre trompe est la trompe de sapience; vous avez rué
comme ung savant muzaraigne, mais, si vray muzaraigne vous
estes, bien debvez-vous avoir, ie ne sçays en quel endroict de
vostre aureille, ie ne sçays quel conduict superauditif, que ie ne
sçays quel huys mirificque, ferme ic ne sçays comment, en ie ne
sçays quels momens, à vos commandemens secrets, pour vous
donner, ie ne sçays pourquoy, licence de ne point escouter ie ne
sçays quelles chouses qui vous sont desplaizantes, veu la perfection
de votre ouye sacro-saincte et idoyne à tout appréhender, laquelle
souvent vous blesse.

— Vère, fit le muzaraigne. Vécy l'huys tombé, ie n'entendray
rien !

— Voyons, respondit le vieulx draule. Et il alla en plein tas de
bled, dont il se mit à convoyer la valiscence de sa cuyte pour
l'hyver.

— Entendez-vous? fit-il.

— I'entends le va et vient de mon cueur...

— Kouik ! firent toutes les souriz, nous le trupherons bien !

Le muzaraigne, cuydant avoir rencontré ung bon serviteur, ouvrit la trappe de l'orifice musicqual, et entendit le trictracq du
grain coulant au trou. Lors, sans avoir recours à la bonne iustice
des commissaires, il saulta sur le vieulx souriz et l'estrangla net.
Mort glorieuse ! veu que ce héros mourut en plain grain, et feut
canonizé comme martyre. Le Muzaraigne le print par les aureilles
et le boutta sur l'huys des grayniers, à la méthode de la Porte-
Ottomane, où faillit mon bon Panurge estre embroschė. Au cri du
mourant, toutes les souriz, les rats, et la gent desguerpit de ses
trous en grant paour. Puis, la nuict venue, vindrent tous en la
cave, convocquez pour tenir ung conseil à grabeler les affaires
publicques, auquel deviz, en vertu de la loi *Papiria* et aultres,
feurent admises les espouzes légitimes. Les rats voulurent passer
devant les souriz, et la grosse querelle des préseances faillit à
guaster tout ; mais ung gros rat print soubz son bras une souriz ;
et compères rats, commères souriz s'estant couplez de la sorte,
tous feurent assis sur leur cul, la queue en l'aër, le muzeau tendu.

les barbes frestillantes et les yeulx brillans comme ceulx des esmerillons. Lors commencèrent une délibération qui fina par des iniures et ung brouillamini digne d'ung beau concile de pères œcuménicques. Les uns disoyent oui, d'aultres non, et ung chat passant eut paour et s'enfuit, en ouyssant ces bruicts estranges : Bou, bou, frou, ou, ou, houic, houic, briff, briffnac, nac, nac, fouix, fouix, trr, trr, trr, trr, razza, za, za, zaaa, brr, brrrr, raaa, ra, ra, ra, ra, fouix ! si bien fondus ensemble en tapaige vocal, que des conseillers n'eussent pas faict mieulx en un Hostel-de-Ville. En ceste tempeste, une petite souriz, qui ne avoyt point l'aage d'entrer au Parlement, vint à boutter par une fente sou curieux muzeau dont le poil estoyt fin comme est celuy des souriz qui n'ont point esté prinses. Ores, à mesure que croissoyt le tumulte, le corps suivoyt le muzeau ; puis la garse tomba bientost sur ung cercle de futaille et s'y accrocha si dextrement que vous eussiez cuydé ung gentil chief-d'œuvre engravé ez bas-reliefs anticques. En levant les yeulx au ciel pour en perpetrer ung saige remède aux maulx de l'Estat, ung vieulx rat, advizant ceste gente souriz, si doulce de forme, proclama l'Estat debvoir estre saulvé par elle. Tous les muzeaux tournez devers ceste dame de Bon Secours devindrent muets, s'accordèrent à la lascher au Muzaraigne, et maulgré le despit d'aulcunes souriz envieuses, elle feut triomphalement pourmenée en la cave, où la voyant trotter menu, mouvoir méchanicquement les ressorts de son train de derrière, dodeliner sa petite teste fustée, brandiller ses aureilles diaphanes, se pourlescher de sa petite langue rose les babouines et la barbe naissante de son bagonisier, les vieulx ratz s'enamouroyent d'elle et barytonoyent, monochordisoyent de leurs badigoinces ridées et à poils blancs, comme iadis firent les vieulx Troyards en admirant la belle Hélène à son ratourner du bain. Doncques, la pucelle feut laschée ez grayniers avecques mission d'emputanner le cueur du muzaraigne et saulver la gent ronge-grayne comme la belle Hébraïcque Esther fit iadis pour le peuple de Dieu près le Soudan Assuerus, ainsi qu'il est escript au maistre livre, veu que Bible est issu du griecq *Biblos*, comme si disiez le seul livre. La souriz promit de deslivrer les grayniers, car, par caz fortuit, ce estoyt la royne des souriz, souriz douillette, blondelette, grassouillette, la plus mignonne dame qui oncques eust trottiné ioyeulsement ez solives, allaigrement couru ez frizes, et gecté les plus gentils cris en trouaut noix, miettes et chaplys de pain en ses pourmenades; vraye iolye, follette, à resguard clair comme diamant blanc, teste nue, poil lisse, corps lascif, pattes roses, queue de veloux, une souriz bien née, de beau languaige, aymant par nature à vivre couchiée, à ne rien faire, une souriz ioueuse, plus rusée que n'est ung vieulx docteur de Sorbonne congnoissant à fund les Descretales, vifve, blanche de ventre, rayée au dos, petits tettins poinctans comme ung soupçon, dents de perle, nature fresche, morceau de roy.

Ceste paincture estoyt si hardie, pour ce que la souriz sembloyt à tous estre le vray pourtraict de madame Diane, lors présente, que les courtizans demourèrent pantois. La royne Catherine soubrioyt, mais le Roy n'avoyt nulle envie de rire. Et bon Rabelays de continuer sans vouloir entendre aux œillades des cardinaulx du Bellay et de Chastillon, en grant paour du bonhomme.

— La iolye souriz, dit-il en allant son train, ne fit pas longues circumbilivaginations, et dès la prime vesprée où la courattière trotta devant le muzaraigne elle l'engiponna pour tousiours par ses coquetteries, minauderies, chatonneries, lesbineries, petits reffuz alleschans, resguards coulans, chiabrenas de pucelle qui veult et n'oze, aiguillons d'amourettes, moitiez de caresses, iongleries préparatoires, fiertez de souriz qui sçayt son prix, noizes pour rire, rire pour noizer, vestilleries, et aultres gentillesses, traistrises féminines, gentils deviz engluans, tous piéges dont usent d'abundant les femelles de chaque pays. Alors que après bien des courbettes, coups de pattes, frosteries de muzeau, guallautises de muzaraigne amoureux, froncements de sourcilz, soupirs, sérénades, gousteries, soupers, disners au tas de bled et autres badineries, le superintendant des grayniers triumpha des scrupules de sa belle maistresse, ils prindrent goust à ceste incestueuse et illicite amour, et la souriz devint, veu qu'elle tenoyt le muzaraigne par sa braguette, la royne de tout, voulut emmoustarder son froment, mangier les sucreries et tout fourraiger. Ce que permit le muzaraigne à l'empérière de son cueur, encores que il refroignast à ceste trahison envers ses debvoirs de muzaraigne et sermens faicts à Gargantua. Brief, poursuyvant son évangelicque emprinse avecques une pertinacité de femme, par une nuictée où ils se gaudissoyent, la souriz eut en remembrance son vieulx bonhomme de père et voulut que il mangiast à ses heures au grain, et menassa le muzaraigne de le lairrer sul à se morfondre en son pourpriz, s'il ne donnoyt toute licence à la piété filiale de s'espanchier. Doncques, en ung tour de patte, octroya le dict Muzaraigne des lettres patentes, revestues du grant scel de cire verde, avecques les lassets de soye cramoizie, au père de sa gouge, à ceste fin que le palais gargantuesque luy feust ouvert à toute heure, et pust véoir sa bonne vertueuse de fille, la baiser au front et mangier à son appétit, mais dans ung coin. Lors vint ung vieillard à queue blanche, rat vénérable, poisant vingt-cinq onces, allant comme ung président à mortier, branslant le chief et suivi de quinze ou vingt nepveux, tous endentez comme des scies, lesquels demonstrèrent au muzaraigne, par de bons dires et interlocutoires de toute sorte, que eulx, ses parens, luy seroyent féablement attachiez et s'eschineroyent à luy compter les chouses dont il avoyt la charge, les notablement renger, bel et bien esticquetter, à ceste fin que, alors que Gargantua viendroyt tout visiter, il trouvast les finances et l'espargne des victuailles ordonnancées au mieulx. Cecy avoyt une apparence de vérité. Cependant le paouvre muzaraigne estoyt, maulgré ceste morale, gehenné par aulcuns adviz d'en hault et griefs tracas de conscience muzaraignifolle. Voyant que il resnagloyt à tout et n'alloyt que d'une patte, soulcieuse du soulcy de son maistre devenu son mainmortable, ung matin en iocquetant, la souriz, qui estoyt ià grosse de ses œuvres, eut l'imagination de luy calmer ses doubtes et apaiser l'esperit par une consultation sorbonicquement faicte et manda les docteurs de la gent. Alors, dans la iournée, elle luy mena ung sieur Evegault, sorti d'ung fourmaige, où il vivoyt en abstinence, vieulx confesseur rataconné de haulte graisse, ung draule de bonne mine, belle robbe noire, quarré comme une tour, légierement tonsuré en la teste par ung coup de griffe de chat. Ce estoyt ung rat grave, à bedaine monasticque, ayant estudié les authoritez et science en mangiant les parchemins Décrétaliformes et paperasses Clémentines, livres de toute sorte, dont aulcuns fragmens avoyent destainct sur sa barbe grise. Aussy, par grant honneur et révérence de sa haulte vertu, sapience et modeste vie fourmaigère, estoyt-il accompaigné par ung troupeau noir de rats noirs couplez avecques de iolys mignonnes souriz privées, veu que les canons du concile de Chezil n'avoyent point encores esté adoptez, et qu'il estoyt licite à eulx d'avoir des femmes de bien pour concubines. Lesquels rats et souriz à prébendes et bénéfices estoyent à la rengette sur deux files, que vous eussiez creu veoir une procession de l'Université allant au l'endict. Et tous de flairer les victuailles.

Alors que ung chascun feut plassé pour la quérémonie, le vieulx cardinal des rats print la parole et fit une concion en latin de sou riz pour demonstrer au Muzaraigne que nul, fors Dieu, n'estoyt au-dessus de luy; et que à Dieu seul il debvoyt obéissance; puis force belles périphrases fanfreluchées de citations évangelicques pour destourner les principes et emberlucocquer les assistants; enfin beaulx arraizonnements picquez de rouelles de bon sens. Laquelle concion fina par une péroraison amplement taborinée de mots ronflants en l'honneur des muzaraignes, parmi lesquels cettuy estoyt le plus inclyte et le meilleur qui iamays eust esté soubz le soleil; dont du tout feut esblouy le guardien des grayniers.

Ce bon gentilhomme eut de tout poinct la tourne testée ou la teste tournée et installa ces rats si beaux diseurs en son pourpriz, où se conclama nuict et iour des louanges dorées, et aulcuns gentils canticques en son honneur, non sans célébrer sa dame, dont ung chascun baisoyt la patte et flairoyt ioyeulse croupe. En fin de tout, la maistresse, saichant que de ieunes rats ieusnoyent encores, voulut parachever son œuvre. Doncques elle ioua trez-bien du becq en se plaignant avecques amour et faisant mille de ces minauderies dont une seule suffict à perdre l'ame des bestes, et dit au muzaraigne : que il perdoyt le tems précieux à leur amour pour aller battre l'estrade et veiller à sa charge; que tousiours il estoyt par voyes et par chemins, et que elle n'en iouissoyt iamays son quotient; que alors que elle avoyt envie de luy, il estoyt à cheval sur les gouttières chassant les chats; et que elle le vouloyt tousiours prest comme une lance et gentil comme un oyseau. Puis elle s'aracha de douleur ung poil gris, se cuydant la plus malheureuse souriz qui feust au monde, et ploura. Là-dessus, le muzaraigne luy remonstra que elle estoyt maistresse de tout, et voulut regimber mais, après une averse de pleurs que lascha la dame, il implora une tresve et s'enquit de ses dezirs. Lors se seichèrent tost les larmes; et, en luy donnant sa patte à baiser, la souriz luy conseilla d'armer des souldards, de bons rats esprouvez, anciens condottieri, gens seurs, qui fairoyent les rondes et les guettes. Tout feut lors saigement ordonné. Le muzaraigne eut le reste du iour à baller, dancer, baudouiner, entendre les rondeaux et ballades que luy composèrent les poëtes, iouer du luth, de la mandore, faire des accrostiches, fester le piot et mangier. Un iour, sa maistresse, reslevant de ses couches après avoir pondu le plus ioly muzaraigne souricquoizé, ou la plus iolye souriz muzaraignée, ie ne sçays de quel nom feut appelé ce produict d'alquémie amoureuse, que bien vous pensez les chats fourrez légitimèrent (le connestable de Montmorency, lequel avoyt marié son fils avecques une bastarde légitimée du dict seigneur Roy, mit la main sur son espée, et en serroyt la coquille à fayre paour), il se fit une feste ez grayniers à laquelle ne sçauroyent se comparer aulcuns festoiemens et gala de Court que vous cognoissiez, voire mesme celuy du Drap d'or. En tous les coins se rigolloyent les souriz. Partout ce estoyent des dances de toutes sortes, concerts, beuvettes, apprests, sarabandes, musicques, chants ioyeulx, épithalames. Les rats avoyent desfoncé les piots, descouvert les iarres, abattu les dames-ieannes, deffagotté les réserves. Et y voyoit-on des fleuves de moustarde, des iambons deschicquetez, des taz esparpillez. Tout conloyt, fluoyt, pissoyt, rouloyt, et les petits rats barbottoyent dedans les ruisseaulx de saulce verde. Les souriz naviguoyent sur des sucreries, les vieulx convoyoyent les pastez. Il y avoyt des fouynes à cheval ez langues de bœuf salées. Aulcuns mulots nageoyent dedans les piots, et les plus rusez voituroyent le bled en leurs trous espéciaulx, prouffictant du tracas de la feste pour se fournir amplement. Personne ne passoyt devant le coingtinact d'Orléans sans le saluer d'un coup de dent, et souvent de deux. Enfin ce estoyt ung train de carnaval romain. Brief, qui eust eu l'aureille fine eust entendu le frifri des leschefrites, les cris et clameurs des cuisines, pestillemens des fourneaux, le panpan des mortiers, le glouglou des marmites, le hinhin des tourne-brosches, le hanecquinaige des paniers et corbeilles, le froufrou des pastisseries, le clicquetis des brosches et les petits pieds trottant dru comme gresle sur les planchiers. Ce estoyent des nopces affairées, des allées et venues de tous les gens ayant charge en la maison, gens de bousche, gens de pied, gent d'escuyrie, sans nombrer la musicque, les tourdions des baladins, complimens de ung chascun, tabourins des milices et tintamarre des trois Ordres. Brief, si grant feut la ioye que tous se prindrent et menèrent ung bransle général pour célébrer ceste belle nuictée. Mais si entendoyt-on le pas horrificque de Gargantua, lequel montoyt les degrez de son logiz pour venir en ses grayniers et faisoyt trembler les solives, planchier et tout. Aulcuns vieulx rats s'enqueroyent de ce bruict, et, veu que nul ne sçavoyt ce que estoyt de ce pas seigneurial, en grant paour, aulcuns descampèrent, et firent bien, veu que le seigneur entra soudain. Ores, advisant le remue-mesnaige de ces messieurs rats, voyant ses conserves, ses piots avallez, ses moustardes deslayées, tout conchié, gallefretté, mit le pied sur ceste vermine rigolleuze pour l'escharbotter, sans seulement luy lairrer le loizir de crier ; et par ainsy guasta leurs biaulx habits, satins, perles, veloux, guenilles, et desconfit la feste.

— Et que advint-il du muzaraigne ! dit le Roy quittant sa mine songeuse.

— Ha ! sire, respondit Rabelays, vécy en quoy feut iniuste la gent gargantuesque. Il feut mis à mort, mais en sa qualité de gentilhomme il eut la teste trenchée. Ce estoyt mal, veu qu'il avoyt esté truphé.

— Tu vas bien loing, bonhomme, fit le Roy.

— Non, sire, respartit Rabelays, mais bien hault. N'avez-vous pas boutté la chaire au-dessus de la couronne ? Vous m'avez requis de faire ung prosne. Si l'ay-je faict évangélicquement.

— Beau curé de Court, luy dit madame Diane en l'aureille, hein, si i'estoys meschante ?

— Madame, fit Rabelays, n'est-il doncques pas besoing de prémunir le Roy, vostre maistre, contre les Italians de la royne, qui abundent icy comme hannetons ?

— Paouvre prescheur, luy dit le cardinal Odet en l'aureille, gaignez le pays estrangier.

— Ha ! monseigneur, respondit le bonhomme, devant peu, ie seray en ung bien estrange pays.

— Vertu-Dieu, monsieur l'escripturier, dit le connestable, duquel le fils, comme ung chascun sçayt, avoyt traistreusement lairré madamoiselle de Piennes à laquelle il estoyt fiancé, pour espouser la fille de madame Diane de France, fille d'une dame d'en deçà les monts et du Roy, qui te ha faict si hardy de te prendre à si haultes personnes ? Ha ! maulvais poëte, tu aymes à t'eslever ! Ores bien, ie te baille ma parole de te boutter en hault lieu.

— Nous y viendrons tous, monsieur le connestable, respondit le bonhomme. Mais, si vous estes amy de l'Estat et du Roy, vous me mercierez de l'avoir adverti des menées des Lorrains, lesquel' sont rats à tout ruyner.

— Mon bon homme, luy dit en l'aureille le cardinal Charles de Lorraine, si besoing est de quelques escuz d'or pour mettre en lumière ton quint livre de Pantagruel, ils te seront comptez à mon espargne, veu que tu as bien dict le faict à ceste vieille lice qui ha envousté le Roy, et aussy à sa meute.

— Hé bien ! messieurs, fit le Roy, quel est vostre advis de ce prosne ?

— Sire, dit Meslin de Sainct-Gelays, voyant que tous estoyent contens, oncques ie n'entendis meilleure pronosticquation pantagrueline. Bien nous la debvoyt celuy qui ha faict ces carmes léonins en l'abbaye de Thelesme :

> Cy vous *entrez*, qui, le sainct Evangile,
> En sens *agile*, annoncez, quoy qu'on gronde,
> Céans *aurez* ung refuge, et Bastille
> Contre l'*hostile* erreur qui tant postille
> Par son faulx *style* empoisonner le monde.

Tous les courtizans estant accordez à plauder le voisin, ung chascun célébra Rabelays, qui tira ses gregues, accompaigné en grant honneur par les paiges du Roy, lesquels, par ordre exprès, luy tinrent les flambeaux.

Aulcuns ont enchargié François Rabelays, impérial honneur de nostre pays, de meschanceteries et babouineries cingesques indignes de ce Homérus filosophicque, de ce prince de sapience, de ce centre paterne d'où sont issus, depuis le lever de sa lumière subterrannée, bon nombre d'œuvres mirificques. Foing de ceulx qui ont conchié sa teste divine ! Trouvent en toute leur vie du gravier soubz leur dent, ceulx qui ont descogneu sa saige et modicque nourriture !

Chier beuveur d'eauc claire, fidelle servateur des abstinences monachales, sçavant à vingt-cinq caratz, de quel esternuement et rire sempiternel seroys-tu prins, si, reverdissant ung boussin de tems en Chinonnoys, licence feust à toy baillée de lire les incongreus bobelinages, rataconnages et savatteries des sots en bémol et bécarre, qui ont interprété, commenté, deschiré, honni, mesentendu, trahi, caïné, freslaté, brodé ton ouvraige sans pareil ! Autant Panurge trouva de chiens occupez à la robbe de sa dame en l'ecclise, autant se sont rencontrez de chappons académicques à deux pattes, sans meninges en teste, sans sursault au diaphragme, pour embrenner ta haulte pyramide marmorine en laquelle est à iamays cimentée toute grayne de fantasticques et comicques inventions oultre les magnificques enseignements en toute chouse. Encores que bien rares soient les pelerins d'halcine à suivre ta nauf en sa péregrination sublime en l'océan des idées, méthodes, fumées, religions, sapiences et trupheries humaines pour le moins, leur encens est-il de bon aloy, pur et sans meslange, et ton omnipotence, omniscience, omnilanguaige, sont-ils par eulx bravement recogneus. Doncques ha eu cure un paouvre fils de la gaye Tourayne de te faire iustice, quoique petitement, en magnifiant ton imaige et glorifiant tes ouvraiges d'éterne mémoëre, tant cheris de ceulx qui ayment les œuvres concentricques où l'univers moral est clouz, où se rencontrent pressées comme sardines fresches en leurs buyssars toutes les idées philosophicques quelconques, les sciences, arts, éloquences, oultre les momeries theastrales.

LE SUCCUBE

PROLOGUE

Aulcuns du noble pays de Tourayne, féablement esdifiez de la chaloureuse poursuite que faict l'autheur des antiquitez, adventures, bons coups et gentillesses de ceste benoiste contrée, cujdant que, pour le seur, il debvoyt tout sçavoir, s'enquérirent de luy, ains après boire s'entend, s'il avoyt descouvert la raison étymologicque dont toutes les dames de la ville estoyent bien curieuzes, et par laquelle une reue de Tours se nommoyt la reue Chaulde. Par luy feut respondu que il s'estomiroyt fort de veoir les anciens habitans avoir mis en oubly le grant numbre de couvens siz en ceste reüe, où l'aspre continence des moynes et des nonnains avoyt deu faire tant arser les murailles, que aulcunes femmes de bien s'estoyent veues engrossées pour s'y estre pourmenées ung peu trop lentement à la vesprée. Ung hobereau, voulant trencher du sçavant, dit que iadis tous les clappiers de la ville estoyent acculés en ce lieu. Un aultre se entortilla dedans les menus suffraiges de la science et parla d'or sans estre comprins, qualifiant les mots, accordant les mélodies de l'anticquaille et nouveautez, congreageant les usaiges, distillant les verbes, alquémizant les languaiges du depuis le déluge, les Hebrieux, Chaldéans, Ægyptiacques, Griecqs, Latins, puis Turnus qui funda Tours; puis fina le bon homme par dire que Chauld, moins le H et le L, venoyt de *Cauda*, et que il y avoyt de la queue en ceste affaire; mais les dames n'y entendirent rien aultre chouse que la fin.

Ung vieil dit que dedans cestuy endroict estoyt iadis une source d'eaue thermale de laquelle avoyt beu son trisayeul. Brief, en moins de tems que une mousche ne auroyt mis à colleter sa voisine, il y eut une pochée d'étymologies ou le vray de la chouse eust esté moins tost trouvé que ung pouil en la sorde barbe d'ung capucin. Mais un homme docte et cogneu pour avoir mis ses bottes en divers monastères, bien despendu de l'huile en ses nuicts.

desfoncé plus d'ung volume, et plus entassé de pièces, morceaulx, dypticques, layettes, chartriers ou registres sur l'histoire de Touayne qu'ung mestivier n'engrange de brins de feurre au moi-'aoust, lequel, vieulx, cassé, podagre, beuvoyt en son coin, sans mot dire, fit ung soubrire de sçavant en fronssant ses badigoinces, lequel soubrire se résolut en ung : — Foing!... bien articulé, que l'autheur entendit et comprint debvoir estre gros d'une adventure historialement bonne, dont il pourroyt œuvrer les délices en ce gentil recueil.

Brief, l'endemain, cettuy podagre luy dit : — Par vostre poesme, qui ha pour titre le *Péché véniel,* vous avez à iamays conquesté mon estime, pour ce que tout y est vray de la teste aux pieds, ce que ie cuyde estre une superabundance précieuse en pareilles matières. Mais vous ne sçavez sans doubte ce qui est advenu de la moricaulde, mise en religion par le dict sieur Bruyn de la Roche-Corbon? Moy, bien scays-je. Doncques, si ceste étymologie de reue vous poind, et aussy vostre nonne ægyptiacque, ie vous presteray ung curieux et anticque pourchaz, par moy rencontré dedans les *Olim* de l'Archevesché, dont les bibliothecques feurent ung peu secouées en ung moment où ung chascun de nous ne sçavoyt le soir si sa teste luy demoureroyt l'endemain. Ores, par ainsy, ne serez-vous point en parfaict contentement?

— Bien! fit l'autheur.

Ores ce digne collecteur de véritez bailla aulcuns iolys, pouldreux parchemins à l'autheur, que il ha, non sans grant poine, translatez en françoys, et qui estoyent pièces de procédure ecclésiasticque bien vieilles. Il ha creu que rien ne seroyt plus droslaticque que la réalle résurrection de ceste anticque affaire où esclatte l'ignarde naïfveté du bon vieulx tems. Adoncques, oyez. Vécy en quel ordre estoyent ces escripteures dont l'autheur ha faict usaige à sa guyse pour ce que le languaige en estoyt diabolificquement ardu.

CE QUE ESTOYT D'UN SUCCUBE.

† *In nomine Patris, et Filii, et Spiritûs Sancti. Amen.*

L'an de Nostre-Seigneur mil deux cent septante et un, pardevant moy, Hierosme Cornille, grant pénitencier, iuge ecclésiasticque, à ce commis par messieurs du Chapitre de Sainct-Maurice, cathédrale de Tours, ayant de ce desliberé en présence de nostre seigneur Iehan de Monsoreau, archevesque, sur les douloirs et quérimonies des habitans de la ville dont la requeste sera cy-dessoubz ioincte ; sont comparus aulcuns hommes nobles, bourgeoys, vilains du dioceze, lesquels ont dict les gestes ensuivans sur les desportemens d'ung démon soubpçonné d'avoir prins visaige de femme, lequel afflige moult les ames du dioceze, de présent clouz en la geole du chapitre ; et, pour arriver à la vérité desdicts griefs, avons ouvert le présent verbal, ce lundy unze décembre, après la messe, à ceste fin de communiquer les dires de ung chascun au dict démon, en l'interroguant sur les dicts faicts à luy imputez et le iuger suivant les lois portées *contrà dæmonios*.

En ceste enqueste, me ha, pour escripre le tout, assisté Guillaume Tournebousche, rubricquateur du Chapitre, homme docte.

Premier, est venu devers nous Iehan, ayant nom Tortebras, bourgeoys de Tours, tenant, avecques licence, l'hostellerie de la Sigoygne en la place du Pont, lequel ha iuré sur le salut de son ame, la main en les saincts Évangiles, ne proférer aultre chouse que ce que, par luy-mesme, ha este veu et ouy. Puis ha dict ce qui suit :

Ie desclaire que, environ deux ans avant la Sainct-Jehan où se font les feux de ioye, ung gentilhomme, en prime abord à moy incogneu, mais appartenant, pour le seur, à nostre seigneur le Roy, et lors en nostre pays ratourné de la Terre Saincte, est venu chez moy me prouposer de luy bailler à loyer une maison des champs par moy bastie en la censive du Chapitre, prouche le lieu dict de Sainct-Estienne, et que ie la luy ay lairrée pour neuf ans moyennant trois besans d'or fin.

En la dicte maison, ha mis le dict seigneur une belle gouge à luy, ayant apparence de femme, vestue à la méthode estrangiere des Sarrazines et Mahumetisches, laquelle il ne vouloyt par aulcun lairrer veoir ne approucher plus d'ung gect d'arc, ains à laquelle ay veu de mes yeulx ung plumaige bigearre en la teste, ung tainct supernaturel et yeulx plus flambans que ie ne sçauroys dire, desquels sourdoyt ung feu d'enfer.

Le deffunct chevalier, ayant menassé de mort quiconque fairoyt mine de flairer le dict logiz, i'ay, par grant paour, livré ladicte maison, et i'ay, iusqu'à ce iour, secrettement guardé en mon ame aulcunes présumptions et doubtes sur l'apparence maulvaise de ladicte estrangiere, laquelle estoyt si frisque que nulle femme pa reille n'avoyt esté encores veue par moy.

Plusieurs gens de toute sorte, ayant lors réputé le dict sieur chevalier pour mort, et disant luy demourer en ses pieds par la vertu d'aulcuns charmes, philtres, envousteries et sorcelleries diabolicques de ceste semblance de femme, laquelle vouloyt se logier en nostre pays, ie desclaire avoir tousiours veu le sieur chevalier si tellement pasle que ie souloys æquiparer son visaige à la cire d'ung cierge Paschal; et, au sceu de tous les gens de l'hostellerie de la Sigoygne, cettuy chevalier ha esté mis en terre neuf iours après sa venue. Au dire de son escuyer, le deffunct se estoyt chaloureusement couplé avecques ladicte moresque pendant sept iours entiers, clouz en ma maison, sans estre sorti d'elle, ce que ie luy ay entendu advouer horrificquement en son lict de mort.

Aulcuns, en ce temps, ont dict ceste diablesse avoir accolé sur elle ledict gentilhomme par ses longs cheveulx, lesquels seroyent guarnis de proprietez chauldes par lesquelles sont communicquez aux chrestiens les feux de l'enfer soubz forme d'amour, et les fait besongner iusques à ce que leur ame soyt, par ainsy, tirée de le corps et acquise à Satan. Mais ie desclaire de ce ne avoir rien veu, si ce n'est le dict chevalier mort, esreiné, flatry, ne pouvant bougier, soubhaitant, maulgré son confesseur, encores aller à sa gouge, et ha esté recogneu pour estre le seigneur de Bueil, lequel s'estoyt croissé, et se trouvoyt, au dire de aulcuns de la ville, soubz le charme d'ung démon duquel il avoyt faict la rencontre ez pays asiaticques de Damas, ou aultres lieux.

Ores doncques, ay lairré ma maison à ladicte dame incogneue suivant les clauses déduictes en la chartre du bail. Le dict seigneur de Bueil deffunct, ay néanmoins esté en ma maison à ceste fin de sçavoir de la dicte estrangiere si elle soubhaitoyt demourer en mon logiz; et, avecques grant poine, devers elle feus mené par un estrange homme mi-nud, noir et à yeulx blancs. Lors ay veu la dicte morisque en ung pourpris reluysant d'or et pierreries, esclairée par force lumières, inz ung tapis d'Asie, où elle estoyt vestue de legier, avecques ung aultre gentilhomme qui ià perdoyt son ame, et n'ay point eu le cueur assez ferme pour la resguarder, veu que ses yeulx m'eussent incité à m'adonner à elle aussitost, pour ce que déià sa voix me grezilloyt au ventre, me remplissoyt la cervelle et me desbauchioyt l'ame. Oyant cela, par crainte de Dieu, et aussy de l'enfer, ay laschié pied soudain, luy quittant ma maison autant que elle la cuydroyt guarder, tant dangereux estoyt de veoir ce tainct moresque d'où sourdoyent diabolicques chaleurs, oultre ung pied plus menu que n'est licite à femme vraye de l'avoir, et d'entendre sa voix qui virvouchioyt au cueur ; et, de ce iour, n'ay plus eu cure d'aller à ma maison, en grant paour de cheoir en l'enfer. I'ay dict.

Audict Tortebras, avons lors représenté un sieur Abyssinien, Æthiopien ou Nubien, lequel, noir de la teste aux pieds, s'est trouvé desnué des chouses viriles dont sont habituellement fournis tous chrestiens, lequel ayant persévéré en son silence après avoir esté tormenté, gehenné à plusieurs foys, non sans moult geindre, ha esté convaincu de ne sçavoir parler le languaige de nostre pays. Et le dict Tortebras ha recogneu ce dict Abyssinien héréticque pour avoir esté en sa maison, de compaignie avecques ledict esperit démoniacque, et soupbçonné d'avoir presté son aide aux sortiléges.

Et ha ledict Tortebras confessé sa grant foy catholicque et desclairé ne sçavoir aultre chouse, si ce n'est aulcuns dires, lesquels estoyent cogneus de tous aultres, et desquels il ne avoyt esté nullement tesmoing, si ce n'est pour les avoir entendus.

Sur citation à luy donnée s'est approuché lors Mathien, dict Cognefestu, iournalier, en la coulture Sainct-Estienne, lequel après avoir iuré ez saincts Evangiles de dire vray, nous ha confessé avoir tousiours veu grant lumière au logiz de la dicte femme estrangiere, entendu force rires extravagants et diabolicques aux iours et nuicts de festes et de ieusnes, notamment les iours de la semaine Saincte et de Nouël, comme si bon numbre de gens estoyent en ce logiz. Puis ha dict avoir veu, ez croisées du dict logiz, verdes flouraizons de toute sorte en hyver, poulsées magicquement, espécialement des roses, par ung tems gelif, et aultres chouses pour lesquelles estoyent besoing de grant chaleur ; mais de ce ne s'estomiroyt nullement, veu que ardoyt s. fort la dicte estrangiere, que alors que elle se pourmenoyt à la vesprée au long de son mur, il trouvoyt l'endemain ses salades montées, et que, aulcunes foys, elle avoyt, par le froslement de sa iuppe, faict partir la sève aux arbres et hasté les poulses. En fin de tout, nous ha ce dict Cognefestu, desclairé ne rien sçavoir de plus, attendu que il labouroyt de matin et se couchioyt en l'heure où se iuchioyent les poules.

Puis la femme dudict Cognefestu ha par nous esté requise de dire, ains après serment, les chouses venues à sa cognoissance en ce procez, et s'est bendée à ne rien advouer aultre chouse que ouanges de la dicte estrangiere, pour ce que depuis sa venue son homme la traictoyt mieulx par suite du voisinaige de ceste bonne dame qui espanchioyt l'amour dedans l'aër, comme le soleil ses rais, et aultres bourdes incongreues que nous ne avons point consignées icy.

Au dict Cognefestu et à sa femme avons représenté le dict Africquain incogneu, lequel ha esté veu par eulx ez iardins de la maison, et réputé par eux, pour seur, estre au dict démon.

En troisiesme lieu, s'est advancé messire Harduin V, seigneur de Maillé, lequel, par nous révérentieusement prié d'esclairer la religion de l'Ecclise, ha respondu le bien vouloir et ha, d'abundant, engagié sa foy de preux chevalier de ne rien dire aultre chouse que ce que il ha veu.

Lors, ha dict avoir cogneu en l'armée des Croissez le démon dont s'agit. Puis, en la ville de Damas, ha veu le sieur de Bueil deffunct se battre en champ clouz pour en estre l'unicque tenant. La dessus dicte gouge ou démon appartenoyt en cettuy tems au sire Geoffroy IV, seigneur de la Roche-Pozay, lequel souloyt dire l'avoir amenée de Tourayne, encores que elle feust Sarrazine ; ce dont les chevaliers de France s'estomiroyent moult autant que de sa beaulté qui faisoyt grant bruit et mille scandaleux ravaiges au camp. Durant le voyage, ceste gouge feut occasion de plusieurs meurtres, veu que la Roche-Pozay avoyt ià desconfit aulcuns Croissez qui soubhaitoyent la guarder à eulx seuls, pour ce que elle donnoyt, suyvant certains seigneurs guerdonnez en secret par icelle, des ioyes à nulles aultres pareilles. Mais finalement le sire de Bueil, ayant occis Geoffroy de la Roche-Pozay, devint seigneur et maistre de ceste guaisne meurtrière et la mussa dedans ung couvent ou harem à la fasson sarrazine. Par avant ce, souloyt-on la veoir et l'entendre desbagouler en ses festoyemens mille patoys d'oultre-mer, Arabesques, Griecq de l'empire latin, moresque, et d'abundant le françoys comme pas ung de ceulx qui sçavoyent au mieulx les languaiges de France en l'ost des christians, d'où vint ceste créance que elle estoyt prou démoniacque.

Le dict sire Harduin nous ha confessé n'avoir point iouxté pour elle en Terre Saincte, non par paour, non chaloir, ou aultre cause; ains il cuydoyt que ceste heur luy estoyt advenu pour ce qu'il portoyt ung morceau de la vraye croix, et aussy avoyt à luy une noble dame du pays griecq, laquelle le saulvoyt de ce dangier en le desnuant d'amour, soir et matin, veu que elle luy prenoyt substantiellement tout, ne luy lairrant rien au cueur, ni ailleurs, pour les aultres.

Et nous ha, ledict seigneur, acertené la femme logiée en la maison des champs de Tortebras estre réallement la dicte Sarrazine venue ez pays de Syrie, pour ce que il avoyt esté convié en ung regoubillonner chez elle par le ieune sire de Croixmare, lequel trespassa le septiesme iour après, au dire de la dame de Croixmare, sa mère, ruyné de tout poinct par la dicte gouge, dont les accointances avoyent consumé tous ses esperitz vitaulx, et les phantaisies bigearres despendu ses escuz.

Puis questionné, en sa qualité d'homme plein de preudhomie, sapience et d'authorité en ce pays, sur le pensier que il avoyt de ladicte femme, et sommé par nous de se descouvrir la conscience, veu que il s'en alloyt d'ung caz trez-abominable, de la foy chrestienne et de iustice divine, ha esté respondu par ledict seigneur :

Que, par aulcuns en l'ost des Croissez luy avoyt esté dict que tousiours ceste diablesse estoyt pucelle à qui la chevaulchioyt, et que Mammon estoyt, pour le seur, en elle, occupé à luy faire ung nouveau pucelaige pour ung chascun de ses amans, et mille aultres folies de gens ivres, lesquelles n'estoyent point de nature à faire ung cinquiesme Evangile. Mais, pour le seur, luy vieulx chevalier sur le retour de la vie, et ne saichant plus rien du déduict, se estoyt sentu ieune homme en ce darrenier souper dont l'avoyt resgualé le sire de Croixmare; que la voix de cettuy démon luy estoyt advenue droict au cueur paravant de se couler par les aureilles, et luy avoyt boutté si cuysante amour au corps que sa vie s'en alloyt toute en l'endroict par où elle se donne; et que finablement, sans le secours du vin de Chypre dont il avoyt beu pour se clorre les yeux et se couchier soubz les bancqs, à ceste fin de ne plus veoir les yeux flamblans de l'hostesse diabolicque, et ne se point navrer en elle, sans doubte aulcun eust-il desconfit le ieune Croixmare à ceste fin de iouir une seule foys de ceste femme supernaturelle. Depuis ce, avoyt eu cure de se confesser de ce maulvais pensier. Puis, par advis d'en hault, avoyt reprins à son espouse sa relicque de vraye croix et estoyt demouré en son manoir, où, non obstant ces prévoyances chrestiennes, la dicte voix luy frestilloyt aulcunes foys en la cervelle, et, au matin, avoyt souvent en remembrance ceste diablesse mammalement ardente comme mesche. Et pour ce que la veue de ceste gouge estoyt si chaulde que elle le faisoyt arser comme un homme ieune, luy quasi-mort, et pour ce qu'il luy en coustoyt lors force transbordemens d'esperits vitaulx, nous ha requis le dict seigneur de ne point le confronter avecques ceste empérière d'amour à laquelle, si ce n'estoyt le diable, Dieu le Père avoyt octroyé d'estranges licences sur les chouses de l'homme. Puis s'est retiré après lecture de ses dires, non sans avoir recogneu le dessusdict Africquain pour estre le serviteur et paige de la dame.

En quatriesme lieu, sur la foy baillée par nous, au nom du Chapitre et de nostre seigneur l'archevesque, de n'estre tormenté, gehenné ne inquieté en aulcune chouse, ni manière, ne estre plus cité après ses dires, attendu les voyaiges de son négoce, et sur l'asseurance de pouvoir soy retirer en toute liberté, est advenu ung iuif, ayant nom Salomon al Rastchild, lequel, maulgré l'infamie de sa personne et son iudaïsme, ha par nous esté ouy, à ceste unicque fin de tout sçavoir concernant les desportemens du dessus dict démon. Ains ne ha esté requis de donner aulcun serment ledict Salomon, veu que il est en dehors de l'Ecclise, separé de nous par le sang de nostre Saulveur (*trucidatus Salvator inter nos*).

Interrogué sur ce que il compareissoyt sans le bonnet verd en la teste, et la roue iaune en la place du cueur apparente en son vestement, suivant les ordonnances ecclésiasticques et royales, ledict al Rastchild nous ha exhibé lettres-patentes de dispenses octroyées par nostre seigneur le Roy et recogneues par le senneschal de Tourayne et de Poictou.

Puis nous ha desclairé le dict iuif avoir pour la dame logiée en la maison de l'hostelier Tortebras faict grant négoce, à elle vendu chandeliers d'or à plusieurs branches mignonnement engravez; plats d'argent vermeil; hanaps enrichis de pierres, esmeraugdes et rubiz; avoir pour elle tiré du Levant nombre d'estoffes précieuses, tapis de Perse, soyeries et toiles fines; enfin, chouses si magnificques que aulcune royne de la chrestienté ne pouvoyt se dire si bien fournie de ioyaulx et d'ustensiles de mesnaige; et que il y estoyt, pour sa part, de trois cent mille livres tournoys receues d'elle pour les raretez à l'achapt desquelles il se estoyt employé, comme fleurs des Indes, papeguays, oyseaulx, plumaiges, espices, vins de Grèce et diamans.

Requis par nous iuge de dire s'il luy avoyt fourni aulcuns ingrédiens de coniuration magicque, sang de nouveaux-nez, grimoires, et toutes chouses généralement quelconcques dont font usaige les sorcières, luy donnant licence d'advouer son caz, sans que, pour ce, il soit iamays recherché ni inquiété, ledict al Rastchild ha iuré sa foy hebraïcque de ne faire aulcunement cettuy commerce. Puis ha dict estre engarrié en trop haults intérests pour s'adonner à telles miesvreries, veu que il estoyt l'argentier de aulcuns seigneurs trez-puissants comme les marquis de Montferrat, roy d'Angleterre, roy de Chypre et Iérusalem, comte de Provence, Messieurs de Venice et aultres gens d'Allemaigne; avoir à luy des galéasses merchantes de toutes sortes allant en Ægypte, sous la foy du Soudan, et estre en ung trafficq de chouses précieuses d'or et d'argent qui l'amenoyt souvent en la monnoye de Tours. D'abundant, il ha dict tenir ladicte dame dont s'agit pour trez-léale, femme naturelle, la plus doulce de formes et la plus mignonne qu'il ayt veue. Que, sur son renom d'esperit diabolicque, mu par imaginacion farfallesque, et aussy pour ce qu'il estoyt féru d'elle, il luy avoyt, en un iour où elle estoyt veufve, prouposé d'estre son guallant, ce que elle avoyt bien voulu.

Ores, quoique de ceste nuictée il se feust longtems sentu les os disioincts et les reins concquassez, il ne avoyt point experimenté, comme aulcuns disoyent, que qui tomboyt une foys là n'en revenoyt point, et s'y fondoyt comme plomb en ung creuset d'alquemiste.

Puis ledict Salomon, auquel nous avons lairré la liberté, suivant le sauf-conduict, maulgré ce dire, lequel prouve d'abundant ses accointances avecques le diable, pour ce que il ha esté sauf là où tous les chrestiens succomboyent, nous ha soubmis un accord au subiect dudict démon. A sçavoir : que il faisoyt offre au Chapitre de la cathédrale de donner de ladicte apparence de femme une ransson telle, si elle estoyt condamnée à estre cuicte vifve, que la us haulte des tours de l'ecclise Sainct-Maurice de présent en nstruction pourroyt se parachever.

Ce que nous avons noté pour, de ce, estre en tems opportun deslibéré par le Chapitre assemblé. Et ha tiré le pied le dict Sàlomon sans vouloir indicquer son logiz, et nous ha dict pouvoir estre informé de la deslibération du Chapitre par un iuif de la iuiverie de Tours ayant nom Tobias Nathaneus. Audict iuif ha, paravant son partement, esté représenté l'Africquain, que il ha recogneu pour estre le paige du démon. Et ha dict les Sarrazins avoir coustume de desnuer ainsy leurs serfs pour les commettre à la guette des femmes, par un anticque usaige, ainsi qu'il appert des historiens prophanes en l'endroict de Narzez, général de Constantinopolis et aultres.

L'endemain, après la messe, est par devers nous comparue, en cinquiesme lieu, trez-noble et inclyte dame de Croixmare. Laquelle ha iuré sa foy ez Saincts Evangiles, et nous ha dict, avecques larmes, avoir mis en terre son fils aisné, mort par le faict de ses extravaguantes amours avecques ung démon femelle. Lequel homme noble avoyt d'aage vingt-trois ans, estoyt parfaictement complexionné, trez-viril, moult barbu comme son deffunct père. Nonobstant sa grant mouelle, en nonante iours, avoyt petitement blesmi, ruyné par ses accointances avecques le succube de la Voye Chaulde, suyvant le dire du menu populaire; et que nulle avoyt esté sa materne authorité sur ce fils. Finablement, en ses darreniers iours, sembloyt-il quasiment ung paouvre ver seiché dont les mesnaigieres font la rencontre en ung coin alors que elles balyent les salles du logiz. Et tousiours, tant que il eut force d'aller, alloyt se parachever de vivre chez ceste mauldicte où se vuydoyt aussy son espargne. Puis, alors que, couchié en son lict, vit advenir son extresme heure, iura, sacra, menassa, dit à tous, à sœur, frère, et à elle, la mère, mille iniures; s'esmutit au nez du chapelain; renia Dieu et voulut mourir en damné; ce dont, du tout, feurent navrez les serviteurs de la famille, qui, pour saulver son ame et la tirer de l'enfer, ont fundé deux messes annuelles en la cathédrale. Puis, pour avoir sépulteure d'iceluy en terre sàincte, la maison de Croixmare s'est engagiée à donner au chapitre, durant cent ans, la cire des chapelles et de l'ecclise, au iour de Pasques fleuries. En fin de tout, sauf les maulvaises paroles entendues par la révérende personne de Dom Loys Pot, religieux de Marmoustiers, venu pour assister, en son extresme heure, le dessus dict baron de Croixmare, ladicte dame afferme ne avoir oncques entendu proférer aulcunes paroles au deffunct touchant le démon qui le poignoyt.

Et se est retirée la noble et inclyte dame en grant dueuil.

En sixiesme lieu, pardevers nous est comparue, sur adiournement, Jacquette, dicte Vieux-Oing, souillarde de cuisine, allant ez logiz torcher les plats, demourant de présent en la Poissonnerie, laquelle, après avoir iuré sa foy de ne dire aulcune chouse que elle ne tinst pour vraye, ha desclairé ce qui suit. A sçavoir, que, un iour, elle, estant venue en la cuisine du dict démon, dont elle ne avoyt nullement paour pour ce que il souloyt ne se repaistre que de masles, elle avoyt eu loisir de veoir au iardin cettuy démon femelle superbement vestu, marchant en la compaignie d'ung chevalier avecques qui elle rioyt comme femme naturelle. Lors, elle avoyt recogneu en cettuy démon la vraye ressemblance de la Morisque mise en religion au moustier de Nostre-Dame de l'Esgrignolles par le deffunct senneschal de Tourayne et de Poictou, messire Bruyn, comte de la Roche-Corbon, laquelle moricaulde avoyt esté lairrée au lieu et place de l'imaige de Nostre Dame la Vierge, mère de nostre benoist Servateur, robbée par des Ægyptiacques, environ dix-huict ans auparavant. En ce tems duquel, à cause des troubles advenus en Tourayne, nul ne est record, ceste garse, aagée de douze ans environ, feut saulvée du buschier où elle debvoyt estre cuicte, en recevant le baptesme, et lesdicts deffunct et deffuncte senneschalle avoyent lors esté parrain et marraine de ceste fille de l'enfer. En cettuy tems, estant lavandière au couvent, elle qui tesmoingne, avoyt soubvenir de la fuite que fist, vingt mois après son entrée en religion, la dicte Ægyptiacque, si subtilement que iamays ne ha esté sceu par où, ne comment elle se estoyt desportée. Lors par tous feut existimé que, avecques l'aide du démon, elle avoyt volé en l'aër, veu que, obstant les recherches, nulle trace de sa chevaulchiée ne se trouvoyt dedans le moustier où chaque chouse estoyt demourée en son ordre accoustumé.

Le sieur Africquain ayant esté représenté à la dicte souillarde, elle ha dict ne l'avoir point veu, encores que elle en feust curieuse, pour ce que il estoyt commis à la guarde de l'endroict où s'esbattoyt la morisque avecques ceulx que elle grugioyt par le douzil.

En septiesme lieu, pardevers nous ha esté traduict Hugues du Fou, fils du sieur de Bridoré, lequel aagé de vingt ans ha esté mis ez mains de messire son père, soubz caution de sa seigneurie ; et par luy représenté en ce pourchaz, duquel il despend, pour estre duement atteint et convaincu d'avoir, assisté de plusieurs maulvais garsons incogneus, assiégé la geole de l'archevesque et du chapitre et de s'estre bendés à destourber la force de la iustice ecclésiastique en faisant esvader le démon dont s'agit. Maulgré son maulvais vouloir, avons commandé au dict Hugues du Fou de tesmoingner veridicquement touchant les chouses que il doibt sçavoir dudict démon avecques lequel il est véhémentement reputé d'avoir accointance, luy obiectant qu'il s'en va de son salut et de la vie de la dicte démoniaque. Lequel, après serment, ha dict :

Ie iure par mon salut éternel, et par les saincts Evangiles, cy présentez soubz ma main, tenir la femme soubpçonnée d'estre ung démon pour un ange, pour femme parfaicte, et plus encores d'ame que de corps ; vivant en toute honnesteté ; pleine de mignonneries et superfinesses d'amour ; nullement maulvaise, ains généreuse, aidant moult les paouvres et souffreteux. Ie desclaire que ie l'ay veue plourant de véritables larmes au trespas de mon amy le sire de Croixmare. Et, pour ce que, en ce iour, elle avoyt faict vœu à Nostre-Dame la Vierge de ne plus recepvoir à mercy d'amour des ieunes hommes nobles, trop foybles à son service, elle me ha constamment et avecques grant couraige desnié la iouissance de son corps, et ne me ha octroyé que l'amour et possession de son cueur, dont elle me ha faict suzerain. Depuis ce don gracieux, obstant ma flamme croissante, ha demouré seulette en son logiz où i'ay despendu la plus grant part de mes iournées, heureux de la veoir et l'entendre. Ores, si mangioys-je bien, près d'elle, partagiant l'aër qui entroyt en son gozier, la lumière qui esclairoyt ses beaulx yeulx, trouvant à ce mestier plus de ioye que n'en ont les seigneurs du paradiz. Esleue par moy pour estre à tousiours ma dame ; choisie pour estre, un iour eschéant, ma colombe, ma femme et unicque amie, moy, pouvre fol, n'ay receu d'elle aulcun à-compte sur les ioyes advenir, ains, au contraire, mille vertueux advis : comme quoy debvoys acquérir renom de bon chevalier, devenir un homme fort, beau, ne rien craindre fors Dieu ; hono-

rer les dames, n'en servir qu'une, et les aymer en mémoëre d'icelle;
puis, alors que seroys afforti par les travaulx de la guerre, si son
cueur plaisoyt tousiours au mien, en ce tems seulement elle seroyt
à moy, pour ce que elle sçauroyt m'attendre en m'aymant trez-
fort...

En ce disant, ha plouré le ieune sire Hugues, et ha, plourant,
adioux té

Que, pensant à ceste gracieuse et foyble femme dont les bras
luy sembloyent nagueres trop mignons pour soubztenir le légier
poids de ses chaisnes d'or, il ne avoyt sceu se contenir en songiant
aux fers qui la meurdrissoyent et aux misères dont elle estoyt
traistreusement enchargiée; et que, de ce, estoyt venue sa rébellion. Et qu'il avoyt licence de dire ses douloirs en face la Iustice,
pour ce que sa vie estoyt si bien liée à celle de ceste délicieuse
maistresse et amye, que le iour où il luy adviendroyt mal il mourroyt pour le seur.

Et ha le dict ieune homme noble vociféré mille aultres louanges
du dict démon, lesquelles tesmoingnent la véhémente envousterie
practicquée à son esguard, et prouvent d'abundant la vie abominable, immunde, incurable, et les frauduleuses sorcelleries auxquelles il est présentement soubmis, ce dont iugera nostre seigneur
l'archevesque, à ceste fin de saulver, par exorcismes et pénitences,
ceste ieune ame des piéges de l'enfer, si le diable ne ha esté trop
avant en icelle.

Puis avons remis ledict ieune homme noble ez mains du noble
seigneur son père, après que par ledict Hugues ha esté recógneu
l'Africquain estre le serviteur de l'accusée.

En huictiesme lieu, devant nous, ont les estaffiers de nostre seigneur l'archevesque, en grant honneur, amené TREZ-HAULTE ET
REVERENDE DAME JACQUELINE DE CHAMPCHEURIER, ABBESSE DU
MOUSTIER DE NOSTRE-DAME, soubz l'invocation du Mont-Carmel,
au goubvernement de laquelle ha esté soubmise, par le feu sieur
senneschal de Tourayne, père de monseigneur le comte de la Roche-Corbon, présentement avoué dudict couvent, l'Ægyptiacque,
nommée sur les fonts du baptesme Blanche Bruyn.

A la dicte dame abbesse avons argumenté sommairement la
présente cause où il s'en va de la saincte Ecclise, de la gloire de
Dieu, de l'heur éternel des gens de ce diocèze, affligez d'ung dé-

mon, et aussy de la vie d'une créature qui, possible, seroyt du tout innocente. Puis, la cause élabourée, avons requis ladicte seigneure abbesse de tesmoigner ce qui estoyt à sa cognoissance sur la disparition magicque de sa fille en Dieu, Blanche Bruyn, espouzée par nostre Saulveur, soubz le nom de sœur Claire.

Lors, ha dict la trez-noble, trez-haulte et trez-puissante dame abbesse, ce qui suit :

La sœur Claire, d'origine à elle incogneue, ains soubpçonnée d'estre de père et de mère héréticques et gens ennemys de Dieu, avoir esté vrayment mise en religion au Moustier dont le goubvernement luy estoyt canonicquement escheu, maulgré son indignité; ladicte sœur avoir fermement accompli son noviciat et faict ses vœux suyvant la saincte règle de l'Ordre. Puis, les vœux dicts, estre cheue en grant tristesse et avoir moult blesmi. Par elle abbesse, interroguée sur sa maladie melancholieuse, avoyt esté respondu par ladicte sœur avecques larmes que elle ne en sçavoyt aulcunement la cause; que, en elle, s'engendroyent mille et ung pleurs de ne plus se sentir ses beaulx cheveulx en la teste; que, en oultre de ce, avoyt soif d'aër, ne pouvoyt résister à ses envies de saulter ez arbres, grimper. faire ses tourdions suyvant les usaiges de sa vie à plein ciel ; que elle passoyt ses nuicts en larmes, resvant aux forests soubz la feuillée desquelles iadis elle couchioyt; et, en remembrance de ce, elle abhorroyt la qualité de l'aër claustral qui gehennoyt son respirouère; que, en dedans d'elle, sourdoyent des vapeurs maulvaises, et que par foys elle estoyt intérieurement divertie en l'ecclise par des pensiers qui luy faisoyent perdre contenance. Lors ay rebattu la paouvrette des saincts enseignements de l'Ecclise, luy ay remis en mémoëre le bonheur éterne dont les femmes sans péché iouissoyent en paradiz, et combien estoyt transitoire la vie d'icy-bas, et certaine la bonté de Dieu, lequel, pour aulcunes liesses amères perdues, nous guardoyt un amour sans fin. Maulgré ces saiges advis maternels, l'esprit maulvais ha persisté en ladicte sœur. Et tousiours resguardoyt-elle le feuillaige des arbres, es herbes des prées par les fenestres de l'ecclise pendant les offices et teins des prières ; puis s'obstinoyt à paslir comme linge par malice, à ceste fin de demourer couchiée en son lict; puis, aulcunes foys courattoyt par le cloistre comme chievre desliée du picquet. Finablement, ha maigri, perdu sa beauté trez-grande, et est tournée en ung rien. Ores, en ceste estrif, nous l'abbesse, sa mère,

redoutant la veoir mourir, par nous feut mise en la salle aux ma-
lades. Par ung matin d'hyver, ladicte sœur ha fuy sans lairrer aulcuns vestiges de ses pas, sans bris de portes, ni locquets desman-
chiez, ni croizées ouvertes, ni quoy que ce soyt, où son passaige
feust attesté : adventure espouvantable, laquelle feut existimée
avoir eu lieu par le secours du démon qui la gehennoyt et tormen-
toyt. Au demourant, feut conclud par les authoritez de l'ecclise
métropolitaine que ceste fille d'enfer avoyt eu mission de divertir
les nonnes de leurs sainctes voyes, et, tout esblouie de leur belle vie,
estoyt ratournée par les aërs au sabbat des sorciers qui l'avoyent
lairrée, par mocquerie de nostre saincte religion, en la place de la
vierge Marie.

Ayant dict, la dame abbesse ha esté en grant honneur, et, suyvant l'ordonnance de N. S. archevesque, accompaignée iusqu'au
moustier du Mont-Carmel.

En neufviesme lieu, devers nous est venu, sur citation à luy
donnée, Joseph, dit Leschalopier, changeur, demourant en amont
du pont, à l'enseigne du Besant d'or, lequel, après avoir iuré sa
foy catholicque de ne rien dire aultre chouse que le vray, sceu par
luy touchant le procez devant le tribunal ecclésiasticque, ha tes-
moingné comme suit : Ie suis ung paouvre père, moult affligé par la
sacre voulenté de Dieu. Paravant la venue du succube de la voye
Chaulde, ie avoys pour tout bien ung fils beau comme un homme
noble, sçavant comme ung clercq, ayant faict des voyages plus de
douze en pays estranges ; au demourant, bon catholicque ; se tenant à l'escart des aiguillons de l'amour, pour ce que il refroignoyt au mariaige, se voyant le baston de mes vieulx iours, l'amour
de mes yeulx et la resiouissance constante de mon cueur. Ce estoyt ung fils dont ung roy de France eust esté fier, ung bon et
couraigeux homme, la lumière de mon négoce, la ioye de mon
toit, et, en fin de tout, une richesse inestimable, veu que ie suis
seul en ce monde, ayant eu le maulvais heur de perdre ma compaigne et d'estre trop vieil pour faire un autre moy-mesme. Ores,
monseigneur, ce threzor sans pair me ha esté prins et mis en l'enfer
par le démon. Oui, seigneur iuge, alors que par luy ha esté veue
ceste guaisne à mille coulteaulx, ceste diablesse en qui tout est
atelier de perdition, ioincture de liesse, délectation, et que rien ne
peut assouvir, mon paouvre enfant s'empestra dedans la glue de

son amour, et depuis ne vesquit qu'entre les coulumnes de Vénus, et n'y vesquit pas ung long tems, pour ce qu'en ce lieu gist si grant chaleur que rien ne désaltère la soif de ce goulphre, quand mesme vous y boutteriez les germes du monde entier. Las doncques, mon paouvre garson, son escarcelle, ses espérances génératifves, son heur éterne, tout luy, plus que luy s'est engoulphré en ce pertuis comme ung grain de mil en la gueule d'ung taure. Par ainsy, devenu vieulx orphelin, moy qui parle, n'auray plus d'aultre ioye que de veoir cuire ce démon nourri de sang et d'or, ceste Arachné qui ha entortillé, sugcé plus d'hymenées, plus de familles en herbe, plus de cueurs, plus de chrestiens qu'il n'y ha de ladres en toutes les ladreries de la chrestienté. Bruslez, tormentez ceste goule, ce vampire qui paist des ames ; ceste nature tigre qui boit du sang ; ceste lampe amoureuse où bout le venin de toutes les vipères. Fermez ceste abyme où un homme ne peut trouver de fund... I'offre mes deniers au Chapitre pour le buschier, et mon bras pour y boutter le feu. Veillez, seigneur iuge, à bien detenir ce diable, veu que elle ha feu plus flambant que tous aultres feux terrestres, elle ha tout le feu de l'enfer en son giron, la force de Samson en ses cheveulx et apparences de musicques celestes en la voix. Elle charme pour tuer le corps et l'ame en ung coup ; elle soubrit pour mordre ; elle baise pour dévorer ; brief, elle engiponneroyt ung sainct et luy feroyt renier Dieu. Mon fils ! mon fils ! Où est, à ceste heure, la fleur de ma vie, fleur coupée par ceste estuy féminin comme par cizeaulx. Ha ! seigneur, pourquoy m'avoir appelé ! Qui me rendra mon fils dont l'ame ha esté absorbée par ung ventre qui donne la mort à tous et la vie à aulcun ? Le diable seul fraye et n'engendre point. Cecy est mon tesmoingnaige que ie prie maistre Tournebousche d'escripre sans omettre un iota ; puis m'en bailler cedule pour que ie le dise à Dieu tous les soirs en mes prières à ceste fin de tousiours faire crier à ses aureilles le sang de l'innocence, et obtenir de sa miséricorde infinie le pardon de mon fils.

Suivent vingt et sept aultres dires, dont la transcription en leur vraye obiectivité, et en toutes leurs qualitez d'espace, seroyt prou fastidieuse, tireroyt moult en longueur et divertyroit le fil de ce curieux pourchaz ; histoire qui, selon les préceptes anticques, doit aller droict au faict comme ung taureau en son office principal. Et doncques, vécy, en peu de mots, la mouelle de ces tesmoingnaiges :

Par ung grant numbre de bons chresticns, bourgeoys, bourgeoyses, habitans de la noble ville de Tours, feut dict : ce démon avoir faict tous les iours nopces et festins royaux ; ne iamays avoir esté veu en aulcune ecclise ; avoir mauldict Dieu ; s'estre mocquée de ses prebstres, ne s'estre signée en aulcun lieu ; parler tous les languaiges de la terre, ce qui ne ha esté octroyé par Dieu qu'aux saincts apostres ; avoir esté maintes fois rencontrée par les champs, montée sur un animal incogneu, lequel alloyt devant les nuées ; ne point vieillir et avoir le visaige tousiours ieune ; avoir deslié sa ceincture pour le père et le fils en ung mesme iour, disant que sa porte ne péchioyt point ; avoir de visibles influences malignes qui fluoyent d'elle pour ce que ung talmelier assiz en son bancq à sa porte, l'ayant aperceu ung soir, receut telle halenée de chaulde amour, que, rentrant, s'estoyt mis au lict, avoyt, en grant raige, beliné sa mesnaigiere et feut trouvé mort l'endemain, besongnant tousiours ; que les vieulx hommes de la ville alloyent despendre le demourant de leurs iours et de leurs escuz à son ouvrouer, pour gouster la ioye des péchez de leur ieunesse, et que ils mouroyent comme mousches, tous à contre-fil du ciel, et que aulcuns mourants noircissoyent comme des maures ; que ceste démon ne se lairroyt point veoir à disner, ni à desieuner, ni à souper, ains mangioyt seule, pour ce qu'elle vivoyt de cervelle humaine ; que plusieurs l'avoyent veue, durant la nuict, aller ez cimetières, y gruger de ieunes morts, pour ce que elle ne pouvoyt assouvir aultrement le diable qui trépignoyt dedans ses entrailles et s'y demenoyt comme un oraige ; et que de là venoyent les bauracineux, ascres, mordicants, nitreux, lancinants, précipitants et diabolicques mouvemens, estrainctes, tourdions d'amour et de voluptez, d'où plusieurs hommes revenoyent bleuis, tordus mordus, desbiffez, conquassez ; et que, depuis la venue de nostre Saulveur, qui avoyt emprisonné le maistre diable au corps des gorets, aulcune beste maligne n'avoyt esté veue en aulcun lieu de la terre, si malfaisante, si veneneuze, gryphante, et tant, que, si on gectoyt la ville de Tours en ce champ de Vénus, elle s'y transmuteroyt en grayne de cités, et cettuy démon l'avalleroyt comme fraize.

Puis mille aultres dires, proupos et despositions d'où sourdoyt en toute claireté la génération infernale de ceste femme, fille, sœur, ayeule, espouze, garsette ou frère du diable; oultre les preuves abundantes de sa malfaisance et des calamitez espandues par elle en toutes les familles. Et, si licence estoyt donnée de les mettre icy conformément au roole conservé par le bonhomme auquel en est deue la descouverte, sembleroyent un eschantillon des cris horrificques que poulsèrent les Ægyptiacques au iour de la septiesme playe. Aussy ce verbal ha-t-il faict grant honneur à messer Guillaume Tournebousche, par lequel en sont quotez tous les cayers.

En la dixiesme vacquation, feut ainsi clouse ceste enqueste arrivée en sa maturité de preuves, guarnie de tesmoingnaiges authenticques, suffisamment engrossée de particularitez, complainctes, interdicts, contredicts, charges, assignations, recolemens, confessions publicques et particulières, iuremens, adiournemens, comparitions, controverses, auxquels debvoyt respondre le démon. Aussy, dirent partout les bourgeoys que, feust-elle réallement diablesse et munie des cornes intérieures mussées en sa nature, avecques lesquelles elle beuvoyt des hommes et les brizoyt, ceste femme debvoyt nagier longtems en ceste mer d'escripteures, paravant d'atteindre, saine et saulve, l'enfer.

COMMENT FEUT PROCÉDÉ EN L'ENDROICT DE CETTUY DÉMON FEMELLE.

† *In nomine Patris, et Filii, et Spiritûs sancti.*

L'an de nostre Seigneur mil deux cent septante et ung, pardevant nous, Hiérosme Cornille, grant pénitencier, iuge ecclésiasticque, à ce commis canonicquement, sont comparus :

Le sire Philippe d'Ydré, baillif de la ville, cité de Tours et province de Tourayne, demourant en son hostel, rue de la Rostisserie, en Chasteauneuf; Maistre Jehan Riboù, Prevost de la confrairie et maistrise des Drapiers, demourant sur le quay de Bretaingne, à l'imaige de Sainct-Pierre-ez-liens; messire Antoine Jahan, Eschevin, chief de la confrairie des Changeurs, demourant sur la place du pont, à l'imaige de Sainct-Marc-comptant-des-livres-tournoys ; maistre Martin Beaupertuys, capitaine des archiers de la ville, demourant au chasteau; Jehan Rabelays, goildronneur de navires, faisant bateaulx, demourant au port de l'isle Saint-Jacques, threzorier de la confrairie des Mariniers de la

Loyré ; Marc Hiérosme dict Maschefer, chaussettier, à l'enseigne de Saincte-Sébastienne, président des Preudhommes, et Jacques dict de Villedomer, maistre cabaretier, vigneron demourant en la grande reue, à la Pomme de Pin ; auquel sire d'Ydré, baillif, et auxquels bourgeoys de Tours, avons leu la requeste suivante, par eulx escripte, signée et deslibérée pour estre mise soubz les yeulx du tribunal ecclesiasticque.

REQUESTE

Nous soubz signez, tous bourgeoys de Tours, sommes venus en l'hostel de nostre seigneur le sire d'Yvré, baillif de Tourayne, en l'absence de nostre Maire, et l'avons requis d'entendre nos plainctes et quérimonies sur les faicts ensuivants dont nous nous portons forts devant le tribunal de l'archevesque, iuge des crimes ecclésiasticques, auquel doibt estre defféré le pourchaz de la cause que nous exposons.

Depuis ung long tems est venu en ceste ville ung maulvais démon soubz visaige de femme, laquelle demoure en la coulture Sainct-Estienne, dedans la maison de l'hostellier Tortebras, size en la censive du chapitre, et soubz la iurisdiction temporelle du domaine archiépiscopal. Laquelle femme estrangiere faict le mestier de fille de ioye en fasson proditoire, abusive, et en telle empirance de malfassons que elle menasse de ruyner la foy catholicque en ceste ville, pour ce que ceulx qui vont à elle en reviennent l'ame perdue de tout poinct, refusent l'assistance de l'Ecclise avecques mille scandaleux discours.

Ores, considérant que ung grant nunbre de ceulx qui s'adonnent à elle sont morts, et que, advenue en nostre ville sans aultres biens que sa nature, elle ha, suyvant la clameur publicque, des richesses infinies, threzors royaulx dont l'acquest est véhémentement soubpçonné de sorcellerie, ou sinon de vols commis à l'aide des attraicts magicques de sa personne supernaturellement amoureuse ;

Considérant que il s'en va de l'honneur et sécurité de nos familles ; que iamays en ce pays ne s'est veu femme folle de son corps, ou fille d'amour, faisant avecques tel détriment sa besongne de galloise, et menassant si apertement et aspremant la vie, les espargnes, les mœurs, chasteté, religion, et le tout des habitans de ceste ville;

Considérant que besoing est d'une enqueste de sa personne, de biens et de ses desportemens, à ceste fin de vérifier si ces efcts de l'amour sont légitimes et ne procèdent point, ainsy que le démonstrent ses gestes, d'ung maléfice de Satan, lequel vient souvent visiter la chrestienté soubz forme femelle, ainsy qu'il appert des livres saincts, où il est dict que nostre benoist Saulveur feut emporté iuz ung mont d'où Lucifer ou Astaroth luy monstra de fertiles domaines en Iudée, et que, en plusieurs endroicts, ont esté veus des succubes ou démons, ayant visaige de femme, lesquels ne voulant point ratourner en enfer, et guardant en eulx ung feu insatiable, tentent de se rafreschir et substanter en aspirant des ames;

Considérant que au caz de ladicte femme se rencontrent mille tesmoinguaiges de diablerie dont aulcuns habitans parlent ouvertement, et que il est utile pour le repos de ladicte femme que la chouse soit vuydée, à ceste fin qu'il ne soit point couru sus par aulcunes gens ruynez par le train de ses maulvaisetiez;

A ces causes, nous supplions qu'il vous plaise soubmettre à nostre seigneur spirituel, père de ce dioceze, le trez-noble et sainct archevesque Iehan de Montsoreau, les douloirs de ses ouailles affligées, à ceste fin qu'il y advise.

En ce faisant, vous remplirez les debvoirs de vostre charge, ainsy que nous celuy de servateurs de la sécurité de ceste ville, chascun suyvant les chouses dont il ha cure en son quartier.

Et avons signé le présent, l'an de nostre Seigneur mil deux cent septante et ung, le iour de tous les Saincts après la messe.

Maistre Tournebousche ayant parachevé la lecture de ceste requeste, par nous, Hiérosme Cornille, ha esté dict aux requérans :

— Messires, auiourd'huy, persistez-vous dans ces dires, avez-vous preuves aultres que celles venues à nostre cognoissance, et vous engaigez-vous à soubztenir la vérité de cecy devant Dieu, devant les hommes et devant l'accusée?

Tous, fors maistre Iehan Rabelays, ont persévéré dans leur créance, et le dessus dict Rabelays ha soy retiré du pourchaz, disant tenir la dicte morïsque pour femme naturelle, pour une bonne gouge qui n'avoyt aultre deffault que de conserver une trez-haulte températeure d'amour.

Doncques, nous, iuge commis, après meure délibération, avons trouvé matière à suivre sur la requeste desdicts bourgeoys, et ordonnons qu'il sera procédé à l'encontre de la femme mise en la geole du chapitre, par toutes voyes de droict, escriptes ez canons et ordonnances *contra dæmonios*.

Ladicte ordonnance commutée en assignation sera publiée par le crieur de la ville en tous les quarroys, et à son de trompe, à ceste fin d'estre cogneue de tous, et pour ce que ung chascun tesmoingne suivant sa conscience, puisse estre confronté avecques le dict démon, et en fin de tout, ladicte accusée estre pourveue d'ung deffenseur suivant les usaiges, puis les interroguations et le procez estre congrument faicts.

Signé : HIÉROSME CORNILLE.

Et plus bas :

TOURNEBOUSCHE.

† *In nomine Patris, et Filii, et Spiritûs sancti. Amen.*

L'an de nostre Seigneur mil deux cent septante et ung, le dixiesme iour de febvrier, après la messe, par ordonnance de nous Hiérosme Cornille, iuge ecclésiasticque, ha esté tirée de la geole du chapitre et amenée devers nous la femme prinse en la maison de l'hostellier Tortebras, scituée sur le domaine du chapitre de la cathédrale Sainct-Maurice, et par ainsy subiecte de la iustice temporelle et seigneuriale de l'archevesché de Tours, oultre que, suivant la nature des crimes à elle imputez, elle est soubmize au tribunal et relesve de la iustice ecclésiastique, ce que nous luy avons faict cognoistre à ceste fin que elle n'en ignore.

Puis, après lecture sérieuse, entière et bien comprinse par elle : en prime lieu, de la requeste de la ville ; puis, des dires, plainctes, accusations et procédures qui se trouvent escriptes en vingt-deux cayers par maistre Tournebousche, et sont cy-dessus relatez, nous avons, soubz l'invocation et l'assistance de Dieu et de l'Ecclise, advisé à querrir la vérité, d'abord par interroguatoires faictes à ladicte accusée.

En prime interróguation, avons requis ladicte de nous dire en quel pays ou ville avoyt prins naissance. Par elle qui parle ha esté dict : En Mauritanie.

Puis nous sommes enquis si elle avoyt ses père et mère ou aulcuns parens. Par elle qui parle ha esté respondu qu'elle ne les avoyt iamays cogneus.

Par nous ha esté requise de desclairer quel nom estoyt le sien. Par elle qui parle ha esté dict : Zulma, en langue arabe.

Par nous ha esté demandé pourquoy parloyt-elle nostre languaige. Par elle qui parle ha esté dict : Pour ce que elle est venue en ce pays.

Par nous ha esté demandé : En quel tems? Par elle qui parle ha esté dict : Environ douze ans.

Par nous ha esté demandé en quel aage lors estoyt-elle. Par elle qui parle ha esté dict : Quinze ans, ou peu s'en faut.

Par nous ha esté dict : Doncques vous recognoissez avoir vingt et sept années? Par elle qui parle ha esté dict : Oui.

Par nous ha esté dict à elle qu'elle estoyt doncques la Maurisque trouvée en la niche de madame la Vierge, puis baptizée par l'archevesque, tenue sur les fonts par le feu seigneur de la Roche-Corbon et la damoiselle d'Azay son espouse ; puis mise par eulx en religion au moustier du Mont-Carmel, où par elle auroyent esté faicts vœux de chasteté, paouvreté, silence et amour de Dieu, soubz la divine assistance de saincte Claire. Par elle qui parle ha esté dict : Cela est vray.

Par nous luy ha esté demandé si lors elle tenoyt pour évidentes les desclarations de la trez-noble et inclyte dame abbesse du Mont-Carmel, et aussy le dire de la Iacquette, dicte Vieulx-Oing, souillarde ez cuisines. Par elle qui parle ha esté dict leurs paroles estre vrayes pour la plus grant part.

Lors, par nous luy ha esté dict : Doncques vous estes chrestienne? Et par elle qui parle ha esté respondu : Oui, mon père.

En ce moment, par nous ha esté requise de faire le signe de la croix et de prendre eaue benoiste en ung benoistier mis par Guillaume Tournebousche iouxte sa main; ce que ayant faict, et par nous ayant esté veu, ha esté admis comme ung faict constant que Zulma la Mauritaine, dicte en nostre pays Blanche Bruyn, moynesse du Moustier soubz l'invocation du Mont-Carmel, y nommée sœur Claire et soubpçonnée estre une faulse apparence de femme soubz laquelle seroyt ung démon, ha, en nostre présence, faict acte de religion et recogneu par ainsy la iustice du tribunal ecclésiasticque.

Lors, par nous luy ont esté dictes ces paroles : Ma fille, vous estes véhémentement soubpçonnée d'avoir eu recours au diable en la manière dont vous estes issue du couvent, laquelle ha esté supernaturelle de tout poinct. Par elle qui parle ha esté dict : Avoir, en ce tems, naturellement gaigné les champs par l'huys de la reue, après vespres, soubz la robbe de dom Iehan de Marsilis, visiteur du Moustier, lequel l'avoyt logiée, elle qui parle, en ung taudis à luy, siz en la reuelle de Cupidon, prouche une tour de la ville. Puis, là, ce dict prebstre avoyt, à elle qui parle, longuement et trez-bien apprins les doulceurs de l'amour dont, elle qui parle, estoyt lors de tout poinct ignorante ; auxquelles doulceurs elle avoyt moult prins goust, les trouvant de bel usaige. Puis le sire d'Emboyse l'ayant aperceue, elle qui parle, à la croizée de ce retraict, avoyt esté féru pour elle d'ung grant amour. Lors, elle qui parle, l'ayant de bon cueur aymé plus que le moyne, s'estoyt enfuie du bouge où la détenoyt au prouffict de son plaizir dom Marsilis. Et lors elle estoyt allée, en grant erre, à Emboyse, chastel du dict seigneur, où elle avoyt eu mille passe-tems, la chasse, les dances et beaulx vestements de Royne. Un iour, le sire de la Roche-Pozay ayant esté convié par le sire d'Emboyse à venir gobelotter et se resiouir, le baron d'Emboyse l'avoyt faict veoir, elle qui parle, à son insceu, alors que elle sortoyt nue du bain. Ores, à ceste veue, ledict sieur de la Roche-Pozay estant tombé de hault mal d'amour pour elle qui parle, avoyt l'endemain desconfict en combat singulier le sire d'Emboyse ; et, par grant violence, maulgré ses pleurs, l'avoyt elle emmenée en terre saincte, où, elle qui parle, avoyt mené la vie des femmes bien aymées et tenues en grant respect à cause de leurs beaultez. Puis, après force adventures, estoyt, elle qui parle, revenue en ce pays, maulgré ses appréhensions de maulvais heur, pour ce que tel estoyt le vouloir de son seigneur et maistre le baron de Bueil, lequel se mouroyt de poine ez pays asiaticques et deziroyt revoir son manoir patrial. Ores, luy avoyt, à elle qui parle, promis de la saulver de tout estrif. Lors, elle qui parle, avoyt eu foy et créance en luy, d'autant que elle l'aimoyt trez-fort. Ains, à son arrivée en ce pays, le sire de Bueil feut prins de maladie et trespassa desplourablement sans faire aulcuns remèdes, maulgré les ferventes requestes que luy avoyt adressées elle qui parle, ains sans succès, pour ce qu'il haïssoyt les physicians, maistres myrrhes et apothécaires ; et que cecy estoyt toute la vérité.

Lors par nous ha esté dict à l'accusée que elle tenoyt par ainsy pour vrays les dires du bon sire Harduin et de l'hostelier Tortebras. Par elle qui parle ha esté respondu que elle les recognoissoyt pour évidens pour la plus grant part, et aussy pour maulvais, calumnieux et imbéciles en aulcuns endroicts.

Lors par nous ha esté requise l'accusée de desclairer si elle avoyt eu amour et copulation charnelle avecques tous les hommes nobles, bourgeoys et aultres dont tesmoingnent les plainctes et desclairations des habitans. A quoy par elle qui parle ha esté respondu trez-effrontement : Amour, oui ; mais copulation, ie ne sçays.

Par nous lors luy ha esté dict que tous estoyent morts par son faict. Par elle qui parle ha esté dict que leur mort ne sçauroyt estre son faict, pour ce que tousiours se refusoyt à eulx, et tant plus les fuyoyt, tant mieulx venoyent-ils, et la sailloyent, elle qui parle, avecques raiges infinies ; et alors que, elle qui parle, estoyt par eulx prinse, bien y alloyt-elle de tout son mouvement à la graace de Dieu, pour ce que elle sentoyt des ioyes à nulles aultres pareilles en ceste chouse. Puis ha dict, elle qui parle, advouer ses secrets sentimens unicquement pour ce que par nous elle estoyt requise de dire la vérité de tout, et que, elle qui parle, redoutoyt moult les gehennemens des torssionaires.

Lors par nous luy ha esté demandé de nous respondre, à poine de torteures, en quel pensier estoyt-elle, alors que un homme noble mouroyt par suite de ses accointances avecques elle. Lors par elle qui parle ha esté respondu que elle demouroyt toute mélancholieuse et vouloyt se deffaire ; prioyt Dieu, la Vierge et les Saincts de la recepvoir en paradiz pour ce que iamays, elle qui parle, n'avoyt faict rencontre que de beaulx et bons cueurs en lesquels n'estoyt nul vice, et que elle tomboyt, les voyant deffuncts, en grantes tristifications, se cuydoyt une créature malfaisante ou subiecte d'ung maulvais sort que elle communicquoyt comme peste.

Lors par nous ha esté requise de dire où se faisoyent ses oraisons.

Par elle qui parle ha esté dict que elle prioyt en son oratouere, à genoilz devant Dieu qui, selon l'Evangile, voit, entend tout et réside en tous lieux.

Lors par nous ha esté demandé pourquoy elle ne frequentoyt point les ecclises ni les offices et festes. A ce par elle qui parle ha esté respondu que ceulx qui venoyent pour l'aymer avoyent esleu les iours feriez pour s'esbattre, et que, elle qui parle, faisoyt tout à leurs voulentez.

Par nous lui ha esté remonstré chrestiennement que, par ainsy, elle estoyt en soubmission des hommes plus que des commandemens de Dieu.

Lors par elle qui parle ha esté dict que, pour ceulx qui la bien aymoyent, elle qui parle se seroyt gectée en buschiers ardens, n'ayant oncques suivi en son amour aultre cours que celui de sa nature, et, pour le monde poisant d'or, n'eust presté ni son corps ni son amour à ung Roy que elle n'eust point aymé de cueur, de pieds, de teste, de cheveulx, de front et de tout poinct. Brief, d'abundant, elle qui parle n'avoyt iamays faict acte de galloise en vendant ung seul brin d'amour à un homme que elle n'eust point esleu pour sien. Et que cil qui l'avoyt tenue en ses bras une heure, où l'avoyt baisée ung petit en la bousche, la possédoyt pour le demourant de ses iours.

Lors par nous ha esté requise de dire d'où procédoyent les ioyaulx, plats d'or, argent, pierres précieuses, meubles royaulx, tapis, *et cœtera*, valant deux cent mille doublons, suivant expertise trouvée en son logiz, et remis en guarde du threzorier du Chapitre. Par elle qui parle ha esté dict que en nous elle plaçoyt tout son espoire, autant qu'en Dieu mesme, mais que elle n'ozoyt respondre à cecy, pour ce qu'il s'en alloyt des plus doulces chouses de l'amour, dont elle avoyt tousiours vescu.

Puis, interpellée de rechief, ha dict elle qui parle que si, nous iuge, cognoissions en quelle ferveur elle tenoyt celuy que elle aymoyt, en quelle obedience le suivoyt par toute voye bonne ou maulvaise, en quelle estude luy estoyt soubmise, avecques quel bonheur elle escoutoyt ses dezirs et aspiroyt les sacres paroles desquelles sa bousche la gratifioyt, en quelle adoration avoyt sa personne, nous-mesme, vieulx iuge, cuyderions comme ses bien-aymez nulle somme ne pouvoir payer ceste grant affection après laquelle courent tous les hommes. Puis ha dict, elle qui parle, n'avoir iamays de nul homme aymé par elle sollicité nul présent, ni guerdon, et que elle demouroyt parfaictement contente de vivre en leur cueur; que elle s'y rouloyt avecques des plaizirs intarissables et ineffables, se trouvant riche de ce cueur plus que de tout, et ne songioyt à rien aultre chouse qu'à leur rendre plus de ioye et bonheur que elle n'en recevoyt d'eulx. Mais, obstant les deffenses itératives de elle qui parle, ses amoureux se bendoyent à tousiours la gracieusement mercier. Tantost l'ung venoyt, à elle qui parle, avecques ung fermail de perles, disant : — Vécy pour monstrer à ma mye que le satin de sa peau ne me paroissoyt pas à faulx plus blanc que perles! Et le mettoyt au cou de elle qui parle en le baisant bien fort. Elle qui parle se choleroyt de ces folies, ains ne pouvoyt refuser de conserver un ioyau qui leur faisoyt plaizir à veoir là où ils le mettoyent sur elle. Ung chascun avoyt phantaisie diverse. Tantost un aultre aymoyt à deschirer les vestements précieux dont elle qui parle se couvroyt pour lui agréer, puis un aultre à la vestir, elle qui parle, de saphirs aux bras, aux iambes, au col ou en ses cheveulx. Cettuy à l'estendre ez tapiz, en de longs linceuls de soye ou velpux noir, et demouroyt des iours entiers en ecstase des perfections d'elle qui parle, à qui les chouses dezirées par ses amoureux donnoyent plaisirs infinis, pour ce que ces chouses les faisoyent tout aises. Puis ha dict elle qui parle que, comme nous ne aymons rien tant que nostre plaizir et voulons que tout esclate en beaulté, harmonie, au dehors comme en dedans du cueur, alors tous soubhaitoyent veoir le pourpriz habité par elle qui parle aorné des plus belles chouses ; et en ce pensier tous ses amoureux se plaisoyent autant que elle à y respandre l'or, la soye et les fleurs. Ores, veu que ces belles chouses ne guastoyent rien, elle qui parle n'avoyt nulle force ni commandement pour empeschier ung chevalier ou mesme ung riche bourgeoys dont elle estoyt aymée de faire à sa voulenté; et, par ainsy, se trouvoyt contraincte d'en recepvoir perfums précieulx et aultres satisfactions dont elle qui parle estoyt affolée, et que telle estoyt la source de ces plats d'or, tapis et ioyaulx prins chez elle par les gens de iustice.

Cy fine la prime interroguation faicte à ladicte sœur Claire, soubpçonnée d'estre ung démon, pour ce que nous iuge, et Guillaume Tournebousche, avoyent trop grant fatigue d'entendre la voix de ladicte en leurs aureilles, et se trouvoyent l'entendement brouillé de tout poinct.

Par nous iuge ha esté assigné le secund interroguatoire à trois iours d'huy pour estre cherchées les preuves de l'obsession et présence du démon au corps de la dessus dicte; laquelle, suivant le commandement du iuge, ha esté réintégrée en sa geole soubz la conduicte de maistre Guillaume Tournebousche.

☧ *In nomine Patris, et Filii, et Spiritûs sancti. Amen.*

Le treiziesme iour ensuivant dudict moys de febvrier, pardevers nous, Hiérosme Cornille, *et cœtera*, ha esté traducte la sœur Claire, cy-dessus nommée, à ceste fin d'estre interroguée sur les faicts et gestes à elle imputez, et d'iceulx convaincue.

Par nous iuge ha esté dict à la comparue que, veu les diverses responses par elle données aux interroguats qui précèdent, il constoyt que oncques ne feut au pouvoir d'une simple femme, encores qu'elle feust authorisée, si telles licences estoyent baillées, à mener la vie de femme folle de son corps faisant plaizir à tous, de praticquer tant de morts et accomplir envousteries si parfaictes sans l'assistance d'un espécial démon logié en son corps et auquel l'aine auroyt esté vendue par ung pacte espécial. Doncques, il estoyt apertement démonstré que soubz son apparence gist et se mouve ung démon autheur de ces maulx, et que elle estoyt présentement sommée de desclairer en quel aage elle avoyt receu cettuy démon; advouer les conditions attermoyées entre elle et luy, puis dire la vérité sur leurs communs malefices. Par elle qui parle ha esté resparti que elle vouloyt respondre, à nous homme, comme à Dieu qui doibt estre nostre iuge à tous. Lors, ha prétendu elle qui parle n'avoir iamays veu le démon, ne luy avoir point parlé, ne aulcunement soubhaité le veoir; ne point avoir faict mestier de courtizane, pour ce que oncques elle qui parle n'avoyt practicqué les delices de toute sorte qu'invente l'amour, aultrement que meue par le plaizir que le Créateur souverain avoyt mis en ceste chouse, et y avoir tousiours esté incitée, elle qui parle, plus par dezir d'estre doulce et bonne au chier seigneur aymé par elle que par ung vouloir incessamment trepignant. Mais que, si tel avoyt esté son vouloir, elle qui parle nous supplioyt de songier que elle estoyt une paouvre fille africquaine, en laquelle Dieu avoyt mis ung sang trez-chauld, et, en son pensouère, si facile entendement des delices amoureuses, que, alors que homme la resguardoyt, elle sentoyt ung grant esmoy en son cueur. Puis, si par dezir d'accointance, un amoureux seigneur la touschioyt, elle qui parle, en aulcun endroict du corps, en y coulant la main, elle estoyt, maulgré tout, soubz son pouvoir, pour ce que le cueur luy failloyt aussitost. Par ce touschier l'apprehension et remembrance de toutes les belles ioyes de l'amour se resveigloyent en son centre et y mouvoyent une aspre ardeur, laquelle gaignoyt le hault, flamboyt ez veines et la faisoyt amour et ioye de la teste aux pieds. Et du iour où, premier, dom Marsilis en elle qui parle avoyt ouvert la comprehension de ces chouses, elle n'avoyt iamays eu aultre pensier, et recogneut alors que l'amour estoyt chouse si parfaictement concordante à sa nature espéciale, que depuis avoyt esté prouvé à elle qui parle que, par faulte d'homme et arrouzement naturel, elle seroyt morte desseichiée au dict couvent. En tesmoingnaige de cecy, elle qui parle nous afferme en toute certaineté que, après sa fuite dudict moustier, oncques n'eut un iour ni feut ung seul brin de tems en mélancholie ne tristesse, ains tousiours feut, elle qui parle, ioyeulse, et par ainsy suivit la sacre voulenté de Dieu à son esguard, de laquelle se cuydoyt avoir esté divertie en tout le tems perdu pour elle en ce moustier.

A cecy feut obiecté par nous Hiérosme Cornille audict démon que, en ceste response, estoyt par luy apertement blasphemé contre Dieu, pour ce que nous avions esté faicts tous à sa plus grant gloire, et mis en ce monde pour l'honorer et le servir ; avoir soubz les yeux ses benoits commandemens et vivre sainctement à ceste fin de gaigner l'heur éternel, et non estre couchiez à faire tousiours ce que les bestes elles-mesmes ne font qu'en ung tems. Lors par ladicte sœur ha esté respondu que elle qui parle avoyt moult honoré Dieu ; que, en tous les pays, avoyt eu cure des paouvres et souffreteux, leur donnant force deniers, vestemens, et plourant au veu et au sceu de leurs misères ; et que, au iour du iugement darrenier, elle qui parle souloyt espérer avoir autour d'elle bonne compaignie de sainctes œuvres plaizantes à Dieu qui crieroyent mercy pour elle. Puis, que n'estoyt son humilité, crainte d'estre reprouchée, et paour de desplaire à messieurs du Chapitre, elle eust avecques ioye despendu ses biens à parachever la cathédrale de Sainct-Maurice, et y établir des fundations pour le salut de son ame, n'y espargnant point sa ioye ni sa personne ; et que, en ce pensier, elle auroyt prins double plaizir en ses nuictées, pour ce que chascun de ses amours auroyt boutté une pierre à l'édification de ceste basilicque. Aussy, d'abundant, pour ceste fin et pour l'heur éternel d'elle qui parle, tous ceulx qui l'aimoyent auroyent-ils donné leurs biens à grant cueur.

Lors, par nous ha esté dict à ce démon que elle ne sauroyt se iustifier d'estre brehaigne, pour ce que, maulgré tant de copulations, nul enfant n'estoyt né d'elle; ce qui prouvoyt la présence d'ung démon en son corps. D'abundant, Astaroth seul ou un apostre pouvoyt parler en tout languaige, et que elle parloyt à la mode de tous pays, ce qui témoingnoyt la présence du diable en elle. A ce par elle qui parle ha esté dict, pour ce qui est des diversitez de languaige, que, de griecq, elle ne sçavoyt rien aultre chouse, si ce n'est : *kyrie eleison!* dont elle faisoyt grant usaige; de latin rien, si ce n'est *Amen*, et le disoyt à Dieu, soubhaitant en obtenir la liberté. Puis que, pour le demourant, elle qui parle avoyt eu grant douleur d'estre orbe d'enfants; et, si les mesnaigieres en faisoyent, elle cuydoyt que ce estoyt pour ce que elles ne prenoyent que petitement plaizir en la chouse, et elle qui parle ung peu trop. Mais que tel estoyt sans doubte le vouloir de Dieu, qui songioyt que par trop grant bonheur le monde seroyt en dangier de périr.

Entendant ce, et mille aultres raisons qui suffisamment establissent la présence d'ung diable au corps de la sœur, pour ce que le propre de Lucifer est de tousiours trouver arraizonnements hérélicques ayant vraysemblance, avons ordonné que ladicte accusée seroyt appliquée en nostre présence à la torture et moult gehennée, à ceste fin de reduire ledict démon par souffrance et le soubmettre à l'authorité de l'Ecclize. Doncques, avons mandé pour nous faire assistance Françoys de Hangest, maistre myrrhe et médecin du Chapitre, en l'enchargeant par une cédule cy-dessoubz transcripte de recognoistre les qualitez de la nature féminine (*virtutes vulvæ*) de la dessus dicte femme, pour esclairer nostre religion sur les modes mis en usaige par cestuy démon pour happer les ames en ceste voye, et descouvrir si aulcun artifice y apparoist.

Lors ha moult plouré, geint par advance ladicte Morisque, et, nonobstant ses fers, se est agenouillée, implourant avecques cris et clameurs revocation de ceste ordonnance, obiectant ses membres estre en tel estat de foyblesse, et ses os si tendres, que elle se rompryot comme verre. Puis, en fin de tout, elle ha faict offre de se rachepter de ce par le don de ses biens au Chapitre, et de vuyder incontinent le pays.

Sur ce, par nous feut requise de desclairer voulontairement soy estre et avoir tousiours esté ung démon de la nature des succubes qui sont diables femelles, ayant charge de corrompre les chrestiens par les blandices et flagitioses délices de l'amour. A cecy, par elle qui parle ha esté dict que ceste affirmation seroyt ung men songe abominable, veu que elle se estoyt tousiours sentie trez-bien femme naturelle.

Lors, ses fers luy ayant esté tollus par le questionnaire, ladicte ha deffaict sa cotte et nous ha meschamment et à dessein obscurci, brouillé, adhiré l'entendement, par la veue de son corps, lequel exerce de faict sur l'homme des coërtions supernaturelles.

Maistre Guillaume Tournebousche ha, par force de nature, quitté la plume en cet endroict et ha soy retiré, obiectant ne pouvoir, sans tentations incredibles qui luy labouroyent la cervelle, estre tesmoing de ceste torteure, **pour ce que il sentoyt le diable gaigner violemment sa personne.**

Cy fina le second interroguatoire, et, veu que par l'appariteur et ianiteur du Chapitre ha esté dict maistre Françoys de Hangest estre en campaigne, la gehenne et interroguations sont assignées à l'endemain, heure de midy, après la messe dicte.

Cecy ha esté escript au verbal par moy Hiérosme, en l'absence de maistre Guillaume Tournebousche, en foy de quoy avons signé.

HIÉROSME CORNILLE,
grant pénitencier.

REQUESTE

Ce iourd'huy, quatorziesme iour du moys de febvrier, en présence de moy Hiérosme Cornille, sont comparus les dicts maistres Iehan Ribou, Antoyne Iahan, Martin Beaupertuys, Hiérosme Maschefer, Iacques de Ville d'Omer, et sire d'Yvré, au lieu et place du Maire de la cité de Tours, lors absent. Tous plaignans désignez en l'acte du pourchaz faict en l'hostel de la ville, auxquels avons, sur la requeste de Blanche Bruyn, se recognoissant présentement moynesse au moustier du Mont-Carmel, soubz le nom de sœur Claire, desclairé l'appel faict au iugement de Dieu par ladicte accusée de possession démoniacque et son offre de passer par l'épreuve de l'eaue et du feu, en présence du Chapitre et de la ville de Tours, à ceste fin de prouver ses réalitez de femme et son innocence.

A ceste requeste ont adhéré pour leur part lesdicts accusateurs; lesquels, attendu que la ville se porte fort, se sont engaigiez à préparer la place et ung buscher convenable et approuvé des parrains de l'accusée.

Puis par nous iuge ha esté assigné pour terme de l'épreuve le prime iour de l'an neuf, qui sera Pasques prochain, et ayons indicqué l'heure de midy, après la messe dicte, ung chascun des parties ayant recogneu ce délai estre moult suffisant.

Doncques, sera le présent arrest crié à la diligence de ung chascun, en toutes les villes, bourgs et chasteaux de Tourayne, et du pays de France à leurs soubhaits, à leurs cousts et diligence.

HIÉROSME CORNILLE.

CE QUE FIT LE SUCCUBE POUR SUCCER L'AME DU VIEULZ IUGE ET CE QUE ADVINT DE CESTE DELECTATION DIABOLICQUE.

Cecy est l'acte de confession extresme faicte le premier iour du moys de mars de l'an mil deux cent septante et ung après la venue de N. B. Saulveur, par Hiérosme Cornille, prebstre, chanoine du Chapitre de la cathédrale de Sainct-Maurice, grant pénitencier, de tout se recognoissant indigne. Lequel, se trouvant en sa darrenière heure, et contrit de ses péchez, malfassons, forfaictures, meffaicts et maulvaisetiez, ha soubhaité ses adveux estre mis en lumière pour servir à la préconisation de la vérité, gloire de Dieu, iustice du tribunal, et luy estre une allégeance à ses punitions en l'aultre monde. Ledict Hiérosme Cornille estant en son lict de mort, ont esté convocquez pour ouyr ses desclarations Iehan de La Haye (de Haga), Vicaire de l'ecclise Sainct-Maurice; Pierre Guyard, Thrézorier du Chapitre, commis par nostre seigneur Iehan de Montsoreau, Archevesque, pour escripre ses paroles; puis Dom Louis Pot, religieux du maius monasterium (Marmoustier), esleu par luy pour père spirituel et confesseur; tous trois assistez du grant et inclyte docteur Guillaume de Censoris, Archidiacre romain, de présent en nostre diocèze envoyé (legatus) par N. S. P. le Pape. Finablement en présence d'ung grant numbre de chrestiens venus pour estre tesmoings du trespassement dudict Hiérosme Cornille, sur son soubhait cogneu de faire acte de publicque reentance, veu qu'il en ra du quaresme, et que sa parole pourra ouvrir les yeulx aux chrestiens en train de soy logier en enfer.

Et devant luy, Hiérosme, qui, pour cause de grant foyblesse, ne pouvoyt parler, ha leu dom Louis Pot la confession ensuyvante, au grant esmoy de la dicte assistance :

« Mes frères, iusques en l'an septante neuf de mon aage, lequ est celuy où ie suis, sauf les menus péchez dont, tant sainct soit-il, ung chrestien se rend coupable envers Dieu, mais qu'il nous est loysible de rachepter par pénitence, ie cuyde avoir mené une vie chrestienne et merité le los et renom qui m'estoyt escheu en ce diocèze où ie feus eslevé à la trez-haulte charge de grant Pénitencier, dont suis indigne. Ores, saisi par l'apprehension de la gloire infinie de Dieu, espouvanté des supplices qui attendent les meschans et prévaricateurs en enfer, i'ay songié d'amoindrir l'énormité de mes forfaicts par la plus grant pénitence que ie puisse faire en l'extresme heure où i'arrive. Lors ay impétré de l'Ecclise dont i'ay mécogneu, trahi, vendu les droicts et le renom de iustice, l'heur de m'accuser publicquement en la manière des anciens chrestiens. Ie soubhaiteroys, pour tesmoigner plus grant repentance, avoir encores en moy assez de vie pour estre au portail de la cathédrale iniurié par tous mes frères, y demourer un iour entier à genoilz, tenant ung cierge, ayant la chorde au cou, les pieds nuds, veu que i'ay moult suivi les erremens de l'enfer à l'encontre des sacres interests de Dieu. Mais en ce grant naufraige de ma fragile vertu, ce qui vous soyt un enseignement de fuir le vice, les piéges du démon, et vous refugier en l'Ecclise où sont tous secours, i'ay esté si tellement envousté par Lucifer, que N. S. Iésus-Christ prendra, par l'intercession de vous tous dont ie réclame l'aide et les prières, pitié de moy, paouvre chrestien abuzé, dont les yeulx fondent en eaue. Aussy vouldroys-je avoir une aultre vie à despendre en travaulx de pénitence. Ores doncques, oyez et tremblez en grant paour. Esleu par le Chapitre assemblé à ceste fin de faire, instruire et grabeler le procez encommencé à l'endroict du démon qui se est produict sous la forme féminine en la personne d'une religieuse relapse, abominable et reniant Dieu, ayant nom Zulma au pays infidelle d'où est venue; lequel diable est cogneu dans le diocèze soubz celuy de Claire du Moustier du Mont-Carmel, et ha moult affligé la ville en soy mettant sous ung numbre infini d'hommes pour en conquester les ames à Mammon, Astaroth et Satan, princes de l'enfer, en leur faisant vuyder ce monde en estat de péché mortel, et leur donnant le trespas là ou se prind la vie; ie suis, moy iuge, tombé, sur le tard de mes iours, en ce piége, et i'ay perdu le sens en m'acquittant proditoirement des fonctions commises en grant fiance par le Chapitre à ma vieillesse froide. Oyez comme est subtil le démon, et maintenez-vous contre ses artifices. En entendant la prime response faicte par le susdict succube, ie vis avecques effroy que les fers mis en ses pieds et mains n'y lairroyent aulcunes traces; et, par ainsy, feus esblouy de sa force absconse et de sa foyblesse apparente. Doncques, mon esperit se troubla soudain au veu des perfections de nature desquelles s'estoyt vestu le diable. I'escoutoys la musicque de sa voix, laquelle me reschauffioyt de la teste aux pieds et me faisoyt soubhaiter estre ieune pour m'adonner à ce démon, trouvant que, pour une heure passée en sa compaignie, mon heur éternel n'estoyt qu'ung foyble solde des plaizirs de l'amour goustez en ces bras mignons. Lors, déposay la fermeté dont doibvent demourer guarnis les iuges. Cettuy démon, par moy questionné, m'arraizonna de telles paroles qu'en son secund interroguatoire ie feus en ferme persuasion que ie feroys ung crime en mulctant et tormentant une paouvre petite créature, laquelle plouroyt comme un enfant innocent. Lors, adverti par une voix d'en hault de faire mon debvoir et que ces paroles dorées, ceste musicque d'apparence céleste, estoyent momeries diabolicques; que cettuy corps si gent, si desgourd, se transmuteroyt en beste horriblement poileue, à griphes aguz; et ses yeulx si doulx, en tisons d'enfer; sa croupe, en queue squammeuse; et sa iolye bousche roze, à lèvres gracieuzes, en gueule de crocodile, ie revins en intention de faire torturer ledict succube iusques à ce qu'il advouast sa mission, ainsi que déià ceste practicque avoyt esté suivie en la chrestienté. Doncques, alors que cettuy démon se monstra nud à moy, pour estre mis à la gehenne, ie feus soudainement soubmis à sa puissance par coniurations magicques. Ie sentis mes vieulx os cracquer; ma cervelle receut lumière chaulde; mon cueur transborda du sang ieune et bouillant; ie fus allaigre en moy-mesme; et par la vertu du philtre gecté er mes yeulx, se fondirent toutes les neiges de mon front. Ie perdis cognoissance de ma vie chrestienne, et me creus un escholier virvouchant en la campaigne, eschappé de la classe et robbant des pommes. Ie n'eus aulcune force de faire ung seul signe de croix, et ne me soubvins ne de l'Ecclise, ne de Dieu le Père, ne du doulx Saulveur des hommes. En proye à ceste visée, i'alloys par les reues, me ramentevant les délices de ceste voix, l'abomiuable ioly corps de cettuy démon, me disant mille chouses maulvaises. Puis, féru et tiré par ung coup de la fourche du diable qui se plantoyt déià en ma teste comme serpe en ung chesne, ie feus conduit par ce fer agu vers la geole, maulgré mon ange gardien, lequel de tems à aultre me tiroyt par le bras et me deffendoyt contre ces tentations; mais obstant ses saincts adviz et son assistance, i'estoys tiraillé par des millions de griffes enfoncez en mon cueur, et m'en trouvay tost en ceste geolé. Alors que l'huys m'en feut ouvert, ie ne vis plus aulcune apparence de prison, pour ce que le succube y avoyt par le secours des maulvais génies ou phées construict ung pavillon de pourpre et de soyeries, plein de perfums et de fleurs, où elle s'esbauldissoyt vestue superbement, sans avoir ni ferremens au col, ni chaisne aux pieds. Ie me lairray despouiller de mes vestemens ecclésiasticques, et feus mis en ung bain de senteur. Puis le démon me couvrit d'une robbe sarrazine, me servit ung festin de metz rares, contenus ez vases précieux, coupes d'or, vins d'Asie, chants et musicques merveilleuses, et mille louanges qui me chatouillèrent l'ame par les aureilles. A mes costez se tenoyt tousiours ledict succube, et sa doulce accointance détestable me distilloyt nouvelles ardeurs ez membres. Mon ange guardien me quitta. Lors, ie vivoys par la lueur espouvantable des yeulx de la Morisque, aspiroys à la chaulde estraincte de ce mignon corps, vouloys tousiours sentir ses lèvres rouges que ie cuydoys naturelles, et n'avoys nulle paour de la morseure de ses dents qui attirent au plus profund de l'enfer. Ie me plaisoys à esprouver la doulceur sans pareille de ses mains, sans songier que ce estoyent des griphes immundes. Brief, ie frestilloys comme un espoux voulant aller à sa fiaucée, sans songier que ceste espouzée estoyt la mort éternelle. Ie n'avoys nul soulcy des chouses de ce monde, ni des intérests de Dieu, ne resvant que d'amour, des bons tettins de ceste femme qui me faisoyent arser, et de sa porte d'enfer en laquelle ie cuisoys de me gecter. Las, mes frères! durant trois iours et trois nuicts, ie fus ainsy contrainct de besongner, sans pouvoir tarir la source qui fluoyt de mes reins, en lesquels plongioyent comme deux picques les mains de ce succube, lesquels communicquoyent a ma paouvre vieillesse, à mes os desseichiez ie ne sçays quelle sueur d'amour. En prime abord, cettuy démon, pour m'attirer à elle, fit couler en moy comme une doulceur de laict; puis, vindrent des félicitez poignantes qui me picquèrent, comme ung cent d'esguilles, les os, la mouelle, la cervelle, les nerfs. Lors, à ce ieu, s'enflammèrent les chouses absconses de ma teste, mon sang, mes nerfs, ma chair, mes os; puis ie bruslay du vray feu de l'enfer qui me causa des tenaillons en mes ioinctures, et une incrédible, intolérable, escueurante volupté qui laschioyt les liens de ma vie. Les cheveulx de cettuy démon, desquels estoyt enveloppé mon paouvre corps, me versoyent une rouzée de flammes, et ie sentoys chaque tresse comme ung baston de gril rouge. En ceste délectation mortelle, ie voyoys le visaige ardent dudict succube, qui rioyt, me disoyt mille paroles aguassantes : comme quoy i'estoys son chevalier, son seigneur, sa lance, son iour, sa ioye, sa fouldre, sa vie, son bon, son meilleur chevaulcheur; et comme quoy elle avoyt dessein de s'unir à moy encores mieulx, soubhaitant estre en ma peau, ou m'avoir en la sienne. Ce que entendant, soubz l'aiguillon de ceste langue qui me sugçoyt l'ame, ie m'enfonçoys et précipitoys plus avant dans l'enfer sans y rencontrer de fund. Puis, alors que ie n'eus plus une goutte de sang en les veines, que l'ame ne me battoyt plus au corps, que ie fus ruyné de tout poinct, le démon me dit, tousiours frais, blanc, rubescant, reluysant et riant:

— Paouvre fol, de me cuyder ung démon? Hein! si ie te requeroys de me vendre ton ame pour ung baiser, ne la donneroys-tu point de grant cueur?

— Oui, fis-je.

— Et si pour tousiours besongner ainsy besoing estoyt de te nourrir du sang des nouveau-nés à ceste fin d'avoir tousiours vie nouvelle à despendre en mon lict, n'en sugceroys-tu pas voulentiers?

— Oui, fis-je.

— Si pour estre tousiours en cavalier chevaulchant, guay comme un homme en son prime tems, sentant la vie, beuvant le plaizir, se plongiant au fund de la ioye, comme ung nageur en Loyre, ne renieroys-tu point Dieu, ne crachèroys-tu point au visaige de Iésus?

— Oui, fis-je.

— Si vingt ans de vie monasticque debvoyent t'estre encores accordez, ne les trocqueroys-tu point pour deux ans de ceste amour qui te brusle, et pour estre en ce ioly mouvement?

— Oui, fis-je.

Lors ie sentis cent griphes aguz, lesquels deschirèrent mon diaphragme comme si mille becqs d'oyseaulx de proie y prenoyent leurs becquées en criant. Puis feus enlevé subitement au-dessus de la terre sur ce dict succube, lequel avoyt desployé ses aësles et me disoyt :

— Chevaulche, chevaulche, mon chevaulcheur! Tiens-toy ferme en la croupe de ta iument, en ses crins, en son col, et chevaulche, chevaulche, mon chevaulcheur! tout chevaulche!

Par ainsy, ie vis comme ung brouillard les villes de la terre, où, par un espécial don, i'aperceus ung chascun couplé avecques ung démon femelle, et sacquebutant, engendrant en grant concupiscence, tous criant mille paroles d'amour, exclamations de toute sorte, et tous unis, chevillez, triballant. Lors, ma cavale, à teste de morisque, me monstra, volant tousiours et galopant à travers le nuées, la terre couplée avecques le soleil, en une coniunction d'où sourdoyt ung germe d'estoiles ; et là chaque monde femelle faisa la ioye avecques un monde masle. Ains, au lieu de paroles comme en disent les créatures, les mondes suoyent d'ahan nos oraiges, lançoyent des esclairs et crioyent des tonnerres. Puis, montant tousiours, ie vis au-dessus des mondes la nature femelle de toutes chouses, en amour avecques le prince du mouvement. Ores, pa mocquerie, le succube me mit au cueur de ceste saillie horrificque et perpétuelle où ie feus perdu comme ung grain de sable en la mer. Là tousiours me disoyt ma blanche cavale : — Chevaulche, chevaulche, chevaulche, mon bon chevaulcheur, chevaulche! tout chevaulche! Ores, advisant le peu que estoyt ung prebstre en cettuy torrent de semences de mondes, où tousiours s'accointoyent, se chevaulchoyent avecques raige les métaulx, les pierres, les eauex, les aërs, les tonnerres, les poissons, les plantes, les animaulx, les hommes, les esperits, les mondes, les planettes, ie reniay la foy catholicque. Alors le succube, me monstrant ceste grant tache d'estoiles qui se voit ez cieulx, me dit : — Ceste voye estre une goutte de semence celeste eschappée d'ung grant flux des mondes en coniunction. La-dessus, ie chevaulchay derechief le succube en raige, à la lueur de mille millions d'estoiles, et i'auroys voulu chevaulchant sentir la nature de ces mille millions de créatures. Lors, pa ce grant effort d'amour, ie tombay percluz de tout poinct en entendant ung grant rire infernal. Puis ie me vis en mon lict entouré de mes serviteurs, lesquels avoyent eu le couraige de luctei avecques le démon en gectant dedans le lict où i'estoys couchié ung plein seau d'eau benoiste, et disant de ferventes prières à Dieu. Lors, i'eus à soubztenir, maulgré ceste assistance, ung combat horrible avecques ledict succube, duquel les griphes me tenoyent le cueur, en me faisant endurer des maulx infinis. Encores que, ranimé par la voix de mes serviteurs, parents et amis, ie me bendasse à faire le signe sacré de la croix, le succube posé en mon lict, au chevet, au pied, partout, s'occupoyt à me destendre les nerfs, rioyt, grimaçoyt, me mettoyt mille imaiges obscènes soubz les yeulx, et me donnoyt mille dezirs maulvais. Ce néanmoins, ayant eu pitié de moy, monseigneur l'archevesque fit venir les relicques de sainct Gatien, et lorsque la chaasse eut touschié mon chevet, ledict succube feut contrainct de fuir, lairrant une odeur de soulphre et d'enfer, dont mes serviteurs, amis et aultres, s'esgozillèrent durant un iour. Lors, la lumière céleste de Dieu ayant esclairé mon ame, ie cogneus que i'estoys, par suite de mes péchez et de mon combat avecques le malin esperit, en grant dangier de mourir. Doncques, i'imploray la graace espéciale de vivre encores ung bout de tems pour rendre gloire à Dieu et à son Ecclise, en obiectant les mérites infinis de Iésus sur la croix, mort pour le salut des chrestiens. Par ceste prière, i'obtins la faveur de recouvrer la force de m'accuser de mes péchez, d'impétrer de tous les membres de l'ecclise de Sainct-Maurice leur aide et assistance pour me tirer du purgatoire où ie vais racheter mes faultes par des maulx infinis. En fin de tout, ie desclaire que mon arrest, qui en appelle pour ledict démon au iugement de Dieu et à l'espreuve de l'eaue benoiste et du feu, est ung subterfuge deu au meschant vouloir suggéré par ledict démon, lequel auroyt par ainsy les facultez d'eschapper à la iustice du tribunal de l'archevesque et du Chapitre, veu qu'il m'advoua secretement avoir licence de faire paroistre en sa place ung démon accoustumé à ceste espreuve. En fin de tout, ie donne et lègue au Chapitre de l'ecclise Sainct-Maurice mes biens de toute sorte, pour funder une chapelle en ladicte ecclise, la bastir et l'aorner, et la mettre soubz l'invocation de sainct Hiérosme et sainct Gatien, dont l'un est mon patron et l'aultre le saulveur de mon ame.

Cecy ony de tous les assistans ha esté mis soubz les yeulx du tribunal ecclésiasticque par Iehan de La Haye (Iohannes de Haga).

Nous, Iehan de La Haye (Johannes de Haga), esleu grant pénitencier de Sainct-Maurice par l'assemblée générale du Chapitre, selon l'usaige et coustume de ceste ecclise, et commis à l'effect de poursuivre à nouveau le procez du démon succube, de présent en la geole du Chapitre, avons ordonné une nouvelle enqueste en laquelle seront entendus tous ceulx de ce dioceze ayant eu cognoissance de faicts à ce relatifs. Desclairons nulles les aultres procédures, interroguatoires, arrests, et les annihilons au nom des membres de l'ecclise assemblez en chapitre général et souverain, et disons qu'il n'y ha lieu à l'appel à Dieu proditoirement faict par le démon, attendu l'insigne trahison du diable en ceste occurrence. Et sera ledict iugement crié à son de trompe en tous les endroicts du dioceze ez quels ont esté publiez les faulx édicts du moys précédent, tous notoirement deüs aux instigations du démon, suivant les adveux de feu Hiérosme Cornille.

Que tous les chrestiens soyent en aide à nostre saincte Ecclise et à ses commandemens.

IEHAN DE LA HAYE.

COMMENT VIRVOUCHA SI DRUEMENT LA MORISQUE DE LA REUE CHAULDE, QUE, A GRANT POINE, FEUT-ELLE ARSE ET CUICTE VIFVE A L'ENCONTRE DE L'ENFER.

Cecy feut escript au moys de may de l'an 1360, en manière de testament.

Mon trez-chier et bien aymé fils, alors que il te sera loysible lire cecy, ie seray, moy ton père, couchié dans la tombe, implourant tes prières et te suppliant de te conduire en la vie ainsy qu'il te sera commandé par ce rescript légué pour le saige goubvernement de ta famille, ton heur et seureté; car i'ay faict cecy en ung tems où i'avoys mon sens et entendement encores frappez d'hier par la souveraine iniustice des hommes. En mon aage viril, i'eus la grant ambition de m'eslever dans l'Ecclise et y atteindre aux plus haultes dignitez, pour ce que nulle vie ne me sembloyt plus belle. Ores, en ce grave pensier, i'apprins à lire et à escripre, puis, à grant poine, devins en estat de me mettre en clergie. Mais, pour ce que ie n'avoys nulle protection, ni saiges adviz pour faire ma traisnée, i'eus l'engin de me prouposer à ceste fin d'estre escripvain, tabellion, rubricquateur du chapitre Sainct-Martin, où estoyent les plus hauts et riches personnaiges de la Chrestienté, veu que le Roy de France y est simple chanoine. Doncques debvoys-je rencontrer là, mieulx que partout ailleurs, des services à rendre à aulcuns seigneurs, et, par ainsy, trouver des maistres, en estre patronné, puis, par leur moyen, entrer en religion et arriver à estre mitré comme un aultre et collocqué en ung siége archiépiscopal, ie ne sçays où. Mais ceste prime vizée estoyt oultre-cuydante et ung petit trop ambitieuse, ce que Dieu me fit bien veoir par l'événement. De faict, Messire Iehan de Villedomer qui, du depuis, devint cardinal, feut mis en ceste place, et moy regecté, desconfict. Lors, en ceste male heure, ie receus une allégeance à mes soulcys par l'adviz du bon vieux Hiérosme Cornille, pénitencier de la cathédrale, dont ie vous ay souvent parlé. Ce chier homme me contraignit par sa doulceur à venir tenir la plume pour le chapitre de Sainct-Maurice et archevesché de Tours : ce que ie fis avecques honneur, veu que ie estoys réputé grant escripvain. En l'année où i'alloys entrer en prebstrise s'esmeut le fameux procez du diable de la reue Chaulde, duquel parlent encores les anciens, et dont ils disent aux ieunes à la vesprée l'histoire qui, dans le tems, ha esté racontée en tous les foyers de France. Ores, cuydant que ce seroyt à l'advantaige de mon ambition et que, pour ceste assistance, le Chapitre me poulseroyt en quelques dignitez, mon bon maistre me fit commettre à l'effect d'escripre tout ce qui debvoyt estre, en ceste griefve affaire, subiect à escriptures. De prime abord, monseigneur Hiérosme Cornille, homme approuchant octante années, et de grant sens, iustice et bon entendement, soubpçonna quelques meschancetiez en ceste cause. Encores que il n'aymast point les filles folles de leurs corps et n'eust iamays ronciné de femme en sa vie, laquelle estoyt saincte et vénérable, saincteté qui l'avoyt faict eslire pour iuge, ce néanmoins, aussitost que les dépositions feurent achevées, et la paouvre garse entendue, il demoura clair que, bien que ceste ioyeulse galloise eust rompu le ban de son moustier, elle estoyt innocente de toute diablerie, et que ses grants biens estoyent convoitez par ses ennemis et aultres gens, que ie ne veulx point te nommer par prudence. En ce tems, ung chascun la cuydoyt munie d'argent et d'or si abundamment que aulcuns disoyent qu'elle pouvoyt achepter la comté de Tourayne, si bon luy plaisoyt. Doncques, mille mensonges et calumnieuses paroles dictes sur ceste fille, à laquelle les honnestes femmes portoyent envie, couroyent par le monde et devinrent créances d'Evangile. En ceste coniuncture, monseigneur Hiérosme Cornille, ayant recogneu que nul démon aultre que celuy de l'amour ne estoyt en ceste fille, luy fit consentir à demourer en ung couvent pour le restant de ses iours. Puis, acertené par aulcuns braves chevaliers, forts en guerre et riches en domaines, que ils fairoyent tout pour la saulver, il l'invita secrettement à requérir de ses accusateurs le iugement de Dieu, non sans donner ses biens au Chapitre, à ceste fin de faire taire les maulvaises langues. Par ainsy, debvoyt estre préservée du buscher la plus mignonne fleur que onceques le ciel ayt lairré cheoir en nostre terre; laquelle fleur de femme ne failloyt que par une excessifve tendreur et compatissance au mal d'amour gecté par ses yeulx au cueur de tous ses poursuivans. Mais le vray diable, soubz forme de moyne, se mesla de ceste affaire; vécy comme : Ung grant ennemi de la vertu, preudhomie et saincteté de monseigneur Hiérosme Cornille, lequel avoyt nom Iehan de La Haye, ayant sceu que en sa geole la paouvre fille estoyt traictée comme une royne, accusa meschantement le grant Pénitencier de connivence avecques elle, et d'estre son serviteur, pour ce que, disoyt ce maulvais prebstre, elle le faisoyt ieune, amoureux et heureux; ce dont mourut de chagrin en un iour le paouvre vieillard, cognoissant à cecy que Iehan de la Haye avoyt iuré sa perte et vouloyt ses dignitez. De faict nostre seigneur archevesque visita la geole et trouva la Moresque en ung lieu plaizant, couchiée trez-bien, sans fers, pour ce que, ayant mis ung diamant en ung lieu où nul n'eust cuydé qu'il y pust tenir, elle avoyt achepté la clémence du geolier. En ce tems, aulcuns disent que cettuy geolier estoyt féru d'elle, et que, par amour, ou mieulx en grant paour des ieunes barons amans de ceste femme, il en machinoyt la fuite. Le bon homme Cornille estant en train de mourir, et, par le tracas de Iehan de La Haye, le Chapitre iugeant nécessaire de mettre au néant les procédures faictes par le Pénitencier, et aussy ses arrests, ledict Iehan de La Haye, lors simple vicaire de la cathédrale, démonstra que pour ce il suffisoyt d'un adveu public du bonhomme en son lict de mort. Lors feut gehenné, tormenté le moribond par les messieurs du Chapitre, ceulx de Sainct-Martin, ceulx de Marmoustiers, par l'archevesque et aussy par le légat du pape, à ceste fin que il se retractast à l'advantaige de l'Ecclise, à quoi ne vouloyt point consentir le bonhomme. Mais, après mille maulx, feut apprestée sa confession publicque à laquelle assistèrent les plus considérables gens de la ville ; laquelle respandit une horreur et consternation qui feut telle que ie ne sçauroys dire. Les ecclises du dioceze firent des prières publicques pour ceste calamiteuse playe, et ung chascun redoutoyt de veoir le diable desvaller chez soy par le foyer. Mais le vray de cela est que mon bon maistre Hiérosme avoyt les fiebvres et voyoyt des vasches en sa salle, alors que de luy feut obtenue ceste retractation. L'accez fini, ploura grantement le paouvre sainct en saichant de moy ce trafficq. De faict il mourut entre mes bras, assisté de son médecin, dezespéré de ceste momerie, nous disant qu'il s'en alloyt aux pieds de Dieu le prier de ne point laisser consommer une iniquité desplourable. Ceste paouvre Morisque l'avoyt moult touschié par ses larmes et sa repentance, veu que par avant de luy faire requérir le iugement de Dieu il l'avoyt particulièrement confessée, et par ainsy s'estoyt dégagiée l'ame divine qui demouroyt en ce corps, et dont il nous parloyt comme d'ung diamant digne d'aorner la saincte couronne de Dieu, alors que elle auroyt quitté la vie après ses pénitences faictes. Lors, mon chier fils, saichant par les paroles qui se disoyent par la ville et par les naïfves responses de ceste paouvre misérable tout le tracq de ceste affaire, ie deslibéray, par l'adviz de maistre Françoys de Hangest, médecin du Chapitre, de feindre une maladie et quitter le service de l'ecclise Sainct-Maurice et de l'archevesché, ne voulant point tremper la main dans le sang innocent qui crie encores et criera iusques au iour du iugement darrenier devant Dieu. Lors feut banni le geolier ; puis feut mis en sa place le secund fils du torssionnaire, lequel gecta la Morisque en ung cachot, et luy mit inhumainement aux mains et aux pieds des fers poisant cinquante livres, oultre une ceincture de bois. Puis la geole feut veiglée par les harbalestriers de la ville et les gens d'armes de l'archevesque. La garse feut tormentée, gehennée, eut les os brisez ; vaincue par la douleur, fit ses adveux aux soubhaits de Iehan de La Haye et feut tost condamnée à estre bruslée en la coulture Sainct-Estienne, après avoir esté mise au portail de l'ecclise vestue d'une chemise de souiphre ; puis ses biens acquiz au Chapitre, *et cætera*. Ceste arrest feut cause de grants troubles et prinses d'armes par la ville.

pour ce que trois ieunes chevaliers de Tourayne iurèrent de mourir au service de la paouvre fille et la deslivrer par toutes les voyes quelconques. Lors ils vindrent en ville accompaignez d'ung millier de souffreteux, gens de poine, vieulx souldards, gens de guerre, artisans et aultres que ladicte fille avoyt secourus, saulvez du mal, de la faim, de toute misère ; puis fouillèrent les taudis de la ville où gizoyent ceulx auxquels elle avoyt bien faict. Lors, tous s'estant esmeus, et convocquez au rez de Mont-Louis soubz la protection des gens d'armes desdicts seigneurs, ils eurent pour compaignons tous les maulvais garsons de vingt lieues à la ronde et vindrent ung matin faire le siége de la prison de l'archevesque en criant que la Moresque leur feust livrée, comme s'ils vouloyent la mettre à mort, mais, dans le faict, pour la deslivrer et la boutter secretement sur ung coursier pour luy faire gaigner le large, veu que elle chevaulchioyt comme un escuyer. Lors, en ceste effroyable tempeste de gens, avons-nous veu entre les bastimens de l'archevesché et les ponts plus de dix mille hommes grouillans, oultre tous ceulx qui estoyent iuchiez sur les toicts des maisons et grimpez en tous les estaiges pour veoir la sédition. Brief, il estoyt facile d'entendre, par delà la Loyre, de l'aultre costé de Sainct-Symphorien, les cris horrificques des chrestiens qui y alloyent à bon escient, et de ceulx qui serroyent la geole en intention de faire esvader la paouvre fille. L'estouffade et oppression des corps feut si grant en ceste foule populaire altérée du sang de la paouvre fille, aux genoilz de laquelle ils seroyent tombez tous, s'ils eussent eu l'heur de la veoir, que sept enfans, unze femmes et huict bourgeoys y feurent écrasez, pillez, sans que l'on ayt pu les recognoistre, veu qu'ils estoyent comme des tas de boue. Brief, si ouverte estoyt la grant gueule de ce Leviathan populaire, monstre horrible, que les clameurs en feurent ouïes des Montilz-les-Tours. Tous crioyent : — A mort la succube! — Livrez-nous le démon! — Ha! i'en veulx ung quartier! — I'en veulx du poil! — A moy le pied! — A toy les crins! — A moy la teste! — A moy la chouse! — Est-il rouge? — Le verra-t-on? — Le cuyra-t-on? A mort! à mort! Chacun disoyt son mot. Mais le cri : — « Largesse à Dieu! à mort le succube! » estoyt gecté en ung seul tems par la foule si druement et si cruellement, que les aureilles et les cueurs en saignoyent ; et les aultres craillemens s'entendoyent à poine ez logiz. L'archevesque eut l'imagination, pour calmer ceste oraige qui menassoyt de renverser tout, de sortir en grant pompe de l'ecclise, en portant Dieu, ce qui deslivra le Chapitre de sa ruyne, veu que les maulvais garsons et les seigneurs avoyent iuré de destruire, brusler le cloistre et tuer les chanoines. Doncques, par ce stratagesme, ung chascun feut contrainct de se dissouldre, et, faulte de vivres, revint chez soy. Lors, les moustiers de Tourayne, les seigneurs et les bourgeoys, en grant appréhension de quelque pillaige pour l'endemain, firent une assemblée nocturne, et se rangierent à l'adviz du Chapitre. Par leurs soings, les hommes d'armes, archiers, chevaliers et bourgeoys en numbre infini, firent la guette et tuèrent ung parti de pastoureaux, routiers, malandrins, lesquels, saichant le remue-mesnaige de Tours, venoyent grossir les mescontens. Messire Harduin de Maillé, vieulx homme noble, arraizonna les ieunes chevaliers qui estoyent les tenans de la Mauresque et deviza saigement avecques iceulx, leur demandant si pour ung minon de femme ils vouloyent mettre la Tourayne à feu et à sang ; si, encores qu'ils feussent victorieux, ils seroyent maistres des maulvais garsons appelez par eulx ; que ces dicts pillards, après avoir ruyné les chasteaux de leurs ennemis, viendroyent à ceulx de leurs chiefs ; mais que, la rébellion encommencée n'ayant eu nul succez de prime sault, pour ce que, quant à présent, la place estoyt nette, pouvoyent-ils avoir le dessus sur l'Ecclise de Tours, qui invocqueroyt l'aide du roy ? puis mille aultres próupos. A ces raisons, les ieunes chevaliers dirent que il estoyt facile au Chapitre de faire esvader nuictamment la fille, et que, par ainsy, la cause de la sédition seroyt tollue. A ceste saige et humaine requeste, respondit monseigneur *de Censoris*, légat du pape, que besoing estoyt que force demeurast à la religion et à l'Ecclise. La-dessus, la paouvre garse paya pour le tout, veu que il feut convenu que nulles recherches ne seroyent faictes sur ceste sédition.

Lors, le Chapitre eut toute licence de procéder au supplice de la fille, auquel acte et quérémonie ecclésiasticque on vint de douze lieues à la ronde. Aussy, le iour où, après les satisfactions divines, le succube deut estre livré à la iustice séculière à ceste fin d'estre publicquement arse en ung buscher, pour une livre d'or ung vilain, ne mesme un abbé, n'eût-il trouvé de logiz en la ville de Tours. La veille, beaucoup campèrent hors la ville soubz des tentes ou couchiez en la paille. Les vivres manquèrent, et plusieurs, venus le ventre plein, s'en retournèrent le ventre vuyde, n'ayant rien veu que flamber le feu de loing. Puis les maulvais garsons firent de bons coups par les chemins.

La paouvre courtizane estoyt quasi-morte. Ses cheveulx avoyent blanchi. Ce ne estoyt à vrai dire que ung squelette à peine couvert de chair, et ses fers poisoyent plus qu'elle. Si elle avoyt eu de la ioye en sa vie, elle le payoyt moult en cettuy moment. Ceux qui la virent passer disent que elle plouroyt et crioyt à faire pitié aux plus acharnez après elle. Aussy, en l'ecclise feut-on contrainct de luy mettre en la bousche ung baillon, que elle mordoyt comme un lezard mord ung baston. Puis le bourreau l'attacha à ung pieu pour la soubztenir, veu que elle se laissoyt couler par moments et tomboyt faulte de force. Puis soudain récuperoyt ung vigoureux poignet; car, ce néanmoins, elle put, ha-t-on dict, sécouer ses chordes et s'esvader en l'ecclise où, en remembrance de son ancien mestier, elle grimpa trez-agilement ez gualleries d'en hault, en volant comme un oyseau le long des colonnettes et frizes menues. Elle alloyt se saulver ez toicts, alors que ung souldard la visa de son arbaleste et luy planta sa flesche dedans la cheville du pied. Maulgré son pied demi-coupé, la paouvre fille courut encores par l'ecclise lestement sans en avoir cure, allant sur son os brizé, espandant son sang, tant grant paour elle avoyt des flammes du buscher. Enfin feut prinse, et liée, gectée en ung tombereau et menée au buscher, sans que aulcun l'ayt depuis entendue crier. Le conte de sa course dans l'ecclise aidoyt le menu populaire à croire que ce feust le diable, et aulcuns disoyent que elle avoyt volé par les aërs. Alors que le bourreau de la ville la gecta dedans le feu, elle fit deux ou trois saults horribles et tomba au fund des flammes du buscher qui brusla le iour et la nuict. L'endemain soir, i'allay veoir s'il demouroyt quelque chouse de ceste gente fille si doulce, si aymante; mais ie ne trouvay plus qu'ung paouvre fragment d'os stomachal en lequel, maulgré ce grant feu, estoyt resté quelque peu d'humide, et que aulcuns disoyent tressaillir encores comme femme au déduict. Ie ne sçauroys, mon chier fils, dire les tristifications sans numbre et sans égale qui, durant environ dix ans, poisèrent sur moy. Tousiours estoys record de ceste ange froissé par de meschans hommes, et tousiours en voyoys les yeux pleins d'amour; brief, les dons supernaturels de ceste enfant naïfve estoyent brillans iour et nuict devant moy, et ie prioys pour elle en l'ecclise où elle avoyt esté martyrisée. Enfin, ie n'avoys point la

force ni le couraige de envisaiger, sans frémir, le grant pénitencier Iehan de La Haye, qui mourut rongié par les pouilz. La lèpre
fit iustice du baillif. Le feu brusla le logiz, et la femme de Jehan,
et tous ceulx qui mirent la main en ce buscher en retirèrent de la
flamme.

Cecy, mon fils bien aymé, feut cause de mille pensiers que i'ay
mis icy par escript pour estre à iamays la reigle de conduite en
nostre famille.

Ie quittay le service de l'Ecclise, et me mariay à vostre mère,
de laquelle ie receus des doulceurs infinies, et avecques elle ie par-
tagiay ma vie, mon bien, mon ame et tout. Aussy feut-elle de mon
adviz en ces préceptes suyvans. A sçavoir : Premièrement, pour
vivre heureux, besoing est de demourer loing des gens d'Ecclise,
les honorer beaucoup sans leur bailler licence d'entrer ez logiz,
non plus qu'à tous ceulx qui, par droict, iuste ou iniuste, sont
censez estre au-dessus de nous. Deuxiesmement, prendre un estat
modicque, et s'y tenir, sans iamays vouloir paroistre aulcunement
riche. Avoir soing de n'exciter l'envie de personne, ni férir qui
que ce soit, en aulcune sorte, pour ce que besoing est d'estre
fort comme ung chesne qui tue les plantes en ses pieds, pour briser les testes envieuses. Encores y succomberoyt-on, veu que les
chesnes humains sont espécialement rares, et que aulcun Tournebousche ne doibt se flatter d'en estre ung, attendu qu'il sera
Tournebousche. Troisiesmement, ne iamays despendre que le
quart de son revenu, taire son bien, musser sa chevance, ne se
mettre en aulcune charge; aller en l'ecclise comme les aultres, et
tousiours guarder ses pensiers en soy, veu que alors ils sont à vous,
et non à d'aultres qui s'en revestent, s'en font des chappes et les
tournent à leur guyse, en forme de calumnies. Quatriesmement,
tousiours demourer en la condition des Tournebousches, lesquels
sont à présent et à tousiours drapiers. Marier ses filles à bons drapiers, envoyer ses garsons estre drapiers en d'aultres villes de
France, munis de ces saiges préceptes, et les nourrir en l'honneur
de la draperie, sans leur lairrer aulcun songe ambitieux en l'esperit. *Drapier comme ung Tournebousche* doibt estre leur
gloire, leurs armes, leur nom, leur devise, leur vie. Ores, estant
tousiours drapiers, par ainsy seront tousiours les Tournebousche,
incogneus, et vivotteront comme de bons petits insectes, lesquels
une foys logiez en une poultre, font leurs trous et vont en toute

sécurité iusques au bout de leur peloton de fil. Cinquiesmement, ne iamays parler aultre languaige que le languaige de la draperie; ne point disputer de religion, de goubvernement. Et, encores que le goubvernement de l'Estat, la province, la religion et Dieu virassent ou eussent phantaisie de aller à dextre ou à senestre, tousiours en qualité de Tournebousche demourer en son drap. Par ainsy, n'estant aperceus d'aulcun en la ville, les Tournebousches vivront en calme avecques leurs petits Tournebouschons, payant bien les dixmes, les imposts et tout ce qu'ils seront requis de donner par force, soit à Dieu, soit au roy, à la ville ou à la paroësse, avecques lesquels ne fault oncques se desbattre. Aussi besoing est de réserver le patrimonial threzor pour avoir paix, achepter la paix, ne iamays rien debvoir, avoir du grain au logiz, et se rigoller les portes et les croizées clozes.

Par ainsy, nul n'aura prinse ez Tournebousches, ni l'Estat, ni l'Ecclise, ni les seigneurs, auxquels, le caz eschéant, s'il y ha force, vous presterez quelques escuz sans iamays nourrir l'espérance de les revoir, ie dis les escuz. Ainsy tous, en toute sayson, aymeront les Tournebousches; se mocqueront des Tournebousche gens de peu; des Tournebousches à petits pieds; des Tournebousches de nul entendement. Lairrez dire les ignares. Les Tournebousches ne seront ni bruslez, ni pendus à l'advantaige du roy, de l'Ecclise ou de tous aultres; et les saiges Tournebousches auront secrettement argent en leurs fouillouzes et ioye au logiz, à couvert de tout.

Doncques, mon chier fils, suis ces adviz de mediocre et petite vie. Maintiens cecy en ta famille, comme charrue de province. Que, toy mourant, ton successeur le maintienne comme sacre Evangile des Tournebousches, iusqu'à ce que Dieu ne veuille plus qu'il y ayt de Tournebousche en ce monde.

Ceste lettre ha esté trouvée lors de l'inventaire faict en la maison de Françoys Tournebousche, seigneur de Veretz, chancelier de Monseigneur le Daulphin, et condamné, lors de la rébellion dudict seigneur contre le roy, à perdre la teste et veoir tous ses biens confisquez par arrest du parlement de Paris. Ladicte lettre ha esté remise au goubverneur de Tourayne par curiosité d'histoire, et ioincte aux pièces du procez en l'Archevesché de Tours, par moy Pierre Gaultier, Eschevin, Président des Preudhommes.

L'autheur ayant achevé les transcriptions et deschiffraiges de ces parchemins en les restituant de leur languaige estrange en françoys, le donateur d'iceulx luy ha dict que la reue Chaulde de Tours estoyt, suyvant aulcuns, ainsi nommée pour ce que le soleil y demouroyt plus qu'en tous aultres endroicts. Mais, maulgré ceste version, les gens de hault entendement trouveront en la voye chaulde dudict succube lavraye cause du dict nom. A quoy acquiesce l'autheur. Ceci nous apprend à ne point faire abus de nostre corps, ains à en uzer saigement en veue de nostre salut.

DEZESPERANCE D'AMOUR

En le tems où le roy Charles huictiesme eut la phantaisie d'aorner le chasteau d'Emboyse, vindrent avecques luy aulcuns ouvriers italians, maistres sculpteurs, bons peintres et massons ou architectes, lesquels firent ez gualeries de beaulx ouvraiges, qui, par délaissement, ont esté prou guastez.

Et doncques, la Court estoyt lors en ce plaizant séiour, et, comme ung chascun sçayt, le bon ieune sire aymoyt moult à veoir ces gens élabourer leurs inventions. Estoyt lors parmi ces sieurs estrangiers ung Florentin ayant nom messer Angelo Cappara, lequel avoyt ung grant mérite, faisoyt des sculpteures et engraveures comme pas ung, nonobstant son aage, veu que aulcuns s'esbauldissoyent de le veoir en son apvril et déià si sçavant. De faict, à poine frizotoyt en son guernon les poils qui empreignent un homme de sa maiesté virile. De cettuy Angelo les dames estoyent vrayment toutes picquées, pour ce qu'il estoyt ioly comme ung resve, mélancholicque comme est la palumbe seule en son nid par mort du compaignon. Et vécy comme. Cettuy sculpteur avoyt le grant mal de paouvreté, qui gehenne la vie en ses mouvements. De faict, il vivoyt durement, mangiant peu, honteux de ne rien avoir, et s'adonnoyt à ses talens par grant dezespoir, voulant, à toute force, gaigner la vie oysive qui est la plus belle de toutes pour ceulx dont l'ame est occupée. Par braverie, le Florentin venoyt en la Court guallamment vestu; puis, par grant timidité de jeunesse et de male heur, n'ozoyt demander ses deniers au roi qui, le voyant ainsy vestu, le cuydoyt bien fourni de tout. Courtizans, dames, ung chascun souloyt admirer ses beaulx ouvraiges et aussy le faiseur; mais, de carolus, nullement. Tous, et les dames surtout, le trouvant riche de nature, l'estimoyent suffisamment guarni de sa belle ieunesse, de ses longs cheveulx noirs, yeulx clairs, et ne songioyent point à des carolus en songiant à ces chouses et au demourant. De faict, elles avoyent grantement raison, veu que ces advantaiges donnoyent à maint braguard de la court beaulx domaines, carolus et tout.

Maulgré sa semblance de ieunesse, messer Angelo avoyt vingt années d'aage et n'estoyt point sot, avoyt ung grant cueur, de belles poësies en la teste, et de plus estoyt homme de haulte imagination. Mais en grant humilité en luy-mesme, et comme tous paouvres et souffreteux, restoyt esbahi en voyant le succez des ignares Puis se cuydoyt mal fassonné de corps ou d'ame, et guardoyt en luy, mesme ses pensiers : ie faulx, veu que il les disoyt, en ses fresches nuictées, à l'umbre, à Dieu, au diable, à tout. Lors, se lamentoyt de porter ung cueur si chauld que, sans doubte aulcun, les femmes s'en garoyent comme d'ung fer rouge; puis se racontoyt à luy-mesme en quelle ferveur auroyt une belle maistresse ; en quel honneur seroyt-elle en sa vie ; en quelle fidélité il s'attacheroyt à elle ; de quelle affection la serviroyt ; en quelle estude auroyt ses commandemens ; de quels ieux dissiperoyt les legiers nuages de sa tristesse melancholicque aux iours où le ciel s'embruneroyt. Brief, s'en pourtrayctant une par imagination figuline, il se rouloyt à ses pieds, les baisoyt, amignottoyt, caressoyt, mangioyt, sugçoyt aussi réallement que ung prizonnier court à travers champs, en voyant les prées par ung trou. Puis luy parloyt à l'attendrir ; puis, en grant perprinse, la serroyt à l'estouffer, la violoyt ung petit maulgré son respect, et mordoyt tout en son lict de raige, querrant ceste dame absente, plein de couraige à luy seul, et quinauld l'endemain alors qu'il en passoyt une. Néanmoins, tout flambant de ses amours phantasques, il tapoyt derechief sur ses figures marmorines et engravoyt de iolys tettins à faire venir l'eaue en la bousche de ces beaulx fruits d'amour, sans compter les aultres chouses qu'il bomboyt, amenuizoyt, caressoyt de son ciseau, purifioyt de sa lime et contournoyt à faire comprendre l'usaige parfaict de ces chouses à un cocquebin et le decocquebiner dans le iour. Et les dames souloyent se recognoistre en ces beaultez, et de messer Cappara toutes s'encapparassonnoyent. Et messer Cappara les frosloyt de l'œil iurant que, le iour où l'une d'elles luy donneroyt son doigt à baiser, il en auroyt tout.

Entre ces dames de hault lignaige, une s'enquit un iour de ce gentil Florentin à luy-mesme, luy demandant pourquoy se faisoit-il si farouche, et si nulle femme de la court ne le sauroyt apprivoiser. Puis l'invita gracieusement à venir chez elle à la vesprée.

Messer Angelo de se perfumer, d'achepter ung manteau de velours à crépines doublé de satin, d'emprunter à un amy une saye à grantes manches, pourpoinct tailladé, chausses de soye, et de venir et de monter les degrez d'ung pied chauld, respirant l'espoir à plain gozier, ne saichant que faire de son cueur qui bondissoyt et sursaultoyt comme chievre ; et, pour tout dire d'ung coup, ayant par advance de la teste aux pieds à en suer dedans le dos.

Faictes estat que la dame estoyt belle. Ores, messer Cappara le sçavoyt d'aultant mieux, que, en son métier, il se congnoissoyt aux emmanchemens des bras, lignes du corps, secrettes entourneures de la callipygie et aultres mystères. Doncques, ceste dame satisfaisoyt aux règles espéciales de l'art, oultre que elle estoyt blanche et mince, avoyt une voix à remuer la vie là où elle est, à fourgonner le cueur, la cervelle et le reste ; brief, elle mettoyt en l'imaginacion les délicieuses imaiges de la chouse sans faire mine d'y songier, ce qui est le propre de ces damnées femelles.

Le sculpteur la trouva size au coin du feu, dedans une haulte chaire, et vécy la dame de deviser à son aise, alors que messer Angelo n'ozoyt dire aultre françoys que oui et non, ne pouvoyt renconstrer aulcunes paroles en son gozier, ne aulcune idée en sa cervelle, et se seroyt brizé la teste en la cheminée, si n'avoyt eu tant d'heur à veoir et ouyr sa belle maistresse, qui se iouoyt là comme ung mouscheron en ung rays de soleil.

Pour ce que, obstant ceste muette admiration, tous deux demourèrent iusques au mitant de la nuict, en s'englouant à petits pas dedans les voyes fleuries de l'amour, le bon sculpteur s'en alla bien heureux. Chemin faisant, il conclud à part luy que, si une femme noble le guardoyt ung peu près de sa iuppe, durant quatre heures de nuict, il ne s'en falloyt pas d'ung festu qu'elle ne le lairrast là iusques au matin. Ores, tirant de ces prémisses plusieurs iolys corollaires, il se resolut à la requérir de ce que vous sçavez, comme simple femme. Doncques il se deslibéra de tout tuer, le mary, la femme ou luy, faulte de filer une heure de ioye à l'aide de sa quenouille. De faict, il s'estoyt si sérieusement enchargié d'amour, que il cuydoyt la vie estre ung foyble enieu dans la partie de l'amour, veu que ung seul iour y valoyt mille vies.

Le Florentin tailla sa pierre en pensant à sa soirée, et, par ainsy, guasta bien des nez en songiant à aultre chouse. Voyant ceste male fasson, il lairra l'ouvraige, puis se perfuma et vint gouster aux gentils proupos de sa dame avecques espérance de les faire tourner en actions. Mais quand il feut en présence de sa souveraine, la maiesté feminine fit ses rayonnements, et paouvre Cappara, si tueur en la reue, se moutonna soudain en voyant sa victime.

Ce néanmoins, devers l'heure où les dezirs s'entrechauffent, il se estoyt coulé presque sur la dame et la tenoyt bien. Il avoyt marchandé ung baiser, l'avoyt prins, bien à son heur ; car, quand elles le donnent, les dames guardent le droict de refuser ; mais alors qu'elles le laïrrent robber, l'amoureux peut en voler mille. Cecy est la raison pour laquelle sont accoustumées toutes de se lairrer prendre. Et le Florentin en avoyt desrobbé ung bon compte et déià les chouses s'entrefiloyent parfaictement, alors que la dame, qui avoyt mesnaigié l'estoffe, s'escria : — Vécy mon mary !

De faict monseigneur revenoyt de iouer à la paulme, et sculpteur de quitter la place non sans recueillir la riche œillade de femme interrompue en son heur. Cecy feut toute sa chevance, pitance et resiouissance durant ung mois, veu que, sur le bord de sa ioye, tousiours venoyt mon dict sieur mary, et tousiours advenoyt saigement entre ung refuz net et ces adoulcissemens dont les femmes assaisonnent leurs refuz ; menus suffraiges qui raniment l'amour et le rendent plus fort. Et alors que sculpteur impatienté commençoyt vitement dès sa venue la bataille de la iüppe, à ceste fin d'arriver à la victoire avant le mary, auquel sans doubte ce remue-mesnaige proufflictoyt, ma iolye dame, voyant ce dezir escript ez yeulx de son sculpteur, entamoyt querelles et noizes sans fin. D'abord, elle se faisoyt ialouse à faulx, pour s'entendre dire de bonnes iniures d'amour ; puis apaisoyt la cholère du petit par l'eaue d'ung baiser ; puis prenoyt la parole pour ne la point quitter, et alloyt disant : comme quoy son amant à elle debvoyt se tenir saige ; estre à ses voulentez, faulte de quoy elle ne sçauroyt luy donner son ame et sa vie ; et que ce estoyt peu de chouse que d'offrir à sa maistresse ung dezir ; et que elle estoyt plus couraigeuse, pour ce que, aymant plus, elle sacrifioyt davantaige ; puis, à proupos, vous laschioyt ung : — Laissez cela ! dict d'un aër de royne. Puis elle prenoyt à tems un aër fasché pour respondre aux reprouches de Cappara : — Si vous n'estes comme ie veulx que vous soyez, ie ne vous aymerai plus.

Brief, ung peu tard, le paouvre Italian vit bien que ce ne estoyt point ung noble amour, ung de ceulx qui ne mesurent pas la ioye comme un avare ses escuz, et que enfin ceste dame prenoyt plaizir à le faire saulter sur la couverture et à le lairrer maistre de tout, pourveu qu'il ne touschiast point au ioly plessis de l'amour. A ce mestier, le Cappara devint furieux à tout tuer, et print avecques luy de bons compaignons, ses amis, auxquels il bailla la charge d'attaquer le mary pendant le chemin qu'il faisoyt pour venir se couchier en son logiz, après la partie de paulme du Roy. Luy vint à sa dame en l'heure accoustumée. Quand les doulx ieulx de leur amour feurent en bon train, lesquels ieulx estoyent baisers bien desgustez, cheveulx bien enroulez, desroulez, les mains mordues de raige, les aureilles aussy, enfin tout le trafficq, moins ceste chouse espéciale que les bons autheurs trouvent abominable, avecques raison, vécy Florentin de dire entre deux baisers qui alloyent ung peu loing : — Ma mye, m'aymez-vous plus que tout ?

— Oui ! fit-elle, veu que les paroles ne leur coustent iamays rien.

— Hé bien ! respartit l'amoureux, soyez toute à moy.

— Mais, fit-elle, mon mary va venir.

— N'est-ce que cela ?

— Oui.

— I'ay des amys qui l'arresteront et ne le lairreront aller que si ie mets ung flambeau en ceste croizée. Puis, s'il se plainct au Roy, mes amys diront que ils cuydoyent faire le tour à ung des nostres.

— Ha ! mon amy, dit-elle, lairrez-moi veoir si tout est bien céans muet et couchié.

Elle se leva et mit la lumière à la croizée. Ce que voyant, messer Cappara souffle la chandelle, prend son espée, et se plaçant en face de ceste femme dont il cogneut le mespris et l'ame felonne :

— Ie ne vous tueray pas, madame, fit-il, mais ie vais vous estafiler le visaige, en sorte que vous ne cocquetterez plus avecques de paouvres ieunes amoureux dont vous iouez la vie ! Vous m'avez truphé honteusement, et n'estes point une femme de bien. Vous sçaurez que ung baiser ne se peut essuyer iamays en la vie d'un amant de cueur, et que bousche baisée vaut le reste. Vous m'avez rendu la vie poisante et maulvaise à tousiours ; doncques ie veux vous faire éternellement songier à ma mort, que vous causez. Et, de faict, vous ne vous mirerez oncques en vostre mirouër sans y veoir aussy ma face. Puis il leva le bras et fit mouvoir l'espée pour tollir ung bon morceau de ces belles ioues fresches lesquelles il y avoyt trace de ses baisers. Lors la dame luy dit qu'il estoyt ung desloyal.

— Taisez-vous, fit-il, vous m'avez dict que vous m'aymiez plus que tout. Maintenant vous dictes aultre chouse. Vous me avez a tiré en chasque vesprée ung peu plus hault dans le ciel, vous me gectez d'ung coup en enfer, et vous cuydez que vostre iuppe vous saulvera de la cholère d'un amant... Non.

— Ha! mon Angelo, ie suis à toy! fit-elle, esmerveiglée de cet homme flambant de raige.

Mais luy se tirant à trois pas : — Ha! robbe de court et maulvais cueur, tu aymes mieulx ton visaige que ton amant, tiens!

Elle blesmit et tendit humblement le visaige, car elle comprint que, à ceste heure, sa faulseté passée faisoyt tort à son amour présent. Puis, d'ung seul coup Angelo l'estafila, quitta la maison et vuyda le pays. Le mary n'ayant point esté inquiété, pour cause de ceste lumière qui feut veue des Florentins, trouva sa femme sans sa ioue senestre; mais elle ne souffla mot, maulgré la douleur, veu que, depuis l'estafilade, elle aimoyt son Cappara plus que la vie et tout. Nonobstant ce, le mary voulut sçavoir d'où procedoyt ceste blessure. Ores, nul n'estant venu, fors le Florentin, il se plaignit au Roy, qui fit courir sus à son ouvrier et commanda de le pendre, ce qui feut faict à Bloys. Le iour de la pendaison, une dame noble eut envie de saulver cet homme de couraige, qu'elle cuydoyt estre un amant de bonne trempe; elle pria le Roy de le luy accorder, ce qu'il fit voulentiers. Mais Cappara se desclaira de tout poinct acquis à sa dame dont il ne pouvoyt chasser le soubvenir, se fit religieux, devint cardinal, grant sçavant, et souloyt dire, en ses vieulx iours, qu'il avoyt vescu par la remembrance des ioyes prinses en ces paouvres heures souffreteuses où il estoyt à la foys trez-bien et trez-mal traicté de sa dame. Il y ha des autheurs qui disent que, depuis, il alla plus loing que la iuppe avecques sa dame, dont la ioue se refit; mais ie ne sçauroys croire à cecy, veu que ce estoyt un homme de cueur qui avoyt haulte imagination des sainctes délices de l'amour.

Cecy ne nous enseigne rien de bon, si ce n'est qu'il y ha dans la vie de maulvaises rencontres, veu que ce conte est vray de le tout poinct. Si, en d'aultres endroicts, l'autheur avoyt, par caz fortuit, oultrepassé le vray, cettuy luy vauldra des indulgences près des amoureux conclaves.

ÉPILOGUE

Encores que ce secund dixain ait en son frontispice inscription qui le dise parachevé en ung tems de neige et de froideure, il vient au ioly moys de iuin où tout est verd, pour ce que la paouvre muse de laquelle l'autheur est subiect ha eu plus de caprices que n'en ha l'amour phantasque d'une royne, et ha mystérieusement voulu gecter son fruict parmi les fleurs. Nul ne peut se vanter d'estre maistre de ceste phée. Tantost, alors que ung grave pensier occupe l'esperit et griphe la cervelle, vécy la garse rieuse qui desbagoule sés gentils proupos en l'aureille, chatouille avecques ses plumes les lèvres de l'autheur, mène ses sarabandes et faict son tapaige dans la maison. Si par caz fortuit l'escripturier abandonne la science pour noizer, luy dict : — « Attends, ma mye, i'y vais ! » et se lève en grant haste pour iouer en la compaignie de ceste folle, plus de garse ! Elle est rentrée en son trou, s'y musse, s'y roule et geint. Prenez baston à feu, baston d'ecclise, baston rusticque, baston de dames, levez-les, frappez la garse, et dictes-luy mille iniures. Elle geint. Despouillez-la, elle geint. Caressez-la, mignottez-la, elle geint. Baisez-la, dictes-luy : — Hé ! mignonne ! elle geint. Tantost elle ha froid, tantost elle va mourir ; adieu l'amour, adieu les rires, adieu la ioye, adieu les bons contes ! Menez bien le dueuil de sa mort, plourez-la, cuydez-la morte, geignez. Alors, elle lève la teste, esclatte de rire, desploye ses aësles blanches, revole on ne sçayt où, tournoye en l'aër, capriole, monstre sa queue diabolicque, ses tettins de femme, ses reins forts, son visaige d'ange, secoue sa chevelure perfumée, se roule aux rays du soleil, reluit en toute beaulté, change de couleurs comme la gorge des coulumbes, rit à en plourer, gecte les larmes de ses yeulx en la mer où les pescheurs les trouvent transmuées en iolyes perles qui viennent aorner le front des roynes, enfin faict mille tourdions comme un ieune cheval eschappé, lairrant veoir sa croupe vierge et des chouses si gentilles qu'à la seule veue d'icelles ung pape se damneroyt. Durant ce remue-mesnaige de la beste indomptée, il se rencontre des ignares et des bourgeoys qui disent au paouvre poëte : — Où est vostre monture? Où est vostre dixain? Vous estes ung pronosticqueur payen. Oui, vous estes cogneu! vous allez aux nopces et ne faictes rien entre vos repasts. Où est l'ouvraige? Encores que de mon naturel ie soys amy de la doulceur, ie vouldroys veoir ung de ces gens bardé d'ung pal de Turquie et leur dire d'aller en ceste équipaige à la chasse aux conilz. Cy fine le deuxiesme dixain. Veuille le diable le poulser de ses cornes, et il sera bien receu de la chrestienté rieuse.

LES
CONTES DROLATIQUES

COLLIGEZ EZ ABBAYES DE TOURAYNE

ET MIS EN LUMIÈRE

PAR LE SIEUR DE BALZAC

POUR L'ESBATTEMENT DES PANTAGRUELISTES

ET NON AULTRES

CE TROISIESME DIXAIN

HA ESTÉ IMPRIMÉ POUR LA PRIME FOYS A PARIS

ET ACHEVÉ EN MARS

MDCCCXXXVII

LES
CONTES DROLATIQUES

TROISIESME DIXAIN

PROLOGUE

Aulcuns ont interrogué l'autheur sur ce que il avoyt tant de raige à ces dixains que nul an ne pouvoyt escheoir sans que il en eust dict sa ratelée ; et la raison de ce, et pour quoy finablement escripre des virgules entremeslées de maulvaises syllabes auxquelles refroignoyent publicquement les dames, puis mille autres bogues vuydes ? L'autheur desclaire que ces proditoires paroles, semées comme pierres en sa voye, l'ont touschié dans le plus profund du cueur, et il cognoist suffisamment son debvoir pour ne point faillir de bailler à son espéciale audience, en ce prologue, aulcuns arraizonnemens aultres que les précédents, pour ce que besoing est de tousiours arraizonner les fans iusques à ce que ils soyent grandelets, conçoipvent chouses et se taisent, et que il voit bien des meschans garso en ce numbre infini de gens criards, lesquels ignorent à plai ce dont il s'en va dans ces dixains. En prime abord, saichez que si aulcunes vertueuses dames, ie dis vertueuses pour ce que les truandes ou femmes de petit pied ne lisent point ces feuillets, aymant mieulx en faire de inedicts, tandis que au rebours les dames ou bourgeoyses à doubles paires de manches, pleines de religion, estant desgoustées sans doubte aulcun de ce dont s'agit, les lisent pieusement pour contenter le malin esperit, et par ainsy se tiennent saiges. Entendez-vous, mes bons vendangeurs de cornes? Mieulx vault estre coulx par le conte d'ung livre que coulx par l'histoire d'ung gentil homme. Vous y gaignez le desguat, paouvres braguards, oultre que souvent vostre dame enamourée s'en prend à vostre mercerie des fecunds triballemens esmeus en icelle par le présent livre. Et par ainsy ces dixains adiouxtent de belles graynes à la gezine du pays et le maintiennent en ioye honneur et santé. Ie dis ioye, pour ce que vous en prenez moult en ces contes. Ie dis honneur, pour ce que vous saulvez vostre nid des griphes de ce démon, tousiours ieune, nommé Kokvaige en langue celtique. Ie dis santé, pour ce que ce livre incite à la chousette prescripte par l'Ecclise de Salerne soubz poine de pléthore cérébrale. Trouvez proufficts pareils aux aultres cayers noircis typographicquement. Ha! ha! où sont les livres qui font des enfants? Cherchez, point. Ains vous rencontrerez, par razières, enfans faisant des livres dont est conceu force anuy. Ie reprends la phrase. Doncques saichez que, si aulcunes dames vertueuse de nature, cocquardes en esperit, se livrent publicquement à des quérimonies au subiect de ces dixains, ung numbre assez plaizant d'icelles, loing de sepmondre l'autheur, advouent que elles l'ayment bien fort, l'estiment vaillant homme, digne d'estre moyne en l'abbaye de Thelesme, et que, pour autant de raisons que il y ha d'estoiles aux cieulx, il ne quitte la fluste à becq avecques laquelle il déduict ces dessusdicts contes, ains se lairre blasmer, aille touſiours à ses fins, veu que la noble France est une femelle qui ne refuse à ce que vous sçavez, rriant, se tortant, disant : « — Non, non, iamays! Hé! monſieur, que allez-vous faire? Ie ne sçauroys, vous me guasteriez. » Puis, alors que le dixain est faict et parfaict en toute gentillesse, reprend : — Hé! mon maistre, y en aura-t-il encores d'aultres? Comptez-en dà l'autheur pour ung bon compaignon, qui ne s'effarouche mie des cris, pleurs et tortillemens de la dame que vous nommez Gloire, Mode ou Faveur publicque, veu que il la sçayt trez-pute et de nature à s'accommoder d'ung beau viol. Il sçayt qu'en France son cri de guerre est : Monte Joye! Ung beau cri, cuydez-le, mais que aulcuns escripturiers ont desfiguré et qui signifie : — La ioye ne est pas à terre, elle est là, faictes vifvement, sinon, adieu! L'autheur tient ceste signifiance de Rabelays, qui la luy ha dicte. Si vous fouillottez l'histoire, la France ha-t-elle iamays soufflé mot alors que elle estoyt ioyeulsement montée, bravement montée, raigeusement montée, esraument montée? Elle est furieuse à tout et se plaist aux chevaulchiées par-dessus le boire. Hein! ne voyez-vous point que ces dixains sont françoys par la ioye, françoys par la chevaulchiée, françoys devant, françoys derrière, françoys partout? Arrière doncques, mastins, sonnez les musicques, silence, cagots, advancez, messieurs les ribaulds! mes mignons paiges, baillez vostre doulce main en la main des dames, et grattez-les au mitant, ie dis la main! Ha! ha! cecy sont raisons ronflantes et peripatheticiennes, ou l'autheur ne se cognoist point en ronflemens ni en aristotelisme. Il ha pour luy l'escu de France, l'oriflamme du Roy et Monsieur sainct Denys, lequel estant sans teste ha dict : — Monte-Ma-Ioie. Direz-vous, quadrupèdes, que cettuy mot est faulx? Non. Il ha esté certes bien ouy par plusieurs dans le tems: mais, en ces iours de profunde misère, vous ne croyez plus à rien des bons religieux!

L'autheur n'a pas tout dict. Doncques, saichez, vous tous qui lisez ces dixains des yeulx et des mains, les sentez par la teste seulement et les aymez pour la ioye que ils donnent et qui vous monte au cueur, saichez que l'autheur, ayant, en la male heure, esguaré sa coignée, *id est*, son héritaige, qui ne se est plus retrouvé, se vit desnué de tout point. Lors, il cria en la manière du buscheron, dans le prologue du livre de son chier maistre Rabelays, à ceste fin de se faire ouyr par le gentilhomme d'en hault, suzerain de toutes chouses, et en obtenir quelque aultre coignée. Ce dict Trez-Hault, encores occupé avecques les congrès du tems, luy fit gecter par Mercure un escriptoire à double godet, sur lequel estoyent engravées, en fasson de devise, ces trois lettres : *Ave*. Lors le paouvre enfant, ne percevant aulcun aultre secours, eut grant cure de remuer ce dict galimard, en chercher le sens abscons, en commenter les mystérieuses paroles et leur trouver une ame. Ores, vit en prime abord que Dieu estoyt poly, comme ung grant seigneur que il est, pour ce que il ha le monde et ne relesve de personne. Mais veu que, en se rememorant les chouses de sa ieunesse, il n'y rencontroyt nulle guallanterie faicte à Dieu, l'autheur estoyt en doubte sur ceste civilité creuze, et songioyt moult, sans tirer aulcune réalle chevance de cet outil céleste. Lors, force de tourner, retourner ce dict escriptoire, l'estudier, le veoir, l'emplir, le vuyder, le taper en fasson interrogative, le faire net, le mettre droict, le mettre de costé, le bouter à contre-sens, il lut à contrefil Eva. Que est Eva, sinon toutes les femmes en une seule? Doncques par la voix divine estoyt dict à l'autheur : — « Pense à la femme; la femme guarrira ta playe, bouschera le vuyde de ta gibessière ; la femme est ton bien ; n'aye qu'une femme ; habille et deshabille, dorelotte ceste femme ; debitte la femme ; la femme est tout, la femme ha son galimard, puise en ce galimard sans fund ; la femme ayme l'amour, fais-luy l'amour avecques le galimard seulement ; chatouille ses phantaisies et pourtrais-luy ioyeulsement les mille pourtrayctures de l'amour en ses millions de gentilles fassons ; la femme est généreuse, et toutes pour une, une pour toutes, soldera le paintre et fournira le plumaige du pinceau. Enfin équivocque sur ce qui est escript là : — « *Ave*, salue, *Eva*, la femme. Ou bien : *Eva*, la femme, *ave*, salue, ou saulve. Eh ! oui, elle faict et deffaict. » Doncques, à moy le galimard ! Que ayme le plus la femme ? que veult la femme ? toutes les chouses espéciales de l'amour, et ha raison la femme. Enfanter, produire est imitation de nature qui tousiours est en gezine ! Doncques à moy la femme, à moy *Eva !* Sur ce, l'autheur se print à puiser en ce fecund galimard où estoyt une purée cérébrale, concoctionnée par les vertus d'en hault, en fasson talismanicque. D'ung godet sourdoyent chouses graves qui s'escripvoyent en encre brune ; et de l'aultre, chouses frestillantes qui rubricquoyent ioyeulsement les feuillets du cayer. Paouvre autheur ha souvent, faulte de cure, meslangé les encres, ores cy, ores là. Mais, dès que les lourdes phrases ardues à rabotter, vernir et polir, de quelque ouvraige au goust du iour, estoyent parachevées, l'autheur, curieux de s'esbattre, maulgré le peu d'encre rieuse qui est au godet senestre, en robboyt ardemment aulcune plumée avecques mille délices. Ces dictes plumées sont, vère, ces dessus dicts contes droslaticques dont l'authorité ne peut estre soubpçonnée, pour ce que elle est escoulée de source divine, ainsy que il appert de ce naïf adveu de l'autheur.

PROLOGUE.

Aulcunes maulvaises gens crieront encores de cecy. Mais r ouvez ung tronsson d'homme parfaictement content sur ceste miette de boue. Est-ce pas une honte? En cecy l'autheur se est saigement comporté à l'instar de Dieu. Et il le prouve par *at qui.* Oyez! Est-il point démonstré en toute claireté aux sçavans que le souverain Seigneur des mondes ha faict ung numbre infini de machines lourdes, poisantes, graves, à grosses roues, grantes chaisnes, terribles detentes et affreux tournoyemens complicquez de vis et poids en la fasson des tournebrosches; mais aussy se est diverti en de petites mignonneries et chouses grotesques, légieres comme le vent que il ha faict encores, créations naïfves et plaizantes dont vous riez, les voyant? Est-ce pas vray? Doncques, en toute œuvre concentricque, comme est la trez-spacieuse bastisse emprinse par l'autheur, besoing est, pour se modeler sur les lois de ce dessus dict Seigneur, de fassonner aulcunes fleurs mignonnes, plaizans insectes, beaulx draccons bien tortillez, imbricquez, supercoulourez, voire mesme dorez, encores que l'or luy fault souvent, et les gecter aux pieds de ses monts neigeux, piles de roches et aultres sourcilleuses filosophies, longs et terribles ouvraiges, coulumnades marmorines, vrais pensiers sculptez en porphyre. Ha çà! bestes immundes qui honnissez et respudiez les fugues, phantaisies, contrepeteries, musicques et roulades de la iolye muse droslaticque, ne rongerez-vous pas vos griphes, pour ne plus escorchier sa peau blanche, azurée de veines, ses reins amoureux, ses flancs de toute élégance, ses pieds qui restent saigement au lict, son visaige de satin, ses formes lustrées, son cueur sans fiel? Ha! testes choppes, que direz-vous en voyant cy que ceste bonne fille est issue du cueur de la France, concorde aux natures de la femme, ha esté saluée d'un *ave* gentil par les anges en la personne du donateur Mercure, et finablement est la plus claire quintessence de l'art? En ceste œuvre se rencontrent nécessité, vertu, phantaisie, vœu de femme, vœu d'ung pantagrueliste quarré, il y ha tout. Taisez-vous, festez l'autheur, et lairrez son galimard à double gode doter la Gaye Science des cent glorieux contes droslaticques.

Doncques arrière, mastins, sonnez les musicques; silence, cagots, hors d'icy les ignares ! advancez, messieurs les ribaulds ! mes mignons paiges, baillez vostre doulce main aux dames, et grattez-la leur au mitant, de la gentille fasson, en leur disant :
— Lisez pour rire. Après, vous leur direz quelque aultre mot plus plaizant, pour les faire esclater, veu que, quand sont rieuses, elles ont les lèvres desclozes et sont de petite rezistance à l'amour.

Escript à Genève, en l'hostel de l'Arcq, aux Eaues Vifves. Febvrier 1834.

PERSÉVÉRANCE D'AMOUR

Environ les premières annees du treiziesme siècle après la ven de Nostre Divin Saulveur, advint en la cité de Paris une adventure amoureuse par le faict d'un homme de Tours, de laquelle s'estomira la ville, et aussy la Court du roy. Quant au clergié, vous verrez par ce qui sera cy-dessoubz dict la part qu'il en eut en ceste histoire dont par luy feut conservé le tesmoingnaige.

Ce dict homme, appelé le Tourangeaud par les gens du menu, pour ce qu'il avoyt prins naissance en nostre ioyeulse Tourayne, estoyt en son vray nom dict Anseau. Eu ses vieulx iours, ce bon homme ratourna en son pays et feut maire de Sainct-Martin, suyvant la chronicque de l'abbaye et de la ville, mais à Paris estoyt ung noble orphebvre. Ores doncques, en son prime aage, par sa grant honnesteté, ses labeurs ou aultrement, devint bourgeoys de Paris et subiect du roy, dont il achepta la protection suyvant l'usaige de cettuy tems. Il avoyt une maison par luy bastie hors de toute censive, prouche l'ecclise Sainct-Leu, en la rue Sainct-Denys, où sa forge estoyt bien cogneue de ceulx qui cherchioyent les beaulx ioyaulx. Encores que ce feust ung Tourangeaud et que il eust de la vie à revendre, il estoyt demouré saige comme ung vray sainct, nonobstant les blandices de ceste ville, et avoyt effeuillé les iours de sa verde saison sans avoir oncques lairré traisner ses chausses en ung clappier. Beaucoup diront que cecy passe les facultez de croire que Dieu ha mises en nous pour aider à la foy deue aux mystères de sa saincte religion ; aussy besoing est-il de demonstrer abundamment la cause absconse de ceste chasteté d'orphebvre. Et d'abord prenez qu'il estoyt venu de son pied en la ville ; pauovre, plus que Iob, au dire des vieulx compaignons, et que, à l'encontre des gens de nostre pays, lesquels n'ont que ung prime feu, il avoyt ung charactère de métail, et persistoyt en ses voyes comme une venance de moyne. Ouvrier, tousiours labouroyt, devenu maistre, labouroyt encores ; tousiours apprenoyt secrets nouveaulx, cherchioyt nouvelles receptes, et en cherchant rencontroyt des inventions de toute sorte. Les passants attardez, gens de guette ou maulvais garsons, voyoyent tousiours une saige lampe allumée à travers les croisées de l'orphebvre, et bon orphebvre tapant, sculptant, rongeant, rizaillant, limant, tocquant en compaignie de aulcun apprentif, portes clozes, aureilles ouvertes. La misère engendra le labeur, le labeur engendra sa notable saigesse, et la saigesse engendra de grants biens. Entendez cecy, enfans de Caïn qui mangez des doublons et pissez de l'eaue ! Si le bon orphebvre avoyt en luy mesme de ces phantasques dezirs, qui, de cy, de là, tenaillent ung paouvre homme seul quand le diable faict mine de l'emporter sur ung signe de croix, le Tourangeaud rebattoyt son métail, attiroyt les esperits seditieux à sa cervelle en se bendant à faire des délicatesses délicieuses, mignonnes engraveures, figurines d'or, belles formes d'argent avecques lesquelles il rafreschissoyt la cholère de sa Vénus. Adiouxtez à ces chouses que ce Tourangeaud estoyt homme à simples semelles, de naïf entendement, craignant Dieu d'abord, puis les voleurs, les seigneurs après, le tumulte pardessus tout. Quoique il eust deux mains, iamays ne faisoyt que une seule chouse. Il avoyt ung parler doulx comme est celuy d'une espouzée avant les nopces. Encores que le clergié, les gens d'armes et aultres ne le réputassent point sçavant, il sçavoyt bien le latin de sa mère et le parloyt correctement, sans se faire prier. Subsécutivement ceulx de Paris luy avoyent apprins à marcher droict, à ne point battre les buissons pour aultruy, à mesurer ses passions à l'aulne de ses revenus, à ne bailler à personne licence de luy prendre de son cuir pour se faire des cordons, à veiller au grain, à ne point se fier aux dessus de boëte, ne point dire ce que il faisoyt et faire ce que il disoyt, à ne laisser cheoir que de l'eaue, avoir plus de memoëre que n'en ont habituellement les mousches, à guarder sa poine pour luy seul et aussy son escarcelle, à ne poinf s'occuper des nuées par les reues, et vendre ses ioyaulx plus chier que ils ne luy coustoyent ; toutes chouses dont la saige observance luy donnoyt autant de sapience que besoin estoyt pour vivre à son aise et contentement. Ainsy faisoyt-il, sans gehenner personne. Et, advizant ce bon petit homme en son privé, beaucoup disoyent le voyant : — Par ma foy ie vouldroys estre cet orphebvre, encorès que l'on m'obligeast à botter iusques au genoil les crottes de

MAITRE ANSEAU.

Estoyt ung masle à visaige de lion et soubz les sourcilz duquel sourdoyt ung resguard à fondre l'or.

(PERSÉVÉRANCE D'AMOUR.)

Paris durant une centaine d'années. Autant auroyt valu soubhaiter estre roy de France, pour ce que l'orphebvre avoyt des bras quarrez, nerveux, poilus, et si merveilleusement durs que, alors qu'il serroyt les poings, des tenailles manouvrées par le plus rude compaignon ne luy eussent ouvert la main. Comptez que ce que il tenoyt estoyt bien à luy. De plus avoyt des dents à maschier du fer, un estomach à le dissouldre, une fressure à le digérer, ung sphincter à l'expectorer sans deschireure, puis des espaules à soubztenir le monde à l'instar de ce seigneur payen auquel estoyt iadis commis ce soin et que la venue de Iésus-Christ en ha, bien à tems, deschargié. Ce estoyt, à vray dire, ung de ces hommes faicts d'ung seul coup, et qui sont meilleurs, veu que ceulx auxquels besoin est de retouschier ne valent rien ainsy rapiecez et bastis en plusieurs foys. Brief, maistre Anseau estoyt ung masle tainct en grayne, à visaige de lion et soubz les sourcilz duquel sourdoyt ung resguard à fondre l'or, si le feu de sa forge luy avoyt faict deffault ; mais une eaue limpide mise en ses yeulx par le modérateur de toute chouse temperoyt ceste grant ardeur, sans quoy il eust tout bruslé. Estoyt-ce point un fier morceau d'homme ?

Sur l'eschantillon de ses vertus cardinales, aulcuns persévéreront à s'enquérir pourquoy le bon orphebvre estoyt demouré garson comme une huistre, veu que ces propriétez de nature sont de bel usaige en tous lieux. Mais ces opiniastres critiques sçavent-ils ce que est d'aymer ! Ho ! ho ! Foing ! Le métier d'un amoureux est d'aller, venir, escouter, guetter, se taire, parler, se blottir, se faire grant, se faire petit, se faire rien du tout ; agréer, musicquer, pastir, querrir le diable où il est, compter des pois gris sur ung volet, trouver des fleurs soubz la neige, dire des pastenostres à la lune, caresser le chat et le chien du logiz, saluer les amis, flatter la goutte ou la catarrhe de la tante, et luy dire en tems opportun : — Vous avez bon visaige et fairez l'espitaphe du genre humain. Puis flairer ce qui plaist à tous les parens, ne marcher sur les pieds de personne, ne point casser les verres, ferrer des cigales, laver des bricques, dire des riens, tenir de la glace en sa main, s'esbahir des afficquets, s'escrier : — Cecy est bien ! ou : — Vrayment, madame, vous estes bien belle ainsy. Et varier cela de cent mille fassons. Puis se fraizer, s'empoiser comme ung seigneur, avoir la langue leste et saige, endurer en riant tous les maulx que faict le diable, enterrer toutes ses cholères, tenir sa nature en laisse, avoir le doigt de Dieu et la queue du diable, guerdonner la mère, guerdonner la cousine, guerdonner la meschine, brief, tousiours se faire une trongne plaisante, faulte de quoy la femelle s'eschappe et vous plante là, sans dire une seule raison chrestienne. En fin de tout, l'amoureux de la plus clémente garse que Dieu ayt faicte en ung moment de belle humeur auroyt-il parlé comme ung bon livre, saulté comme une puce, viré comme ung dez, musicqué comme le roy David, faict les cent mille tourdions de l'enfer, et basti pour ceste dessus dicte femme l'ordre corinthien des coulumnes du diable, s'il fault à la chouse espéciale et tenue secrette qui plaist entre toutes à sa dame, que souvent elle ne sçayt elle-mesme, et que il est besoing de sçavoir, la garse le quitte comme une leppre rouge. Elle est dans son droict. Nul ne sçauroyt y trouver maille à reprendre. En ceste occurrence, aulcuns hommes deviennent grimaulds, faschiez, affolez plus que vous ne pourriez imaginer. Voire mesme, plusieurs se sont occiz pour ce revirement de iuppe. En cecy, l'homme se distingue de la beste, veu que aulcun animal ne ha perdu l'esperit par dezespoir d'amour; ce qui prouve d'abundaut que les bestes n'ont point d'ame. Le métier d'amoureux est doncques ung mestier de batteleur, de souldard, de charlatan, de baladin, de prince, de niais, de roy, d'oisif, de moyne, de dupe, de traisne-chausses, de menteur, de vantard, de sycophante, de teste vuyde, de chasse-vent, de gaule-festu, de congne-rien, de draule; ung métier dont s'est abstenu Iésus, et que, en son imitation, desdaignent les gens de hault entendement; mestier auquel un homme de valeur est requis de despendre, avant toute chouse, son tems, sa vie, son sang, ses meilleures paroles, oultre son cueur, son ame et sa cervelle, dont toutes les femelles sont cruellement affriandées, pour ce que, dès que leur langue va et vient, elles se disent l'une à l'aultre que, si elles n'ont pas tout d'un homme, elles n'en ont rien. Comptez mesme qu'il se rencontre des cingesses qui fronssent leurs sourcilz et grondent encores que un homme faict les cent coups pour elles, à ceste fin de s'enquérir s'il y en ha cent et un, veu que, en tout, elles veulent le plus, par esperit de conqueste et tyrannie. Et ceste haulte iurisprudence ha esté tousiours en vigueur soubz la coustume de Paris, où les femmes reçoivent plus de sel au baptesme qu'en aulcun lieu du monde, et par ainsy sont malicieuses de naissance.

Et doncques, l'orphebvre, tousiours establi à son ouvrouere, brunissant l'or, chauffiant l'argent, ne pouvoyt aulcunement chauffier l'amour ne brunir et faire resplendir ses phantaisies, ne fanfreluchier, parader, se dissiper en cingeries, ne se mettre en queste d'ung moule à aureilles. Ores, veu que à Paris pucelles ne tombent pas plus au lict des garsons qu'il ne pleut des paons rostiz ez reues, encores que ces garsons soyent orphebvres royaulx, le Tourangeaud eut l'advantaige d'avoir, comme ha esté dessus dict, ung cocquebin dans sa chemise. Cependant le bourgeoys ne pouvoyt avoir les yeulx clos sur les advantaiges de nature dont faisoyent estat et se trouvoyent amplement fournies les dames et aussy les bourgeoyses avecques lesquelles il desbattoyt la valeur de ses ioyaulx. Aussy, souvent, en escoutant les gentils proupos des femmes qui vouloyent l'emboizer et le mignottoyent pour en obtenir quelque doulceur, bon Tourangeaud s'en ratournoyt-il par les reues, resveur comme ung poëte, plus dezespéré que ung coucou sans nid, et se disoyt lors en luy-mesme : — Ie debvroys me munir d'une femme. Elle balyeroyt le logiz, me tiendroyt les plats chaulds, ployeroyt les toiles, me racousteroyt, chanteroyt ioyeulsement dedans la maison, me tormenteroyt pour me faire faire tout à son goust léans, me diroyt comme elles disent toutes à leurs marys quand elles veulent un ioyau : — Hé bien ! mon mignon, vois doncques cecy, n'est-ce pas gentil? Et ung chascun, de par le quartier, songeroyt à ma femme et penseroyt de moy : — Voilà un homme heureux. Puis se marioyt, faisoyt les nopces, dodinoyt madamoiselle l'orphebvre, la vestoyt superbement, luy donnoyt une chaisne d'or, l'aymoyt de la teste aux pieds, luy quittoyt le parfaict goubvernement du mesnaige, sauf l'espargne, la mettoyt en sa chambre d'en hault, bien verrée, nattée, tendue de tapisseries, avecques ung bahut mirificqué, dedans ung lict oultre large, à coulumnes torses, à rideaulx de cental cytrin ; luy acheptoyt force beaulx mirouëres, et avoyt tousiours ung dixain d'enfans d'elle et de luy quand il arrivoyt à son logiz. Ainsi là, femme et enfans s'esvaporoyent en martelaiges, il transfiguroyt ses imaginations méncholieuses en dessins phantasques, fassonnoyt ses pensiers d'amour en ioyaulx droslaticques qui plaisoyent moult à ses achepteurs, lesquels ignoroyent combien il y avoyt de femmes et d'enfans perdus dans les pièces d'orphebverie du bon homme, qui, tant plus avoyt de talent en son art, tant plus se desbiffoyt. Ores, si Dieu ne l'avoyt prins en pitié, seroyt forissu de ce monde sans cognoistre ce que estoyt de l'amour, mais l'auroyt cogneu en l'aultre sans la métamorphose de la chair qui le guaste, suyvant messire Plato, homme d'authorité, mais qui, pour ce que il n'estoyt chrestien, ha erré. Las! ces préparatoires discours sont digressions oisives et fastidieux commentaires, desquels les mescréans obligent un homme d'entortiller ung conte, comme un enfant dedans ses langes, alors qu'il debvroyt courir tout nud. Le grant diable leur donne ung cıystère avecques sa fourche triple rouge. Ie vais tout dire sans ambaiges.

Ores, vécy ce qui advint à l'orphebvre dans la quarante et uniesme année de son aage. Un iour de Dieu, se pourmenant en la rive gauche de la Seyne, il s'adventura, par suite d'ung pensier de mariaige, iusques en la prairie qui depuis feut nommée la Prée aux Clercs, laquelle estoyt lors dans le domaine de l'abbaye de Sainct-Germain, et non en celuy de l'Université. Là tousiours marchant, le Tourangeaud se vit en pleins champs, et y fit la rencontre d'une paouvre fille, laquelle l'advisant bien guarni, le salua, disant : — Dieu vous saulve, monseigneur! En ce disant, sa voix eut telles doulceurs cordiales, que l'orphebvre sentit ses esperits ravis par ceste mélodie féminine, et conceut de l'amour pour la fille, d'autant que, chatouillé de mariaige comme il estoyt, tout concordoyt à la chouse. Néanmoins, comme il avoyt ià dépassé la garse, point n'ozoyt revenir, pour ce que il estoyt timide comme une fille qui mourroyt dedans ses cottes par avant de les lever pour son plaizir; ains quand il feut à ung gect d'arcq, il pensa que un homme receu depuis dix ans maistre orphebvre, devenu bourgeoys et qui avoyt deux foys l'aage d'ung chien, pouvoyt bien veoir ung devant de femme, s'il en avoyt phantaisie, d'autant que son imagination luy trespignoyt bien fort. Dóncques il vira net comme s'il changioyt de visée pour sa pourmenade, puis revit ceste fille qui tenoyt par une vieille chorde sa paouvre vasche, laquelle broutoyt l'herbe venue en la lizière verde d'ung fossé iouxtant le chemin.

— Ah! ma mignonne, fit-il, vous estes bien peu guarnie de bien, que vous faictes ainsy œuvre de vos doigts le iour de Dieu. Ne redoutez-vous point d'estre mise en prison!

— Monseigneur, respartit la fille en abaissant les yeulx, ie n'ay rien à craindre, pour ce que ie appartiens à l'abbaye. Le seigneur abbé nous ha baillé licence de pourmener la vasche après vespres.

— Vous aymez doncques vostre vasche mieulx que le salut de vostre ame?

— Vère, monseigneur, nostre beste est quasiment la moitié de nostre paouvre vie.

— Ie m'esbahis, ma fille, de vous sçavoir paouvre et ainsy haillonnée, houzée comme ung fagot, pieds nuds par les champs ung dimanche, alors que vous portez plus de threzors que vous n'en foulez au parcours du domaine abbatial. Ceulx de la ville vous doibvent poursuivre et tormenter d'amour.

— Nenny! monseigneur, ie appartiens à l'abbaye, fit-elle en monstrant à l'orphebvre ung collier à son bras senestre, comme en ont les bestes ez champs, mais sans clochette. Puis gecta ung tant desplourable resguard au bourgeoys qu'il en demoura tristifié, veu que par les yeulx se communicquent les contagions du cueur, quand fortes elles sont.

— Hé! que est de cecy? reprint-il, voulant s'enquérir de tout. Et il touschia le collier où estoyent engravées les armes de l'abbaye moult apparentes, mais que il ne vouloyt point veoir.

— Monseigneur, ie suis fille d'un *homme de corps*. Par ainsy, quiconque s'uniroyt à moy par mariaige tomberoyt en servaige, feust-il bourgeoys de Paris, et appartiendroyt corps et biens à l'abbaye. S'il m'aymoyt aultrement, ses enfants seroyent encores au domaine. A cause de ce, suis délaissée d'ung chascun, abandonnée comme une paouvre beste des champs. Mais, dont bien me fasche, seroys-je, selon le plaizir de monseigneur l'abbé, couplée en tems et lieu avecques un homme de corps. Et ie seroys moins laide que ie ne suis, que, au veu de mon collier, le plus amoureux me fuiroyt comme la peste noire. En ce disant, elle tiroyt sa vasche par la chorde pour la contraindre à les suivre.

— En quel aage estes-vous? demanda l'orphebvre.

— Ie ne sçays, monseigneur, mais nostre sire abbé le ha en notte.

Ceste grant misère touschia le cueur du bonhomme qui avoyt pour ung long tems mangié le pain du malheur. Il conformoyt son pas à celuy de la fille, et ils alloyent ainsy devers l'eaue en ung silence bien estoffé. Le bourgeoys resguardoyt le beau front, les bons bras rouges, la taille de royne, les pieds pouldreux, mais faicts comme ceulx d'une vierge Marie, et la doulce physionomie de ceste fille, laquelle estoyt le vray pourtraict de saincte Geneviefve, la patronne de Paris et des filles qui vivent ez champs. Et comptez que ce cocquebin tout neuf de la teste aux pieds soubpçonnoyt la iolye danrée blanche des tettins de ceste fille, lesquels estoyent, par graace pudicque, bien soigneusement couverts d'un maulvais drapeau, et les appetoyt comme un escholier appette une pomme rouge par un iour de chaleur. Aussy comptez que ces bons brins de naturance denotoyent une garse complectionnée en perfection délicieuse, comme tout ce que possédoyent les moynes. Ores, tant plus il estoyt deffendu au bourgeoys d'y touschier, tant plus l'eau luy venoyt en la bousche de ce fruict d'amour, et le cueur luy saultoyt iusques dans la gorge.

— Vous avez une belle vasche, fit-il.

— Soubhaittez-vous ung peu de laict, respondit-elle. Il faict si chauld en ces premiers iours de may. Vous estes bien eslongné de la ville.

De faict, le ciel estoyt pers, sans nuées, et ardoyt comme une forge ; tout reluisoyt de ieunesse, les feuilles, l'aër, les filles, les cocquebins ; tout brusloyt, estoyt verd et sentoyt comme baulme. Ceste offre naïfve, sans espoir de retour, veu que ung besant n'eust point soldé la graace espéciale de ceste parole, puis la modestie du geste par lequel se vira la paouvre garse, estraignit le cueur de l'orphebvre, qui eust voulu pouvoir mettre ceste fille serfve en la peau d'une royne et Paris à ses pieds.

— Nenny! ma mye, ie n'ay point soif de laict, mais de vous que ie vouldroys avoir licence d'affranchir.

— Cecy ne se peut, et ie mourray appartenant à l'abbaye. Vécy ung bien long tems que nous y vivons de père en fils, de mère en fille. Comme mes paouvres ayeulx, ie passeray mes iours sur ceste terre, et aussy mes enfans, pour ce que l'abbé ne nous lairre point sans gezine.

— Quoy! fit le Tourangeaud, nul guallant ne ha tenté pour vos beaulx yeulx de vous achepter la liberté, comme i'ay achepté la mienne au roy!

— Vère, elle cousteroyt trop chier! Aussy ceulx auxquels ie plais à la prime veue s'en vont-ils comme ils viennent.

— Et vous n'avez point songié à gaigner un aultre pays en compaignie d'un amant à cheval sur ung bon coursier?

— Oh bien! Mais, monseigneur, si ie estoys prinse, ie seroys au moins pendue, et mon guallant, feust-il ung seigneur, y perdroyt plus d'ung domaine, oultre le reste. Ie ne vaulx pas tant de biens. Puis l'abbaye ha les bras plus longs que ie n'ay les pieds prompts. Et doncques ie vis en parfaicte obéissance de Dieu, qu' me ha plantée ainsy.

— Et que faict vostre père ?
— Il fassonne les vignes des iardins en l'abbaye.
— Et vostre mère?
— Elle y faict les buées.
— Et quel est vostre nom?
— Ie n'ay point de nom, mon chier seigneur. Mon père ha esté baptisé Estienne, ma mère est la Estienne, et moy ie suis Tiennette, pour vous servir.

— Ma mye, fit l'orphebvre, iamays femme ne me ha plu autant que vous me plaisez, et ie vous cuyde le cueur plein de seures richesses. Doncques, pour ce que vous vous estes offerte à mes yeulx en l'instant où ie me desliberoys fermement de prendre une compaigne, ie crois veoir en cecy un adviz du ciel, et, si ie ne vous suis point desplaizant, ie vous prie de m'agréer pour vostre amy.

La fille baissa de rechief les yeulx. Ces paroles feurent proférées de telle sorte, en ton si grave et manière si pénétrante, que ladicte Tiennette ploura.

— Non, mon seigneur, respondit-elle. Ie seroys cause de mille desplaizirs et de vostre maulvais heur. Pour une paouvre fille de corps, ce est assez d'une causette.

— Ho! fit Anseau, vous ne cognoissez point, mon enfant, à quel maistre vous avez affaire. Le Tourangeaud se signa, ioignit les mains et dict : — Ie fais vœu à monsieur sainct Eloy, soubz l'invocation de qui sont les orphebvres, de fabricquer deux niches d'argent vermeil, du plus beau travail qu'il me sera licite de les aorner. L'une sera pour une statue de ma dame la Vierge, à ceste fin de la mercier de la liberté de ma chière femme, et l'aultre pour mon dict patron; si i'ay bon succez en l'emprinse de l'affranchissement de Tiennette, fille de corps, cy présente, et pour laquelle ie me fie en son assistance. D'abundant, ie iure par mon salut éterne de persévérer avecques couraige en ceste affaire, y despendre tout ce que ie possède, et ne la quitter qu'avecques la vie. Dieu me ha bien entendu, fit-il, et toy, mignonne? dit-il en se virant vers la fille.

— Ha! mon seigneur, voyez!... ma vasche court les champs, s'escria-t-elle en plourant aux genoilz de son homme. Ie vous aymeray toute ma vie, mais reprenez vostre vœu.

— Allons querrir la vasche, respartit l'orphebvre en la relevant sans ozer la baiser encores, quoique la fille y feust bien dispose.

— Oui, fit-elle, car ie seroys battue.

Et vécy l'orphebvre de saulter après la damnée vasche qui se soulcioyt mie des amours ; ains elle feut tost prinse aux cornes et tenue comme en un estau par les mains du Tourangeaud, qui pour ung rien l'eust gectée par les aërs, comme festu.

— Adieu ! ma mye. Si vous allez en la ville, venez à mon logiz, prouche Sainct-Leu. Ie me nomme maistre Anseau et suis orphebvre de nostre seigneur le Roy de France, à l'imaige de Sainct-Eloy. Faictes-moy promesse d'estre en ce champ au prouchain iour de Dieu, point ne fauldray à venir, encores qu'il tombast des hallebardes.

— Oui, mon bon seigneur. Pour ce saulteroys-je aussy bien par-dessus les hayes, et, en recognoissance, vouldroys-je estre à vous sans meschief, et ne vous causer aulcun dommaige, au prix de mon heur à venir. En attendant la bonne heure, ie prieray Dieu pour vous bien fort.

Puis elle demoura en pieds comme ung sainct de pierre, ne bougeant point, iusques à ce que elle ne vit plus le bourgeoys qui s'en alloyt à pas lents, se virant par momens devers elle pour la resguarder. Et quand le bourgeoys feut loing et hors de ses yeulx, elle se tint là iusques à la nuictée, perdue en ses méditations, ne saichant pas si elle n'avoyt point resvé ce qui luy estoyt advenu. Puis revint sur le tard au logiz où elle feut battue pour s'estre desheurée, mais ne sentit point les coups. Le bon bourgeoys perdit le boire et le mangier, ferma son ouvrouere, féru de ceste fille, ne songiant que de ceste fille, voyant partout ceste fille, et tout luy estoyt ceste fille. Ores doncques, dès l'endemain desvalla vers l'abbaye en grant appréhension de parler au seigneur abbé. Puis, en chemin, pensa prudemment de soy mettre soubz la protection d'un homme du Roy, et, dans ce pensier, ratourna en la Court qui lors estoyt à la ville. Ores, veu que il estoyt existimé de tous pour sa preudhomie, aymé pour ses œuvres mignonnes et ses complaisances, le chamberlan du Roy, auquel il avoyt esraumnt faict pour une dame de cueur ung drageoir d'or et de pierreries unicque en sa fasson, luy promit assistance, fit seller son cheval et une hacquenée pour l'orphebvre, avecques lequel il vint aussitost en l'abbaye, et demanda l'abbé, qui estoyt monseigneur Hu-

gon de Sennecterre, lequel avoyt d'aage nonante et trois années.
Lors estant venu en la salle avecques l'orphebvre bien estouffé d'attendre sa sentence, le chamberlan pria l'abbé Hugon de luy octroyer par advance une chouse facile à octroyer qui luy seroyt plaizante.
A quoy le sire abbé respondit en branlant le chief que les Canons luy faisoyent inhibitions et deffenses d'engagier ainsy sa foy.

— Vécy, mon chier père, dit le chamberlan, l'orphebvre de la Court qui ha conceu ung grant amour pour une fille de corps appartenant à vostre abbaye, et ie vous requiers, à charge de vous complaire en celuy de vos dezirs que vous vouldrez veoir accompli, de franchir ceste fille.

— Quelle est-elle? demanda l'abbé au bourgeoys.

— Elle ha nom Tiennette, dit timidement l'orphebvre.

— Ho! ho! fit le bon vieil Hugon en soubriant. L'appast nous ha doncques tiré ung beau poisson. Cecy est ung caz grave, et ie ne sçauroys le résouldre seul.

— Ie sçays, mon père, ce que vault ceste parole, fit le chamberlan en fronssant les sourcils.

— Biau sire, fit l'abbé, sçavez-vous ce que vault la fille?

L'abbé commanda que l'on allast querrir Tiennette, en disant à son clercq de la vestir de beaulx habits et de la faire la plus brave qu'il se pourroyt.

— Vostre amour est en dangier, fit le chamberlan à l'orphebvre en le tirant à part. Quittez ceste phantaisie. Vous rencontrerez partout, mesme en la Court, des femmes de bien, ieunes et iolyes, qui vous espouseront voulentiers. Pour ce, si besoing est, le roy vous aidera dans quelque acquest de seigneurie qui, par force de tems, vous feroyt faire une bonne maison. Estes-vous pas assez bien guarni d'escuz pour devenir souche de quelque noble lignée?

— Ie ne sçauroys, mon seigneur, respondit Auseau. Ie ay faict une emprinse.

— Doncques voyez lors à achepter la manumission de ceste fille. Ie cognoys les moynes. Avecques eux monnoye faict tout.

— Mon seigneur, dit l'orphebvre à l'abbé en revenant vers luy, vous avez charge et cure de représenter icy-bas la bonté de Dieu, qui souvent use de clémence envers nous et ha des thrézors infinis de miséricorde pour nos misères. Ores ie vous mettray, durant le restant de mes iours, chaque soir et chaque matin, en mes prières, et n'oublieray iamays avoir tenu mon heur de vostre charité, si vous voulez m'aider à iouir de ceste fille en légitime mariaige, sans guarder en servaige les enfants à naistre de ceste union. Et, pour ce, puis-je vous faire une boëte à mettre la saincte Eucharistie, si bien élabourée, enrichie d'or, pierreries et figures d'anges aeslez, que aulcune aultre ne sera iamays ainsy dans la chrestienté, laquelle demourera unicque, vous resiouira la veue et sera si bien la gloire de vostre autel, que les gens de la ville, les seigneurs estrangiers, tous accourront la veoir, tant magnificque sera-t-elle.

— Mon fils, respondit l'abbé, perdez-vous le sens? Si vous estes résolu d'avoir ceste fille pour légitime espouse, vos biens et vostre personne seront acquestez au chapitre de l'abbaye

— Oui, mon seigneur, ie suis affolé de ceste paouvre fille, et plus touschié de sa misère et de son cueur tout chrestien que ie ne le suis de ses perfections; mais ie suis, dit-il avecques larmes aux yeulx, encores plus estonné de vos duretez, et ie le dis, quoique ie saiche mon sort estre en vos mains. Oui, monseigneur, ie cognoys la loy. Ains, si mes biens doibvent tomber en vostre domaine, si ie deviens homme de corps, si ie perds ma maison et ma bourgeoysie, ie guarderay l'engin conquesté par mes labeurs et mes estudes, et qui gist là, fit-il en se congnant le front, en ung lieu où nul, fors Dieu, ne peut estre seigneur que moy. Et vostre abbaye entière ne sçauroyt payer les espéciales créations qui en sourdent. Vous aurez mon corps, ma femme, mes enfans; mais rien ne vous baillera mon engin, pas mesme les torteures, veu que ie suis plus fort que le fer n'est dur, et plus patient que la douleur n'est grant.

Ayant dict, l'orphebvre, enraigé par le calme de l'abbé, qui sembloyt résolu d'acquester à l'abbaye les doublons de ce bonhomme, deschargia son poing sur une chaire en chesne, et la mit par petites eschardes, veu qu'elle s'esclata comme soubz ung coup de massue.

— Voilà, monseigneur, quel serviteur vous aurez, et d'un ouvrier de chouses divines ferez ung vray cheval de traict.

— Mon fils, respondit l'abbé, vous avez à tort brisé ma chaire et légierement iugé mon ame. Ceste fille est à l'abbaye et non mienne. Ie suis le fidelle servateur des droicts et usaiges de ce glorieux monastère. Encores que ie puisse donner à ce ventre de femme licence de faire des enfans libres, ie doibs compte de ce à Dieu et à l'abbaye. Ores, depuis que il est icy un autel, des gens de corps et des moynes, *id est*, depuis ung tems immémorial, iamays il ne se est rencontré ung caz de bourgeoys devenant la propriété de l'abbaye par mariaige avecques une fille de corps. Doncques besoing est d'exercer le droict et d'en faire usaige, pour que il ne soyt oncques perdu, débilité, caducq, et vienne en desuétude, ce qui occasionne mille troubles. Et cecy est d'ung plus hault advantaige pour l'Estat et l'abbaye que vos boëtes, tant belles soyent-elles, veu que nous avons ung threzor qui nous permettra d'achepter de beaulx ioyaulx, et que nul threzor ne sçauroyt establir des coustumes et des loys. I'en appelle à monseigneur le chamberlan du Roy, tesmoing des poines infinies que nostre sire prend, chaque iour, de batailler pour l'establissement de ses ordonnances.

— Cecy est pour me clorre le becq, fit le chamberlan.

L'orphebvre, qui n'estoyt point ung grant clercq, demoura pensif. Puis vint Tiennette, nette comme ung plat d'estain nouvellement frosté par une mesnaigiere, les cheveulx relevez, vesteue d'une robbe de laine blanche à ceincture perse, chaussée de soliers mignons et de chausses blanches, enfin si royalement belle, si noble en son maintien, que l'orphebvre se pétrifia d'ecstaze, et le chamberlan confessa n'avoir oncques veu si parfaicte créature. Puis il existima qu'il y avoyt trop de dangier pour le paouvre orphebvre en ceste veue, le ramena dare dare en la ville, et l'engagia de moult penser à ceste affaire, veu que l'abbé n'affranchiroyt point ung si bon hamesson à prendre bourgeoys et seigneurs, en la hanse parisienne. De faict, le Chapitre fit sçavoir au paouvre amoureux que, s'il espouzoyt ceste fille, il debvoyt se résouldre à quitter ses biens et sa maison à l'abbaye, se recognoistre homm. de corps, luy et les enfans à provenir dudict mariaige; ains que, par graace espéciale, l'abbé le lairreroyt en son logiz, à la condition de bailler un estat de ses meubles, de payer par chascun an une redevance, et venir, pendant une huictaine, demourer en ung bouge dépendant du domaine, à ceste fin de faire acte de servaige. L'orphebvre, auquel ung chascun parloyt de l'opiniastreté des moynes, vit bien que l'abbé maintiendroyt incommutablement cet arrest, et se dezespera à perdre l'ame. Tantost vouloy boutter le feu en cinq coins du monastère; tantost se prouposoy d'attirer l'abbé en ung lieu où il pust le tormenter iusques à ce qu'il luy eust signé quelque chartre d'affranchissement pour Tiennette; enfin mille resves qui s'esvaporoyent. Mais, après bien des lamentations, se deslibéra d'enlever la fille et s'enfouir dans ung

CONTES DR. 21

lieu seur d'où rien ne le sçauroyt tirer, et fit ses préparatives en conséquence, veu que, forissu du royaulme, ses amys ou le roy pourroyent mieulx chevir des moynes et les arraizonner. Le bonhomme comptoyt sans son abbé, veu que en allant à la prée, il ne vit plus Tiennette et apprind que elle estoyt serrée en l'abbaye en si grant rigueur que, pour l'avoir, besoing seroyt de faire le siége du monastère. Lors maistre Anseau se respandit en plainctes, esclats et quérimonies. Puis, par toute la cité, les bourgeoys et mesnaigieres parloyent de ceste adventure dont le bruict feut tel, que le Roy, advisant le vieil abbé en sa Court, s'enquit de luy pourquoy il ne cedoyt point en ceste occurrence à la grant amour de son orphebvre, et ne mettoyt point en praticque la charité chrestienne.

— Pour ce que, monseigneur, respondit le prebstre, tous les droicts sont unis ensemble comme les pièces d'une armeure, et, si l'une fait deffault, tout tombe. Si ceste fille nous estoyt, contre nostre gré, prinse, et si l'usaige n'estoyt observé, bientost vos subiects vous osteroyent vostre couronne, et s'esmouveroyent en tous lieux grosses séditions à ceste fin d'abolir les tailles et péages qui gehennent le populaire.

Le Roy eut la bousche cloze. Ung chascun doncques estoyt en appréhension de sçavoir la fin de ceste adventure. Si grant feut la curiosité, que aulcuns seigneurs gaigièrent que le Tourangeaud se désisteroyt de son amour, et les dames gaigièrent le contre. L'orphebvre s'estant plainct avecques larmes à la royne que les moynes luy avoyent ravi la veue de sa bien aymée, elle trouva la chouse détestable et torssionnaire. Puis, sur ce que elle manda au seigneur abbé, il feut licite au Tourangeaud d'aller tous les iours au parlouère de l'abbaye où venoyt Tiennette, mais soubz la gouverne d'ung vieulx moyne, et tousiours venoyt-elle attornée en vraye magnificence comme une dame. Les deux amans n'avoyent lors aultre licence que de se veoir et se parler, sans pouvoir happer ung paouvre boussin de ioye, et tousiours leur amour croissoyt d'autant. Un iour, Tiennette tint ce discours à son amy : — Mon chier seigneur, i'ay deslibéré de vous faire le guerdon de ma vie pour vous oster de poine. Vécy comme. En m'enquérant de tout, i'ay trouvé un ioinct pour frauder les droicts de l'abbaye et vous donner toutes les félicitez que vous attendez de ma fruition. Le iuge ecclésiasticque ha dict que, ne devenant homme de corps que par accession, et pour ce que vous n'estiez pas né homme de corps, vostre servaige cesseroyt avecques la cause qui vous faisoyt serf. Ores doncques, si vous m'aymez plus que tout, perdez vos biens pour acquérir nostre bonheur, et m'espousez. Puis, quand vous aurez ioui de moy, et que vous m'aurez accollée tant et plus, par avant que ie n'aye de lignée, ie m'occiray voulontairement, et par ainsy, redeviendrez libre. Au moins ce sera ung pourchaz pour lequel vous aurez le Roy nostre sire qui vous veult, dict-on, mille biens. Et sans doubte aulcun par Dieu me sera pardoint ceste mort que i'auray faicte en veue de deslivrer mon seigneur espoux.

— Ma chiere Tiennette, s'escria l'orphebvre, tout est dict. Ie seray homme de corps, et tu vivras pour faire mon heur aussy long que mes iours. En ta compaignie les plus dures chaisnes ne me seront iamays poisantes, et peu me chault d'estre sans deniers à moy, pour ce que toutes mes richesses sont en ton cueur, et mon plaizir unicque en ta doulce corporence. Ie me fie en monsieur sainct Eloy, qui daignera dans ceste misère gecter des yeulx pitoyables sur nous, et nous guarantira de tous maulx. Ores, ie vais de ce pas chez un escripvain pour faire dresser les chartres et contracts. Au moins, chiere fleur de mes iours, seras-tu bravement vestue, bien logiée et servie comme une royne pendant ta vie, veu que le sieur abbé nous lairre la iouissance de mes acquests.

Tiennette plourant, riant, se deffendit de son heur, et vouloyt mourir pour ne point reduire en servaige un homme libre; mais le bon Anseau luy dit de si doulces paroles et la menassa si bien de la suivre en la tumbe, que elle s'accorda pour ce dict mariaige, songiant que elle pourroyt tousiours se tuer après avoir gousté aux ioyes de l'amour. Alors que feut sceue par la ville la soubmission du Tourangeaud, qui pour sa mye quittoyt son avoir et sa liberté, ung chascun le souloyt veoir. Les dames de la Court s'encumbroyent de ioyaulx pour parler à luy; et il luy tomboyt des nuées force femmes pour le tems pendant lequel il en avoyt esté privé. Mais si aulcunes approuchoyent Tiennette en beauté, nulle n'avoyt son cueur. Brief, en entendant sonner l'heure du servaige et de l'amour, Anseau fundit tout son or en une couronne royale en laquelle il esmailla les perles et les diamans que il avoyt à luy; puis vint secretement la remettre à la royne, en luy disant : — Ma dame, ie ne sçays en quelle foy mettre ma fortune que vécy. Demain, tout ce qui se trouvera dans mon logiz sera la chevance

les damnez moynes qui n'ont point eu pitié de moy. Doncques daignez me guarder cecy. Ce est ung foyble merciement de la ioye que par vous i'ay eue de veoir celle que i'ayme, veu que nulle somme ne vault ung de ses resguards. Ie ne sçays ce qui adviendra de moy. Mais, si un iour mes enfans estoyent deslivrez, i'ay foy en vostre generosité de royne.

— Bien dict, bon homme, fit le Roy. L'abbaye aura quelque iour besoing de mon aide, et ie ne perdray point le soubvenir de cecy.

Il y eut ung monde exorbitant en l'abbaye pour les espouzailles de Tiennette, à laquelle la royne donna en présent des vestemens de nopces et à qui le Roy bailla licence de porter tous les iours des annels d'or en ses aureilles. Quand vint le ioly couple de l'abbaye au logis d'Anseau, qui serf estoyt devenu, prouche Sainct-Leu, il y eut des flambeaux aux fenestres pour le veoir passer, et, dans la reue, deux hayes comme à une entrée royale. Le paouvre mary s'estoyt forgié un collier d'argent qu'il avoyt en son bras senestre en foy de son appartenance à l'abbaye Sainct-Germain. Ains, maulgré son servaige, luy crioyt-on : — Noël ! Noël ! comme à ung nouveau roy. Et le bon homme saluoyt trez-bien, heureux comme un amoureux, et trez-ioyeulx des hommaiges que ung chascun rendoyt à la graace et modestie de Tiennette. Puis trouva le bon Tourangeaud des rameaux verds et des bluets en couronne en sa potence, et les principaulx du quartier estoyent là tous, qui, par grant honneur, luy firent des musicques et luy crièrent : — Vous serez tousiours ung noble homme, maulgré l'abbaye ! Comptez que les deux espoux s'escrimèrent à en rendre l'ame, et que le bourgeoys deut poulser de fiers coups en l'escu de sa mye qui, en bonne pucelle de campaigne, estoyt de nature à les luy rendre, et ils vesquirent bien ung moys entier, allaigres comme des columbes qui au prime tems massonnent leur nid brin à brin. Tiennette estoyt toute aise de sòn beau logiz et des praticques qui venoyent et s'en alloyent esmerveillez d'elle. Ce moys de fleurs passé, vint un iour en grant pompe le bon vieil abbé Hugon, leur seigneur et maistre, lequel entra dans la maison, qui lors n'estoyt plus à l'orphebvre, ains au Chapitre ; puis, là, dit aux deux espoux : — Mes enfans, vous estes libres, francs et quittes de tout. Et ie doibs vous dire que, de prime abord, ay grantement esté féru de l'amour qui vous ioignoyt l'un à l'aultre. Aussy, les droicts de l'abbaye reco-

gneus, estois-je, à part moy, deslibéré vous faire une ioye entière, après avoir esprouvé vostre leaulté en la coupelle de Dieu. Et ceste manumission ne vous coustera rien. Ayant dict, il leur bailla ung bon petit coup de main en la ioue, et ils tombèrent à ses genoilz en plourant de ioye pour raisons valables. Le Tourangeaud apprint à ceulx du quartier qui s'amassoyent en la reue la largesse et bénédiction du bon abbé Hugon. Puis, en grant honneur, maistre Anseau luy tint la bride de sa iument, iusques en la porte de Bussy. Durant ce voyaige, l'orphebvre, qui avoyt prins ung sacq d'argent, en gectoyt les pièces aux paouvres et souffreteux, criant :
— Largesse ! largesse à Dieu ! Dieu saulve et guarde l'abbé ! Vive le bon seigneur Hugon ! Puis, de retour en sa maison, resgualla ses amis et fit des nopces nouvelles qui durèrent une pleine sepmaine. Cuydez que l'abbé feut bien reprouché de sa clémence par son chapitre, qui ouvroyt ià la gueule pour digérer ceste bonne proye. Aussy, un an après ce, le bon homme Hugon estant malade, son prieur luy disoyt-il que ce estoyt une punition du ciel de ce que il avoyt caïné les sacrez interests du Chapitre et de Dieu.
— Si i'ay bien iugé de cet homme, fit l'abbé, il aura soubvenir de ce qu'il nous doibt.

De faict, ce iour estant par adventure l'anniversaire de cettuy mariaige, ung moyne vint annoncer que l'orphebvre supplioyt son bienfaicteur de le recepvoir. Lors il apparut en la salle où estoyt l'abbé, auquel il despouilla deux chaasses merveilleuses que depuis ce tems nul ouvrier n'a surpassées en aulcun lieu du monde chrestien, et qui, pour ce, feurent dictes le *vœu de la persévérance d'amour*. Ces deux threzors sont, comme ung chacun sçayt, placez au maistre autel de l'ecclise, et sont estimés estre d'ung travail inestimable, veu que l'orphebvre y avoyt despendu tout son bien. Néanmoins cet ouvraige, loing d'amenuizer son escarcelle, la remplit à pleins bords, pour ce que si bien creust son renom et ses prouffets, que il put achepter la noblesse, forces terres, et ha fundé la maison des Anseau, qui depuis feut en grant honneur dans la gente Tourayne.

Cecy nous endoctrine à tousiours recourir aux saiucts et à Dieu dans les emprinses de la vie, et à persévérer en toutes les chouses recogneues bonnes ; puis, d'abundant, qu'ung grant amour triumphe de tout, ce qui est une vieille sentence, mais l'autheur l'ha réescripte, pour ce que elle est moult plaizante.

D'UN IUSTICIARD

QUI NE SE REMEMBROYT LES CHOUSES

En la bonne ville de Bourges, au tems que s'y rigoloyt nostre sire qui, du depuis, lairra la queste des contentemens pour conquester le royaulme, et de faict le conquesta, demouroyt ung sieur prevost enchargié par luy de tenir main à l'ordre, et qui feut dict Prevost Royal. D'où vint soubz le glorieux fils dudict roy la charge du Prevost de l'Hostel, en laquelle se comporta ung petit trop druement le seigneur de Méré, dict Tristan, de qui ces contes ont jà faict mention, encores que il ne feust point ioyeulx. Ie dis cecy aux amys qui butinent ez vieulx cayers pour pisser du neuf et démonstrer en quoy sont sçavants ces dixains sans en avoir la mine, hé doncques ! Ce dict Prevost estoyt nommé Picot ou Picault, d'où feut faict picottin, picoter et picorée ; par aulcuns, Pitot ou Pitault, d'où est issu pitance ; par d'aultres, comme en langue d'oc, Pichot, d'où ne est rien venu qui vaille ; par ceulx-cy, Petiot ou Petiet, comme en langue d'oyl ; par ceulx-là, Petitot et Petinault ou Petiniaud, qui feut l'appellation limouzine ; mais à Bourges estoyt appelé Petit, nom qui finablement feut celuy de la famille, laquelle ha moult frayé, veu que partout vous verrez des Petit et par ainsy sera dict Petit en ceste adventure. Ie fais ceste étymologie à ceste fin d'esclairer nostre languaige et enseigner comment les bourgeoys et aultre finèrent par acquérir des noms. Mais lairrons la science. Ce dict Prevost, qui avoyt autant de noms que de pays ez quelz alloyt la Court, estoyt en réalité de naturance ung brin d'homme assez mal épousseté par sa mère, de telle fasson que, alors qu'il cuydoyt rire, il fendoyt ses badigoinces en la manière dont se troussent les vasches pour laschier de l'eaue ; lequel soubrire estoyt dict à la Court ung soubrire de Prevost. Mais un iour, le Roy, entendant proférer ce mot proverbial par aulcuns seigneurs, leur dit en gaussant : — Vous errez, Messieurs, Petit ne rit point, il luy fault du cuir en bas du visaige. Ains, avecques son faulx rire, ce Petit n'en estoyt que mieux advenant pour faire la police et happer les maulvaises graynes. En somme il valoyt le han qu'il avoyt cousté. Pour toute malice, il estoyt ung peu cocqu; pour tout vice, alloyt à vespres; pour toute sapience, obéissoyt à Dieu quand il pouvoyt; pour toute ioye il avoyt une fem e en son logiz; pour tout divertissement de sa ioye, cherchioyt un homme à pendre, alors qu'il estoyt requis d'en bailler un, et ne failloyt iamays à en rencontrer ; mais, quand il dormoyt soubz ses courtines, ne se soulcioyt mie des larrons. Trouvez en toute la chrestienté iusticiarde ung prevost moins malfaisant? Non, tous les prevosts pendent trop ou trop peu, tandis que cettuy-là pendoyt iuste ce qu'il falloyt pour estre dict Prevost. Ce bon Petit iusticiard, ou ce bon iusticiard Petit, avoyt à luy l'une des plus belles bourgeoyses de Bourges, à luy en légitime mariaige, ce dont il estoyt esbahi comme tous les aultres. Aussy, souvent, en allant à ses pendaisons, interiectoyt-il à Dieu un interroguat que aulcuns faisoyent maintes foys en ville. A sçavoir : pourquoy, luy Petit, luy iusticiard, luy prevost royal, avoyt à luy petit, royal, prevost, iusticiard, une femelle si bien alignée, si parfaictement cotonnée de graaces, que un asne brayoyt d'aise à la veoir passer. A cecy, Dieu ne respondoyt point et sans doubte aulcun avoyt ses raisons. Mais les meschantes langues de la ville respartoyent pour Dieu qu'il s'en manquoyt d'un empan que pucelle feust la fille alors que elle devint la femme du dict Petit. D'aultres disoyent qu'elle ne estoyt point seulement à luy. Les gausseurs respondoyent que souvent les asnes entroyent ez belles escuyries. Chascun laschioyt ung broccard, ce qui en faisoyt pour le moins une razière à qui se seroyt mis en debvoir de les ramasser. Du tout besoing estoyt d'en oster quasi les quatre quarts, attendu que la Petit estoyt une saige bourgeoyse, laquelle n'avoyt qu'un amant pour le plaisir, et son mary pour le debvoir. Trouvez-en moult par la ville qui soyent aussy réservées de cueur et de bousche! Si vous m'en afferrez une, ie vous baille ung sol ou ung fol, à vostre soubhait. Vous en rencontrerez qui n'ont ni espoux, ni amant. Aulcunes femelles ont un amant, et d'espoux, point. Des laideronasses ont un espoux et point d'amant. Mais, vère, rencontrer femmes qui, ayant un espoux et un amant, se tiennent à l'ambe sans poulser au terne, là est le miracle, entendez-vous, nigaulds, becqsiaunes, ignares! Doncques, bouttez la Petit sur vos tablettes en style récognitif, et allez vostre pas, ie reprends le mien. La bonne dame Petit ne estoyt point de la bande de celles qui tousiours remuent, desvallent, ne sçauroyent se tenir en place, fouillottent, bouillottent, trottent, crottent, se desportent, et n'ont rien en elles qui les fixe ou attache, et sont si légieres que elles courent à de folles ventositez comme après leur quintessence. Non, au rebours, la Petite estoyt une saige mesnaigiere tousiours size en sa chaire ou couchiée en son lict, preste comme ung chandelier, attendant son dict amant quand sortoyt le prevost, recevant le prevost quand partoyt l'amant. Ceste chiere femme ne songioyt nullement à s'attiffer pour faire boucquer les aultres bourgeoyses. Foing ! elle avoyt trouvé plus commode usaige du ioly tems de la ieunesse, et mettoyt de la vie en ses ioincteures pour aller plus loing. Ores bien, vous cognoissez le prevost et sa bonne femme. Le lieutenant du prevost Petit, pour la besongne du mariaige, laquelle est si lourde qu'elle ne se faict bien que par deux hommes, estoyt ung grant seigneur terrien que haïtoyt fort le Roy. Notez cecy qui est ung point maieur en ceste adventure. Le connestable, lequel estoyt ung rude compaignon escossoys, vit, par caz fortuit, la femme de ce Petit et voulut la veoir, aulcuns disent l'avoir, devers le matin, à son aise, durant le tems de dire ung chappelet, ce qui est chrestiennement honneste, ou honnestement chrestien, à ceste fin de devizer avecques elle sur des chouses de la science ou sur la science des chouses. Verisimilement se cuydant bien sçavante, point ne voulut entendre à mondict connestable la damoiselle Petit, qui estoyt, comme est dict cy-dessus, une honneste, saige et vertueuse bourgeoyse. Après aulcuns deviz, arraizonnemens, tours, retours, messaiges et messaigiers, qui feurent comme non advenus, le connestable iura sa grant cocquedouille noire qu'il estripperoyt le guallant, encores que ce feust un homme considérable. Ains ne iura rien sur la damoiselle. Ce qui denote ung bon Françoys, veu que en ceste occurrence aulcuns gens affrontez se ruent sur toute la mercerie et de trois personnes en tuent quatre. Ce monsieur le connestable engaigia sa grant cocquedouille noire devant le Roy et la dame de Sorel, qui brelandoyent paravant de souper, ce dont le bon sire feut content, voyant qu'il seroyt deffaict de ce seigneur qui luy desplaisoyt fort, et ce, sans qu'il luy en coustast ung *pater*.

— Et comment vuyderez-vous ce procez? fit d'un aër mignon la dame de Sorel.

— Ho! ho! respondit le connestable, cuydez, ma dame, que ie ne veulx perdre ma grant cocquedouille noire.

Que estoyt en ce tems ceste grant cocquedouille? Ha! ha! ce poinct est ténébreux à ruyner les yeulx ez livres anticques ; mais ce estoyt certes aulcune chouse considérable. Ce néanmoins, mettons nos bezicles et cherchons. Douille signifie en Bretagne une fille, et cocque veult dire une poisle de queux, *coquus* en patois de latinité. Duquel mot est advenu en France celuy de cocquin, ung draule qui frippe, liche, trousse, frit, lappe, lippe, fricquasse, fricquote, se chafriole tousiours et mange tout ; partant ne sçauroyt rien faire entre ses repasts, et ce faisant, devient maulvais, devint paouvre, ce qui l'incite à voler ou mendier. De cecy doibt estre conclud par les sçavans que la grant cocquedouille estoyt un ustensile de mesnaige, en forme de cocquemard idoyne à frire les filles.

— Hé doncques ! reprint le connestable, qui estoyt le sieur de Richemonde, ie vais faire dire à ce iusticiard d'aller en campaigne pour un iour et une nuict recolter ez champs, pour le service du Roy, aulcuns paysans soubpçonnez de machiner des traistrises avecques l'Angloys. La-dessus mes deux pigeons, saichant l'absence de leur homme, seront ioyeulx comme ung souldard auquel on baille la monstre, et, s'ils font aulcune repaissaille, ie desguaisneray le prevost en l'envoyant au nom du Roy fouiller le logiz où sera le couple, pour occir à tems nostre amy qui prétend avoir à luy seul ce bon cordelier.

— Que est cecy? dit la dame de Beaulté.

— Equivocquez, dit le Roy en soubriant.

— Allons souper, dit madame Agnès. Vous estes des maulvais qui d'ung seul coup manquez de respect aux bourgeoyses et aux religieux.

Ce faict, depuis un long tems, la bonne Petit soubhaitoyt se aisier durant une pleine nuict et cabrioler au logiz dudict seigneur où possible estoyt de crier à gozier franc sans esveigler les voisins, pour ce que au logiz du prevost elle redoutoyt le bruict et n'avoyt que picorées d'amour, lichettes prinses à l'estroict, miesvres lippées, n'ozoyt au plus aller à l'amble et vouloyt sçavoir le galop à sabots rabattus. Doncques, la meschine de la iolye bourgeoyse trotta l'endemain devers la douziesme heure au logiz du seigneur, pour l'adviser de la despartie du bon prevost, et dit à ce sieur amant dont elle recevoyt force guerdons, et que pour ce elle ne haïtoyt aulcunement, de faire ses préparatoires pour le déduict et le souper, attendu que, pour le seur, le greffe prevostal seroyt chez luy le soir ayant faim et soif.

— Bon ! fit le seigneur, dis à ta maistresse que ie ne la feray ieusner d'aulcune fasson.

Les paiges du damné connestable, qui faisoyent la guette autour du logiz, voyant que l'amant se guallantizoyt, se guarnissoyt de flaccons et s'aviandoyt, vindrent annoncer à leur maistre combien tout concordoyt à son ire. Oyant ce, bon connestable de se frotter les mains en songiant au coup que feroyt le prevost. Ores bien, il luy manda par exprès commandement du Roy ratourner en la ville, pour saisir au logiz dudict seigneur ung mylourd angloys avecques lequel il estoyt vehementement soubpçonné d'accorder ung complot de trez-espesses ténèbres. Mais, paravant de mettre à fin ledict ordre, venir en l'hostel du Roy s'entendre sur la courtoisie nécessaire en ce pourchaz. Le prevost, ioyeulx comme ung roy de parler au Roy, fit telle diligence qu'il feut en ville à l'heure où les deux amans sonnoyent le premier coup de leurs vespres. Le sire du cocquaige et pays environnans, qui est ung seigneur farfallesque, accorda si bien les chouses que la Petit parloyt de la bonne fasson avecques son seigneur aymé, alors que son sieur espoux parloyt au connestable et au Roy, ce qui le faisoyt trez-content, et sa femme aussy, caz rare en mariaige.

— Ie disoys à monseigneur, fit le connestable au prevost, alors que le iusticiard entra dedans la chambre du Roy, que tout homme ha droict dans l'estendue du royaulme de deffaire sa femme et son amant, s'il les surprend chevaulchant. Ains nostre sire, qui est clément, argüe qu'il n'est licite que de meurdrir le chevaulcheur et non la hacquenée. Ores ça que feriez-vous, bon prevost, si par adventure vous rencontriez ung seigneur se pourmenant dedans le gentil préau dont les loys humaines et divines vous enioingnent d'arrouser et cultiver, à vous seul, la flouraison ?

— Ie occiroys tout, fit le prevost, i'escarboilleroys les cinq cents mille diables de nature, fleurs et graynes, le sacq et les quilles et les boules, les pepins et la pomme, l'herbe et la prée, la femme et le masle.

— Vous seriez en vostre tort, fit le Roy. Cecy est contraire aux lois de l'Ecclise et du royaulme : du royaulme, pour ce que vous pourriez m'oster ung subiect ; de l'Ecclise, pour ce que vous enverriez un innocent ez limbes sans baptesme.

— Sire, i'admire vostre profunde sapience, et bien vois-je que vous estes le centre de toute iustice.

— Nous ne pouvons donc occir que le chevalier ? *Amen*, fit le connestable, tuez le chevaulcheur. Allez vitement chez le seigneur soubçonné, mais ayez soing, sans vous lairrer mettre du foin aux cornes, de ne point faillir à ce qui est deu à ce seigneur.

Mon prevost, se cuydant pour le seur chancelier de France, s'il faisoyt bien sa charge, desvalle du chasteau dans la ville, prind ses gens, arrive à l'hostel du seigneur, y plante ses estaffiers, bousche de sergeans les issues du logiz, l'ouvre de par le Roy à petit bruict, grimpe les degrez, demande aux serviteurs où se tient le seigneur, les met en arrest, y monte seul et frappe à l'huys de la chambre où les deux amans s'escrimoyent des armes que vous sçavez et leur dict :

— Ouvrez de par le Roy nostre sire.

La bourgeoyse recogneut son espoux et se print à soubrire, veu que elle ne avoyt point attendu l'ordre du Roy pour faire ce qui estoyt dict. Ains après le rire vint la frayeur. Le seigneur prind son manteau, se couvre et vient à l'huysserie. Là, ne saichant point que il s'en alloyt de sa vie, se dict de la court et de la maison de Monseigneur.

— Bah ! fit le prevost, i'ay des commandements exprès de monseigneur le Roy, et, soubz poine de rébellion, vous estes tenu de me recepvoir incontinent.

Lors, le seigneur de sortir en tenant l'huys :

— Que querrez-vous céans ?

— Un ennemi du Roy nostre sire, que nous vous commandons nous livrer, oultre que vous debvez me suivre avecques luy au chasteau.

— Cecy, songia le bon seigneur, est une traistrise de monsieur le connestable auquel s'est refusée ma chiere mye. Besoing est de nous tirer de ce guespier. Lors se virant devers le prevost, il risqua quitte ou double en arraizonnant ainsy son sieur cocqu :

— Mon amy, vous sçavez que ie vous tiens pour guallant homme, autant que peut l'estre ung prevost en sa charge. Ores bien, puis-je me fier à vous. I'ay céans couchiée avecques moy la plus iolye dame de la court. Quant à des Angloys, ie n'en ay pas seulement de quoy faire le desieuner de monsieur de Richemonde qui vous envoye en mon hostel. Cecy est (pour vous dire le fin le déduict d'une gaigeure faicte entre moy et le sieur connestable, lequel est de moitié avecques le Roy. Tous deux ont gaigié cognoistre quelle estoyt la dame de mon cueur, et i'ay gaigié le contre. Nul plus que moy ne hait les Angloys qui ont prins mes domaines de Picardie. Est-ce pas ung coup feslon que de mettre en eu la iustice contre moy ? Ho ! ho ! mon seigneur connestable, ung hamberlan vous vault, et ie vais vous faire quinauld. Mon chier Petit, ie vous baille licence de fouiller à vostre aise pendant la nuict et le iour tous les coins et recoins de mon hostel. Mais entrez seul icy, questez par ma chambre, remuez le lict, faictes-y à vos soubhaits ? Seulement, lairrez-moy couvrir d'ung drapeau ou d'ung mouschenez ceste belle dame qui est vestue en archange, à ceste fin que vous ne saichiez poinct à quel espoux elle appartient.

— Voulentiers, fit le prevost. Ainsi ie suis ung vieulx resguard, auquel point ne fault soublever la queue, et veulx estre seur que ce est réallement une dame de la court et non un Angloys, attendu que ces dicts Angloys ont le cuir blanc et lisse comme est celuy des femelles, et bien le scays-je pour en avoir moult branchié.

— Hé bien ! fit le seigneur, attendu le forfaict dont ie suis meschantement soubpçonné et dont ie doibs me laver, ie vais supplier ma dame et amye de consentir à se passer pour ung moment de sa pudeur, elle me porte trop grant amour pour se refuser à me saulver de tout reprouche. Doncques, ie la requerray de soy retourner et vous montrer une physionomie qui ne la comprometra nullement et vous suffira pour recognoistre une femme noble, encores que elle sera cen dessus-dessoubz.

— Bien, fit le prevost.

La dame ayant entendu de ses trois aureilles avoyt ployé et mis soubz l'aureiller ses hardes, s'estoyt despouillée de sa chemise de laquelle son mary pouvoyt taster le grain, s'estoyt entortillée la teste en ung linge, et avoyt mis à l'aër ses charnositez bombées que séparoyt la iolie raye de son eschine rose.

— Entrez, mon bon amy, fit le seigneur.

Le iusticiard resguarda par la cheminée, ouvrit l'armoere, le bahut, fouilla le dessoubz du lict, les toiles, tout. Puis se mit à estudier le dessus.

— Monseigneur, fit-il en guignant sés légitimes appartenances, i'ay veu de ieunes gars angloys ainsy rablez, et, pardoinez-moy de faire ma charge, besoing est que ie voye aultrement.

— Qu'appelez-vous aultrement? fit le seigneur.

— Hé bien! l'aultre physionomie, ou, si vous voulez, la physionomie de l'aultre.

— Alors, trouvez bon que Madame se couvre et s'affuste pour ne vous monstrer que le moins de ce qui est nostre heur, dit le seigneur, saichant que la bourgeoyse avoyt quelques lentilles faciles à recognoistre. Doncques, tournez-vous ung petit, à ceste fin que ma chiere dame satisfasse aux convenances.

La bonne femme soubrit à son amy, le baisa pour sa dexterité, s'attifa dextrement, et le mary, voyant en plein ce que sa gouge ne luy lairroyt iamays veoir, feut entièrement convaincu que nul Angloys ne pouvoyt estre ainsy contourné, sous poine d'estre une délicieuse Angloyse.

— Oui, seigneur, dit-il à l'aureille de son lieutenant, ce est bien une dame de la Court, veu que ceulx de nos bourgeoyses ne sont pas de si haulte futaye, ni de si bon goust.

Puis la maison fouillée, nul Angloys ne s'y trouvant, lebon prevost revint, comme le luy avoyt dict le connestable, en l'hostel du Roy.

— Est-il occis? fit le connestable.

— Qui?

— Celuy qui vous provignoyt des cornes au front.

— Ie n'ay veu qu'une femme au lict de ce seigneur, lequel estoyt fort en train de se resiouir avecques elle.

— Tu has bien veu de tes yeulx ceste femme, mauldict cornard! et tu ne has point deffaict ton corrival.

— Non pas une femme, mais bien une dame de la Court.

— Veu?

— Et sentu dans les deux caz.

— Qu'entendez-vous par ces paroles? fit le Roy, qui s'esclata de rire.

— Ie dis, sauf le respect deu à Vostre Maiesté, que i'ay vérifié le dessus et le dessoubz.

— Tu ne cognoys doncques pas la physionomie des chouses de ta fémme, vieil outil sans mémoere? tu mérites d'estre pendu!

— Ie tiens en trop grant révérence ce dont vous parlez chez

ma femme pour le veoir. D'ailleurs, elle est si religieuse de son estoffe, que elle mourroyt plustost que d'en monstrer ung festu.

— Vère, dit le Roy, ce ne est point faict pour estre monstré.

— Vieille cocquedouille, ce estoyt ta femme, fit le connestable.

— Sire connestable, elle dort, la paouvrette.

— Sus, sus duncques! A cheval! Détallons, et, si elle est en ta maison, ie ne te donne que cent coups de nerfs de bœuf.

Et le connestable, suivi du prevost, vint au logiz du iusticiard en moins de tems qu'ung paouvre n'auroyt vuydé ung troncq. — Holà! hé! sur ce, au tapaige des gens qui menassoyent d'effundrer les murs, la meschine ouvrit la porte en baillant de la bousche et se délicoltant les bras. Le connestable et le iusticiard se ruèrent en la chambre où ils esveiglèrent à grant poine la bourgeoyse, qui fit de l'effrayée et dormoyt si druement, que elle avoyt des bourriers de chassie ez yeulx. De cecy triumpha moult le prevost, disant audict seigneur que, pour le seur, on l'avoyt truphé, que sa femme estoyt saige, et de faict, elle se monstra estonnée comme pas une. Le connestable vuyda la place. Bon prevost de soy despouiller pour se couchier tost, veu que ceste adventure luy avoyt remis sa bonne femme en mémoere. Pendant que il ostoyt son harnoys et quittoyt ses chausses, la bourgeoyse, tousiours estonnée, luy disoyt :

— Hé! mon chier mignon, d'où sort ce bruict, ce monseigneur le connestable et ses paiges? Et pourquoy venir veoir si ie dors? Sera-ce désormais en la charge des connestables de veoir comment sont establis nos...

— Ie ne sçays, fit le prevost qui l'interrompit pour luy raconter ce qui luy estoyt advenu.

— Et tu has veu, sans en avoir licence de moy, dit-elle, celuy d'une dame de la Court. Ha! ha! heu! heu! hein! Lors se mit à geindre, se plaindre, crier si desplourablement et si fort, que le prevost demoura pantois.

— Hé! qu'as-tu, ma mye? que veulx-tu? que te faut-il?

— Hein, tu ne m'aymeras plus, après avoir veu comment sont les dames de la Court.

— Tais-toy, ma mye, ce sont de grants dames. Ie te le dis à toy seulement, tout est grant en diable chez elles.

— Vère, fit-elle en soubriant, suis-je mieulx?

— Ha! fit-il tout esbloui, il y ha iuste ung grant empan de moins.

SUR LE MOYNE AMADOR

QUI FEUT UNG GLORIEUX ABBÉ DE TURPENAY

Par un iour de fine pluye, tems auquel les dames demourent ioyeulses au logiz, pour ce que elles ayment l'humide et voyent lors près de leurs iuppes les hommes que elles ne haïtent point, la Royne estoyt en sa chambre au chastel d'Emboyse, sous les drapeaux de la croizée. Là, size en sa chaire, labouroyt ung tapis par amusement, mais tiroyt son esguille à l'estourdie, resguardoyt prou l'eaue qui tomboyt en la Loyre, ne sonnoyt mot, estoyt songeuse, et ses dames faisoyent à son imitation. Le bon Roy devizoyt avecques ceulx de sa Court qui l'avoyent accompaigné de la chapelle, veu que il s'en alloyt du retourner des vespres dominicales. Ses tours, retours et arraizonnemens parachevez, il adviza la Royne, la vit embrunée, vit les dames embrunées aussy, et nota que toutes estoyent en cognoissance des chouses du mariaige.

— Ores çà, fit-il, ne ai-je point veu léans mons l'abbé de Turpenay?

Oyant ce, s'advança vers le Roy le moyne qui, par ces requestes de iustice, feut iàdis tant importun au roy Loys le unziesme, que le dict roy avoyt commandé griefvement à son prevost de l'hostel de l'oster de sa veue, et ha esté dict au conte de ce Roy, dans le prime dixain, comment se saulva le moyne par la coulpe du sieur Tristan. Ce moyne estoyt lors un homme dont les qualitez avoyent poulsé trez-vertement en espesseur, et tant, que son esperit s'estoyt respandu en supercoulorations sur sa face. Aussy plaisoyt-il fort aux dames, qui l'embucquoyent de vins, pastisseries et plats choisis en leurs disners, soupers et gaudisseries desquelles elles le convioyent, pour ce que chaque hoste ayme ces bons convives de Dieu, à maschoires blanches, qui disent autant de paroles que ils tordent de morceaulx. Ce dict abbé estoyt ung pernicieux compère qui soubz le frocq couloyt aux dames force contes ioyeulx

— Elles ont doncques plus de ioye, fit-elle en soupirant, veu que i'en ay tant pour si peu.

Sur ce, le prevost cherchia ung meilleur raisonnement pour arraizonner sa bonne femme et l'arraizonna, veu que elle se lairra finabiernent convaincre du grant plaizir que Dieu ha mis ez petites chouses.

Cecy nous démonstre que rien icy-bas ne prévauldra contre 'Ecclise des cocqus.

auxquels elles ne refroignoyent qu'après les avoir entendus, veu que pour iuger besoing est de ouyr les chouses.

— Mon révérend père, fit le Roy, vécy l'heure brune en laquelle les aureilles feminines peuvent estre resgualées de aulcune plaizante adventure, veu que les dames rient sans rougir ou rougissent en riant, à leur aise. Faictes-nous ung bon conte, ie dis ung conte de moyne. Ie l'ouyray par ma foy voulentiers, pour ce que ie vouldroys me divertir et aussy les dames.

— Nous nous soubmettons à ce, en veue de complaire à vostre Seigneurie, fit la Royne, pour ce que le sieur abbé va loing ung peu.

— Doncques, respondit le Roy, se virant devers le moyne, lisez-nous quelque admonition chrestienne, mon père, pour amuser Madame.

— Sire, i'ay la veue foyble, et le iour chet.

— Faictes doncques ung conte qui s'arreste en la ceincteure.

— Ha! Sire, fit le moyne en soubriant, cettuy dont ie suis record s'arreste là, mais en partant des pieds.

Les seigneurs présens firent des remonstrances et supplications à la Royne et aux dames si guallantement, que, en bonne Bretonne que elle estoyt, elle gecta ung soubris de graace au moyne.

— Allez vostre train, mon père, fit-elle, vous respondrez de nos péchez à Dieu.

— Voulentiers, madame, si vostre bon plaizir est de prendre les miens, vous y gaignerez!

Chascun de rire, et la Royne aussy. Le Roy vint auprès de sa chiere femme bien aymée, comme ung chascun sçayt. Puis les courtizans receurent licence de se seoir, les vieulx seigneurs s'entend, veu que les ieunes s'accotèrent, avecques licence des dames, au coin de leurs chaires pour rire à petit bruict de compaignie. Lors, l'abbé de Turpenay leur accoustra gentement le conte ensuyvant dont il passa les endroicts crottez en coulant sa voix comme le vent d'une fluste.

Environ une centaine d'années pour le moins, il s'esmeut de grosses querelles en la chrestienté, pour ce que deux papes se rencontrèrent à Rome se prétendant ung chascun légitimement esleu, ce qui feut au grant dommaige des moustiers, abbayes et siéges épiscopaulx, veu que, pour estre recogneu à qui mieulx, ung chascun des deux papes concédoyt des droicts à ses adhérens, ce qui faisoyt des doubleures partout. En ceste conionctnre, les monastères ou abbayes qui estoyent en procez avecques les voisins ne pouvoyent recognoistre les deux papes, et se voyoyent lors bien empeschiez par l'aultre qui donnoyt gain de cause aux ennemis du Chapitre. Ce maulvais schisme ha engendré des maulx infinis, et prouve d'abundant que nulle peste ne est plus malivole en la chrestienté que ne l'est l'adultère de l'Ecclise. Doncques, en cettuy tems où le diable faisoyt raige contre nos paouvres biens, la trezinclyte abbaye de Turpenay, dont suis à ceste heure le gubernateur indigne, avoyt ung grief pourchaz pour aulcuns droicts à desbrouiller avecques le trez-redouté sire de Candé, mescréant, idolastre, héréticque, relaps et fort maulvais seigneur. Ce diable venu sur terre soubz forme de seigneur estoyt, à vray dire, ung bon souldard, bien en Court, et amy du sieur Bureau de la Rivière, qui estoyt ung serviteur dont se estoyt moult affectionné le Roy Charles Quint, de glorieuse mémoere. Soubz l'umbre de la faveur de ce sieur de la Rivière, mon dict seigneur de Candé prenoyt licence de tout faire à sa phantaisie, sans paour de chastiment, en la paouvre vallée de l'Indre où il souloyt avoir tout à luy depuis Montbazon iusques à Ussé. Comptez-en dà que ses voisins estoyent en terreur de luy, et, pour n'estre point desconficts, le lairroyent aller son train, mais l'auroyent mieulx aymé en terre qu'en prée, et luy soubhaitoyent mille maulx, ce dont il se soulcioyt mie. En toute la vallée, la noble abbaye estoyt seule à tenir teste à ce diable, veu que l'Ecclise ha tousiours eu pour doctrine de ramasser en son giron les foybles, les souffreteux, et se bender à deffendre les opprimez, surtout alors que ses droicts et priviléges sont menassez. Doncques, ce rude batailleur haïtoyt moult les moynes, et par-dessus tout ceulx de Turpenay qui ne vouloyent se lairrer robber leurs droicts par force, ni ruze ou aultrement. Comptez que il feut moult content du schisme ecclésiasticque, et attendoyt nostre abbaye au choix du pape pour la destrousser, lirest à recognoistre celuy auquel l'abbé de Turpenay refuseroyt son obédience. Depuis son retourner en son chasteau, il avoyt accoustumé de tormenter, gehenner les prebstres dont il faisoyt la rencontre sur ses domaines, de telle sorte que ung paouvre religieux surprins par ce dict seigneur dedans le chemin de sa seigneurie qui va le long de l'eaue ne conceut aultre mode de salut que de soy gecter en la rivière, où, par ung miracle espécial de Dieu, que le bon homme invocqua fort ardemment, sa robbe le soubztint sur l'Indre, et il vogua trez-bien à l'aultre bord, que il atteignit en veue du seigneur de Candé, lequel n'eut aulcune honte de se gaudir des affres d'ung serviteur de Dieu. Voilà de quelle estoffe estoyt vestu ce mauldict pelerin. L'abbé auquel estoyt lors commise nostre glorieuse abbaye menoyt une vie trez-saincte, prioyt Dieu devotieusement, mais eust sauvé dix foys son ame, tant estoyt de bon aloy sa religion, par avant de trouver chance à saulver l'abbaye des griphes de ce mauldict. Encores que le vieil abbé feust trez-perplexe et vist venir le male heur, il se fioyt à Dieu pour le secours advenir, disant que il ne lairreroyt point entamer les biens de son Ecclise; puis, que celuy qui avoyt suscité la princesse Iudith aux Hébrieulx et la royne Lucretia aux Romains bailleroyt ung secours à sa trez-illustre abbaye de Turpenay, et aultres proupos trez-saiges. Ains ses moynes qui, ie dois l'advouer à nostre dam, estoyent des mescréans, le reprouchoyent de son nonchaloir, et au rebours disoyent que besoing estoyt d'atteler tous les bœufs de la province au char de la Providence, à ceste fin que elle arrivast de bon matin; que les trompes de Iericho ne se fabricquoyent plus en aulcun lieu du monde, et que Dieu avoyt eu tant de desplaizirs de sa création qu'il n'y songioyt plus; brief, mille et ung deviz mondains qui estoyent doubtes et contumélies envers Dieu. En ceste desplourable conioncture, s'esmeut estrangierement ung moyne ayant nom Amador. Ce dict nom luy avoyt esté imposé par raillerie, veu que sa personne offroyt ung vray pourtraict du faulx dieu Egipan. Il estoyt comme luy ventripotent, comme luy avoyt les iambes tortes, de bons bras poilus comme ceulx d'ung bourrel, ung dos faict à porter besace, ung visaige rouge comme trongne d'ivrongne, les yeulx allumez, la barbe mal peignée, le front nud, et se trouvoyt si bombé de lard et de cuisine, que vous l'auriez cuydé enchargié d'un enfant. Faictes estat qu'il chantoyt matines sur les degrez de la cave et disoyt vespres dedans les vignes du Seigneur. Le plus souvent demouroyt couchié comme ung gueux à playes, alloyt par la vallée fouziller, niaizer, benir les nopces, secouer les grappes, veoir esgoutter les filles, maulgré les deffenses du sieur abbé. Finablement ce estoyt ung pillard, ung traisnard, ung maulvais souldard de la milice ecclésiasticque, duquel nul en l'abbaye ne avoyt cure, et que lairroyton oizif par charité chrestienne, existimant que il estoyt fol. Amador, saichant que il s'en alloyt de la ruyne de l'abbaye en laquelle il se rouloyt comme ung verrat en son tect, arressa son poil, se desporta de cy, de là, vint en chaque cellule, escouta dedans le refectouere, fremit en ses babouines et dit que il se iactoyt de saulver l'abbaye. Il print cognoissance des poincts contestez, receut du sieur abbé licence d'attermoyer le procez, et par tout le Chapitre luy feut promise la vacquance du soubz-prieuré, s'il finoyt le litige. Puis s'en alla par la campaigne sans avoir nul soulcy des cruaultez et maulvais traictemens du seigneur de Candé, disant qu'il portoyt en sa robbe de quoy le réduire. De faict Amador s'en alla de son pied avecques sa robbe pour tout viaticque, mais aussi comptez que elle estoyt grasse à nourrir ung Minime. Il esleut pour aller devers le chastelain un iour où il tomboyt de l'eaue à remplir les seilles de toutes les mesnaigieres, et arriva, sans rencontrer quiconque, en veue de Candé, faict comme ung chien noyé, se coula bravement en la court, s'abrita soubz ung tect pour attendre que l'intemperance du ciel se feust calmée, et se mit sans paour devant la salle où debvoyt estre le sire de Candé. Ung serviteur l'avisant, veu que il s'en alloyt du souper, en eut pitié, luy dit de sortir, sans quoy le sire luy bailleroyt ung cent de coups de fouet pour entamer le discours, et luy demanda qui le faisoyt si ozé d'entrer dedans ung logiz où l'on haïtoyt les moynes plus que la leppre rouge.

— Ha! fit Amador, ie vais à Tours, envoyé par mon seigneur abbé. Si le seigneur de Candé n'estoyt pas si maulvais pour les paouvres serviteurs de Dieu, ie ne debvroys estre par ung tel deluge en sa court, mais en sa maison. Ie luy soubhaite de trouver miséricorde en son heure supresme.

Le serviteur reporta ces paroles au seigneur de Candé qui, de prime abord, vouloyt faire gecter le moyne en la grant douve du chastel, au mitant des immundices, comme chouse immunde. Mais la dame de Candé, laquelle avoyt authorité sur son sieur espoux, et en estoyt redoutée pour ce que il en attendoyt grant bien en héritaige, et que elle se monstroyt de petite tyrannie, le rabbroua, disant : que possible estoyt que ce dict moyne feust ung chrestien ; que par ce tems diluvial les voleurs retireroyent ung sergeant ; que d'ailleurs il falloyt le bien traicter pour sçavoir quelle décision avoyent prinse les religieux de Turpenay en l'affaire du schisme, et que son adviz estoyt de finer par doulceur et non par force les difficultez survenues entre l'abbaye et le domaine de Candé; pour ce que nul seigneur depuis la venue du Christ ne avoyt esté plus fort que l'Ecclise, et que tost ou tard l'abbaye rüyneroyt le chastel; en fin de tout, desbagoula mille arraizonnemens saiges, comme en disent les dames au fort des tempestes de la vie, quand elles en recoivent trop grant anuy. Amador avoyt visaige si tant piteux, apparence si chetifve et tant bonne à dauber, que le seigneur tristifié par la pluye conceut de s'en gaudir, le tormenter, luy rincer son verre avecques du vinaigre, et luy bailler rude soubvenir de son accueil au chasteau. Doncques ce dict seigneur, qui avoyt des accointances secrettes avecques la meschine de sa femme, enchargiea ceste fille ayant nom Perrotte de mettre à fin ses maulvais vouloirs à l'encontre du paouvre Amador. Alors que les menées feurent practicquées entre eulx, la bonne fillaude, qui haïtoyt les religieux pour faire plaisir à son maistre, vînt au dict moyne qui estoyt soubz le tect aux gorets, en se fardant la mine d'accortize, à ceste fin de le trupher en toute perfection.

— Mon père, fit-elle, le seigneur de léans ha honte de lairrer à la pluye ung serviteur de Dieu quand il y ha place en la salle, bon feu soubz le manteau de l'aatre, et que la table est preste. Ie vous convie, en son nom et en celuy de la dame du chastel, à entrer céans.

— Ie mercie la dame et le seigneur, non de leur hospice, qui est chouse chrestienne, mais bien d'avoir pour legat devers moy, paouvre pécheur, un ange de beaultez si mignonnes que ie cuyde veoir la vierge de nostre autel.

En disant ce, Amador leva le nez et tizonna, par deux flammesches qui pétillèrent de ses yeulx allumez, la iolye meschine, laquelle ne le trouva ni tant laid, ni tant ord, ni tant bestial. En grimpant le perron avecques la Perrotte, Amador receut ez nez, badigoinces et aultres lieux de son visaige, ung coup de fouet qui luy fit veoir tous les cierges du Magnificat, tant feut-il bien appliqué au moyne par le seigneur de Candé, en train de chastier ses levriers et qui feignit ne pas veoir le moyne. Il requit Amador de luy pardoiner ce mal, et poursuivit les chiens, lesquels avoyent faict cheoir son hoste. La rieuse meschine, qui sçavoyt la chouse, se estoyt dextrement rengée. Voyant ce trafficq, Amador soubpçonna l'accointance du chevalier à Perrotte et de Perrotte au chevaller, desquels, possible estoyt que les garses de la vallée luy eussent gazouillé quelque chouse aux lavoueres. Des gens qui estoyent lors en la salle, aulcun ne fit place à l'homme de Dieu, lequel demoura dans les ventositez de la porte et de la croizée, où il gela iusques en l'instant que le sire de Candé, madame sa femme et sa vieille sœur la damoiselle de Candé, qui gouvernoyt la ieune héritière de la maison, laquelle avoyt d'aage seize années environ, vindrent se seoir sur leurs chaires en hault de la table, loing des gens, suyvant la méthode anticque, de laquelle en ce tems se desportent les seigneurs bien à tort. Le sire de Candé, nullement record du moyne, le lairra s'attabler au bas bout, en ung coin où deux meschans garsons avoyent charge de le presser horriblement. De faict, les dicts serviteurs luy gehennèrent les pieds, le corps, les bras en vrays questionnaires, luy mirent du vin blanc en son goubelet en guyse d'eau pour luy brouiller l'entendouere et mieulx iouir de luy, mais ils luy firent boire sept brocqs sans qu'il hoschast, rotast, hocquetast, pissast ou pétast, ce qui les espouvanta moult, veu que son œil demoura clair comme ung mirouere. Cependant, soubztenus par ung resguard de leur seigneur, ils allèrent leur train, luy gectèrent, en luy faisant la révérence, des saulces en la barbe, et les luy essuyèrent à ceste seule fin de la luy violemment tirer. Puis le marmiteux qui servoyt ung chaudeau luy en baptiza le chief, eut cure de faire degouliner le bruslement le long de l'eschine du paouvre Amador, lequel endura ceste passion avecques doulceur, veu que l'esperit de Dieu estoyt en luy, et aussy, cuydez-le, l'espérance de finer le litige en tenant bon dedans le chastel. Ce néanmoins, la gent malivole s'esclata si druement en rires et cocquasseries lors du baptesme graisseux baillé par le fils du queux au moyne buvard, dont le sommelier dit avoir taschié de boucher ainsy l'entonnouere, que force feut à la dame de Candé de veoir au bas bout quelles chouses se traficquoyent. Lors la chastelaine aperceut Amador, lequel avecques ung resguard de résignation parfaicte esmondoyt son visaige et voycyt à tirer prouffict des gros os de bœuf qui luy avoyent estez mis en son plat d'estain. En cettuy moment, le bon moyne, qui avoyt dextrement baillé ung coup de coultel en ung gros vilain os, le print de ses deux mains poilues, le rompit net, en sugça la mouelle chaulde et la trouva de bon goust. —Vère, se dit en elle-mesme la dame de Candé, Dieu ha mis sa force en ce moyne. Sur ce pensier, elle dit grieſvement aux paiges, serviteurs et aultres, de ne point tormenter le religieux, auquel par mocquerie on servoyt force pommes brouies et aulcunes noix véreuzes. Luy, voyant que la vieille damoiselle et son escholiere, que la dame et les meschines l'avoyent veu manouvrant l'os, rebroussa sa manche, leur monstra la triple nerveure de son bras, y posa les noix au poignet sur la bifurquation des veines, et les escrasa une à une, en les y tocquant de la paulme de sa main si vigoureusement qu'il sembloyt que ce feussent neffles meures. Puis les crocquoyt-il soubz ses dents blanches comme dents de chien, brou, bois, fruict et tout, dont il faisoyt en moins de rien une purée que il avalloyt comme hydromel. Quand il ne eut plus devant luy que les pommes, il les emmortaiza entre deux doigts, desquels il se servit comme de cizailles pour les couper net, sans barguigner. Comptez que la gent femelle se taisoyt, que les serviteurs cuydèrent le diable estre en ce moyne, et que n'estoyt sa femme et les ténèbres espesses de la nuict, le sire de Candé vouloyt le boutter hors, en grant paour de Dieu. Là ung chascun se disoyt que le moyne estoyt de frocq à gecter le chastel par les douves. Doncques, alors que ung chascun se feut torchié le becq, le sire de Candé eut cure d'emprizonner ce diable de qui la force estoyt moult dangereuse à veoir, et le fit mener au maulvais bouge puant, où la Perrote avoyt practicqué ses engins à ceste fin de le gehenner durant la nuict. Les matous du manoir avoyent esté requis de se faire ouyr par luy en confession, conviez à luy dire leurs péchez par l'herbe aux chats qui les enamoure, et aussy les gorets pour lesquels de bonnes platées de trippes avoyent esté mises soubz le lict, à ceste fin de les empeschier de se faire moynes, ce dont ils avoyent envie, en les en desgouttant au moyen du *libera* que leur chanteroyt le moyne. Puis comptez que en chaque mouvement du paouvre Amador, qui avoyt crins coupez ez toiles, il debvoyt faire cheoir de l'eaue froide en son lict, et mille aultres maulvaisetiez desquelles sont coustumiers les gausseurs en les chasteaux. Vécy ung chascun couchié attendant le sabbat du moyne, certain qu'il ne leur fauldroyt point, veu que le dict moyne avoyt esté logié soubz les toicts en hault d'une tourelle dont l'huys d'en bas feut soigneusement commis à la guarde des chiens qui heurloyent après ce dict moyne. A ceste fin de vérifier en quel languaige se feroyt l'entretien du moyne avecques les chats et les gorets, le sire vint couchier avecques sa mye la Perrotte qui estoyt voisine. Alors que il se vit ainsy traicté, bon Amador tira de son sacq un coultel et se desverouilla dextrement. Puis se mit en guette pour estudier le train du chasteau, et ouyt le sire de léans se couler en riant avecques sa meschine. Ores, soubpçonnant leurs beaudouineries, il attendit l'instant où la dame du logiz seroyt seulette en ses toiles, et desvalla dedans la chambre d'icelle, pieds nus, à ceste fin que ses sandales ne feussent point en ses secrets. Il luy apparut à la lueur de la lampe en la manière dont apparoissent les moynes en la nuict, qui est un estat mirificque, difficile à soubztenir long tems chez les laïques, veu que ce est un effet du frocq, lequel magnifie tout. Puis luy ayant lairré veoir que il estoyt bien moyne, luy tint doulcement ce languaige :

— Ores çà, madame, que Dieu saulve, saichez que ie suis envoyé par Iésus et la vierge Marie pour vous advertir de mettre fin aux trez-immundes perversitez qui se parfont au dommaige de vostre vertu, laquelle est traistreusement frustrée de ce que vostre mary ha de meilleur, et dont il gratifie vostre meschine. A quoy bon estre dame, si les redevances seigneuriales s'engrangent ailleurs? A ce compte, vostre meschine est la dame et vous estes la meschine. Ne vous est-il point deu tous les plaizirs perceus par ceste meschine? Aussy bien les trouverez-vous amassez en nostre Ecclise, qui est la consolation des affligez. Voyez en moy le messaigier prest à payer ces debtes, si vous n'y renoncez point.

En ce disant, le bon moyne deflocqua légierement sa ceincture, en laquelle il estoyt gehenné, tant il parut esmeu de veoir les belles chouses que desdaignoyt le seigneur de Candé.

— Si vous dictes vray, mon père, ie me remettray soubz vostre conduicte, fit-elle en saultant légierement hors du lict. Vous estes, pour le seur, ung messaigier de Dieu, pour ce que vous avez veu en un iour ce que ie n'ay point veu céans depuis ung long tems.

Lors vint en compaignie dudict Amador, duquel point ne faillit à frosler ung petit la trez-saincte robbe, et feut si grantement férue de la trouver véridicque, que elle soubhaita rencontrer son espoux en faulte. De faict elle l'entendit qui devizoyt du moyne en plein lict de sa meschine. Voyant ceste feslonie elle entra dedans une cholère furieuse et ouvrit le becq pour la résoudre en paroles, ce qui est une fasson propre aux femmes, et voulut faire ung train de diable paravant de livrer la fille à la iustice. Ains Amador luy dit qu'il seroyt plus saige de soy venger d'abord et de crier après.

— Vengez-moy doncques vitement, mon père, dit-elle, pour que ie puisse crier.

Sur ce, le moyne la vengea trez-monasticquement par une bonne grosse vengeance que elle s'indulgea coulamment comme un ivrongne qui se met les lèvres à la champleure d'ung tonneau, veu que, quand une dame se venge, elle doibt s'enivrer de vengeance ou ne pas y gouster. Et feut vengée la chastelaine à ne pouvoir remuer, veu que rien ne superagite, ne faict haleter, ne brise autant que la cholere et la vengeance. Ains, encores que elle feust vengée, archivengée et multiplivengée, point ne voulut pardoiner, à ceste fin de guarder le droict de se venger ores cy, ores là, avecques ce moyne. Voyant ceste amour pour la vengeance, Amador luy promit de l'aider à se revenger autant que dureroyt son ire, veu que il luy advoua cognoistre, en sa qualité de religieux contrainct à méditer sur la nature des chouses, ung numbre infini de modes, méthodes et fassons de practicquer la vengeance, Puis luy enseigna canonicquement combien il estoyt chrestien de soy venger, pour ce que, tout le long des Sainctes Escripteures, Dieu se iactoyt superieurement à toutes aultres qualitez d'estre ung Dieu vengeur, et d'abundant nous démonstroyt, en l'endroict de l'enfer, combien est chouse royalement divine la vengeance, veu que sa vengeance est éterne. D'où suivoyt que doibvent se venger les femmes et les religieux, soubz peine de ne point estre chrestiens et fidelles servateurs des doctrines célestes. Ce dogme plut infiniment à la dame, qui advoua n'avoir encores rien entendu aux commandemens de l'Ecclise et convia le bien-aymé moyne de les luy venir enseigner à fund. Puis, la chastelaine, de laquelle les esperits vitaulx s'estoyent esmeus par suite de ceste vengeance qui les luy avoyt rafreschis, vint en la chambre où s'esbattoyt la gouge que elle trouva par adventure ayant la main là où bonne chastelaine avoyt souvent l'œil comme ont les merchands sur leurs précieuses danrées, à ceste fin que elles ne soyent point robbées. Ce feut, selon le dire du président Lizet quand il estoyt en ses bonnes, ung couple prins flagrant au lict et qui feut quinauld, penauld et nigauld. Ceste veue feut desplaizante à la Dame plus qu'on ne sçauroyt dire, ce qui apparut en son discours dont l'aspreté feut semblable à celle de l'eaue de son grant estang alors que la bonde en estoyt laschiée. Ce feut ung sermon en trois poincts, accompagné de musicque en haulte gamme, variée sur tous les tons, avecques force dieze aux clefs.

— Mercy de la vertu! mon seigneur, i'en ay mon comptant. Vous me démonstrez que la religion en la foy coniugale est un abus. Vécy doncques la raison pourquoy ie n'ay point de fils. Combien d'enfans avez-vous mis en ce four banal, en ce troncq d'ecclise, en ceste aumosnière sans fund, en ceste escuelle de leppreux, le vray cimetière de la maison de Candé? Ie veulx sçavoir si ie suis brehaigne par ung vice de ma nature ou par vostre coulpe. Ie vous lairreray les meschines. De mon costé, ie prendray de iolys chevaliers, à ceste fin que nous ayons ung héritier. Vous ferez les bastards, et moy les légitimes.

— Ma mye, dit le seigneur pantois, ne criez point.

— Vère, respartit la dame, ie veux crier, et crieray de manière à estre bien entendue, entendue de l'archevesque, entendue du légat, du Roy, de mes frères, qui tous me vengeront de ceste infamie.

— Ne deshonorez point vostre mary.

— Cecy est doncques ung déshonneur? Vous avez raison. Mais, mon seigneur, il ne sçauroyt venir de vous, ains de ceste gouge que ie vais faire coudre en ung sacq et gecter en l'Indre; par ainsy, vostre déshonneur sera lavé. Holà! fit-elle.

— Taisez-vous, madame, dit le sire, honteux comme le chien d'un aveugle, pour ce que ce grant homme de guerre, si prompt à meurdrir aultruy, estoyt comme un enfansson au resguard de sa dame; caz dont sont coustumiers les souldrads, pour ce que en eulx gist la force et se rencontrent les espesses charnositez de la matière, tandis que, au rebours, se trouve en la femme un esperit subtil et ung brin de la flamme perfumée qui esclaire le paradiz, ce qui esbahit moult les hommes. Cecy est la raison pourquoy aulcunes femmes menent leurs espoux, veu que l'esperit est le roy de la matière.

Sur ce, les dames se prindrent à rire, et aussy le Roy.

— Ie me tairay point, fit la dame de Candé, dit l'abbé en continuant le conte, ie suis trop oultragée : cecy est doncques le loyer de mes grants biens, de ma saige conduicte! Vous ay-je iamays refusé de vous obéir, voire maulgré le quaresme et les iours de ieusne? Suis-je fresche à geler le soleil? cuydez-vous que ie fasse les chouses par force, debvoir ou pure complaisance? Ay-je ung caz bénit, suis-je une chaasse saincte? Estoyt-il besoing d'ung bref du pape pour y entrer? Vertu de Dieu! y estes-vous si fort accoustumé que vous en soyez las? ay-je pas faict tout à vostre goust? les meschines en sçavent-elles plus que les dames? ha! cecy sans doubte est vray, pour ce que elle vous ha lairré fassonner son champ sans le semer. Enseignez-moy cettuy mestier, ie le practicquerai avecques ceulx que ie prendray pour mon service, car voilà qui est dict, ie suis libre. Cela est bien. Vostre compaignie estoyt grefvée de trop d'anuy, et vous me vendiez trop chier ung maulvais boussin de liesse. Mercy Dieu! ie suis quitte de vous et de vos phantaisies, pour ce que ie me retireray en ung moustier de religieux.....

Elle cuydoyt dire de religieuses, mais ce moyne vengeur luy avoyt perverti la langue.

..... Et ie seray mieux avecques ma fille en ce moustier qu'en ce lieu d'abominables perversitez. Vous hériterez de vostre meschine. Ha! ha! la belle dame de Candé que vécy!

— Que est-il advenu léans? fit Amador, qui se monstra soudain.

— Il advient, mon père, respondit-elle, que vécy qui crie vengeance. Pour commencer, ie vais faire gecter à l'eaue ceste villotière cousue en ung sacq pour avoir destourbé la grayne de la maison de Candé à son prouffict, ce sera espargner de la besongne au bourreau. Pour le demourant, ie veulx...

— Abandonnez vostre ire, ma fille, dit le moyne. Il est commandé par l'Ecclise au *Pater noster* de pardoiner les offenses d'aultruy envers nous, si nous avons cure du ciel, pour ce que Dieu pardoint ceulx qui ont aussy pardoiné les aultres. Dieu ne se venge éternellement que des maulvais qui se sont vengez, ains guarde en son paradiz ceulx qui ont pardoiné. De là vient le iubilé qui est un grant iour de ioye, pour ce que les debtes et offenses sont remises. Aussy est-ce ung bon heur que de pardoiner. Pardoinez, pardoinez! le pardon est œuvre sacrosaincte. Pardoinez à monseigneur de Candé, qui vous bénira de vostre gracieuse miséricorde et vous aymera moult désormays. Ceste pardonnance vous restituera les fleurs de la ieunesse. Et cuydez, ma chiere belle jeune dame, que le pardon est par aulcunes foys une manière de soy venger. Pardoinez à vostre meschine, qui priera Dieu pour vous. Ainsy Dieu, supplié par tous, vous aura soubz sa guarde et vous octroyera quelque brave liguée de masles pour ce pardon.

Ayant dict, le moyne print la main du sire, la boutta dedans celle de la dame en adiouxtant :

— Allez devizer sur ce pardon! Puis coula dans l'aureille du seigneur ceste saige parole :

— Monseigneur, tirez vostre grant argument, et vous la fairez taire en le luy obiectant, pour ce que la bousche d'une femme ne est pleine de paroles que quand son pertuys est vuyde. Argumentez doncques, et par ainsy vous aurez tousiours raison sur la femme.

— Par le corps de Dieu! il y ha du bon en ce moyne, fit le seigneur en soy retirant.

Alors que Amador se vit seul avecques la Perrotte, il luy tint ce discours :

— Vous estes en coulpe, ma mye, pour avoir voulu caïner ung paouvre serviteur de Dieu : aussy estes-vous soubz l'esclat de l'ire celeste qui tombera sur vous en quelque lieu que vous vous bouttiez, elle vous suivra tousiours et vous empoignera dans toutes vos ioincteures, mesme après vostre mort, et vous cuira comme pastez dedans le four de l'enfer où vous bouillonnerez éternellement, et par ung chascun iour, recevrez sept cent mille millions de coups de fouet pour celuy que i'ay receu par vostre adviz.

— Ha! mon père, fit la meschine, laquelle se gecta au rez du moyne, vous seul pouvez m'en saulver, veu que, si ie chaussoys vostre bon frocq, ie seroys à l'abri de la cholère de Dieu. En ce disant, elle soubzleva la robbe, comme pour veoir à s'y placer, et s'esclama :

— Par ma ficque! les moynes sont plus beaulx que les chevaliers.

— Par le roussi du diable! ne has tu point veu ni sentu de moyne?

— Non, dit la meschine.

— Et tu ne congnoys nullement le service que chantent les moynes sans dire mot?

— Non, fit Perrotte.

Adoncques le moyne le luy monstra de la bonne fasson comme aux festes à doubles bastons, avecques les grants sonneries en uzaige dans les moustiers, psaumes bien chantez en *fa* maieur, cierges flambans, enfans de chœur, et luy expliqua l'introït, et aussy

'*Ite missa est*, pour ce que il s'en alla, la lairrant si sanctifiée que la cholère de Dieu n'eust sceu rencontrer aulcun endroict de la fille qui ne feust trez-amplement monasticqué. Par son commandement Perrotte le mena en la chambré où estoyt la damoiselle de Candé, sœur du sire, à laquelle il apparut pour sçavoir si son bon plaizir estoyt de soy confesser à luy, pour ce que les moynes venoyent rarement en ce chasteau. La damoiselle feut contente comme l'eust esté toute bonne chrestienne de pouvoir s'espluchier la conscience. Amador la requit de luy monstrer sa conscience, et la paouvre damoiselle luy ayant lairré veoir ce que le moyne démonstra estre la conscience des filles, il la trouva trez-noire, et luy dit que tous les péchez des femmes se parfoisoyent là; que pour estre en l'advenir sans péchez, besoing estoyt de se boucher la conscience par une indulgence de moyne. Sur ce que la bonne damoiselle ignarde luy respartit que elle ne sçavoyt où se conquestoyent ces indulgences, le moyne luy dit que il portoyt ung thresor d'indulgence, veu que rien au monde ne estoyt plus indulgent que cela, pour ce que cela ne disoyt mot et produisoyt des doulceurs infinies, ce qui est le vray, l'éterne et prime charactère de l'indulgence. La paouvre damoiselle eut la veue si fort esblouie par ce threzor dont elle estoyt de tout poinct sevrée, que elle eut la cervelle brouillée et voulut de si bon cueur croire en la relicque du moyne, que elle s'indulgea religieusement des indulgences, comme la dame de Candé se estoyt indulgé des vengeances. Ceste confessade esveigla la petite damoiselle de Candé, qui vint veoir. Prenez notte que le moyne avoyt esperé ceste rencontre, veu que l'eaue luy estoyt venue en la bousche de ce ioly fruict que il goba, pour ce que la bonne damoiselle ne put empeschier que il baillast à la petite qui le voulut ung restant d'indulgences. Ains comptez que ceste ioye luy estoyt deue pour ses poines. Le matin estant advenu, les gorets ayant mangié leurs platées, les chats s'estant dezenamourez force de compisser les endroicts frostez d'herbes, Amador alla soy repouser en son lict que la Perrotte avoyt dezenginié. Ung chascun dormit, par la graace du moyne, ung si long tems, que aulcun ne se leva dedans le chasteau paravant midy, qui estoyt l'heure du disner. Les serviteurs cuydoyent tous le moyne estre ung diable qui avoyt emporté les chats, les gorets et aussy les maistres. Nonobstant leurs dires, ung chascun feut en la salle pour le repast.

— Venez, mon père, fit la chastelaine, en donnant le bras au moyne que elle mit à ses costez dedans la chaire du baron, au grant esbahissement de tous les serviteurs, veu que le sire de Candé ne souffla mot. — Paige, donnez de cecy au père Amador, disoyt Madame. — Le père Amador ha besoin de cela, disoyt la bonne damoiselle de Candé. — Remplissez le hanap du père Amador, disoyt le sire. — Il faut du pain au père Amador, disoyt la petite de Candé. — Que soubhaitez-vous, père Amador? disoyt la Perrotte.

Ce estoyt, à tous proupos, Amador par cy, Amador par là. Bon Amador estoyt festoyé comme ung minon de pucelle en une prime nuict de nopces.

Mangiez, mon père, faisoyt la dame, car vous fictes hier au soir maigre chère. — Beuvez, mon père, disoyt le seigneur, vous estes, par le sang de Dieu! le plus brave moyne que ie vis oncques. — Le père Amador est ung beau moyne, fit Perrotte. — Un indulgent moyne, fit la damoiselle. — Ung bienfaisant moyne, fit la petite de Candé. — Ung grant moyne, fict la dame. — Ung moyne qui ha ung nom vray de tout poinct, fit le clercq du chasteau.

Amador paissoyt, repaissoyt, se veautroyt ez platz, lappoyt l'hypocras, se pourleschioyt, esternuoyt, se gorgiasoyt, se quarroyt, s'esbarboyt comme ung taureau dans sa prée. Les aultres le resguardoyent en grant paour, existimant que il estoyt negromancien. Le disner finé, la dame de Candé, la damoiselle de Candé, la petite de Candé, entortillèrent le sire de Candé par mille beaulx discours pour terminer le procez. Il luy en feut moult dict par Madame, qui luy remonstroyt combien estoyt utile ung moyne en ung chasteau; par Madamoiselle, qui vouloyt doresenavant faire fourbir sa conscience tous les iours; par la Damoiselle, qui tiroyt son père en la barbe et luy demandoyt que cettuy moyne demourast à Candé. Si iamays ung différend se vuydoyt, ce seroyt par le moyne; le moyne estoyt de bon entendement, trez-doulx et saige comme ung sainct; ce estoyt ung malheur que de estre ennemi d'ung moustier où se trouvoyent pareils moynes; si tous les moynes estoyent comme cettuy-là, l'abbaye l'emporteroyt tousiours en tous lieux sur le chastel et le ruyneroyt, pour ce que le moyne estoyt trez-fort; en fin de tout, elles estalèrent mille raisons qui estoyent comme ung desluge de paroles, lesquelles feurent si pluvialement deversées, que le sire céda, voyant que il ne auroyt point la paix léans tant que ceste affaire ne seroyt finée au dezir de ses femmes. Lors il manda le clercq qui escripvoyt pour luy, et aussy le moyne. Adoncques Amador le surprint estrangièrement en luy monstrant les chartres et lettres de créance qui empeschièrent le sire et son clercq de dilayer cet accord. Quand la dame de Candé les vit en train d'attermoyer le pourchaz, elle s'en alla dans la lingerie chercher ung beau drap fin pour en faire une robbe neufve pour le chier Amador. Ung chascun dans la maison avoyt veu combien estoyt uzée sa robbe, et ce eust esté grant dommaige de lairrer si bel outil de vengeance en si vilain sacq. Ce feut à qui laboureroyt ce frocq. Madame de Candé le coupa, la meschine fit le capuche, la damoiselle de Candé le voulut coudre, la petite damoiselle en print les manches. Puis toutes se mirent à la parfaire en si grant dezir de parer le moyne, que sa robbe feut preste pour le souper, comme aussy feut dressée la chartre de bon accord et scellée par le sire de Candé.

— Ha! mon père, fit la dame, si vous nous aymez, vous vous repouserez de ce grant travail en vous estuvant dedans ung baing que i'ay faict chauffier par Perrotte.

Amador feut doncques baingné en une eaue de senteur. Quand il en issit, trouva sa robbe neufve de fine laine et de belles sandales, ce qui le monstra aux yeux de tous le plus glorieux moyne du monde.

Pendant ce, les religieux de Turpenay, en grant paour d'Amador, avoyent enchargié deux moynes de faire la guette emmy le chastel. Ces espies vindrent autour des douves, comme la Perrotte y gectoyt la vieille robbe grasse d'Amador avecques force tessons dedans; ce que voyant, ils creurent que ce estoyt finé du paouvre fol. Lors ratournèrent disant que pour le seur Amador enduroyt pour l'abbaye ung cruel martyre. Ce que saichant, l'abbé ordonna venir en la chapelle prier Dieu à ceste fin que il assistast ce dévoué serviteur en ses tormens. Le moyne ayant soupé, mit sa chartre en sa ceincteure et voulut ratourner en Turpenay. Lors il trouva au rez des degrez la hacquenée de Madame, bridée, sellée, que luy tenoyt preste l'escuyer; puis, le seigneur avoyt commandé à ses gens d'armes d'accompaigner le bon moyne, pour que nulle male encontre ne luy advinst. Ce que voyant, Amador pardoina les meschiefs de la veille, et bailla sa benediction à tous paravant de tirer ses sandales de ce lieu converti. Comptez que il feut suivi des yeulx par Madame, qui le proclamoyt bon chevaulcheur. Perrotte disoyt que pour ung moyné il se tenoyt plus roide à cheval que aulcun des gens d'armes. Madamoiselle de Candé sospiroyt. La petite le vouloyt pour confesseur.

— Il ha sanctifié le chastel, firent-elles toutes quand elles feurent en la salle.

Alors que la chevaulchiée d'Amador vint à l'entrée de l'abbaye, ce feut espantement horrible, veu que le guardien creut que le sire de Candé, mis en appétit de moyne par le trespas du paouvre Amador, vouloyt sacquaiger l'abbaye de Turpenay. Ains Amador cria de sa bonne grosse voix, feut recogneu, feut introduict dedans la court, et, quand il descendit de dessus la hacquenée de Madame, ce feut un esclat à rendre les moynes effarez comme lunes rousses. Aussi gectèrent-ils ung beau cri dedans le refectouere, et vindrent tous congratuler Amador, qui brandilloyt la chartre. Les gens d'armes feurent resgualez du meilleur vin de la cave, qui estoyt un présent faict à ceulx de Turpenay par ceulx de Marmoustier, auxquels appartiennent les clouseries de Vouvray. Le bon abbé s'estant faict lire l'escript du sire de Candé, s'en alloyt disant :

— En ces diverses conionctures esclate le doigt de Dieu, auquel besoing est de rendre graaces.

Comme le bon abbé revenoyt tousiours à ce doigt de Dieu en merciant Amador, le moyne maugrea de veoir tant amoindrir son dodrantal et luy dit :

— Prenez que ce soyt le bras, mon père, et n'en sonnons plus mot.

La vuydange du procez entre le sieur de Candé et l'abbaye de Turpenay feut suivie d'un heur qui le rendit fort dévotieux à nostre Ecclise, pour ce qu'il eut un fils à l'escheance du neufviesme moys. Deux ans après, Amador feut esleu pour abbé par les moynes, qui comptoyent sur un ioyeulx goubvernement avecques ung fol. Ains Amador, abbé devenu, devint saige et trez-austère, pour ce que il avoyt dompté ses maulvais vouloirs par ses exercitations, et refondu sa nature à la forge femelle, en laquelle est ung feu à clarifier toute chouse, veu que ce feu est le plus perdurable, persévérant, persistant, perfectissime, périmant, perprinsant, perscrutant et périnéal qui soit en ce monde. Aussy est-ce ung feu à tout ruyner, et qui ruyna si bien le maulvais en Amador, que il n'y lairra que ce que il ne pouvoyt mordre, assavoir son esperit, lequel feut clair comme diamant, qui est, comme ung chascun sçayt, ung rezidu du grant feu par lequel feut carboné iadis nostre globe. Amador feut doncques l'instrument esleu par la Providence pour réformer nostre inclyte abbaye, veu que il y redressa tout, veilla nuict et iour sur ses moynes, les fit tous lever au heures dictes pour les offices, les compta en la chapelle comme ung bergier faict de ses brebis, les tint en laisse et punit si griefvement les faultes, que il en fit de trez-saiges religieux.

Cecy nous enseigne à nous adonner à la femme plus en veue de nous castoyer que pour y prendre de la ioye. D'abundant, ceste adventure nous apprend que nous ne debvons iamays lucter avecques les gens d'ecclise.

Le Roy et la Royne trouvèrent ce conte de hault goust, les courtizans advouèrent alors n'en avoir oncques entendu de plus plaizant, et les dames eussent voulu toutes l'avoir faict.

BERTHE LA REPENTIE

COMMENT BERTHE DEMOURA PUCELLE EN ESTAT DE MARIAIGE.

Environ le tems de la prime fuite de monseigneur le Daulphin, de laquelle conceut moult d'anny nostre bon sire Charles le Victorieux, advint ung meschief en une maison noble de la Tourayne, depuis estaincte de tout poinct; et, pour ce, peut en estre mise en lumière la trez-desplourable histoire. En l'aide de l'autheur soyent pour ce travail les Saincts Confesseurs, Martyrs et aultres Dominations célestes qui, par les commandemens du Seigneur Dieu, feurent les promoteurs du bien en ceste adventure.

Par ung deffault de son charactère, le sire Imbert de Bastarnay, ung des plus grants terriens seigneurs de nostre pays de Tourayne, ne avoyt nulle fiance en l'esperit de la femelle de l'homme, laquelle il cuydoyt estre trop mouvante, par suite de ses circumbilivaginations; et possible estoyt qu'il eust raison. Doncques en ce maulvais pensier vint en grant aage sans compaigne, ce qui n'estoyt nullement à son advantaige. Tousiours seul, ce dict homme ne sçavoyt aulcunement se faire gentil pour aultry, n'ayant oncques esté qu'en voyaiges de guerre et remue-mesnaige de garsons avecques lesquels il ne se gehennoyt point. Par ainsy, demouroyt ord. en ses chausses, suant en son harnoys, avoyt les mains noires, la face cingesque, et, pour estre brief, paroissoyt le plus vilain masle de la chrestienté, en ce qui estoyt de sa personne, veu que, pour ce qui estoyt du cueur, de la teste et aultres chouses absconses, il avoyt des propriétez qui le faisoyent moult prisable. Ung messaigier de Dieu eust, cuydez cecy, cheminé loing sans rencontrer ung bataillard plus ferme en son poste, ung seigneur guarni de plus d'honneur sans tache, de parole plus briefve et de plus parfaicte léaulté.

Aulcuns disent, pour l'avoir entendu, qu'il estoyt saige en ses deviz et moult prouffictable à conseiller. Estoyt-ce point ung faict exprès de Dieu qui se gausse de nous d'avoir mis tant de perfections chez un homme si mal houzé? Ce seigneur, s'estant faict sexagenaire de tout point, encores que il n'eust que cinquante ans d'aage, se résolut à s'enchargier d'une femme, à ceste fin d'en avoir lignée. Lors, en s'enquestant de l'endroict où se pouvoyt trouver ung moule à sa convenance, entendit vanter les grants mérites et perfections d'une fille de l'inclyte famille de Rouhan, qui lors tenoyt des fiefs en ceste province; laquelle damoiselle estoyt dicte Berthe en son petit nom. Imbert estant venu la veoir au chasteau de Montbazon feut, par la ioliesse et la vertu trez-innocente de ceste dicte Berthe de Rouhan, coëffé d'un tel dezir d'en iouir que il se deslibéra de la prendre pour espouse, cuydant que iamays fille de si hault lignaige ne fauldroyt à son debvoir. Ce mariaige se fit tost, pour ce que le sire de Rouhan avoyt sept filles et ne sçavoyt comment les pourvoir toutes, par ung tems où ung chascun se refaisoyt des guerres et raccommodoyt ses affaires guastées. De faict le bon homme Bastarnay trouva, pour prime heur, Berthe réallement pucelle, ce qui tesmoingnoyt de sa bonne nourriture et d'ung parfaict castoyement maternel. Aussy, dès la nuictée où il luy feut loysible de l'accoler, l'enchargia-t-il d'un enfant si rudement que il en eut preuve suffisante à l'escheánce du deuxiesme moys des nopces, ce dont feut trez-ioyeulx le sire Imbert. A ceste fin d'en finer sur ce prime poinct de l'adventure, disons cy que de ceste grayne légitime nacquit le sire de Bastarnay, qui feut duc par la graace du Roy Loys le unziesme, son chamberlan, de plus son ambassadeur ez pays d'Europe et bien aymé de ce trez-redouté seigneur, auquel il ne faillit oncques. Ceste léaulté luy feut un héritaige de son père, lequel de trez-matin s'estoyt affectionné de monseigneur le Daulphin, duquel il suivit toutes les fortunes, voire mesme les rébellions, veu que il en estoyt amy à remettre le Christ en croix, s'il en avoyt esté par luy requis; fleur d'amitiez trez-rare à l'entour des princes et grants. En prime abord se comporta si léaulment la gentille dame de Bastarnay, que sa compaignie fit esvanouir les vapeurs espesses et nuées noires qui conchioyent en l'esperit du bon homme les clairetez de la gloire femelle. Ores, suyvant l'us des mescréants, il passa de deffiance en fiance si esraument que il quitta le goubvernement de sa maison à ladicte

Berthe, la fit maitresse de ses faicts et gestes, souveraine de toutes chouses, royne de son honneur, guardienne de ses cheveulx blancs, et auroyt desconfict sans conteste ung qui seroyt advenu luy dire ung maulvais mot sur ce mirouere de vertu, en lequel nul souffle n'avoyt esté aultre que le souffle issu de ses lèvres coniugales et maritales, encores que elles feussent fresches et flatries. Pour estre vray de tout poinct, besoing est de dire qu'à ceste saigesse aida moult le petit gars duquel s'occupa nuict et iour durant six années la iolye mère, laquelle en prime soing le nourrit de son laict et en fit pour elle le lieutenant d'un amant, luy quittant ses mignons tettins auxquels il mordoyt ferme, autant que il vouloyt, et il y estoyt tousiours comme un amant. Ceste bonne mère ne cogneut aultres lesbineries que celles de ses lèvres roses, n'eut aultres caresses que celles de ses petites menues mains qui couroyent sur elle comme pattes de souriz ioyeulses, ne lut aultre livre que ses mignons yeulx clairs où se miroyt le ciel bleu, n'entendit aultre musicque que celle de ses cris qui luy entroyent en l'aureille comme paroles d'ange. Comptez que elle le dodelinoyt tousiours, avoyt dès le matin envie de le baiser, le baisoyt le soir, et, ce dict-on, se levoyt la nuict pour le mangier de bonnes caresses, se faisoyt petite comme il estoyt petit, l'esducquoyt en parfaicte religion de maternité; finablement, se comportoyt comme la meilleure et plus heureuse mère qui feust au monde, sans faire tort à Nostre-Dame la Vierge, laquelle deut avoir peu d'esteuf à bien élever nostre Saulveur, veu qu'il estoyt Dieu. Ceste nourriture et le peu de goust de Berthe aux chouses du mariaige resiouissoyt fort le bon homme, veu que il n'auroyt sceu comment fournir à un grant estat de lict, et s'adonnoyt à l'économie pour avoir l'estoffe d'ung deuxiesme enfant. Ces six années escheues, force feut à la mère de laschier son fils aux mains des escuyers et aultres gens auxquels Messire de Bastarnay commit le soing de le fassonner rudement à ceste fin que son héritier eust l'héritaige des vertus, qualitez, noblesses, couraige de la maison avecques les domaines et le nom. Lors moult ploura Berthe à laquelle feut emblé son heur. De faict, pour ce grant cueur de mère, ce ne estoyt rien avoir que de avoir ce fils bien aymé après les aultres, et durant aulcunes meschantes petites fuyardes heures. Aussy chut-elle en grant mélancholie. Oyant ces pleurs, le bon homme se bendoyt à luy en faire un aultre, et n'en pouvoyt mais; ce qui faschioyt la paouvre dame, pour ce que, dit-elle, la fasson d'un enfant l'anuyoyt fort et luy coustoyt chier. Et cecy est vray, ou nulle doctrine ne est vraye, et besoing est de brusler les Évangiles comme faulsetez, si vous n'adiouxtez foy à ce dire naïf. Ce néanmoins, comme pour plusieurs femmes, ie ne dis pas les hommes, veu qu'ils ont de la science, cecy tourneroyt en fasson de menteries, l'escripturier ha eu cure de déduire les raisons muettes de ceste bigearrie, ie entends le desgoust de Berthe pour ce que ayment les dames par-dessus tout, sans que ce deffault de liesse luy vieillist la figure et luy tormentast le cueur. Rencontrerez-vous ung scribe autant complaisant et aymant les dames que ie suis? Non, est-ce pas? Aussy les aimay-je bien fort et pas autant que ie vouldroys, veu que ay-je plus souvent ez mains le becq de ma plume d'oie que ie n'ay les barbes avecques lesquelles on leur chatouille les lèvres pour les rendre rieuses et iocqueter en toute innocence, i'entends avecques elles. Doncques vécy comme.

Le bon homme Bastarnay ne estoyt point ung fils gorgiasé, de nature pute, se cognoissant aux miesvreries de la chouse. Il se soulcioyt peu de la fasson d'occir ung souldard, pourveu qu'il feust occiz, et l'eust-il bien occiz de tous costez sans luy dire ung mot, en la meslée s'entend. Ceste parfaicte incurie en faict de mort concordoyt à son nonchaloir en faict de vie, naissance et manière de cuire un enfant en ce gentil four que vous sçavez. Le bon sire ne cognoissoyt aulcunement les mille exploits processifs, dilatoires, interlocutoires, préparatoires, gentillesses, petits fagots mis au four pour l'eschauffier, branchaiges flairant comme baulme et amassez brin à brin ez forests de l'amour, fagoteries, bimbeloteries, doreloteries, mignardises, deviz, confictures mangiées à deux, pourlescheries de la coupe, ainsy que font les chats, et aultres menus suffraiges et trafficqs de l'amour que sçavent les ruffians, que confisent les amoureux, et que ayment les dames par-dessus leur salut, pour ce que elles sont plus chattes que femmes. Cecy esclatte en toute évidence dedans leurs mœurs femelles. Si vous prestez aulcune attention à les veoir, examinez-les curieusement alors que elles mangent. Nulle d'elles, ie dis les femmes nobles et bien éducquées, ne bouttera son coultel en la frippe et l'engoulera soudain ainsy que font brutalement les masles, ains fouillottera son mangiet, triera comme pois gris sur ung vollet les brins qui luy agréent, sugcera les saulces et lairrera les grosses bouschées, iouera de sa cuiller et du coultel comme si elle ne mangioyt que par authorité de iustice, tant elles haïtent aller de droict fil, et d'abundant uzen de destours, finesses, mignonneries en toute chouse. Ce qui est le propre de ces créatures, et la raison pourquoy les fils d'Adam er raffolent, veu que elles font les chouses aultrement qu'eulx et font bien. Dictes oui. Bien! ie vous ayme. Ores doncques, Imbert de Bastarnay, vieulx souldard ignare en balanogaudisseries, entra dedans le ioly iardin dict de Vénus comme en un endroict prins d'assault, sans avoir nul esguard aux clameurs des paouvres habitans en larmes, et planta l'enfant comme il eust faict d'une arbalestre dedans le noir. Encores que la gentille Berthe n'eust accoustumé d'estre ainsy traictée, l'enfant! elle avoyt quinze ans sonnez, elle creut en sa vierge foy que l'heur d'estre mère vouloyt ceste terrible, affreuse, conquassante et maulvaise besongue. Aussy pendant ce dur trafficq pria-t-elle bien fort Dieu de l'assister, récita des *Ave* à Nostre Dame en la trouvant bien partagiée de n'avoir eu que sa palumbe à endurer. Par ainsy, n'ayant perceu que desplaizir au mariaige, ne requit iamays son mary de se marier à elle. Ores, veu que le bon homme n'estoyt guères bastant comme ha esté dessus dict, elle vesquit en parfaicte solitude, comme moynesse. Elle haïtoyt la compaignie de l'homme, et ne soubpçonnoyt point que l'autheur du monde eust boutté tant de ioye à soyer en ceste chouse de laquelle n'avoyt receu que maulx infinis. Ains en aymoyt davantaige son petit qui luy avoyt tant cousté paravant de naistre. Ne vous estomirez doncques point que elle refroignast à ce ioly tournoy où c'est la hacquenée qui ha raison du chevaulcheur, et le mène et le lasse et luy chante pouille, s'il bronche. Cecy est l'histoire vraye de aulcuns paouvres hymenées, au dire des vieulx et vieilles, et la raison certaine des folies d'aulcunes femmes, lesquelles sur le tard voyent ie ne sçays comment que elles ont esté truphées, et se bendent à mettre dedans un iour plus de tems que il n'en peut tenir, pour avoir leur compte de la vie. Voilà qui est filosophicque, mes amys! Aussy estudiez ceste paige, à ceste fin de saigement veigler au goubvernement de vos femmes, de vos myes, et toutes femelles généralement quelconques qui, par caz fortuit, vous seroyent baillées en guarde, dont Dieu vous guarde. Ainsy pucelle de faict, quoique mère, Berthe feut en la vingt et uniesme année de son aage une fleur de chastel, la gloire de son bon homme et l'honneur de la province. Le dict Bastarnay prenoyt plaizir à veoir ceste enfant venir, aller, frisque comme gaule de saule, agile comme ung poisson, naïfve comme son petit, ce néanmoins de grant sens, de parfaict entendement, et tant, que iamays il ne faisoyt aulcune emprinse sans requerir un adviz d'elle, veu que, si l'esperit de ces anges n'a point esté destourbé de ses clairetez, il donne ung son franc en toute rencontre, si on l'en requiert. En ce tems la dicte Berthe vivoyt près la ville de Losches, dedans le chastel de son seigneur, et y demouroyt sans nul soulcy de cognoistre aultre affaire que les chouses de son mesnaige à la méthode anticque des preudes femmes, dont feurent desvoyées les dames de France alors que vint la Royne Catherine et les Italians, grants donneurs de festoyemens. A ce prestèrent les mains le Roy Françoys premier du nom et ses successeurs, dont les baudouineries perdirent l'Estat de France autant que les maulvaisetiez de ceulx de la religion. Cecy n'est point mon faict. Devers ce tems, le sire et la dame de Bastarnay feurent conviez par le Roy de venir en sa ville de Losches où, pour le présent, il estoyt avecques la Court, en laquelle esclatoyt le bruict de la beaulté de la dame de Bastarnay. Doncques Berthe vint à Losches, y receut force laudatifves gentillesses du Roy, feut le centre des hommaiges de tout ieune sire qui se repaissoyt par les yeux de ceste pomme d'amour, et des vieulx qui se reschauffioyent à ce soleil. Ains comptez que tous, vieulx et ieunes, eussent souffert mille morts pour uzer de ces beaulx outils à faire la ioye qui esblouissoyent la veue et brouilloyent la cervelle. Il estoyt parlé de Berthe en Loschois plus au long que de Dieu en l'Évangile, ce dont enraigèrent ung nombre infini de dames qui ne se trouvèrent pas si abundamment fournies de chouses plaizantes, et, pour dix nuictées à donner au plus laid seigneur, eussent voulu renvoyer en son chastel ceste belle cueilleuse de soubrires. Une ieune dame, ayant trez-apertement veu que ung sien amy s'affoloyt de Berthe, en conceut tel despit que de ce vindrent les meschiefs de la dame de Bastarnay ; mais aussy de là vint son heur et la descouverte des pays caressans de l'amour dont elle estoyt ignorante. Ceste maulvaise dame avoyt ung parent, lequel de prime abord luy confia, à la veue de Berthe, que pour iouir d'elle il feroyt l'accord de mourir après un moys passé à s'en gaudir. Notez que ce cousin estoyt beau comme une fille est belle, n'avoyt nul poil au menton, eust gaigné son pardon d'un ennemi à luy crier mercy, tant mélodieuse estoyt sa voix ieune, et avoyt d'aage vingt ans à poine.

— Biau cousin luy dit-elle, quittez la salle et allez en vostre hostel, ie m'efforceray de vous donner ceste ioye. Mais ayez cure de ne vous point monstrer à elle, ni à ce babouin greffé par erreur de nature sur une tige chrestienne, et auquel appartient ceste phée de beaulté.

Le beau cousin musse, vint la dame frotter son traistre muzeau à l'encontre de Berthe, et l'appela mon amye, mon threzor, estoile de beaultez, se benda de mille fassons à luy agréer, pour mieulx acertener sa vengeance sur ceste paouvrette qui, sans en rien sçavoir, luy avoyt rendu son amant infidelle de cueur, ce qui, pour les femmes ambitieuses en amour, est la pire des infidélitez. Après aulcuns deviz, la dicte dame felonne soubpçonna que la paouvre Berthe estoyt pucelle d'amour, en luy voyant ez yeulx abundance d'eau limpide, nul pli ez tempes, nul petit poinct noir sur le gentil cap de son nez blanc comme neige, où d'ordinaire se signent les tresmoussemens du déduict, nulle ride en son front, brief, nulle accoustumance de ioye apparente en son visaige net comme visaige de pucelle ignarde. Puis, ceste traistresse luy fit aulcunes interrogations de femme, et receut la parfaicte assurance par les responses de Berthe que, si elle avoyt eu le proufict des mères, le plaizir des amours luy avoyt bien réellement failli. De ce feut moult contente pour son cousin, la bonne femme que elle estoyt. Lors elle luy dit que en la ville de Losches demouroyt une ieune damoiselle noble de la famille de Rouhan, à laquelle besoing estoyt de l'assistance d'une femme de bien, pour estre receue à mercy de messire Loys de Rouhan; que si elle avoyt autant de bontez que Dieu luy avoyt desparti de beaultez, elle debvoyt la retirer en son chastel, vérifier la saincteté de sa vie et faire cet accord avecques le sire de Rouhan, qui refroignoyt à la prendre en son manoir. A quoy consentit Berthe sans auculne hezitation, veu que les infortunes de ceste fille estoyent cogneues d'elles, mais non la paouvre damoiselle, qui avoyt nom Sylvie et que elle cuydoyt estre en pays estrangier. Cy besoing est de desclairer pourquoy le seigneur roy avoyt faict ceste feste audict sire de Bastarnay. Le sire soubpçonnoyt la prime fuite du Daulphin ez estats de Bourgongne, et luy vouloyt tollir ung si bon conseiller que estoyt ledict Bastarnay. Ains le vieillard, fidelle à monseigneur Loys, avoyt ià sans mot dire accordé ses flustes. Doncques, il ramena Berthe en son chasteau, laquelle luy dict avoir prins une compaigne et la luy monstra. Ce estoyt le dict seigneur desguizé en fille par le soin de sa cousine, ialouze de Berthe, et qui la vouloyt emputaner, en raige de sa vertu. Imbert refroigna ung brin, saichant que ce estoyt Sylvie de Rouhan, mais aussy, trez-esmeu de la bonté de Berthe, il la mercia de s'entremettre à ramener au bercail une brebiette esguarrée. Il festoya bien sa bonne femme en ceste darrenière nuictée, lairra des gens d'armes au chastel, puis se despartit avecques le Daulphin pour la Bourgongne, ayant ung cruel ennemi en son giron, sans en avoir nul soubpçon. La face dudict mignon luy estoyt incogneue, pour ce que ce estoyt un ieune paige venu pour veoir la court du Roy, et que nourrissoyt monseigneur de Dunois, chez lequel il servoyt comme baschélier. Le vieulx seigneur, en fiance que ce estoyt une fille, la trouva moult pieuse et craintifve, veu que le gars, redoutant le languaige de ses yeulx, les tint tousiours baissez; puis, se sentant baisé en la bousche par Berthe, il trembloyt que sa iuppe ne feust pas discrette et s'esloingnoyt aux croizées, tant il avoyt paour d'estre recogneu pour homme par Bastarnay, et desconfict paravant d'avoir iouy de sa mye. Aussy feut-il ioyeulx comme tout amant l'eust esté en sa place, quand, la herse baissée, le vieulx seigneur chevaulchia dans la campaigne. Il avoyt eu telles affres que il fit vœu de bastir ung pilier à ses despens en la cathédrale de Tours, pour ce qu'il avoyt eschappé au dangier de sa folle emprinse. De faict, donna cinquante marcs d'argent pour payer sa ioye à Dieu. Mais par adventure il la paya de rechief au diable, ce qui appert des faicts ensuyvans, si le compte vous duit tant que vous ayez phantaisie d'en suivre le narré, lequel sera succinct comme doibt estre tout bon discours.

QUELS FEURENT LES DESPORTEMENS DE BERTHE SAICHANT LES CHOUSES DE L'AMOUR.

Ce dict baschelier estoyt le ieune sire Iehan de Sacchez, cousin du sieur de Montmorency, auquel, par la mort dudict Iehan, ratournèrent les fiefs de Sacchez et aultres lieux, suyvant le tracq de la mouvance. Il avoyt d'aage vingt années et ardoyt comme braize. Aussy comptez que la prime iournée luy feut ardeue à passer. Alors que le vieulx Imbert chevaulchia par la campaigne, les deux cousines se iuchèrent sur la lanterne de la herse à ceste fin de le veoir ung plus long tems et luy firent mille signaulx d'adieux.

Puis, alors que le nuaige de pouldre soubzlevé par les chevaulx ne fuma plus en l'horizon, elles descendirent et soy retirerent en la salle.

— Qu'allons nous faire, belle cousine? dit Berthe à la fausse Sylvie. Aimez-vous la musicque, nous musicquerons à nous deux. Chantons ung lay de aulcun gentil menestrel ancien. Hein! dictes, est-ce vostre phantaisie? Venez à mon orgue, venez! Faictes cela, si vous m'aymez! chantons! Puis elle print Iehan par la main et l'attira au clavier des orgues, où le bon compaignon s'assit gentement en la manière des femmes. — Ha! belle cousine, s'escria Berthe, alors que, les primes notes interroguées, le baschelier vira la teste vers elle, à ceste fin de chanter ensemblement; ha! belle cousine, vous avez un œil de terrible resguardeure! vous me mouvez ie ne sçays quoy au cueur.

— Ha! cousine, fit la maulvaise Sylvie, bien est-ce ce qui me ha perdue. Ung gentil mylourd du pays d'oultre-mer me ha dict que ie avoys de beaulx yeulx et les baisa si bien que i'ay failli, tant i'ay prins de liesse à les lairrer baiser.

— Cousine, l'amour se prind doncques ez yeulx?

— Là est la forge des traicts de Cupido, ma chière Berthe, & l'amant en luy gectant feu et flammes.

— Chantons, cousine!

De faict ils chantèrent, au gré de Iehan, ung tenson de Christine de Pizan, dans lequel il estoyt violemment parlé d'amour.

— Ha! cousine, quelle profundeur et volume de voix est en la vostre! elle me cherche la vie.

— Où? fit la damnée Sylvie.

— Là, respondit Berthe en monstrant son mignon diaphragme par où s'entendent les consonnances de l'amour mieulx que par les aureilles, pour ce que le diaphragme gist plus près du cueur et de ce que vous sçavez, qui est sans doubte aulcun la prime cervelle, le second cueur et la troisiesme aureille des dames. Ie dis cecy en tout bien tout honneur, pour raison physicale et non aultre.

— Quittons le chant, respartit Berthe, il me faict tout esmeue. Venez à la croizée, nous labourerons de menus ouvraiges iusques à la vesprée.

— Ha! chière cousine de mon ame, ie ne sçays point tenir l'esguille en mes doigts, ayant eu pour ma perdition cosstum faire aultre chouse d'iceulx.

— Hé! quelle occupation aviez-vous doncques tout le long du iour?

— Ha! ie me lairroys aller au courant de l'amour qui faict que les iours sont des instants, que les moys sont des iours et les ans des moys; et, s'il duroyt, feroyt gober l'éternité comme une fraize, 'eu que tout en est frescheur et perfum, doulceur et ioye infinie.

Puis le bon compaignon abattit ses belles paupières sur ses yeulx, et demoura mélancholieux comme une paouvre dame abandonnée de son guallant et qui le ploure, et le vouldroyt tenir, et luy pardoineroyt ses traistrises, s'il avoyt le cueur de chercher la doulce voye de son bercail iadis aymé.

— Cousine, l'amour esclot-il en estat de mariaige?

— Oh non! fit Sylvie, pour ce que en estat de mariaige tout est debvoir, ains en amour tout est faict en liberté de cueur. Ceste diversité communicque ie ne sçays quel baulme souef aux caresses qui sont les fleurs de l'amour.

— Cousine, lairrons ce deviz, il est de pire mouvance que ne estoyt la musicque.

Elle siffla vifvement ung serviteur, luy commanda d'amener son fils, qui vint, et le voyant, Sylvie de s'esclamer: Ha! il est beau comme l'Amour! Puis le baisa bien au front.

— Viens, mon enfant mignon, dit la mère au giron de laquelle se gecta le petit. Viens, toy, le plaizir de ta mère, tout son heur sans meslange, sa liesse de toute heure, sa couronne, son ioyau, sa perle pure, son ame blanche, son threzor, sa lumière du soir et du matin, sa flamme unicque et son cueur. Donne tes mains, que ie les mange; donne tes aureilles, que ie les morde ung petit; donne ta teste, que ie baise tes cheveulx. Sois heureux, petite fleur de moy, si tu veulx que ie soys heureuse.

— Ha! cousine, fit Sylvie, vous luy parlez en languaige d'amour.

— L'amour est doncques une enfance?

— Oui, cousine, aussy les payens l'ont-ils tousiours pourtraict enfant.

En faisant mille aultres deviz pareils où foisonnoyt l'amour, les deux iolyes cousines se mirent à iouer avecques l'enfant iusques au souper.

— N'en soubhaitez-vous point un aultre, dit Iehan en ung moment opportun dedans l'aureille senestre de sa cousine, que il frosla de ses lèvres chauldes.

— Ha! Sylvie, pour ce, oui, bien féroys-je cent années d'enfer, s'il plaisoyt au seigneur Dieu m'octroyer ceste liesse. Mais, maulgré les besongnes, travaulx et labours de mon sieur espoux, lesquels sont moult navrans pour moy, ma ceincture ne varie point. Las! ce n'est rien avoir que de avoir ung seul enfançon. Si ung cri se pousse dans le chastel, il m'esmeut à me tollir le cueur. Ie redoute bestes et gens pour ceste innocente amour, ay paour des voltes, passes, maniemens d'armes, enfin de toute chouse. Ie ne vis point en moy, pour trop vivre en luy. Et, las! i'ayme ces misères pour ce que, tant que ie suis en paour, ce est signe que ma gezine demoure saine et saufve. Ie ne prie les saincts et les apostres que pour luy. Et pour estre briefve en cecy dont ie parleroys iusques à demain, ie cuyde que mon soufle est en luy, non en moy.

Ce disant, elle le serra sur ses tettins comme mères sçavent serrer les enfans, avecques une spirituelle force qui n'escarbouille auculne aultre chouse que le cueur d'icelles. Et si vous doubtez de cecy, resguardez une chatte emportant ses petits en sa gueule, aulcun ne dira ung seul mot. Le bon compaignon, lequel avoyt paour de mal faire en arrousant de ioye ceste iolye prée infécunde, feut moult resconforté par ces dires. Adoncques, il pensa que ce seroyt suivre les commandemens de Dieu, s'il conquestoyt ceste ame à l'amour; et pensa bien. A la vesprée, Berthe requit sa cousine, suyvant l'anticque mode de laquelle se desportent les dames aux iours d'huy, de couschier en sa compaignie dedans son grant lict seigneurial. A quoy respondit la dicte Sylvie que ce seroyt pour elle grant chière, à ceste fin de ne point faillir à son roole de fille de hault lieu. Vécy le couvre-feu sonné, les deux cousines dedans leur pourpriz guarni de tapis, bobans, tapisseries royales, et Berthe de se despouiller gentement aidée par ses meschines. Comptez que e baschelier refroigna pudicquement à se lairrer touschier, fit de la belle honte cramoizie, disant à sa cousine que elle se estoyt accostumée se desvestir seulette du depuis que elle n'estoyt plus servie par son bien-aymé, lequel l'avoyt mise en desgoust des mains féminines par ses souefves fassons; que ces préparatives luy ramentevoyent les délicieuses paroles que luy disoyt son amy et toutes ses folies en la mettant à nud, ce qui luy faisoyt venir l'eaue en la bousche, à son dam. Cettuy discours estomira moult la dame Berthe, qui lairra sa cousine faire ses oremus et aultres pour la nuict, soubz les courtines du lict, dedans lequel mon dict sieur enflammé de hault dezir se mussa tost, en grant haste, bien heureux de pouvoir guetter au passage les beaultez merveilleuses de la chastelaine, qui n'estoyt point guastée. Berthe, en sa foy d'estre avecques une fille damée, ne faillit à aulcune de ses accoustumances ; elle se lava les pieds sans se soulcier de les lever peu ou prou, monstra ses espaules mignonnes, et fit ainsy que font les dames alors que elles se couchent. Enfin de tout vint au lict, et s'y estendit de la bonne fasson en baisant sa cousine ez lèvres qu'elle trouva trez-chauldes.

— Auriez-vous doncques mal, Sylvie, que vous ardez si fort? dit-elle.

— Ie brusle tousiours ainsy, alors que ie me couche, respondit-elle, pour ce que en ceste heure m'adviennent en la mémoere les gentilles mignonneries que il inventoyt pour me faire plaizir, et qui me brusloyent encores davantaige.

— Ha! cousine, racontez ce que est de ce *il?* Dictes le bon de l'amour à moy qui vis soubz l'umbre d'une teste chenue de laquelle les neiges me guardent contre telles ardeurs. Dictes, vous qui en estes guarrie. Ce me sera de bon castoyement, et par ainsy vos meschiefs auront à deux paouvres muliebres natures esté de salutaires adviz.

— Ie ne sçays si ie doibs vous obéir, belle cousine, fit le bon compaignon.

— Dictes pourquoy non.

— Ha! vault mieulx le faire que le dire! fit-elle en laschiant ung sospir gros comme un *ut* des orgues. Puis i'ay paour que ce mylourd m'ayt tant encumbrée de ioye que ie n'en boutte ung brin à vous, ce qui seroyt suffisant à vous bailler une fille, veu que ce qui faict enfans se seroyt affoybli en moy.

— Vère, fit Berthe, entre nous, seroyt-ce péché?

— Il y auroyt bien au contraire feste icy et dans le ciel, les anges espandroyent en vous leurs perfums et fairoyent leurs musicques.

— Dictes doncques esraument, cousine, fit Berthe.

— Doncques vécy comment me faisoyt devenir toute ioye mon bel amy. En ce disant Iehan print Berthe en ses bras, et l'estraignit avecques des dezirs sans pareils, pour ce que, au clair de la lampe et vestue de blanches toiles, elle estoyt en ce damné lict comme les iolyes chouses nuptiales des lys au fund de leur calice virginal. Alors qu'il me tenoyt comme ie vous tiens, il me disoyt d'une voix plus doulce que ne est la mienne : « — Ha! Berthe, tu es mon amour éterne, mes mille thrézors, ma ioye de iour et de nuict; tu es plus blanche que le iour n'est iour, plus gentille que tout; ie t'ayme plus que Dieu, et vouldroys souffrir mille morts pour l'heur que ie requiers de toy. » Puis me baisoyt non en la manière des espoux, qui est brute, mais columbellement.

Pour démonstrer incontinent combien estoyt meilleure la méthode des amans, il sugça tout le miel des lèvres de Berthe, et luy apprint comment, de sa iolye langue menue et rose comme langue de chatte, elle pouvoyt moult parler au cueur, sans dire ung seul mot; puis, s'embrazant davantaige à ce ieu, Iehan espandit le feu de ses baisers de la bousche au col, et du col aux plus mignons fruicts que femme ayt oncques fait mordre à son enfant pour en tirer laict. Et quiconques eust esté en sa place se seroyt existimé ung maulvais homme de ne l'imiter pas.

— Ha! fit Berthe engluée d'amour sans le sçavoir, cecy est mieulx, il me chault de le dire à Imbert.

— Estes-vous en vostre sens, cousine? Ne dictes rien à vostre vieulx mary, veu qu'il ne peut faire doulces et plaizantes comme les miennes ses mains, qui sont rudes comme battoirs à laver, et ceste barbe pie doibt bien mal mener ce centre de délices, ceste roze en laquelle gist tout nostre esperit, nostre bien, nostre chevance, nos amours, nostre fortune. Sçavez-vous que ce est une fleur animée qui veult estre amignottée ainsy, et non sacquebutée comme si ce estoyt une catapulte de guerre. Ores, vécy la gente manière de mon amé l'Angloys.

En ce disant, le ioly compaignon se comporta si bravement, qu'il advint une escopetterie où la paouvre ignarde Berthe s'esclama : — Ha! cousine, les anges sont advenus! mais tant belle est leur musicque que ie n'entends plus, et tant flambent leurs gects lumineux que mes yeulx se closent!

De faict, elle se pasma soubz le faix des ioyes de l'amour qui esclatèrent en elle comme les plus haultes gammes de l'orgue, qui soleillèrent comme la plus magnificque aurore, qui se coulèrent en ses veines comme le plus fin muscq, et laschièrent les liens de la vie en la baillant à un enfant d'amour, lequel en se logiant faict ung certain tapaige plus remuant que tout aultre. Enfin de tout, Berthe cuyda estre à mesme les cieulx du paradiz, tant bien elle se trouvoyt, et se resveigla de ce beau resve dedans les bras de Iehan, disant : — Que n'aye esté mariée en Angleterre !

— Ma belle maistresse, fit Iehan, qui oncques ne perceut tant de liesse, tu es mariée à moy en France, où les chouses vont encore mieulx, veu que ie suis un homme qui pour toy donneroyt mille vies, s'il les avoyt !

La paouvre Berthe gecta ung cri si vif, que il perça les murs, et saulta hors de son lict comme eust faict une saulterelle de la playe d'Ægypte. Elle se lairra tomber sur ses genoilz à son prie-Dieu, ioignit les mains et ploura plus de perles que iamays n'en porta la Marie-Magdeleine : — Ha ! ie suis morte, disoyt-elle. Ie suis truphée par ung diable qui ha prins visaige d'ange. Ie suis perdue, ie suis mère pour le seur d'ung bel enfant sans estre plus coulpable que vous, madame la Vierge. Implorez ma graace de Dieu, si ie n'ay celle des hommes sur la terre, ou faictes-moy mourir, à ceste fin que ie ne rougisse point devant mon seigneur et maistre.

Oyant que elle ne disoyt rien de maulvais contre luy, Iehan se leva tout pantois de veoir Berthe prendre ainsy ceste belle dance à deux. Ains, premier que elle entendit son Gabriel se mouvoir, elle se dressa en pieds vifvement, le resguarda d'ung visaige en pleurs et les yeulx allumez de saincte cholère, ce qui les fit moult beaulx à veoir : — Si vous advancez ung seul pas devers moy, fit-elle, ie en feray ung vers la mort ! Et elle print ung poignard à dames.

Sur ce, tant navrante estoyt la tragicque veue de sa poine, que Iehan luy respondit : — Ce ne est point à toy, ains à moy, de mourir, ma chière belle mye, plus aymée que femme le sera oncques sur ceste terre.

— Si vous m'aviez bien aymée, vous ne me auriez pas deffaicte comme ie le suis, veu que ie mourray plus tost que d'estre reprouchée par mon espoux.

— Mourrez-vous ? fit-il.

— Pour le seur, fit-elle.

— Doncques, si ie suis icy percé de mille coups, vous aurez la raace de vostre mary auquel vous direz que, si vostre innocence feut surprinse, vous avez vengé son honneur en tuant cil qui vous ha trompée. Et ce sera pour moy l'heur le plus grant qui me puisse advenir de mourir pour vous, dès que vous refroignez à vivre pour moy.

En oyant ce tendre discours dict avecques larmes, Berthe laschia le fer, Iehan courut sus, et se donna du poignard dedans le sein, disant : — Tel heur se doibt payer par la mort, et tomba roide.

Berthe appela sa meschine, tant elle feut effrayée. La meschin vint, et feut notablement effrayée aussy la meschine de veoir un homme navré dedans la chambre de Madame, et Madame qui le soubztenoyt disant : — Que avez-vous faict, mon amy ? Pour ce que elle le cuydoyt mort, et se ramentevoyt sa ioye excessifve, et combien debvoyt estre beau Iehan, pour que ung chascun, voire Imbert, l'estimast fille. Dans sa douleur, elle racontoyt tout à sa meschine, plourant et criant que ce estoyt bien assez d'avoir sur le cueur la vie d'un enfant, sans avoir aussy le trespas d'un homme. Oyant cecy, le paouvre amoureux se benda d'ouvrir l'œil, et n'en monstra que le blanc, encores petitement.

— Ha ! madame, ne crions point, dit la meschine, ne perdons point le sens, et saulvons ce ioly chevalier. Ie vais querrir la Fallotte pour ne mettre aulcun physician ni maistre myrrhe en cettuy secret, et, veu que elle est sorcière, elle faira pour plaire à Madame le miracle de bouscher ceste blesseure sans que il y paroisse.

— Cours, fit Berthe, ie t'aymeray et te fairay du bien pour ceste assistance.

En avant de tout la dame et la meschine convindrent de se taire sur ceste adventure et musser Iehan à tous yeulx. Puis la meschine alla nuictamment chercher la Fallotte, et feut conduicte par sa maistresse iusques en la poterne, pour ce que la guarde ne pouvoyt lever la herse, sans un exprès commandement de Berthe. Berthe trouva son bel amy esvanoui par la force du mal, veu que le sang s'espandoyt par la blessure sans tarir. A ceste veue, elle beut ung petit de ce sang, en songiant que Iehan l'avoyt espandu pour elle. Esmeue par ce grant amour et par ce dangier, elle baisoyt ce ioly varlet de plaizir au vizaige, bendoyt sa playe en l'estuvant de ses larmes, luy disant de ne pas mourir, et que pour le faire vivre elle l'aymeroyt bien fort. Cuydez que la chastelaine s'esprenoyt moult, en observant quelle diversité estoyt entre un ieune seigneur comme Iehan, blanc, duveté, fleuri, et ung vieulx comme Imbert, poilu, iaune, ridé. Ceste différence luy ramentevoyt celle que elle avoyt trouvée au plaizir d'amour. Superfinez par ce soubvenir, ses baisers se faisoyent si mielleux que Iehan reprint ses sens, son resguard s'amelieura, et il put veoir Berthe, de laquelle il requit son pardon d'une voix foyble. Ains Berthe luy deffendit de parler, iusques à ce que la Fallotte feust venue. Doncques, tous deux consumèrent le tems à s'aymer par les yeulx, veu que en ceulx de Berthe il n'y avoyt que compassion, et que la compassion est en ces coniunctures trez-germaine de l'amour.

La Fallotte estoyt une femme bossue, vehementement soupçonnée de trafficquer en nécromancie, de couratter au sabbat en chevaulchiant ung balay suyvant la coustume des sorcières. Aulcuns l'avoyent veue harnachiant son balay en l'escuyrie qui, comme ung chascun sçayt, est située ez gouttières des maisons. Pour le vray dire, elle avoyt des arcanes de guarrison, et rendoyt si bons offices aux dames en certaines chouses et aux seigneurs, que elle vesquit ses iours en parfaicte tranquillité, sans rendre l'ame sur ung cent de fagots, ains sur ung lict de plumes, veu que elle amassa de pleines pannerées d'escuz, encores que les physicians la tormentassent, disant que elle vendoyt poisons, ce qui estoyt vray, comme il appert de ceste histoire. La meschine et la Fallotte vindrent sur une mesme bourrique en faisant telles diligences, que le iour ne estoyt point clair lorsque elles arrivèrent au chasteau. La vieille bossue dit en entrant dedans le pourpriz : Ores çà, qu'y ha-t-il, mes enfants? Ce estoyt sa manière, qui estoyt pleine de familiaritez avecques les grants que elle voyoyt trez-petits. Elle mit ses bezicles et visita trez-dextrement la playe en disant : Voilà de beau sang, ma mye, vous y avez gousté. Cela va bien, il ha saigné en dehors. En ce disant, elle lavoyt la blessure d'une esponge fine au nez de la dame et de la meschine qui haletoyent. Brief, Fallotte prononça doctoralement que le sire ne mourroyt pas de ce coup. Encores, dit-elle à l'aspect de sa main, que il deut périr violentement par le faict de ceste nuictée. Cettuy arrest de chiromancie espouvanta moult Berthe et sa suyvante. La Fallotte prescrivit les remèdes urgens et promit revenir la nuict ensuyvante. De faict, elle soigna la blessure durant une quinzaine de iours, venant les nuicts en secret. Il feut dict aux gens du chasteau par la meschine que ceste damoiselle Sylvie de Rouhan estoyt en danger de mort par suite d'une enfleure de ventre, ce qui debvoyt rester ung mystère pour l'honneur de Madame, laquelle estoyt sa cousine. Ung chascun feut satisfaict par ceste bourde, de laquelle il eut la bousche tant pleine que il en rendit aux aultres.

Les bonnes gens cuyderoyent que ce feut la maladie qui estoyt pleine de dangier : eh bien! point! ce feut la convalescence, veu que plus Iehan devenoyt fort, plus Berthe devenoyt foyble, et tant foyble que elle se lairra cheoir dedans le paradiz où l'avoyt faict monter Iehan. Pour estre brief, elle l'ayma tant et plus. Ains au courant de ses ioyes, tousiours assassinée par l'appréhension des paroles menassantes de la Fallotte, et tormentée par sa grant religion, elle avoyt en paour sire Imbert auquel elle feut contraincte d'escripre que il l'avoyt enchargiée d'un enfant duquel elle le resgualeroyt à son retourner ; mais elle faisoyt là ung mensonge plus gros que l'enfant. La paouvre Berthe esvita son amy Iehan durant le iour où elle escripvit ceste lettre fourbe, veu que elle ploura à mouiller son mouschenez. Se voyant esvité, car ils ne se lairroyent pas plus que le feu ne lairre le bois une foys que il le happe, Iehan creut que elle le haïtoyt, et ploura de son costé. A la vesprée, Berthe, esmeue des larmes de Iehan, desquelles il y eut marque en ses yeulx, encores que il les essuyast, luy dit la raison de sa douleur, en y meslant l'adveu de ses terreurs en l'endroict de l'advenir, luy remonstrant combien ils estoyent tous deux en faulte, et luy tint des discours tant beaulx, tant chrestiens, tant aornez de larmes divines et oraisons contrites, que Iehan feut touschié au plus profund de son cueur par la foy de sa mye. Ceste amour naïvement unie à la repentance, ceste noblesse dedans la coulpe, cettuy meslange de foyblesse et de force, eussent, comme disent les anciens autheurs, muté le charactère des tigres en les attendrissant. Ne vous estomirez point de ce que Iehan feut contrainct à iurer sa parole de baschelier de luy obéir en quoy que ce soyt que elle luy commanderoyt pour la saulver en cettuy monde et dans l'aultre. Oyant ceste fiance en elle et ceste non-maulvaisetié, Berthe se gecta aux pieds de Iehan en les luy baisant : — O amy ! que ie suis contraincte d'aymer, encores que ce soyt ung péché mortel, toy qui es tant bon, tant pitoyable à ta paouvre Berthe, si tu veulx que elle songe tousiours à toy en toute doulceur et arrester le torrent de ses pleurs, duquel est si gentille et si plaizante la source. Et pour la luy monstrer luy lairra robber ung baiser. — Iehan, reprint-elle après, si tu veulx que le soubvenir de nos ioyes célestes, musicques d'ange et perfums d'amour, ne me soyt point poisant et au contraire me console aux maulvais iours, fais ce que la Vierge me ha commandé d'ordonner à toy en ung resve où ie la supplioys m'esclairer pour le caz présent, veu que ie l'avoys requise de venir à moy, et elle estoyt advenue. Ores, ie luy remonstroys le supplice horriblement ardent où ie seroys en tremblant pour ce petit qui ià se mouvoyt, et pour le vray père qui seroyt à la mercy de l'aultre, et pouvoyt expier sa paternité par une mort violente, veu que la Fallotte pouvoyt avoir veu clair dedans la vie future. Lors la belle Vierge me dit en soubriant que l'Ecclise nous offroyt le pardon de nos faultes en suivant ses commandemens; que besoing estoyt de faire soy-mesme la part au feu des enfers en s'amendant de bonne heure, avant que le ciel ne se faschiast. Puis de son doigt elle me ha monstré un Iehan pareil à toy, ains vestu comme tu debvroys l'estre, et comme tu le seras, si tu aymes Berthe d'un amour éterne.

Lors Iehan luy confirma sa parfaicte obéissance en la relevant, l'asseyant sur ses genoilz et la baisant bien. La paouvre Berthe luy dit lors que cettuy vestement estoyt ung frocq de moyne, et le requit, en tremblant moult d'esprouver ung reffuz, de soy mettre en religion et retirer en Marmoustier, au delà de Tours, luy iurant sa foy que elle luy bailleroyt une dernière nuictée, après laquelle elle ne seroyt plus oncques à luy ni à nul aultre en ce monde. Et par chascun an, en récompense de ce, le lairreroyt venir chez elle un iour, à ceste fin que il vist son enfant. Iehan, lié par son serment, promit de soy mettre en religion au gré de sa mye, en luy disant, qu'au moyen de ce, il luy seroyt fidelle, et n'auroyt aultres iouissances d'amour que celles goustées en sa divine accointance, et vivroyt sur leur chiere remembrance. Oyant ces doulces paroles, Berthe luy dit que pour grant que feust son péché, quoy que luy reservast Dieu, ceste heure luy feroyt tout supporter, veu que elle ne cuydoyt point avoir esté à un homme, ains à un ange.

Doncques ils se couchièrent dedans le nid où leur amour estoyt esclos, ains pour dire un adieu supresme à toutes ses belles fleurs. Besoing est de croire que le seigneur Cupido se mesla de ceste feste, veu que iamays femme ne perceut ioye pareille en aulcun lieu du monde, et que iamays homme n'en print aultant. Le propre du véritable amour est une certaine concordance qui faict que tant plus l'ung donne, tant plus l'aultre reçoit, et réciproquement, comme dans certains caz de la mathématique où les chouses se multiplient par elles-mesme à l'infini. Cettuy problesme n'est expliquable aux gens de petite science que par ce que ils voyent en places de Venice, où s'aperçoivent des milliers de figures produictes par une mesme. Ainsi, dans les cueurs de deux amans, se multiplient les rozes du plaizir en une profundeur caressante qui les faict s'estomirer que tant de ioye y tienne sans que rien ne crève. Berthe et Iehan auroyent voulu que ceste nuict feust la darreniere de leurs iours, et cuydèrent à la deffaillante langueur qui se coula en leurs veines que l'amour avoyt résolu les emporter sur les aësles d'ung baiser mortifère ; ains ils tinrent bon, maulgré ces multiplications infinies.

L'endemain, veu que le retourner de messire Imbert de Bastarnay estoyt prouche, la damoiselle Sylvie deut se despartir. La paouvre fille lairra sa cousine en l'arrouzant de pleurs et de baisers, ce estoyt tousiours son darrenier, et le darrenier alla iusqu'à la vesprée. Puis force feut de la lairrer, et il la lairra, quoique le sang de son cueur se figeast comme cire tombée d'ung cierge paschal. Suyvant sa promesse, il se desporta vers Marmoustier, où il entra vers la onziesme heure du iour, et feut mis avecques les novices. Il feut dict à mon seigneur de Bastarnay que Sylvie estoyt ratournée avecques le mylourd, ce qui signifie le seigneur en languaige d'Angleterre, et par ainsy Berthe ne mentit point en cecy.

La ioye de son mary, quand il vit Berthe sans ceincture, veu que elle ne pouvoyt la porter, tant elle estoyt bien engrossée, commença le martyre de ceste paouvre femme, qui ne sçavoyt point trupher, et qui pour chaque parole faulse alloyt à son prie-Dieu, plouroyt son sang en eaue par les yeulx, se fondoyt en prières et se recommandoyt à messieurs les saincts du paradiz. Il advint que elle cria si fort à Dieu, que le Seigneur l'entendit; pour ce que il entend tout, il entend et les pierres qui roulent sous les eaux, et les paouvres qui geignent et les mousches qui volent par les aërs. Il est bon que vous saichiez ceci, aultrement vous n'adiouxteriez point foy à ce qui advint. Dieu commanda à l'archange Michel de faire faire à ceste pénitente son enfer sur terre, à ceste fin que elle entrast sans conteste dans le paradiz. Adoncques sainct Michel descendit des cieulx sur le porche des enfers, et livra ceste triple ame au diable, en luy disant qu'il luy estoyt licite de la tormenter durant le demourant de ses iours, en lui monstrant Berthe, Iehan et l'enfant. Le diable, qui, par le bon vouloir de Dieu, est sire de tout mal, dit à l'archange que il s'acquitteroyt du dict messaige. Durant ceste ordonnance du ciel, la vie alloyt son train cy-bas. La gentille dame de Bastarnay bailla le plus bel enfant du monde au sire Imbert, ung garson de lys et de rozes, de haulte compréhension comme ung petit Iésus, riant et malicieux comme un Amour payen, devenant plus beau de iour en iour, tandis que l'aisné tournoyt au cinge comme son père auquel il ressembloyt à faire paour. Le darrenier estoyt brillant comme une estoile, semblable au père et à la mère, desquels les perfections corporelles et spirituelles avoyent produict ung meslange de graaces inclytes et d'entendement merveilleux. Voyant ce perpétuel miracle de chair et d'esprit meslez en conditions quiditatifves, Bastarnay disoyt que pour son salut éterne il vouldroyt pouvoir faire du cadet l'aisné, qu'il y adviseroyt par la protection du Roy. Berthe ne sçavoyt comment se comporter, veu que elle adoroyt l'enfant de Iehan et ne pouvoyt qu'aimer foyblement l'aultre, que néanmoins elle protégioyt contre les intentions maulvaises de ce bonhomme de Bastarnay. Berthe, contente du chemin que prenoyent les chouses, se chaussa la conscience de menterie, et creut que tout estoyt finé, veu que douze années s'escoulèrent sans aultre meslange que le doubte qui, par aulcunes foys, empoisonnoyt sa ioye. Par chascun an, suyvant la foy baillée, le moyne de Marmoustier, lequel estoyt incogneu de tous, horsmis la meschine, venoyt passer un iour plein au chasteau pour veoir son enfant, encores que Berthe eust à plusieurs foys supplié frère Iehan, son amy, de renoncer à son droict. Ains Iehan luy monstroyt l'enfant en luy disant : — Tu le vois tous les iours de l'an, et moy ie n'en ay qu'ung seul ! Lors la paouvre mère ne trouvoyt aulcun mot à respondre à ceste parole.

Quelques moys avant la darrenière rebellion de monseigneur Loys contre son père, l'enfant marchioyt sur les talons de sa douziesme année, et paroissoyt debvoir estre ung grant clercq, tant il estoyt sçavant sur toute science. Oncques le vieulx Bastarnay ne se estoyt sentu plus ioyeulx d'estre père, et se résolvoyt d'emmener avecques luy son fils à la court de Bourgongne, où le duc Charles promettoyt faire à ce bien-aymé fils un estat à estre envié des princes, veu que il ne haïtoyt point les gens de hault entendement. Voyant les chouses accordées ainsy, le diable iugea le tems venu de mal faire, il print sa queue et la boutta en plain dans ce bonheur de la belle manière, à ceste fin de le remuer à sa phantaisie.

HORRIFICQUES CASTOYEMENS DE BERTHE ET LES EXPIATIONS DE LA DICTE, LAQUELLE MOURUT PARDONNÉE.

La meschine de la dame de Bastarnay, laquelle avoyt lors trente-cinq ans d'aage, s'amouracha d'ung des gens d'armes de Monsieur, et feut assez niaise pour luy lairrer prendre quelques pains sur sa fournée, en sorte qu'il y eut en elle une enfleure naturelle que aulcuns plaisans nomment en ces provinces une hydropisie de neuf moys. Ceste paouvre femme supplia sa bonne maistresse de s'entremettre auprès du sire, à ceste fin qu'il contraignist ce maulvais homme à parachever devant l'autel ce qu'il avoyt commencé dedans le lict. Madame de Bastarnay n'eut point de poine à obtenir ceste graace du sire, et la meschine feut bien aise. Ainsy le vieil homme de guerre, qui tousiours estoyt rude en diable, fit venir en son pretoire son lieutenant auquel il chanta pouille, en luy commandant soubz poine de la hart d'espouser la meschine, ce que le souldart ayma mieulx, tenant plus à son col qu'à sa tranquillité. Bastarnay manda aussy la femelle à laquelle il creut debvoir, pour l'honneur de sa maison, chanter une litanie remuée d'épithètes, aornée de fanfreluches horriblement sonnantes, en luy faisant redouter en manière de punition de n'estre point mariée, mais gectée en une fosse de la geole. La meschine cuyda que Madame se vouloyt deffaire d'elle à ceste fin d'enterrer les secrets sur la naissance de son chier fils. Dans ce pensier, alors que ce vieulx cinge luy dit ces oultraigeuses paroles, à sçavoir, que il falloyt estre fol pour avoir une pute chez soy, elle luy respondit que il estoyt archifol pour le seur, veu que depuis ung long tems sa femme avoyt esté emputanée, et par ung moyne encores, ce qui, pour un homme de guerre, est le pire destin.

Cherchez le plus grant oraige que vous ayez veu en vostre vie, et vous aurez une foyble imaige de la cholère verde en laquelle tomba le vieillard assailli en un endroict de son cueur où estoyt une triple vie. Il print la meschine à la gorge, et vouloyt l'occir incontinent. Ains elle, pour avoir raison, déduisit le pourquoy, le comment, et dit que, s'il n'avoyt nulle fiance en elle, il pouvoyt se reposer sur ses aureilles, en se mussant au iour où viendroyt dom Iehan de Sacchez, prieur de Marmoustier ; il entendroyt lors les deviz du père qui se solacioyt de son quaresme annuel, et baisoyt en un iour son fils pour un an. Imbert dit à ceste femme de desguerpir du chasteau, veu que, si elle accusoyt vray, il la tueroyt aussy bien que si elle avoyt inventé des menteries. Lors, en ung brief moment, il luy bailla cent escuz oultre son homme, leur enioingnant à tous deux de ne se point couchier en Tourayne, et pour plus de seuretez feurent conduicts en Bourgongne par un officier de mon dict sieur de Bastarnay. Il adviza sa femme de leur despartie, en luy disant que ceste meschine estoyt ung fruict guasté, et avoyt iugé saige la gecter hors, ains lùy avoyt donné cent escuz et trouvé un employ pour le gars en la court de Bourgongne. Berthe feut estonnée de sçavoir sa meschine hors du chasteau, sans avoir receu congé d'elle qui estoyt sa maitresse; ains elle ne sonna mot. Puis tost après, elle eut aultres pois à lier, veu que elle entra en de vifves apprehensions, pour ce que le sire changea de fassons, commença de comparer les ressemblances de son aisné avecques luy-mesme, et ne trouva rien de son nez, ni de son front, ni de cecy, ni de cela, chez cettuy cadet que il aimoyt tant.

— Il est tout moy-mesme, respondit Berthe en un iour que il faisoyt de ces équivocques : ne sçavez-vous point que, dans les bons mesnaiges, les fieux se font par les marys et par les femmes, ung chascun sa volte, ou souvent de campaignie, pour ce que la mère fond ses esperits avecques les esperitz vitaulx du père; et aulcuns myrrhes se iactent d'avoir veu moult enfants producits sans nulle pourtraycteure de l'ung ni de l'aultre, disant ces mystères estre à la phantaisie de Dieu.

— Vous estes devenue sçavante, ma mye, respondit Bastarnay. Ains, moy qui suis un ignare, ie cuyde que un enfant qui ressembleroyt à ung moyne...

— Seroyt faict par cettuy moyne, dit Berthe en le resguardant sans paour au visaige, encores que il courust glasse en ses veines au lieu de sang.

Le bonhomme creut errer et mauldit sa meschine, ains ne feut que plus ardent à vérifier le caz. Comme le iour deu à dom Iehan se faisoyt prouche, Berthe, mise en deffiance par ceste parole, luy escripvit son bon vouloir estre que il ne vinst pas ceste année, se reservant de luy dire le pourquoy; puis elle alla requerir la Fallotte à Losches de remettre sa lettre à dom Iehan, cuydant tout sauf pour l'heure présente. Elle feut d'aultant plus aise d'avoir escript à son amy le prieur, que sire Imbert qui, vers le tems assigné pour la feste annuelle du paouvre moyne, avoyt accoustumé voyager en la province de Mayne où il possédoyt grants biens, y faillit ceste foys en obiectant les préparatifves de la sédition que souloyt faire monseigneur Loys à son paouvre père, qui feut si marri de ceste prinse d'armes que il en mourut, comme ung chascun sçayt. Ceste raison estoyt tant bonne que la paouvre Berthe donna dans les toiles et se tint en repos. Au iour dict, le prieur advint sans faulte. Berthe, le voyant, blesmit et luy demanda s'il n'avoyt point receu son messaige.

— Quel messaige? dit Iehan.

— Nous sommes doncques perdus, l'enfant, toy et moy, respondit Berthe.

— Pourquoy? fit le prieur.

— Ie ne sçays, dit-elle, mais vécy nostre iour extresme advenu.

Elle s'enquit de son bien-aymé fils où estoyt Bastarnay. Le ieune homme luy dit que son père avoyt esté mandé par un exprès à Losches et ne debvoyt ratourner qu'à la vesprée. Sur ce, Jehan voulut maulgré sa mye demourer avecques elle et son chier enfant, l'acertenant qu'aulcun meschief ne pouvoyt advenir après douze années escheues depuis la Noël de leur fieu. En ces iours où estoyt festée la nuictée aux adventures que vous sçavez, la paouvre Berthe demouroyt en sa chambre avecques le paouvre moyne, iusques au souper. Ains, en ceste coniuncture, les deux amans, hastez par les apprehensions de Berthe, lesquelles feurent espouzées par dom Jehan dès que sa mye les luy grabela, disnèrent tost, encores que le prieur de Maimoustier raffermist le cueur à Berthe en luy remonstrant les priviléges de l'Ecclise, et combien Bastarnay deià mal en court auroyt paour de faire' un attentat sur ung dignitaire de Maimoustier. Alors que ils se placèrent à la table, leur petit iouoyt par adventure, et maulgré les iteratifves prières de sa mère, ne voulut lairrer le ieu, veu que il tournoyoit par la court du chastel chevaulchiant ung fin genest d'Hespaigne, duquel monseigneur Charles de Bourgongne avoyt guerdonné Bastarnay. Et pour ce que les ieunes gars ayment à se vieillir, que les varlets font les bascheliers, que bascheliers soulent faire les chevaliers, ce petit se complaisoyt à monstrer à son amy le moyne combien il estoyt devenu grant, il aisoyt saulter le genest comme puce ez toiles, et ne bougioyt ne plus ne moins que s'il eust esté vieulx soubz le harnoys.

— Lairre-le faire à sa guyse, ma chière mye, disoyt le moyne à Berthe. Les enfants indociles se tournent souvent en grants charactères.

Berthe mangioyt petitement, car le cueur s'enfloyt comme esponge en l'eaue. Aux primes morceaulx, le moyne, qui estoyt grant clercq, sentit en son estomach ung trouble et en son palais une ascre piqure de venin qui luy fit soupçonner que le sire de Bastarnay leur avoyt à tous baillé le boucon. Paravant que il eust cet acertenement, Berthe avoyt ià mangié. Soudain, le moyne renversa la nappe et gecta le tout dedans l'aatre, disant à Berthe son soupçon. Berthe mercia la Vierge de ce que son fils avoyt esté tant féru de iouer. Ne perdant point le sens, dom Jehan se remembra son prime mestier de paige, saulta dedans la court, osta son fils de dessus le genest, l'enfourcha tost, vola par la campaigne avecques telle diligence, que vous auriez cuydé veoir une estoile filante, si vous l'eussiez veu donnant du talon dedans le flancq dudict genest à l'esventrer, et feut à Losches chez la Fallotte en ung tems que le diable seul auroyt pu mettre à aller dudict chastel à Losches. Le moyne fit le compte de son caz à la Fallotte en deux mots, veu que déià le poison luy grezilloyt en la fressure, et la requit luy bailler ung contre-poison.

— Las! dit ceste sorciere, si ie avoys sceu que ce feust pour vous que ie livroys mon poison, i'auroys receu dedans le gozier la lame du poignard duquel ie estoys menassée et auroys lairré ma paouvre vie pour saulver celle d'un homme de Dieu et la plus gente femme qui oncques ha flori sur ceste terre, veu que, mon chier amy, ie n'ay que ce demourant de contre-poison en ceste fiole.

— Y en ha-t-il pour elle?

— Oui, ains allez tost, fit la vieille.

Le moyne revint plus esraument encores que il n'estoyt venu, si bien que le genest creva soubz luy dedans la court. Il arriva en la chambre où Berthe, cuydant son heure extresme advenue, baisoyt son enfant en se tordant comme ung lézard au feu et ne gectoyt pas ung cri sur elle, ains sur cettuy enfant abandonné à la cholère de Bastarnay, oubliant ses tortures à la veue de ce cruel advenir.

— Prinds, fit le moyne, moy, i'ay la vie saulve.

Don Iehan eut le fier couraige de dire ceste parole d'un visaige ferme, encores que il sentist les griphes de la mort luy saisir le cueur. Si tost que Berthe eut beu, prieur de cheoir mort, non sans baiser son fils et resguarder sa mye d'un œil qui ne varia plus mesme après son darrenier sospir. Ceste veue la glassa comme marbre et l'espouvanta tant, que elle demoura roide devant ce mort estendu au rez de ses pieds, serrant la main à son enfant qui plouroyt, tandis que elle avoyt au contraire un œil secq comme la mer Rouge alors que les Hébrieulx la passèrent conduicts par le baron Moyse, veu que elle cuydoyt y avoir sables aguz roulans soubz les paupières. Priez pour elle, ames charitables, pour ce que aulcune femme ne feut autant gehennée en devinant que son amy luy saulvoyt la vie à ses despens. Aidé par son fils, elle boutta elle-mesme le moyne en plain lict, et se dressa en pieds auprès priant avecques son fils auquel elle dit lors que cettuy prieur estoyt son vray père. En cet estat, attendit la male heure, et la male heure ne luy faillit point, veu que, vers la unziesme heure, Bastarnay vint et luy feut dict à la herse que le moyne estoyt mort et point Madame ne l'enfant, et vit son beau genest crevé. Lors, esmeu par ung furieux dezir d'occir Berthe et le fils au moyne, il franchit les degrez d'ung sault; ains, à la veue de cettuy mort pour qui sa femme et le fils recitoyent des litanies sans les interrompre, n'ayant point d'aureilles pour ses véhémentes quérimonies, n'ayant point d'yeulx pour veoir ses tourdions et menasses, il n'eut plus le couraige de perpetrer ce noir forfaict. Après son prime feu gecté, ne sceut que résouldre et alloyt par la salle comme un homme couard et prins en faulte, féru par ces prières tousiours dictes sur cettuy moyne. La nuict feut consumée en pleurs, gémissemens et oraisons. Par un exprès commandement de Madame, la meschine avoyt esté luy achepter à Losches ung vestement de damoiselle noble, et pour son paouvre petit ung cheval et des armes d'escuyer; ce que voyant, le sieur de Bastarnay feut trez-estonné; lors il envoya querrir Madame et le fils au moyne, ains ne l'enfant ne la mère ne donnèrent de response, e pouillèrent les vestemens acheptez par la meschine. Par ordre de Berthe, ceste meschine faisoyt le compte de la maison de Madame, disposoyt ses habits, peries, ioyaulx, diamans, comme se disposent ces chouses pour le renoncement d'une veufve à ses droicts. Berthe ordonna mesme de placer sur le tout son aumosnière, à ceste fin que la quérimonie feust parfaicte. Le bruict de ces préparatifves courut par la maison, ung chascun vit lors que Madame alloyt la lairrer, ce qui engendra la marrisson dans tous les cueurs, voire mesme en l'ame d'ung petit marmiteux venu ceste sepmaine, lequel plouroyt pour ce que Madame luy avoyt jà dict ung mot gracieux. Espouvanté de ces appresls, le vieulx Bastarnay vint en la chambre de Madame, et la trouva plourant auprès du corps de Iehan, car les larmes estoyent advenues, ains elle les seichia, voyant son sieur espoux. A ses interroguations sans nombre, elle respondit briefvement par l'adveu de sa coulpe, disant comment elle avoyt esté truphée, comment le paouvre paige avoyt esté navré, monstrant sur le mort la blessure du poignard, combien avoyt esté longue sa guarrison; puis comment, par obéissance pour elle et par pénitence envers les hommes et Dieu, avoyt esté soy mettre en religion en abandonnant sa belle vie de chevalier, lairrant finer son nom, ce qui certes estoyt pire que mort; comment elle, en vengeant son honneur, avoyt songié que Dieu mesme n'auroyt reffuzé un iour par an à ce moyne pour veoir le fils auquel il sacrifioyt tout; comment ne voulant vivre avecques ung meurdrier elle quittoyt sa maison en y lairrant ses biens; puis, que, si l'honneur des Bastarnay se trouvoyt maculé, ce estoyt luy, non elle, qui faisoyt la honte, pour ce que en cettuy meschief elle avoyt accommodé les chouses au mieulx; finablement, adiouxta le vœu d'aller par monts et vaulx, elle et son fils, iusques à ce que tout feust expié, veu que elle sçavoyt comment expier le tout.

Ayant dict noblement et d'ung visaige pasle ces belles paroles, elle print son enfant par la main et issit en grant dueuil, plus magnificquement belle que ne feut la damoiselle Agar à sa despartie de chez le patriarche Abraham, et si fière que tous les gens de la maison se genoillèrent à son passaige en l'implourant à mains ioinctes comme Nostre-Dame-de-la-Riche. Ce feut pitoyable de veoir aller quinauld à sa suite le sieur de Bastarnay plourant, recognoissant sa coulpe et dezespéré comme un homme conduict en l'eschaffaud pour y estre deffaict.

Berthe ne voulut entendre à rien. La désolation estoyt si grant que elle trouva la herse baissée et hasta le pas pour issir du chastel, en redoutant que elle ne feust soudain levée; ains nul n'avoyt ne raison ne cueur. Berthe s'assit à la margelle des douves en veue de tout le chastel qui la prioyt avecques larmes y demourer. Le paouvre sire estoyt debout, la main sur la chaisne de sa herse, muet comme ung des saincts de pierre engravez au-dessus du porche; il vit Berthe commander à son fils de secouer la pouldre de sa chaussure sur la voye du pont, à ceste fin de ne rien avoir aux Bastarnay, et elle fit pareillement. Puis monstra du doigt à son fils le sire par ung geste grave, et luy tint ce languaige :

— Enfant, vécy le meurdrier de ton père, lequel estoyt, comme tu sçays, le paouvre prieur; ains tu has prins le nom de cet homme; ores doncques tu verras à le luy rendre, de mesme que tu lairres cy la pouldre prinses avecques tes soliers en son chastel. Pour ce qui est de ta nourriture en sa maison, nous solderons aussy le compte, Dieu aidant.

Oyant ceste quérimonie, le vieulx Bastarnay eust lairré tout ung moustier de moynes à sa femme pour ne point estre abandonné par elle et par un escuyer capable d'estre le laus de sa maison, et demoura la teste penchiée aux chaisnes.

— Démon ! fit Berthe sans sçavoir quelle estoyt sa part en cecy, es-tu content? Adviene lors en ceste ruyne l'assistance de Dieu, des saincts et archanges, que i'ay tant priez !

Berthe eut soudain le cueur empli de sainctes consolations, veu que la bannière du grant moustier torna la rote d'ung champ et apparut accompaignée des chants de l'Ecclize qui esclatèrent comme voix célestes. Les moynes informez du meurtre perpetré sur leur bien-aymé prieur venoyent chercher son corps processionnellement, assistez de la iustice ecclésiasticque. Voyant ce, le sire de Bastarnay eut à grant poine le temps d'issir par la poterne avecques son monde et se despartit vers monseigneur Loys, lairrant tout à tracq.

La paouvre Berthe, en croupe derrière son fils, vint à Montbazon faire ses adieux à son père, luy disant que elle mourroyt de ce coup, et feut resconfortée par ceulx de sa gent qui se bendèrent à luy remettre le cueur en estat, ains sans le pouvoir. Le vieulx sire de Rouhan guerdonna son petit-fils d'une belle armeure, luy disant de si bien conquester gloire et honneur par ses haults faicts, que il tornast ceste coulpe maternelle en laus éterne. Ains madame de Bastarnay n'avoyt boutté dedans l'esperit de son chier fils aultre penser que celuy de réparer le dommaige, à ceste fin de la saulver elle et Iehan de la damnation éterne. Tous deux allèrent doncques ez lieux où se faisoyt la rébellion, en dezir de rendre tel service à mon dict sieur de Bastarnay que il receust d'eux plus que la vie. Ores le feu de la sédition estoyt, comme ung chascun sçayt, aux environs d'Engoulesme et de Bourdeaux en Guyenne, et aultres endroicts du royaulme où debvoyent avoir lieu grosses batailles et rencontres entre les seditieux et les armées royales. La principale qui fina la guerre feut livrée entre Ruffecq et Engoulesme, où feurent pendus et iusticiez les gens prins. Ceste bataille, commandée par le vieulx Bastarnay, se bailla environ le moys de novembre, sept moys après le meurtre de dom Iehan. Ores, le baron se sçavoyt recommandé au prosne pour avoir la teste trenchée comme prime conseiller de monseigneur Loys. Doncques, alors que les siens feurent aval de rote, le bonhomme se vit serré entre six hommes d'armes déterminez à le saisir. Lors il comprint que on le vouloyt vifvant pour procéder à l'encontre de sa maison, ruyner son nom et confisquer ses biens. Le paouvre sire ayma mieulx perir pour saulver sa gent et guarder les domaines à son fils; il se deffendit comme ung vray lion que il estoyt. Maulgré leur numbre, ces dicts souldards, voyant tombez trois des leurs, feurent contraincts d'assaillir Bastarnay au risque de l'occir, et se gectèrent ensemblement sur luy, après avoir mis ses deulx escuyers et ung paige à bas. En ceste extresme dangier, un escuyer aux armes de Rouhan fundit sur les assaillants comme ung fouldre, en tua deulx, criant : Dieu saulve les Bastarnay ! Le troisiesme homme d'armes, qui ià tenoyt le vieulx Bastarnay, feut si bien féru par cettuy escuyer, que force luy feut de le laschier et se retourna contre l'escuyer auquel il donna de son poignard au deffault du gorgerin. Bastarnay estoyt trop bon compaignon pour s'enfuir sans bailler secours au libérateur de sa maison, que vit navré en se retournant. Lors il deffit d'un coup de masse l'homme d'armes, print l'escuyer en travers sur son cheval et gaigna les champs, conduict par ung guide qui le mena dedans le castel de la Roche-Foucauld où il entra nuictamment, et trouva Berthe de Rouhan dans la grant salle, qui luy avoyt moyenné ce retraict. Ains en deshouzant son saulveur, recogneut le fils de Iehan, lequel expira iuz la table en baisant sa mère par ung darrenier effort et luy dit à haulte voix : — Ma mère, nous sommes quittes envers luy ! Oyant ceste parole, la mère accolla le corps de son enfant d'amour et s'y conioingnit pour un ia mays, veu que elle trespassa de douleur, sans avoir cure ne soulcy du pardon et repentance de Bastarnay.

Ce meschief estrange advança tant le darrenier iour du paouvre sire, que il ne vit point l'advénement du bon sire Loys le unziesme.

Il funda une messe quotidienne à l'ecclise de la Roche-Fouca
en laquelle il plaça dedans la mesme tumbe le fils et la mère av
ques un grant tumbeau escript en latin, où leur vie est mo
honorée.

Les moralitez que ung chascun peut sugcer de ceste histoire sont
moult prouffictables pour le train de la vie, veu que cecy démonstre
combien les gentilshommes doibvent estre cortoys avecques les
bien-aymez de leurs femmes. D'abondant, cecy nous enseigne que
tous enfants sont des biens envoyez par Dieu mesme et sur lesquels
les pères, faulx ou vrays, ne sçauroyent avoir droict de meurtre,
comme iadis à Rome par une loy payenne et abominable, laquelle
ne sied point à la chrestienté où nous sommes tous fils de Dieu.

COMMENT

LA BELLE FILLE DE PORTILLON

QUINAULDA SON IUGE

La Portillonne, laquelle devint, comme ung chascun sçayt, la Tascherette, estoyt buandière paravant d'estre taincturière audict lieu de Portillon, d'où son nom. Si aulcuns ne cognoissent Tours, besoing est de dire que Portillon est en aval de la Loyre du costé de Sainct-Cyr, loing du pont qui mène à la cathédrale de Tours, autant que ce dict pont est loing de Maimoustier, veu que le pont est au mitant de la levée entre le dict lieu de Portillon et Maimoustier. Y estes-vous? Oui. Bon ! Adoncques, la fille avoyt là sa buanderie, d'où elle desvalloyt en ung rien de tems pour laver en Loyre, et passoyt sur une toue pour aller à Sainct-Martin, qui se trouvoyt de l'aultre costé de l'eaue où elle rendoyt la plus grant part de ses buées en Chasteauneuf et aultres lieux.

Environ la Sainct-Jean, sept années avant de marier le bonhomme Taschereau, elle eut l'aage d'estre aymée. Comme elle estoyt rieuse, elle se lairra aymer sans eslire aulcun des gars qui la poursuivoyent d'amour. Encores qu'elle eust à son bancq soubz sa croizée le fils à Rabelays, qui avoyt sept bateaulx naviguant en Loyre, l'aisné des Iehan, Marchandeau le cousturier et Peccard le dorelotier, elle en faisoyt mille mocqueries, pour ce que elle vouloyt estre menée à l'ecclise paravant de s'enchargier d'un homme, ce qui prouve que ce feut une garse honneste tant que sa vertu ne feut point embouzée. Elle estoyt de ces filles qui se guardent moult d'estre contaminées, ains qui, prinses par adventure, lairrent aller tout à tracq, en ce pensier que, pour une tache ou pour mille, il est tousiours nécessaire de se fourbir. Besoing es d'uzer d'indulgence à l'encontre de ces charactères.

Un ieune seigneur de la court la vit un iour que elle passoyt l'eaue sur le coup de midy par ung soleil trez-ardent qui faisoyt reluire ses amples beaultes, et la voyant demanda quelle estoyt.

Ung vieulx homme qui laboroyt en la grève luy nomma la belle fille de Portillon, buandière cogneue pour ses bons rires et sa saigesse. Ce ieune seigneur, pourveu de fraizes à empoiser, avoyt force toiles et drapeaux trez-précieux; il se résolut à donner la praticque de sa maison à la belle fille de Portillon, que il arresta au passaige. Il feut mercié par elle et grantement, veu que il estoyt le sire du Fou, chamberlan du roy. Ceste rencontre fit la belle fille tant heureuse, que elle eut le becq plein de ce nom. Elle en parla moult à ceulx de Sainct-Martin, et au ratourner en sa buanderie en dit ung septier de paroles; puis l'endemain en desbagoula tout autant en lavant à l'eaue; par ainsy il feut plus parlé de mon seigneur du Fou en Portillon que de Dieu au prosne, ce qui estoyt trop.

— Si elle bat ainsy à froid, que fera-t-elle à chauld, dit ung restant de vieille laveuse; elle en veult, il luy en cuyra du Fou!

Pour la prime foys que ceste folle à langue pleine de mon sieur du Fou eut à livrer les linges en l'hostel, le chamberlan la voulut veoir et luy chanta laudes et complies sur ses goldronneries et fina par luy dire que elle n'estoyt point sotte d'estre belle, et pour ce, la payeroyt lance sur fautre. Le faict suivit la parole, veu que en ung moment où ses gens les lairrèrent, il amignotta la belle fille, qui cuydoyt luy veoir tirer beaulx deniers de sa bougette et n'ozoyt resguarder à la bougette, en fille honteuse de recepvoir salaire, disant : — Ce sera pour la prime foys.

— Ce sera tost, fit-il.

Aulcuns disent que il eut mille poines à la forcer et la força petitement; aulcuns la tinrent pour mal forcée, pour ce que elle issit comme une armée aval de route, se respandit en plainctes et quérimonies et vint chez le iuge. Par adventure, mon dict iuge estoyt ez champs. La Portillone attendit son retourner en la salle, plourant, disant à la servante que elle avoyt esté volée, pour ce que monseigneur du Fou ne luy avoyt rien baillé aultre que sa meschancetié, tandis que ung chanoine du Chapitre souloyt luy donner grosses sommes de ce que luy avoyt robbé monseigneur du Fou; si elle aymoyt un homme, elle existimeroyt saige de luy bailler ceste ioye pour ce que elle y prendroyt plaizir; ains le chamberlan l'avoyt hodée, hoguinée, et non mignottée gentement comme elle cuydoyt l'estre, partant il luy debvoyt les mille escuz du chanoine. Le juge rentre, voit la belle fille et veult noizer, ains elle se met en guarde et dict que elle est venue pour faire une plaincte. Le iuge luy respond que, pour le seur, il y aura ung pendu de sa fasson, si elle le soubhaite, pour ce que il est en raige de faire les cent ung coups pour elle. La belle fille luy dict que elle ne veult point que son homme meure, ains que il luy paye mille escuz d'or, pour ce que elle est contre son gré forcée.

— Ha! ha! fit le iuge, ceste fleur vault davantaige.

— A mille escuz, fit-elle, ie le quitte, pour ce que ie vivray sans faire mes buées.

— Cil qui ha prins ceste ioye est-il fourni de deniers? demanda le iuge.

— Oh! bien.

— Doncques il payera chier. Qui est-ce?

— Monseigneur du Fou.

— Voilà qui change la cause, dit le iuge.

— Et la iustice? fit-elle.

— I'ay dict la cause et non la iustice, respartit le iuge. Besoing est de bien sçavoir comment eut lieu le caz.

Lors la belle fille raconta naïvement comment elle rangioyt les fraizes dedans le bahut de Monseigneur, alors que il avoyt ioué avecques sa iuppe à elle et que elle se estoyt retournée disant : — Finez, monseigneur!

— Tout est dict, fit le iuge, veu que par ceste parole il ha cuydé que tu luy bailloys congé de finer vifvement. Ha! ha!

La belle fille dit que elle se estoyt deffendue en plourant et criant, ce qui faisoyt le viol.

— Chiabrenas de pucelle pour inciter! fit le iuge.

En fin de tout, la Portillonne dit que maulgré son vouloir elle se estoyt sentue prinse par la ceincteure et acculée au lict, après que elle avoyt moult saulté, moult crié, ains que, ne voyant nul secours advenir, elle avoyt perdu couraige.

— Bon! bon! fit le iuge, avez-vous eu plaizir?

— Non, fit-elle. Mon dommaige ne sçauroyt se payer que par mille escuz d'or.

— Ma mye, fit le iuge, ie ne reçois point vostre plaincte, veu que ie cuyde nulle fille ne estre violée que de grant cueur.

— Ha! ha! monsieur, fit-elle en plourant, interroguez vostre servante, et oyez ce que elle vous en dira.

La servante affera que il y avoyt des viols plaizants et des viols trez-maulvais, que, si la Portillonne n'avoyt perceu ni deniers ni plaizir, il luy estoyt deu plaizir ou deniers. Ce saige advis gecta le iuge en trez-grant perplexité.

— Iacqueline! fit-il, paravant que ie soupe, ie veux grabeler cecy. Ores çà, va querrir mon ferret avecques ung fil rouge à lier des sacqs à procez.

Iacqueline vint avecques ung ferret troué d'un ioly chaz en toute perfection et ung gros fil rouge comme en usent gens de iustice. Puis la servante demoura en pieds à veoir iuger la requeste, trez-esmeue ainsy que la belle fille de ces préparatoires mystigoricques.

— Ma mye, fit le iuge, ie vais tenir le passe-filet, dont le chaz est grant assez pour y enfiler sans poine ce bout. Si vous l'y bouttez, ie me charge de vostre cause et feray cracher Monseigneur au bassinet par ung compromis.

— Que est de cecy? fit-elle. Ie ne veulx point le promettre.

— Ce est ung mot de iustice pour signifier un accord.

— Ung compromis est doncques les accordailles de la iustice, dit la Portillonne.

— Ma mye, le viol vous ha aussi ouvert l'esperit. Y estes-vous?

— Oui, fit-elle.

Le malicieux iuge fit beau ieu à la violée en luy tendant bellement le trou ; ains, quand elle voulut y boutter le fil que elle avoyt tordu pour le faire droict, le iuge bougea ung petit et la fille en feut pour son prime coup. Elle soubpçonna l'argument que luy poulsoyt le iuge, mouilla le fil, le tendit et revint. Bon iuge de bougier, vétiller et fretinfretailler comme pucelle qui n'oze. Adoncques le damné fil n'entroyt point. Belle fille de s'appliquer au trou, et bon iuge de barguigner. La nopce du fil ne se parfaisoyt point, le chaz demouroyt vierge, et la servante de rire, disant à la Portillonne que elle sçavoyt mieulx estre violée que violer. Puis bon iuge de rire et belle Portillonne de plourer ses escuz d'or.

— Si vous ne restez point en place, luy dit la belle fille perdant patience, et que vous bougiez tousiours, ie ne sçauroys enfiler ce destroict.

— Doncques, ma fille, si tu avoys faict ainsy, Monseigneur ne te auroyt point deffaicte. Encores considère combien est facile ceste entrée et combien doibt estre cloze une pucelle!

La belle fille, qui se iactoyt d'estre forcée, demoura songeuse et chercha à faire le iuge quinauld en luy remoustrant comment elle avoyt esté contraincte à céder, veu que il s'en alloyt de l'honneur de toutes les paouvres filles idoynes à estre violées.

— Monseigneur, pour que la chouse soit iuste, besoing est que ce ie fasse comme ha faict Monseigneur. Si ie n'avoys eu qu'à bougier, ie bougeroys encores, ains il ha faict aultres quérémonies.

— Oyons, respondit le iuge.

Vécy doncques la Portillonne qui arresse le fil et le froste en la :ire de la chandelle à ceste fin que il demoure ferme et droict. Puis, le fil arressé, picque sur le chaz que lui tendoyt le iuge en vetillant tousiours à dextre, à senestre. Ores la belle fille luy disoyt mille gaudisseries comme : Ha le ioly chaz ! Quel mignon but de fischerie ! Oncques n'ay veu tel biiou ? Quel bel entre-deux ! Lairrez-moi boutter ce fil persuasif! Ha ! ha ! ha ! vous allez blesser mon paouvre fil, mon mignon fil; tenez-vous coi ! Allons, mon amour de iuge, iuge de mon amour ! Hein ! le fil ne ira-t-il pas bien dedans ceste porte de fer qui usera bien du fil, veu que le fil en sort bien desbiffé? Et de rire, veu que elle en sçavoyt ià plus long à ce ieu que le iuge, qui rioyt, tant elle estoyt fallote, cingesse et mignarde à tendre et retirer le fil. Elle tint mon dict sieur iuge le caz au poing iusques à sept heures, tousiours vétillant, frestillant comme marmotte deschaisnée; ains, veu que, si la Portillonne se bendoyt tousiours à faire entrer le fil, il n'en pouvoyt mais, d'aultant que son rost brusloyt, et eut le poing tant fatigué, que il feut contrainct soy reposer ung petit au bord de la table, lors bien dextrement la belle fille de Portillon fourra le fil, disant:

— Vécy comme ha eu lieu la chouse.

— Ains, mon rost brusloyt, fit-il.

— Et aussy le mien, fit-elle.

Le iuge devenu quinauld dit à la Portillonne que il verroyt à parler à monseigneur du Fou, et se chargioyt du pourchaz, ve² que il constoyt que le ieune seigneur l'avoyt forcée contre son gré, ains que, pour raisons valables, il attermoyeroyt les chouses à l'umbre. L'endemain le iuge alla en court et vit monseigneur du Fou, auquel il déduisit la plaincte de la belle fille, et comment elle luy avoyt raconté le caz. Ceste plaincte de iustice plut moult au Roy. Le ieune du Fou ayant dict que il y avoyt du vray, le Roy luy demanda s'il l'avoyt trouvée de difficile accez, et, comme le sieur du Fou respondit naïvement que non, le Roy respartit que ceste pertuysade valoyt bien cent escuz d'or, et le chamberlan les bailla au iuge pour n'estre point taxé de ladrerie, ains dit que 'empoys seroyt de bonne rente à la Portillonne. Le iuge ratourna dans Portillon, et dit en soubriant à la belle fille que il avoyt soubzlevé cent escuz d'or pour elle. Ains, si elle soubhaitoyt le demourant des mille escuz, il y avoyt en cettuy moment dedans la chambre du Roy aulcuns seigneurs qui, saichant le caz, s'offroyent à les luy parfaire à son gré. La belle fille ne se reffusa point à cecy, disant que, pour ne plus faire ses buanderies, elle buanderoyt voulentiers son caz ung petit. Elle recogneut largement la poine du bon iuge, puis gaigna ses mille escuz d'or en ung moys. De là vindrent les menteries et bourdes sur son compte, veu que, pour ce dixain de seigneurs, les ialouses en mirent cent, tandis que, au rebours des garses, la Portillonne devint saige dès que elle ut ses mille escuz d'or. Voire ung duc qui n'auroyt point compté cinq cents escuz auroyt trouvé la fille rebelle à son dezir, ce qui proave que elle estoyt chiche de son estoffe. Il est vray que le Roy la fit venir en son retraict de la reue Quinquangrogne, au mail du Chardonneret, la trouva trez-belle, moult noizeuse, s'en gaudit, et deffendit que elle feust inquiétée en aulcune manière par les sergeans. La voyant si belle, Nicolle Beaupertuys, la mye du Roy, luy bailla cent escuz d'or pour aller à Orléans vérifier si la couleur de la Loyre estoyt la mesme que soubz Portillon. La belle fille y alla d'autant plus voulentiers que elle ne se soulcioyt mie du Roy. Quand vint le sainct bonhomme qui confessa le Roy en ses iours extresmes et feut canonizé depuis, la belle fille alla fourbir sa conscience à luy, fit pénitence et funda ung lict en la lepproserie de Sainct-Lazare-lez-Tours. Numbre de dames que vous cognoissez ont esté violées de bon gré par plus de dix seigneurs, sans funder aultres licts que ceux de leurs maisons. Besoing est de relater ce faict pour laver l'honneur de ceste bonne fille qui lavoyt les ordeures d'aultruy, et qui depuis eut tant de renom pour sa gentillesse et son esperit: elle bailla la preuve de ses mérites en mariant Taschereau, que elle fit trez-bien cocqu à leur grant cueur à tous deux, comme ha esté dict cy-dessus au conte de l'*Apostrophe*.

Cecy nous démonstre en toute évidence que avecques force et patience on peut aussy violer la iustice.

CY EST DÉMONSTRÉ

QUE

LA FORTUNE EST TOUSIOURS FEMELLE

Au tems où les chevaliers se prestoyent courtoisement secour et assistance en querrant fortune, il advint que dedans la Sicile, laquelle est, si vous ne le sçavez, une isle située en ung coin de la mer Méditerrane et célèbre iadis, ung chevalier fit en ung bois rencontre d'un aultre chevalier qui avoyt mine d'estre Françoys. Vérisimilement ce Françoys estoyt par adventure desnué de tout poinct, pour ce que il alloyt à pied, sans escuyer ne suite, et avoyt ung si paouvre accoustrement que, sans son aër de prince, il eust esté prins pour ung vilain. Possible estoyt que le cheval feust crevé de faim ou fatigue au débarquer d'oultre-mer, d'où advenoyt le sire, sur la foy des bonnes rencontres que faisoyent les gens de France en la dicte Sicile, ce qui estoyt vray d'une et d'aultre part. Le chevalier de Sicile, qui avoyt nom Pezare, estoyt ung Venicien forissu de la républicque de Venice depuis ung long tems, lequel se souleyot mie d'y ratourner, veu que il avoyt prins pied en la court du roy de Sicile. Ores, estant desnué de biens en Venice pour ce que il estoyt cadet, ne concepvoyt point le négoce, et finablement avoyt esté pour ceste raison abandonné de sa famille, laquelle estoyt néanmoins trez-illustre, il demouroyt en ceste court où il agréoyt moult au Roy. Ce dict Venicien se pourmenoyt sur ung beau genest d'Hespaigne, et songioyt à part luy combien il estoyt seul dedans ceste court estrange, sans amys seurs, et combien en cettuy caz la fortune s'arrudoyt à gens sans aide et devenoyt traistesse, alors que il vit ce paouvre chevalier françoys, lequel paroissoyt encores plus desnué que luy qui avoyt belles armes, beau cheval et des serviteurs en une hostellerie où ils préparoyent un ample souper.

— Besoing est que vous veniez de loing pour avoir tant de pouldre ez pieds, fit le seigneur de Venice.

— Mes pieds n'ont pas celle de tout le chemin, fit le Françoys.

— Si vous avez tant voyagé, respartit le Venicien, vous debvez estre docte.

— I'ay apprins, respondit le Françoys, à ne prendre aulcun soulcy de ceulx qui ne s'inquiètent point de moy. I'ay apprins que, tant hault allast la teste d'un homme, il avoyt tousiours les pieds au niveau des miens ; d'abundant, i'ay encores apprins à ne point avoir fiance au tems chauld en hyver, au sommeil de mes ennemis et aux paroles de mes amys.

— Vous estes doncques plus riche que ie ne suis, fit le Venicien trez-estonné, veu que vous me dictes des sentences auxquelles ie ne pensoys point.

— Besoing est de penser chascun à son compte, dit le Françoys, et pour ce que vous m'avez interrogué, ie puis requérir de vous le bon office de m'indiquer la rote de Palerme ou quelque hostellerie, car vécy la nuict.

— Cognoissez-vous doncques aulcun Françoys ou seigneur sicilien à Palerme ?

— Non.

— Par ainsy vous n'estes point acertené d'y estre receu.

— Ie suis disposé à pardoiner à ceulx qui me regecteront. Seigneur, le chemin ?

— Ie suis esguaré comme vous, fit le Venicien, cherchons de compaignie.

— Pour ce faire, besoing est que nous allions ensemblement ; ains vous estes à cheval, et moy suis à pied.

Le Venicien print le chevalier françoys en croupe et luy dit :

— Devinez-vous avecques qui vous estes ?

— Avecques un homme apparemment.

— Pensez-vous estre en seureté ?

— Si vous estiez larron, il fauldroyt avoir paour pour vous, fit le Françoys en bouttant la cocquille d'ung poignard au cueur du Venicien.

— Ores bien, seigneur françoys, vous me semblez un homme de haut sçavoir et grant sens : saichez que ie suis ung seigneur establi en la court de Sicile, ains seul, et que ie cherche un amy. Vous me semblez estre en mesme occurrence, pour ce que, à veoir les apparences, vous n'estes pas cousin de vostre sort et paroissez avoir besoing de tout le monde.

— Seroys-je plus heureux, si tout le monde avoyt affaire à moy ?

— Vous estes ung diable qui me faictes quinauld à chascun de mes mots. Par sainct Marc! seigneur chevalier, peut-on se fier à vous ?

— Plus que en vous-mesme qui commencez nostre fédérale amitié par me trupher, veu que vous conduisez vostre cheval en homme qui sçayt son chemin, et vous disiez esguaré.

— Et ne me truphez-vous point, dit le Venicien, en faisant aller à pied ung saige de vostre ieunesse, et donnant à ung noble chevalier l'alleure d'ung vilain ? Vécy l'hostellerie, mes serviteurs ont faict nostre souper.

Le Françoys saulta de dessus le cheval, et vint en l'hostellerie avecques le chevalier venicien, en agréant son souper. Adoncques tous deux s'attablèrent. Le Françoys s'escrima si desliberément des maschoires, tordit les morceaulx avecques tant de hastiveté, qu'il monstra bien estre également docte en soupers, et le remonstra en vuydant les pots trez-dextrement sans que son œil feust moins clair, ni son entendoire desvallé. Aussy comptez que le Venicien se dit avoir faict rencontre d'ung fier enfant d'Adam, issu de la bonne coste et non de la faulse. En copinant, le chevalier venicien se bendoyt à trouver aulcun ioinct pour sonder les secretz aposteumes des cogitations de son nouvel amy. Lors il recogneut que il luy fairoyt quitter sa chemise plus tost que sa prudence, et iugea opportun d'acquester son estime en luy ouvrant son pourpoinct. Adoncques il luy dit en quel estat estoyt la Sicile où regnoyt le prince Leufroid et sa gente femme; combien guallante estoyt leur court, quelle courtoizie y flourissoyt, que il y abundoyt d'Hespaigne, de France, d'Italie et aultres pays, des seigneurs à hault penaige, moult appanaigez, force princesses autant riches que nobles et autant belles que riches; que ce prince aspiroyt aux plus haultes vizées, comme de conquester la Morée, Constantinopolis, Ierusalem, terres du Soudan et aultres lieux affricquains; aulcuns hommes de haulte compréhension tenoyent la main à ses affaires, convocquoyent le ban et arrière-ban des fleurs de la chevalerie chrestienne et soubztenoyent ceste splendeur avecques intention de faire dominer sur la Mediterranée ceste Sicile tant opulente aux tems anticques et ruyner Venice, laquelle n'avoyt pas ung poulce de terre. Ces desseins avoyent esté bouttez en l'esperit du Roy par luy Pezare, ainsi encores que il feust bien en la faveur du prince, il se sentoyt faible, n'avoyt aulcun aide parmi les courtizans, et soubhaitoyt faire un amy. En ceste extresme poine, il estoyt venu se résouldre à ung sort quelconque en se pourmenant. Doncques pour ce que, en cettuy pensier, il avoyt fait rencontre d'un homme de sens comme le chevalier luy avoyt prouvé estre, il luy prouposoyt de s'unir en frères, luy ouvroyt sa bourse, luy bailloyt son palais pour séiour; ils iroyent tous deux de compaignie aux honneurs à travers les plaizirs sans se réserver aulcun pensier, et s'entraideroyent en toute occurrence comme frères d'armes en la croissade ; ores, veu que luy Françoys queroyt fortune et requeroyt assistance, luy Venicien cuydoyt ne point estre rebutté en ceste offre de mutuel resconfort.

— Encores que ie n'aye nul besoing d'aulcun aide, fit le Françoys, pour ce que ie me fie en ung poinct qui me baillera tout ce que ie soubhaite, ie veulx recognoistre vostre courtoizie, chier chevalier Pezare. Vous verrez que vous serez tost l'obligé du chevalier Gauttier de Montsoreau, gentilhomme du doulx pays de Tourayne.

— Possédez-vous aulcune relique en laquelle réside vostre heur? fit le Venicien.

— Ung talisman baillé par ma bonne mère, fit le Tourangeaud, avecques lequel se bastissent et se desmolissent aussy les chasteaulx et citez, ung martel à battre monnoyes, ung remède à guarrir tous maulx, ung baston de voyage qui se met en gaige et vault moult au prest, ung maistre outil qui opère de merveilleuses cizeleures en toutes forges sans y faire aulcun bruict.

— Hé! par sainct Marc! vous avez ung mystère en vostre haubert.

— Non, fit le chevalier françoys, ce est une chouse trez-naturelle, et que vécy.

Soudain, en se levant de table pour soy mettre au lict, Gauttier monstra le plus bel outil à faire la ioye que le Venicien eust oncques veu.

— Cecy, dict le Françoys alors que tous deux se couchièrent dedans le lict suyvant les coustumes de cettuy tems, aplanit tous obstacles, en se rendant maistre des cueurs feminins, et, veu que les dames sont roynes en ceste court, vostre amy Gauttier y regnera tost.

Le Venicien demoura dans ung maieur estomirement à la veue des beaultez absconses dudict Gauttier, qui de faict avoyt esté merveilleusement bien establi par sa mère et peut-estre aussy par son père, et debvoyt par ainsi triumpher de tout, veu que se ioignoyt à ceste perfection de corporence un esperit de ieune paige et une saigesse de vieulx diable. Adoncques ils se iurèrent ung parfaict compaignonnage, y comptant pour rien un cueur de femme, se iurant d'estre ung seul et mesme pensier, comme si leurs testes feussent chaussées d'ung mesme mortier, et dormirent dessus le mesme aureiller trez-enchantez de ceste fraternité. Ce estoyt ainsi que se passoyent les chouses en cettuy tems.

L'endemain, le Venicien bailla ung beau genest à son amy Gauttier, item une aumosnière pleine de bezans, fines chausses de soye, pourpoinct de veloux parfilé d'or, mantel brodé, lesquels vestements rehaulsèrent sa bonne mine et mirent ses beaultez tant en lumière, que le Venicien iugea que il emboizeroyt toutes les dames. Ses serviteurs receurent l'ordre d'obéir à ce Gauttier comme à luy-mesme, si bien que ces dicts serviteurs cuydèrent leur maistre avoir esté à la pesche et avoir prins ce Françoys. Puis les deux amis firent leur entrée au dict Palerme à l'heure où le prince et la princesse se pourmenoyent. Pezare présenta glorieusement son amy le Françoys en vantant ses mérites, et luy moyenna si gracieux accueil, que Leufroid le retint à souper. Le chevalier françoys observa la court d'un preude œil, et y descouvrit ung nombre infini de curieuses menées. Si le Roy estoyt ung vaillant et beau prince, la princesse estoyt une Hespaignole de haulte température, la plus belle et la plus digne de sa court, ains ung petit mélancholisiée. A ceste veue, le Tourangeaud existima que elle estoyt petitement servie par le Roy, pour ce que la loy de Tourayne est que la ioye du visaige vient de la ioye de l'aultre. Pezare indicqua trez-esraument à son amy Gauttier plusieurs dames auxquelles Leufroid se prestoyt complaisamment, lesquelles se ialouzoyent fort et faisoyent assault à qui l'auroyt, en ung tournoy de guallanteries et merveilleuses inventions femelles. De tout cecy feut conclud par Gauttier que le prince paillardoyt moult en sa court, encores que il eust la plus belle femme du monde, et s'occupoyt à douaner toutes les dames de Sicile à ceste fin de placer son cheval en leurs escuyries, luy varier son fourraige, et cognoistre les fassons de chevaulchier de tout pays. Voyant quel train menoyt Leufroid, le sire de Montsoreau, seur que nul en ceste court n'avoyt eu le cueur d'esclairer ceste royne, se deslibéra planter de prime volte sa hampe dedans le champ de la belle Hespaignole par ung maistre coup. Vécy comme. Au souper, pour faire la cortoisie au chevalier estrange, le Roy eut cure de le placer auprès de la Royne à laquelle preux Gauttier bailla le poing pour aller en la salle, et la prena trez-esraument pour prendre du champ sur ceulx qui suivoyent, à ceste fin de luy dire en prime abord ung mot des matières qui plaisent tousiours aux dames, en quelque condition que elles soyent. Imaginez quel feut ce proupos et combien il alloyt roide à travers les choux dedans le buisson ardent de l'amour.

— Ie sçays, madame la Royne, la raison pour laquelle blesmit vostre tainct.

— Quelle? fit-elle.

— Vous estes si belle à chevaulchier que le Roy vous chevaulche nuict et iour, par ainsy vous abusez de vos advantaiges, car il mourra d'amour.

— Que doibs-je faire pour le maintenir en vie? fit la royne.

— Luy deffendre l'adoration de vostre autel au delà de trois *oremus* par iour.

— Vous voulez rire selon la méthode françoyse, sire chevalier, veu que le Roy me ha dict que le plus de ces oraisons estoyt ung simple *pater* par sepmaine soubz poine de mort.

— Vous estes truphée, fit Gauttier en se séant à table, ie puis vous démonstrer que l'amour doibt dire la messe, les vespres et complies, puis un *ave* de tems à aultre pour les roynes comme pour les simples femmes, et faire cet office par ung chascun iour comme religieux en leurs moustiers, avecques ferveur; ains pour vous, ces belles litanies ne sçauroyent finer.

La Royne gecta sur le beau chevalier françoys ung coup d'œil non irrité, luy soubrit et boscha la teste.

— En cecy, fit-elle, les hommes sont de grants menteurs.

— Ie porte une grant vérité que ie vous monstreray à vos soubhaits, respondit le chevalier. Ie me iacte de vous bailler chère de royne, et vous mettre à plein foin dedans la ioye, par ainsy vous réparerez le tems perdu, d'autant que le Roy se est ruyné pour d'aultres dames, tandis que ie reserveray mes advantaiges pour vostre service.

— Et si le Roy sçayt nostre accord, il vous mettra la teste rez de vos pieds.

— Encores que ceste male heure m'advinst après une prim

nuictée, ie cuyderoys avoir vescu cent années pour la ioye que ie auroys prinse, pour ce que oncques n'ay veu, après avoir veu toutes les courts, nulle princesse qui puisse vous estre équipollée en beaulté. Pour estre brief en cecy, si ie ne meurs par l'espée ie mourray par vostre faict, veu que ie suis résolu de despendre ma vie en nostre amour, si la vie s'en va par où elle se donne.

Oncques ceste Royne n'avoyt entendu pareil discours, et en feut aise plus que d'escouter la messe la mieulx chantée; il y parut à son visaige qui devint pourpre, pour ce que ces paroles luy firent bouillonner le sang ez veines, tant que les chordes de son luth s'en esmeurent et luy sonnèrent un accord de haulte gamme iusques en ses aureilles, veu que ce luth emplit de ses sons l'entendement et le corps des dames par ung trez-gentil artifice de leur rezonnante nature. Quel raige d'estre ieune, belle, royne, Hespaignole et abuzée! Elle conceut ung mortel desdaing pour ceulx de sa court qui avoyent eu les lèvres clozes sur ceste traistrise en paour du Roy, et deslibéra soy venger à l'aide de ce beau Françoys qui avoyt tel nonchaloir de la vie, que en son prime discours il la iouoyt sans nul soulcy en tenant à une royne ung proupos qui valoyt la mort, si elle faisoyt son debvoir. Au contraire, elle luy opprima le pied en y boutant le sien d'une fasson non équivocque et luy disant à haulte voix : — Sire chevalier, changeons de matière, veu que ce est mal à nous d'attaquer une paouvre royne en son endroict foyble. Dictes-nous les usaiges des dames de la court de France.

Par ainsy, le sire receut le mignon adviz que l'affaire estoyt dans le sacq. Lors il commença ung déduict de chouses folles et plaizantes qui durant le souper tinrent la court, le Roy, la Royne, tous les courtizans, en gayté de cueur, si bien que en levant le siége, Leufroid dit n'avoir oncques tant iocqueté. Puis desvallèrent ex iardins qui estoyent les plus beaulx du monde, et où la Royne prétexta des dires du chevalier estrange pour se pourmener soubz ung boscq d'orangiers floris qui sentoyent ung baulme souef.

— Belle et noble Royne, dit dès l'abord le bon Gauttier, i'ay veu en tout pays la cause des perditions amoureuses gezir dedans les primes soings que nous nommons la courtoizie; si vous avez fiance en moy, accordons-nous en gens de haulte compréhension à nous aymer sans y boutter tant de males fassons, par ainsy nul soubpçon n'en esclatera dehors, nous serons heureux sans dangier et long-tems. Ainsy doibvent faire les roynes soubz poine d'estre empeschiées.

— Bien dict, fit-elle. Ains, comme ie suis neufve en cettuy mettier, ie ne sçays apprester les flustes.

— Avez-vous entre vos femmes une en laquelle vous pouvez oir grant fiance?

— Oui, fit-elle. I'ay une femme advenue d'Hespaigne avecques moy, laquelle se boutteroyt sur ung gril pour moy, comme sainct Laurent l'ha faict pour Dieu, ains est tousiours maladifve.

— Bon! fit le gentil compaignon, pour ce que vous l'allez veoir.

— Oui, dit la Royne, et aulcunes foys la nuict.

— Ha! fit Gauttier, ie fais veu à saincte Rozalie, patronne de le Sicile, de un autel d'or pour ceste fortune.

— Iésus, fit la Royne, ie suis doublement heureuse de ce que si gentil amant ayt tant de religion.

— Ha! ma chière dame, i'en ay deux auiourd'huy, pour ce que i'ay à aymer une royne dedans les cieux et une aultre icy-bas, lesquels amours ne se font, par heur, nul tort l'un à l'aultre.

Ce proupos si doulx attendrit la Royne oultre mesure, et pour ung rien se feust enfuie avecques ce Françoys si desgourd.

— La Vierge Marie est bien puissante au ciel, fit la Royne, fasse l'amour que ie le soys comme elle!

— Bah! ils devisent de la vierge Marie, fit le Roy, qui par adventure estoyt venu les espier, esmeu par ung traict de ialouzie gecté en son cueur par ung courtizan de Sicile, furieux de la faveur subite de ce damné Françoys.

La Royne et le chevalier prindrent leurs mesures, et tout feut subtilement establi pour emplumaiger le morion du Roy d'ornements invisibles. Le Françoys reioingnit la court, plut à tous et ratourna dedans le palais de Pezare, auquel il dit que leurs fortunes estoyent faictes, pour ce que l'endemain, en la nuict, il coucheroyt avecques la Royne. Ceste traisnée si rapide esblouit le Venicien, lequel en bon amy s'inquiéta des senteurs fines, toiles de Brabant et aultres vestemens précieux à l'usaige des roynes, desquels il arma son chier Gauttier, à ceste fin que la boëte feust digne de la drogue.

— O amy! dit-il, es-tu seur de ne point bronchier, d'y aller dru, de bien servir la Royne et luy donner telles festes en son chasteau de Gallardin que elle s'accroche à iamays à cettuy maistre baston comme naufragiez à leurs planches?

— Ores çà, ne crains rien, chier Pezare, pour ce que i'ay les arrérages du voyaige, et ie la quenouilleray à chiens renfermez comme simple servante, en luy monstrant tous les usaiges des dames de Tourayne, qui sçavent l'amour mieulx que toutes aultres, pour ce que elles le font, le refont et le deffont pour le refaire, et l'ayant refaict, le font tousiours, et n'ont aultre chouse à faire que ceste chouse, qui veut tousiours estre faicte. Ores, accordons-nous. Vécy comme nous aurons le goubvernement de ceste isle. Ie tiendray la Royne, et toy le Roy; nous iouerons la comédie d'estre grants ennemis aux yeulx des courtizans, à ceste fin de les diviser en deux parts soubz nostre commandement, et à l'insceu de tous nous demourerons amys; par ainsy nous sçaurons leurs trames, et les desiouerons, toy en prestant l'aureille à mes ennemis, et moy aux tiens. Doncques, à quelques iours d'huy, nous simulerons une noize pour nous bender l'ung contre l'aultre. Ceste castille aura pour cause la faveur en laquelle ie te boutteray dedans l'esperit du Roy par le canal de la Royne, lequel te baillera le supresme pouvoir, à mon dam.

L'endemain, le bon Gauttier se coula chez la dame hespaignole, que devant les courtizans il recogneut pour l'avoir veue moult en Hespaigne, et il y demoura sept iours entiers. Comme ung chascun pense, le Tourangeaud servit la Royne en femme aymée et luy fit veoir tant de pays incogneus en amour, fassons françoyses, tourdions, gentillesses, resconforts, que elle faillit en devenir folle et iura que les Françoys sçavoyent seuls faire l'amour. Voilà comment feut puni le Roy, qui, pour la maintenir saige, avoyt faict des gerbes de feurre dedans ceste iolye grange d'amour. Ce festoyement supernaturel touchia si fort la Royne, que elle fict vœu d'amour éterne au bon Montsoreau qui l'avoyt esveiglée en luy descouvrant les friandises dv déduict. Il feut convenu que la dame hespaignole auroyt cure d'estre tousiours malade, et que le seul homme à qui es deux amants se fieroyent seroyt le maistre myrrhe de la court qui aimoyt moult la Royne. Par adventure, ce myrrhe possédoyt en sa glotte chordes pareilles en tout poinct à celles de Gauttier, en sorte que par un ieu de nature ils avoyent mesme voix, ce dont s'estomira la Royne. Le maistre myrrhe fit serment sur sa vie de servir fidellement ce ioly couple, veu que il desplouroyt le triste abandon de ceste belle femme, et feut aise de la sçavoir servie en royne ; caz rare.

Le moys escheu, les chouses allèrent au soubhait des deux amys, qui fabricquoyent les engins tendus par la Royne à ceste fin de remettre le goubvernement de Sicile ez mains de Pezare, à l'encontre de Montsoreau que aymoyt le Roy pour sa grant science ; ains la Royne s'y reffuzoyt en disant le haïter moult, pour ce que il n'estoyt nullement guallant. Leufroid congédia le duc de Cataneo, son principal serviteur, et mit en sa place le chevalier Pezare. Le Venicien n'eut cure de son amy le Françoys. Lors Gauttier esclata, criant à la traistrise et à la saincte amitié mescogneue, et du prime coup eut à sa dévotion Cataneo et ses amys, avecques lesquels il fit ung pacte pour renverser Pezare. Aussitost en sa charge, le Venicien, qui estoyt un homme subtil et trez-idoyne au goubvernement des Estats, ce qui est le propre de messieurs de Venice, opéra merveilles en Sicile, raccommoda les ports, y convia les merchans par franchises de son invention et par aulcunes facilitez, fit gaigner la vie à nombre de paouvres gens, attira des artizans de tout mestier, pour ce que les festes abundèrent, et aussy les oizifs et riches de tous costez, voire d'Orient. Par ainsy, les moissons, biens de la terre et aultres merceries feurent en vogue, les galères et naufs vindrent d'Asie, ce qui fit le Roy trez-envié et le plus heureulx roy du monde chrestien, pour ce que par ce train des chouses sa court feut la plus en renom ez pays d'Europe. Ceste belle politicque feut engendrée par l'accord parfaict de deux hommes qui s'entendoyent moult. L'un avoyt cure des plaizirs et faisoyt lui-mesme les délices de la Royne, laquelle se produisoyt tousiours le visaige guay, pour ce que elle estoyt servie à la méthode de Tourayne et animoyt tout du feu de son heur ; puis il veilloyt à tenir aussy le Roy en ioye en luy cherchant maistresses nouvelles et le gectant en mille amusemens ; aussy le Roy s'estomiroyt-il de la complaisance de la Royne à laquelle, depuis l'abord en ceste isle du sire de Montsoreau, il ne touchioyt pas plus qu'ung iuif ne touche à lard. Ainsy occupez la Royne et le Roy abandonnoyent le soing de leur royaulme à l'aultre amy, qui faisoyt les affaires du goubvernement, ordonnoyt les establissemens, tailloyt les finances, menoyt roide les gens de guerre et tout trez-bien, saichant où estoyent les deniers, les amenant au threzor, et préparant les grants emprinses dessus dictes.

Ce bel accord dura trois années, aulcuns disent quatre, ains les moynes de Sainct-Benoist ne grabelèrent point ceste datte, laquelle demoure obscure, aultant que les raisons de la noize des deux amys. Verisimilement le Venicien eut la haulte ambition de régner sans aulcun controole ne conteste, et n'eut point la remembrance des services que luy rendoyt le Françoys. Ainsi se comportent les hommes ez courts, veu que, suyvant ung dire de messire Aristoteles en ses œuvres, ce qui vieillit le plus esraument en ce monde est ung bienfaict, quoique l'amour estainct soit aulcunes foys bien rance. Doncques, se fiant en la parfaicte amitié de Leufroid, qui le nommoyt son compère et l'eust boutté en sa chemise, s'il l'eust voulu, le Venicien conceut de se deffaire de son amy en livrant au Roy le mystère de son cocquaige et luy descouvrant comment se parfiloyt le bonheur de la Royne, ne doubtant point que Leufroid ne commençast par trencher la teste au sire de Montsoreau, suyvant une praticque en usaige dedans la Sicile pour ces procez. Par ainsy bon Pezare auroyt tous les deniers que Gauttier et luy convoyoyent sans bruict en la maison d'ung Lombard de Gesnes, lesquels deniers estoyent en commun par suite de leur fraternité. Ce threzor grossissoyt moult d'ung costé par les présens de la Royne, trez-magnificque avecques le sire de Montsoreau, ayant à elle de grants domaines en Hespaigne et aulcuns par heritaige en Italie, de l'aultre par les guerdons du Roy à son bon ministre, auquel il bailloyt aulcuns droicts sur les merchans, et aultres menus suffraiges. Le traistre amy, desliberé d'estre feslon, eut cure de bien vizer ce garrot au cueur de Gauttier, pour ce que le Tourangeaud estoyt un homme à vendre le plus fin. Doncques, en une nuict où Pezare sçavoyt la Royne couchiée avecques son amant, lequel l'aymoyt comme si chaque nuictée feust une prime nuict de nopces, tant elle estoyt habile au déduict, le traistre promit au roy luy faire veoir l'évidence du caz par ung trou mesnagié dans ung huys de la guarde-robe de la dame hespaignole, laquelle faisoyt estat d'estre tousiours en dangier de mourir. Pour mieulx y veoir, Pezare attendit le lever du soleil. La dame hespaignole, laquelle avoyt bon pied, bon œil et bousche à sentir le mords, escouta des pas, tendit son muzeau, et vit le Roy, suivi du Venicien, par ung croizillon du bouge où elle dormoyt durant les nuicts que la Royne avoyt son amy entre deux toiles, ce qui est la meilleure méthode d'avoir un amy. Elle accourut advertir le couple de ceste trabizon. Ains le Roy avoyt jà l'œil au mauldict trou. Leufroid vit, quoy?

ceste belle et divine lanterne qui brusle tant d'huile et esclaire le monde, lanterne aornée des plus magnificques fanfrelusches et trez flambante, laquelle il trouva plus plaizante que toutes les aultres, pour ce que il l'avoyt si bien perdue de veue que elle luy parut neufve ; ains le trou luy deffendit veoir aultre chouse qu'une main d'homme qui cloistroyt pudicquement ceste lanterne, et entendit la voix de Montsoreau disant : — Comment va ce mignon, ce matin ? Parole folastre comme en disent les amants en iocquetant, pour ce que ceste lanterne est, vère, en tous pays le soleil de l'amour, et pour ce luy donnent mille noms gentils en l'équiparant aux plus belles chouses, comme ma grenade, ma rose, ma cocquille, mon hérisson, mon golphe d'amour, mon threzor, mon maistre, mon petiot; aulcuns osent dire trez-héréticquement mon dieu! Informez-vous à plusieurs, si vous ne croyez.

En ceste coniuncture, la dame fit entendre par ung signe que le Roy estoyt là.

— Escoute-t-il ? fit la Royne.

— Oui.

— Voit-il ?

— Oui.

— Qui l'a conduict ?

— Pezare.

— Fais monter le myrrhe et musse Gauttier chez luy, fit la Royne.

Durant le temps que ung paouvre auroyt dict sa chanson, la Royne embobelina la lanterne de linges et enduicts coulourez, en sorte que vous eussiez cuydé que il y eust playe horrible et griefves inflammations. Lors que le Roy, mis en raige par ceste parole, effundra la porte, il trouva la Royne estendue sur le lict au mesme endroict où il l'avoyt veue par le trou, puis le maistre myrrhe le nez et la main dessus la lanterne embobelinée de bandelettes, disant : — Comment va ce mignon, ce matin ? en mesme note de voix que le bon Roy avoyt ouye. Parole moult plaizante et rieuse, pour ce que les physiciens et maistres myrrhes uzent de paroles byssines avecques les dames et, en traictant ceste lumineuse fleur, florissent leurs mots. Ceste veue fit le Roy quinauld comme ung regnard prins au piége. La Royne se dressa toute rouge de honte, criant quel homme estoyt assez ozé pour venir à ceste heure ; ains, voyant le Roy, elle luy tint ce languaige :

— Ha ! mon sieur. vous descouvrez ce que i'avoys cure de vous cacher, fit-elle, à sçavoir, que ie suis si petitement servie par vous, que ie suis affligée d'un ardent mal duquel ie n'oze me plaindre par dignité, ains qui veult de secrets pansements à ceste fin d'estaindre la vifve affluence des esperits vitaulx. Pour saulver mon honneur et le vostre, ie suis contraincte à venir chez ma bonne dona Miraflor qui se preste à mes douleurs.

Sur ce, le myrrhe fit à Leufroid une concion lardée de citations latines, triées comme graynes précieuses dans Hippocrate, Galien, l'eschole de Salerne et aultres, en laquelle il luy démonstra combien grave estoyt chez la femme la iachère du champ de Vénus, et que il y avoyt dangier de mort pour les Roynes complexionnées à l'hespaignole, lesquelles avoyent le sang trez-amoureux. Il déduisit ces raisons avecques solemnité, tenant sa barbe droicte et sa langue trez-longue, à ceste fin de lairrer au sire de Montsoreau le loizir de gaigner son lict. Puis la Royne print ce texte pour desgluber au Roy des discours longs d'une palme, et requit son bras soubz prétexte de lairrer la paouvre malade qui d'ordinaire la reconduisoyt pour éviter les calumnies. Alors que ils feurent dans la guallerie où le sire de Montsoreau logioyt, la Royne dit en iocquetant : — Vous debvriez iouer quelque bon tour à ce Françoys qui, ie gaige, est sans doubte aulcun avecques une dame et non chez luy. Toutes celles de la Court en raffolent et il y aura des castilles pour luy. Si vous aviez suivi mon advis, il eust esté hors la Sicile.

Leufroid entra soudain chez Gauttier qu'il trouva dedans ung profund sommeil, et ronflant comme ung religieux au chœur. La Royne revint avecques le Roy que elle tint chez elle, et dit ung mot à ung guarde pour mander le seigneur de qui Pezare occupoyt la place. Ores, pendant que elle amignottoyt le Roy en desieunant avecques luy, elle print à part ce seigneur, quand il feut venu en la salle voisine.

— Eslevez une potence sur ung bastion, dit-elle, allez saisir le seigneur Pezare, et faictes en telle sorte que il soyt pendu incontinent, sans luy lairrer le loizir d'escripre ung mot, ne dire quoy que ce soyt. Tel est nostre bon plaizir et commandement supresme.

Cataneo ne fit aulcun commentaire. Pendant que le chevalier Pezare pensoyt à part lui que son amy Gauttier se voyoyt trencher la teste, le duc Cataneo vint le saisir et le mena sur le bastion d'où il vit à la croizée de la Royne le sire de Montsoreau en compaignie du Roy, de la Royne et des courtizans, et iugea lors que cil qui occupoyt la Royne estoyt mieulx partagié que cil qui avoyt le Roy.

— Mon amy, fit la Royne à son espoux en l'amenant à la croizée, vécy ung traistre qui maschinoyt de vous oster ce que vous possedez de plus chier au monde, et ie vous en bailleray les preuves à vos soubhaits quand vous aurez le loizir de les estudier.

Montsoreau, voyant les apprests de l'extresme quérémonie, se gecta aux pieds du Roy pour obtenir la graace de celuy qui estoyt son ennemi mortel, ce dont le Roy feut moult esmeu.

— Sire de Montsoreau, fit la Royne en luy monstrant ung visaige cholère, estes-vous si hardy de vous opposer à nostre bon plaizir?

— Vous estes ung noble chevalier, fit le Roy en reslevant le sire de Montsoreau, ains vous ne sçavez point combien le Venicien vous estoyt contraire.

Pezare feut trez-délicatement estranglé entre la teste et les espaules, veu que la Royne démonstra ses trahisons au Roy en luy faisant vérifier par les desclairations d'ung Lombard de la ville l'énormité des sommes que Pezare avoyt en la bancque de Gesnes, et qui feurent abandonnées à Montsoreau.

Ceste belle et noble Royne mourut en la manière escripte en l'histoire de Sicile, à sçavoir, des suites d'une couche laborieuse où elle donna le iour à ung fils qui feut aussi grant homme que malheureux en ses emprinses. Le Roy cuyda, sur l'adveu du myrrhe, que les meschiefs causez par le sang en ceste couche provenoyent de la trop chaste vie de la Royne, et s'imputant à crime la mort de ceste vertueuse Royne, en fit pénitence et funda l'ecclise à la Madone, qui est une des plus belles de la ville de Palerme. Le sire de Montsoreau, tesmoing de la douleur du Roy, luy dit que alors qu'ung roy faisoyt venir sa royne d'Hespaigne, il debvoyt sçavoir que ceste royne vouloyt estre mieulx servie qu toute aultre, pour ce que les Hespaignoles estoyent si vifves que elles comptoyent pour dix femmes, et que, s'il vouloyt une femme pour la monstre seulement, il debvoyt la tirer du nord d'Allemaigne, où les femmes sont fresches. Le bon chevalier revint en Tourayne encumbré de biens, et y vesquit de longs iours, se taisant sur son heur de Sicile. Il y ratourna pour aider le fils du Roy en sa principale emprinse sur Naples et lairra l'Italie quand ce ioly prince feut navré, comme il est dict en la chronicque.

Oultre les haultes moralitez contenues en la rubricque de cettuy conte, où il est dict que la fortune estant femelle se renge tousiours du costé des dames et que les hommes ont bien raison de les bien servir, il nous démonstre que le silence entre pour les neuf dixiesmes dans la saigesse. Néanmoins, le moyne autheur de ce recit inclinoyt à en tirer cet aultre enseignement non moins docte, que l'interest qui faict tant d'amitiez les deffaict aussy. Ains vous eslirez entre ces trois versions celle qui concorde à vostre entendement et besoing du moment.

D'UNG PAOUVRE QUI AVOYT NOM

LE VIEULX-PAR-CHEMINS

Le vieulx chronicqueur qui ha fourni le chanvre pour tisser le présent conte dict avoir esté du tems où se passa le faict en la cite de Rouen, laquelle l'ha consigné en ses layettes. Ez environs de ceste belle ville où demouroyt lors le duc Richard, souloyt gueuzer ung bon homme ayant nom Tryballot, ains auquel feut baillé le surnom de Vieulx-par-chemins, non pour ce que il estoyt iaune et secq comme velin, ains pour ce que il estoyt tousiours par voyes et routes, monts et vaulx, couchioyt soubz le tect du ciel, et alloyt houzé comme ung paouvre. Ce néanmoins, il estoyt aymé moult en la duchié, où ung chascun se estoyt accoustumé à luy, si bien que, si le moys eschevyt sans que il feust venu tendre son escuelle, on disoyt : Où est le Vieulx ? Et on respondoyt : Par chemins.

Ce dict homme avoyt eu pour père ung Tryballot qui feut en son vivant preud'homme, esconome et si rengié, que il lairra force biens à ce dict fils. Ains le ieune gars les dezamassa bien fost en gaudisseries, veu que il fit au contraire du bonhomme, lequel, au ratourner des champs en sa maison, amassoyt de cy de là force buschettes ou bois lairrez à dextre et à senestre, disant en toute conscience que il ne faut iamays arriver au logiz les mains vuydes. Par ainsy se chauffioyt en hyver aux despens des oublieux, et faisoyt bien. Ung chascun recogneut quel bon enseignement ce estoyt pour le pays, veu que, un an devant sa mort, aulcun ne lairroyt plus de bois par les rotes, il avoyt contrainct les plus dissipez à estre mesnaigiers et rengez. Ains son fils boutta tout par escuelles et ne suivit point ces saiges exemples. Son père avoyt prédict la chouse. Dès le bas aage de ce gars, quand le bonhomme Tryballot le mettoyt à la guette des oyseaulx qui venoyent mangier les pois, les fèves et aultres graynes, à ceste fin de chasser ces larrons, surtout les geays qui conchioyent tout, luy les estudioyt et prenoyt plaizir à considérer en quelle graace ils alloyent, venoyent, s'en ratournoyent chargiez et revenoyent en espiant d'un œil esmérillonné les tresbuschets ou lacqs tendus, et rioyt moult voyant leur adresse à les éviter. Le père Tryballot se choleroyt, trouvant deux et souvent trois septérées de la bonne mesure en moins. Ains, encores qu'il tirast les aureilles à son gars en le prenant à niaizer soubz ung couldre, le draule s'estomiroyt tousiours et re venoyt estudier l'industrie des merles, passerons et aultres picoreurs trez-doctes. Un iour, son père luy dit que il faisoyt saige de e modeler sur eulx, pour ce que, s'il continuoyt ce tracq de vie, seroyt sur ses vieulx ans contrainct à picorer comme eulx, et comme eulx seroyt pourchassé par les gens de iustice. Ce qui feut vray, veu que, comme il ha esté dessus dict, il dezamassa en peu de iours les escuz que son mesnaigier père avoyt acquis durant sa vie : il fit avecques les hommes comme avecques les passereaux, lairrant ung chascun boutter la main en son sacq, et contemplant en quelle graace et quelles fassons doulces on luy demandoyt à y puiser. Par ainsy il en vit tost la fin. Quand le diable feut seul dedans le sacq, Tryballot ne se monstra point soulcieux, disant que il ne vouloyt point se damner pour les biens de ce monde, et avoyt estudié la philosophie en l'eschole des oyseaulx.

Après s'estre amplement gaudi, il luy demoura de tous ses biens ung goubelet achepté au Landict et trois dez, mesnaige suffisant pour boire et iouer, d'autant que il alloyt sans estre emcumbré de meubles, comme sont les grants qui ne sçavent cheminer sans charoys, tapis, leschefrittes et nombre infini de varlets. Tryballot voulut veoir ses bons amys, ains ne rencontra plus aulcun de cognoissance, ce qui luy bailla congié de ne plus recognoistre personne. Quoy voyant, comme la faim luy aiguisoyt les dents, il deslibéra prendre un estat où il eust rien à faire et moult à gaigner. En y pensant, se remembra la graace des merles et passereaux. Lors le bon Tryballot esleut pour sien le mestier de requérir argent ez maisons en picorant. Dès le prime iour, les gens pitoyables luy en baillèrent, et Tryballot feut content, trouvant le mestier bon, sans advances ne chances maulvaises, au contraire plein de commoditez. Il fit son estat de si grant cueur qu'il agréa partout et receut mille consolations refusées à gens riches. Le bonhomme resguardoyt les gens de campaigne planter, semer, moissonner, vendanger, et se disoyt qu'ils laboroyent prou pour luy.

Cil qui avoyt ung porcq en son charnier luy en debvoyt ung lopin, sans que cettuy gardien de porcq s'en doubtast. Tel cuisoyt ung pain en son four le cuisoyt pour Tryballot et ne le pensoyt nullement. Il ne prenoyt rien de force, au contraire, les gens luy disoyent des gracieusetez en le guerdonnant. — Tenez, mon Vieulx-par-chemins, resconfortez-vous. Ça va-t-il bien ? Allons prenez cecy, le chat l'ha entamé, vous l'acheverez. Le Vieulx-par-chemins estoyt des nopces, baptesmes et aussy des enterremens, pour ce que il alloyt partout où il y avoyt apertement ou occultement ioye et festins. Il guardoyt religieusement les statuts et ordonnances de son mestier, à sçavoir : ne rien faire, veu que, s'il avoyt pu laborer le plus légierement que ce feust, aulcun ne luy auroyt plus rien baillé. Après s'estre repeu, ce saige homme s'estendoyt le long des fossez ou contre ung pilier d'ecclise en resvant aux affaires publicques ; finablement il philosophoyt comme ses gentils maistres les merles, geays, passerons, et songioyt moult en gueuzant, car, pour ce que son vestement estoyt paouvre, estoyt-ce raison que son entendement ne feust riche ? Sa philosophie divertissoyt moult ses praticques auxquelles il alloyt disant en forme de merciement les plus beaulx aphorismes de sa science. A l'ouyr, les pantophles produisoyent la goutte aux riches, il se iactoyt d'avoir les pieds allaigres pour ce que son cordouanier luy bailloyt des soliers venus dans les aulnayes. Il y avoyt des maulx de teste soubz les diadesmes qui ne l'atteignoyent point, pour ce que sa teste estoyt serrée ne par soulcys, ne par aulcun chapelet. Puis encores les bagues à pierreries gehennoyent le mouvement du sang. Encores que il s'enchargiast de playes suyvant les loys de la gueuzerie, cuydez que il estoyt plus sain qu'un enfant qui arrivoyt au baptistère. Le bonhomme se rigolloyt avecques les aultres gueux en iouant avecques ses trois dez que il conservoyt pour se soubvenir de despendre ses deniers, à ceste fin d'estre tousiours paouvre. Néanmoins son vœu, il estoyt comme les Ordres Mendians si bien renté, qu'un iour de Pasques, un aultre gueux voulant luy affermer son gain dudict iour, le Vieulx-par-chemins eñ reffusa dix escuz. De faict, à la vesprée, il despendit quatorze escuz en ioye pour fester les aumosniers, veu que il estoyt dict ez statuts de gueuzerie de se monstrer recognoissant envers les donataires. Quoique il se deschargiast avecques soing de tout ce qui faisoyt les soulcys des aultres qui trop chargiez de bien querrent le mal, il feut plus heureux n'ayant rien au monde que lorsque il avoyt les escuz de son père. Et pour ce qui est des conditions de noblesse, il estoyt tousiours en bon poinct d'estre anobli, pour ce que il ne faisoyt rien qu'à sa phantaisie, et vivoyt noblement sans aulcun labeur. Trente escuz ne l'auroyent faict lever quand il estoyt couchié. Il arriva tousiours à l'endemain comme les aultres en menant ceste belle vie, laquelle, au dire de messire Plato, duquel ià l'authorité feut invocquée en ces escripts, aulcuns anticques saiges ont menée iadis. Finablement, le Vieulx-par-chemins advint en l'aage de quatre-vingt et deux années, n'ayant iamays esté ung seul iour sans attraper monnoye, et avoyt lors la plus belle couleur de tainct que vous puissiez imaginer. Aussy cuydoyt-il que, s'il avoyt persevéré dedans la voye des richesses, il se feust guasté et seroyt lors enterré depuis ung long tems. Possible estoyt qu'il eust raison.

Durant sa prime ieunesse, le Vieulx-par-chemins avoyt pour inclyte vertu de trez-fort aymer les femmes, et son abundance d'amour estoyt, dict-on, ung fruict de ses estudes avecques les moyneaux ou fricquetz. Doncques il estoyt tousiours dispos à prester aux femmes son aide pour compter les solives, et ceste générosité trouve sa raison physique en ce que, ne faisant rien, il estoyt tousiours prest à faire. Les buandières, qui dans ce pays sont nommées lavandières, disoyent que elles avoyent beau savonner les dames, le Vieulx-par-chemins s'y entendoyt encores mieulx. Ses vertus absconses engendrèrent, dict-on, ceste faveur dont il iouissoyt en la province. Aulcuns disent que la dame de Gaumont le fit venir en son chasteau pour sçavoir la vérité sur ces qualitéz et le mussa durant une huictaine à ceste fin de l'empeschier de gueuzer, ains le bonhomme se saulva par les hayes en grant paour d'estre riche. En advançant en aage, ce grant quintessencier se vit desdaigné, quoique ses notables facultez d'aymer n'esprouvassent aulcun dommaige. Cet iniuste revirement de la gent femelle causa la prime poine du Vieulx-par-chemins et le célèbre procez de Rouen auquel il est tems d'arriver.

En ceste quatre-vingt-deuxiesme année, le Vieulx-par-chemins feut par force en continence environ sept moys, durant lesquels il ne fit la rencontre d'aulcune femme de bon vouloir, et dit devant le iuge que ce feut le plus grant estonnement de sa longue et honorable vie. En cet estat trez-douloureux, il vit ez champs au ioly moys de may une fille, laquelle par adventure estoyt pucelle e guardoyt les vasches. La chaleur tomboyt si drue, que ceste vaschière s'estendit à l'umbre d'ung fousteau, le visaige contre l'herbe, à la fasson des gens qui laborent ez champs, pour faire ung somme durant le tems que son bestial ruminoyt, et se resveigla par le faict du vieulx qui luy avoyt robbé ce que une paouvre garse ne peut donner que une foys. Se voyant defflourée sans en recepvoir aulcun adviz ne plaizir, elle cria si fort que les gens occupez ez champs vindrent et feurent prins en tesmoingnaige par la garse, au moment où se voyoyt en elle le desguast faict ez nuicts de nopces chez une nouvelle mariée; elle plouroyt, se plaignoyt, disant que ce vieulx cinge intempérant pouvoyt aller violer sa mère à elle, qui n'auroyt rien dict. Le vieulx fit response aux gens de la campaigne, qui levoyent jà leurs serfouettes pour le meurdrir, que il avoyt esté poulsé à se divertir. Ces gens luy obiectèrent avecques raison que un homme pourroyt bien se divertir sans forcer une pucelle, caz prevostal qui le menoyt droict à la potence, et feut conduict en grant rumeur à la geole de Rouen.

La fille interroguée par le prevost desclaira qué elle dormoyt pour faire quelque chouse, et que elle avoyt creu songier de son amant, avecques lequel elle estoyt en dispute, pour ce que avant le mariage il soubhaitoyt mesurer sa besongne, et iocquetant en ce resve elle luy lairroyt veoir si les chouses estoyent bien accomparaigées, à ceste fin que nul mal ne leur advinst à l'un ou à l'aultre, et, maulgré sa deffense, il alloyt plus loing que elle ne luy bailloyt licence d'aller, et y trouvant plus de mal que de plaizir elle s'estoyt esveiglée soubz la puissance du Vieulx-par-chemins, qui se estoyt gecté sur elle comme ung cordelier sur ung iambon au deshuchier du quaresme.

Ce pourchaz fit si grant bruict en la ville de Rouen, que le prevost feut mandé par monseigneur le duc, en qui vint ung véhément dezir de sçavoir si le faict estoyt véritable. Sur l'affirmation du prevost, il commanda que le Vieulx-par-chemins feust conduict en son palais, à ceste fin d'ouyr quelle deffense il pouvoyt faire. Le paouvre bon homme comparut devant le prince et luy desbagoula naïfvement le maulvais heur qui luy advenoyt par la force et le vœu de la nature, disant que il estoyt comme ung vray iouvencel poulsé par des désirs trez-impérieux; que iusques en ceste année il avoyt eu des femmes à luy, ains que il ieusnoyt depuis huict moys; que il estoyt trop paouvre pour s'adonner aux filles de ioye; que les honnestes femmes qui luy faysoient ceste aumosne avoyent prins en desgoust ses cheveulx, lesquels avoyent la feslonie de blanchir maulgré la verdeur de son amour, et que il avoyt esté contrainct à saisir la ioye où elle estoyt par la veue de ceste damnée pucelle, laquelle en s'estendant le long du hestre avoyt lairré veoir la iolye doubleure de sa robbe et deux hémisphères blancs comme neige qui luy avoyent tolli sa raison; que la coulpe estoyt à ceste fille et non à luy, pour ce que il doibt estre deffendu aux pucelles d'affriander les passants en leur monstrant ce qui fit nommer Vénus Callipyge; finablement, le prince debvoyt sçavoir quelle poine ha un homme sur le coup de midi de tenir son chien en laisse, pour ce que ce feut à ceste heure que le roy David feut féru par la femme du sieur Urie; que là où ung roy hébrieu aymé de Dieu avoyt failly, ung paouvre desnué de ioye et réduict à robber sa vie avoyt bien pu se trouver en faulte; que d'ailleurs il estoyt consentant à chanter des psaulmes le demourant de ses iours sur ung luth en manière de pénitence, à l'imitation dudict roy, lequel avoyt eu le tort grief d'occir ung mary, là où luy avoyt tant soit peu endommaigé une fille de campaigne. Le duc gousta les raisons du Vieulx-par-chemins, et dit que ce estoyt un homme de bonne c....... Puis il rendit ce mémorable arrest, que si, comme le disoyt cettuy mendiant, il avoyt si grant besoing de follieuses à son aage, il luy bailloyt licence de le démonstrer au rez de l'eschelle où il monteroyt pour estre pendu, ce à quoy l'avoyt simplement condamné le prevost; si, la chorde au col, entre le prebstre et le bourrel, pareille phantaisie le picquoyt, il auroyt sa graace.

Cet arrest cogneu, il y eut ung monde fol pour veoir conduire le bonhomme à la potence. Ce feut une haye comme à une entrée ducale, et cy voyoyt-on plus de bonnets que de chapeaulx. Le Vieulx-par-chemins feut saulvé par une dame curieuse de veoir comment fineroyt cestuy violeur trez-précieux, laquelle dit au duc que la religion commandoyt de faire beau ieu au bonhomme, et se para comme pour une feste à baller; elle mit en évidence et avecques intention deux ballottes de chair vifve si blanches que le plus fin lin de la gorgerette y paslissoyt; de faict, ces beaulx fruicts d'amour se produisoyent sans plis au-dessus de son corselet comme deux grosses pommes et faisoyent venir l'eaue en la bousche, tant mignons ils estoyent. Ceste noble dame, qui estoyt de celles qui font que ung chascun se sent masle à les veoir, se plassa sur les levres ung soubris pour le bonhomme. Le Vieulx-par-chemins, vestu d'ung sayon de grosse toile, plus seur d'estre en posteure de viol après la pendaison que paravant, venoyt entre les gens de iustice, trez-tristifié, gectant l'œil de cy, de là, sans veoir aultre chouse que des coëffes; et auroyt, disoyt-il, donné cent escuz d'une fille troussée comme estoyt la vaschière de laquelle il se remembroyt les bonnes grosses blanches coulumnes de Vénus qui l'avoyent perdu, et pouvoient encores le saulver; mais, comme il estoyt vieulx, la remembrance n'estoyt point fresche assez. Ores, quand au rez de l'eschelle il vit les deux mignotizes de la dame et le ioly delta que produisoyent leurs confluentes rondeurs, son maistre Iean Chouart feut en ung tel estat de raige, que le sayon parla trez-apertement pas ung soubzlevment maieur.

— Et doncques, verifiez tost, fit-il aux gens de iustice, i'ay gaigné ma graace, ains ie ne réponds point du draule.

La dame feut trez-aise de cet hommaige, que elle dict estre plus fort que le viol. Les sergeants qui avoyent charge de soubzlever l'estoffe cuydèrent cettuy vieulx estre le diable, pour ce que oncques en leurs escriptures ne s'estoyt rencontré un I aultant droict que se trouvoyt le dressoir du bon homme. Aussy feut-il pourmené triumphalement par la ville iusques en l'hostel du duc auquel les sergeants et aultres tesmoingnèrent du faict. En cettuy tems d'ignorance, ceste instrumentation iudiciaire feut prinse en si grant honneur que la ville vota l'érection d'ung pilier en l'endroict où le bon homme avoyt gaigné sa graace, et il y feut pourtraict en pierre comme il estoyt à la veue de ceste honneste et vertueuse dame. La statue se voyoyt encores au temps où la cité de Rouen feut prinse par les Angloys, et les autheurs du tems escripvirent tous ceste histoire parmi les chouses notables du règne.

Sur ce que il feût offert par la ville de fournir des garses au bon homme, de veigler à son vivre, vestement et couvert, le bon duc y mit ordre en baillant à la despucelée ung millier d'escuz et la mariant au bonhomme, lequel y perdit son nom de Vieulx-par-chemins. Il feut nommé par le duc sieur de Bonne-C..... Sa femme accoucha après neuf moys d'ung masle parfaictement faict, bien vifvant, lequel nacquit avecques deux dents. De ce mariaige vint la maison de Bonne-C..... laquelle, par pudeur et bien à tort, requit de nostre bien-aymé roy Loys le unziesme lettres patentes pour muter son nom en celuy de Bonne-Chose. Le bon roy Loys remonstra lors au sieur de Bonne-C..... que il y avoyt en l'Estat de messieurs de Venice une inclyte famille des *Coglioni*, lesquels portoyent trois C..... au naturel en leur blazon. Mesdicts sieurs de Bonne-C..... obiectèrent au Roy que leurs femmes avoyent grant honte d'estre ainsy nommées ez salles de compaignie; le Roy respartit que elles y perdroyent moult, pour ce que avecques les noms s'en alloyent les chouses. Ce néanmoins octroya les lettres. Depuis ce tems ceste gent feut cogueue soubz ce nom, et se répandit en plusieurs provinces. Le premier sieur de Bonne-C..... vesquit encores vingt-sept années et eut un aultre fils et deux filles. Ains il se douloyt de finer riche et de ne plus quester sa vie par les chemins.

De cecy vous tirerez ung des plus beaulx enseignemens et plus espesses moralitez de tous les contes que vous lirez en vostre vie, horsmis bien seur ces dicts cent glorieux contes droslaticques. Assavoir que iamays adventure de cet acabit ne seroyt escheue aux natures molles et flatryes des gueux de Court, gens riches et aultres qui creuzent leur tumbe avecques leurs dents en mangiant oultre mesure et beuvant force vins qui guastent les outils à faire 'a ioye, lesquels gens trez-pansus belutent sur de cousteuses merceries et licts de pleumes, tandis que le sieur de Bonne-Chose couchioyt sur la dure. En semblable occurrence, s'ils avoyent mangié des choux, moult eussent chié pourrées. Cecy peut inciter plusieurs de ceulx qui liront cettuy conte à changer de vie, à ceste fin d'imiter le Vieulx-par-chemins en son aage.

DIRES INCONGRUS DE TROIS PÈLERINS

Alors que le pape lairra sa bonne ville d'Avignon pour demourer en Rome, aulcuns pèlerins feurent guabelez qui se estoyent arroutez pour la Comtat et deurent passer les haultes Alpes à ceste fin de gaigner ceste dicte ville de Rome où ils alloyent querrir le *remittimus* de péchez bigearres. Lors voyoyt-on par les chemins et hostelleries ceulx qui portoyent le collier de l'ordre des frères Caïn, aultrement la fleur des repentirs, tous maulvais garsons enchargiez d'asmes leppreuses qui avoyent soif de se baingner en la piscine papale et portoyent or ou chouses précieuses pour rachepter leurs maulvaisetiez, payer les bulles et guerdonner les saincts. Comptez que ceulx qui beuvoyent de l'eaue à l'aller, au retourner, si les hosteliers leurs bailloyent eaue, vouloyent eaue benoiste de cave.

En cestuy tems, trois pèlerins vindrent en ceste dicte ville d'Avignon à leur dam, veu que elle estoyt veufve du pape. Alors que ils desvallèrent le Rhodane pour gaigner la coste Mediterrane, des trois pèlerins, ung qui menoyt en laisse son fils en l'aage de dix ans au plus leur faulsa compaignie; puis devers la ville de Milan ce compaignon se remonstra soudain sans garson. Adoncques à la vesprée et au souper ils bancquetèrent à ceste fin de fester le retourner du pèlerin que ils cuydoyent avoir esté mis en desgoust de pénitence, faulte de pape en Avignon. De ces trois Romipètes un estoyt venu de la cité de Paris, l'aultre advenoyt d'Allemaigne, et le tierce, qui sans doubte aulcun vouloyt enseigner son fils par cestuy voyaige, estoyt desvallé de la duchié de Bourgongne, en laquelle il tenoyt aulcuns fiefs et estoyt ung cadet de la maison de Villers-la-Faye (*Villa in Fago*), ayant nom de La Vaugrenand. Le baron allemand avoyt faict rencontre du bourgeoys de Paris en deçà Lyon; puis tous deux avoyent accosté le sire de La Vaugrenand en veue d'Avignon.

Adoncques, en ceste hostellerie, les trois pèlerins delièrent prou leurs langues et convindrent gaigner Rome de conserve, à ceste fin de se bender contre les destrousseurs de gens, oyseaulx de nuict et aultres pistolandiers qui faisoyent estat de deschargier les dicts pèlerins de ce qui leur poisoyt sur le corps paravant que le pape leur ostast ce qui leur poisoyt sur la conscience. Après boire, les trois compaignons devisèrent, veu que le piot est la clef du discours, et tous firent cet adveu que la cause de leur despartie estoyt ung caz de femme. La servante, qui les resguardoyt boire, leur dit que sur ung cent de pèlerins qui s'arrestoyent en ceste locande, nonante-neuf estoyent en rote pour ce faict. Ces trois saiges considérèrent lors combien la femme estoyt pernicieuse à l'homme. Le baron monstra la poisante chaisne d'or que il avoyt en son haubert pour guerdonner mon sieur sainct Pierre et dit que son caz estoyt tel que il ne s'acquitteroyt point avecques la valeur de dix pareilles chaisnes. Le Parisien deffit son guant et mit en lumière un annel à diamant blanc, disant que il portoyt au pape cent foys autant. Le Bourguignon deffit son bonnet, exhiba deux perles mirificques qui estoyent beaulx pendants d'aureilles pour Nostre-Dame-de-Lorette, et fit cet adveu que il aymeroyt mieulx les lairrer au col de sa femme.

Là-dessus la servante dict que leurs péchez debvoyent avoir esté gros comme ceux des Visconti.

Lors les pèlerins respondirent que ils estoyent tels que ils avoyent chascun en leur ame faict vœu de ne plus oncques margauder pour le demourant de leurs iours, tant belles seroyent les femmes, et ce en oultre de la pénitence qui leur seroyt imposée par le pape.

Lors la servante s'estomira que tous eussent faict mesme vœu. Le Bourguignon adiouxta que cestuy vœu avoyt esté cause de son attardement depuis leur entrée en Avignon, pour ce que il avoyt eu en paour extresme que son fieu, maulgré son aage, ne margaudast, et que il avoyt faict serment d'empeschier bestes et gens de margauder dans sa maison et sur ses domaines. Le baron s'estant enquis de l'adventure, le sire leur dit la chouse ainsy :

— Vous sçavez que la bonne comtesse Ieanne d'Avignon fit iadis une ordonnance pour les putes, que elle contraingnit à demourer en ung faulxbourg, ez maisons bordelières, à volets painctes en rouge et fermez. Ores, passant en vostre compaignie par cettuy damné faulxbourg, mon gars fit remarque desdictes maisons à volets fermez et painclts en rouge, et sa curiosité se estant esveiglée, comme vous sçavez que ces diables de dix ans ont l'œil à tout, il me tira par la manche, et ne fina de me tirer iusques à ce que il ayt sceu de moy quelles estoyent ces dictes maisons. Lors, pour finer, ie luy dis que les ieunes garsons n'avoyent que faire en ces lieux et ne debvoyent y entrer soubz poine de la vie, pour ce que ce estoyt l'endroict où se fabricquoyent les hommes et les femmes, et que le dangier estoyt tel pour cil qui ne sçavoyt cestuy mestier, que si un ignare y entroyt, il luy saultoyt au visaige des cancres volants et aultres bestes saulvaiges. La paour saisit le gars, qui lors me suivit en l'hostellerie en grant esmoi et n'ozoyt gecter la veue sur les dicts bordeaulx. Pendant que ie estoys en l'escuyrie pour veoir à l'establissement des chevaulx, mon gars détala comme ung maraudeur, et la servante ne put me dire où il estoyt. Lors ie feus en grant paour des putes, ains eus fiance aux ordonnances qui deffendent de lairrer y venir tels enfans. Au souper, le draule me revint, pas plus honteux que nostre divin Saulveur au temple emmy les docteurs. — D'où viens-tu? luy fis-je. — Des maisons à volets rouges, fit-il. — Petit liffreloffe, fis-je, ie te baille le fouet. Lors se mit à geindre et plourer. Ie luy dis que, s'il advouoyt ce qui luy estoyt advenu, il auroyt graace des coups. — Ha! fit-il, i'ay eu cure de ne point entrer à cause des cancres volants et bestes saulvaiges, et me suis tenu aux grilles des croizées, à ceste fin de veoir comment se fabricquoyent les hommes. — Et que has tu veu? fis-je. — Ay veu, dit-il, une belle femme en train d'estre achepvée, pour ce que il luy falloyt une seule cheville que un ieune fabricquant luy bouttoyt en grant ardeur. Aussitost faicte, elle a viré, parlé et baisé son manufacturier. — Soupez, fis-je. Puis, durant la nuict, ie ratournay en Bourgongne et le lairray à sa mère, en grant paour que à la prime ville il ne voulust boutter sa cheville en quelque fille.

— Ces dicts enfants font souvent telles resparties, fit le Parisien. Celuy de mon voisin descouvrit le cocquaige de son père par ung mot que vécy. Ung soir ie luy dis, pour sçavoir s'il estoyt bien appris en l'eschole ez chouses de la religion : — Que est-ce que l'espérance ? — Ung gros arbalestrier du Roy, qui entre ceans quand mon père en sort, fit-il. De faict le sergeant des arbalestriers du Roy estoyt ainsi surnommé en sa compaignie. Le voisin feut quinauld d'ouyr ce mot, et, encores que par contenance il se contemqlast au mirouere, il ne put y veoir ses cornes.

Le baron fit ceste remarque que le dire de cettuy gars estoyt bel en cecy : que de faict l'Espérance est une garse qui vient coucher avecques nous alors que les réalitez de la vie font deffault.

— Ung cocqu est-il faict à l'imaige de Dieu? dit le Bourguignon.

— Non, fit le Parisien, pour ce que Dieu feut saige en cecy qu'il ne ha point prins femme, aussy est-il heureux durant l'éternité.

— Ains, dit la servante, les cocqus sont faicts à l'imaige de Dieu paravant d'estre encornez.

Sur ce, les trois pèlerins mauldirent les femmes, en disant que par elles se faisoyent tous maulx en ce monde.

— Leurs caz sont creux comme heaulmes, dict le Bourguignon.

— Leur cueur est droict comme serpe, fit le Parisien.

— Pourquoy voit-on tant de pèlerins et si peu de pèlerines? fit le baron allemand.

— Leurs damnez caz ne pèchent point, respondit le Parisien. Le caz ne cognoist ni père ni mère, ni les commandemens de Dieu ni ceulx de l'Ecclise, ni loys divines ni loys humaines; le caz ne sçayt aulcune doctrine, n'entend point les hérésies, ne sçauroyt estre reprouché, il est innocent de tout et rit tousiours; son entendement est nul, et pour ce l'ay-je en horreur et détestation profunde.

— Aussy moy, fit le Bourguignon, et ie commence à concepvoir la variante faicte par ung sçavant ez versets de la Bible en lesquels il est rendu compte de la création. En ce commentaire, que nous nommons ung noël en nostre pays, gist la raison de l'imperfection du caz des femmes, duquel, au rebours des aultres femelles, aulcun homme ne sçauroyt estanchier la soif, tant s'y rencontre ardeur diabolicque. En ce noël, il est dict que le Seigneur Dieu ayant torné la teste pour resguarder un asne, lequel brayoyt pour la prime foys en son paradiz, durant que il fabricquoyt Eve, le diable print ce temps pour boutter son doigt en ceste trop parfaicte créature et fit une chaulde blessure que le Seigneur eut cure de bouschier par ung poinct, d'où les pucelles. Au moyen de ceste bride, la femme debvoyt demourer close et les enfans se fabricquer à la manière dont le Seigneur avoyt faict les anges, par ung plaizir autant au-dessus du charnel que le ciel estoyt au-dessus de la terre. Advizant ceste closture, le diable, marri d'estre quinauld, tira par la peau le sieur Adam qui dormoyt et l'estendit en imitation de sa queue diabolicque, ains, pour ce que le père des hommes estoyt sur le dos, cet appendix se trouva devant. Par ainsy, ces deux diableries eurent la passion de soy réunir par la loy des similaires que Dieu avoyt faicte pour le train de ses mondes De là vint le prime péché, et les douleurs du genre humain, pour ce que Dieu, voyant l'ouvraige du diable, se compleut à sçavoir ce qui en adviendroyt.

La servante dit lors que ils avoyent moult raison en leurs dires, pour ce que la femme estoyt ung maulvais bestail, et que elle en cognoisscyt que elle aymeroyt mieulx en terre qu'en prez. Les pèlerins, voyant lors que ceste fille estoyt belle, eurent paour de faillir à leurs vœux, et s'allèrent couchier. La fille vint dire à sa maistresse que elle logioyt des mescréans et luy raconta leurs dires en l'endroict des femmes.

— Hé ! fit l'hostellière, peu me chault des pensiers que les chalands ont en leurs cervelles, pourveu que leurs bougettes soyent moult guarnies.

Ains, lorsque la servante eut parlé des ioyaulx :

— Vécy qui resguarde toutes les femmes, dit-elle trez-esmeue. Allons les arraizonner, ie prends les nobles et ie te baille le bourgeoys.

L'hostellière, qui estoyt la plus pute bourgeoyse de la duchié de Milan, desvalla en la chambre où couchioyent le sire de La Vaugrenand et le baron allemand, et les congratula sur leurs vœux, en leur disant que les femmes n'y perdroyent pas grant chouse; ains que, pour accomplir ces dicts vœux, besoing estoyt de sçavoir s'ils résisteroyent à la plus miesvre des tentations. Lors elle s'offrit à couchier près d'eulx, tant elle estoyt curieuse de vérifier si elle ne seroyt point chevaulchiée, ce qui ne luy estoyt advenu dedans aulcun lict où elle avoyt eu compaignie d'homme.

L'endemain, au desieuner, la servante avoyt l'annel au doigt; la maistresse avoyt la chaisne d'or au col et les perles aux aureilles. Les trois pèlerins demourèrent en ceste dicte ville environ ung moys; y despendirent l'argent que ils portoyent en leurs bougettes, et convindrent que, s'ils avoyent faict telles mauldissons sur les femmes, ce estoyt pour ce que ils ne avoyent point gousté aux Milanaises.

A son ratourner en Allemaigne, le baron fit ceste observation que il ne estoyt coulpable que d'ung péché, ce estoyt d'estre en son chastel. Le bourgeoys de Paris revint avecques forces cocquilles et trouva sa bourgeoyse avecques l'Espérance. Le sire Bourguignon vit la dame de La Vaugrenand tant marrie qu'il faillit crever des consolations qu'il luy bailla, nonobstant ses dires.

Cecy prouve que nous debvons nous taire ez hostelleries.

NAIFVETÉ

Par la double rouge creste de mon cocq, et par la doubleure roze de la pantophle noire de ma mye! Par toutes les cornes des bien-aymez cocqus et par la vertu de leurs sacrosainctes femmes la plus belle œuvre que font les hommes n'est ni les poesmes ni les toiles painctes, ni les musicques, ni les chasteaulx, ni les statues, tant bien sculptées soyent-elles, ni les galères à voiles ou à rames, ains les enfans. Entendez les enfans iusques en l'aage de dix années, pour ce que après ils deviennent hommes ou femmes, et prenant de la raison ne valent pas ce que ils ont cousté : les pires sont les meilleurs. Considérez-les iouant avecques tout naïfvement, avecques soliers, surtout les fenestrez, avecques les outils de mesnaige, lairrant ce qui leur desplaist, criant après ce qui leur plaist, hallebotant les doulceurs et confictureries en la maison, grignotant les reserves, et tousiours riant alors que les dents sont poulsées hors, vous serez de cet adviz que ils sont délicieux de tout poinct, oultre que ils sont fleur et fruict, fruict d'amour et fleur de vie. Doncques, tant que leur entendement n'est point desvoyé par les remue-mesnaiges de la vie, il n'est rien en ce monde de plus sainct ne de plus plaizant que leurs dires, lesquels tiennent le hault bout en naïfveté. Cecy est vray comme la double fressure d'ung bœuf. Oncques n'ouyrez un homme estre naïf à la méthode des enfans, veu que il se rencontre on ne sçayt quel ingrédient de raison en la naïfveté d'un homme, tandis que la naïfveté des enfans est candide, immaculée, et sent la finesse de la mère, ce qui esclatte en cettuy conte.

La Royne Catherine estoyt en cettuy tems Daulphine, et pour se faire bien venir du Roy son beau-père, lequel alloyt lors pietrement, le guerdonnoyt de tems à aultre de tableaux italians, saichant que il les aimoyt moult, estant amy du sieur Raphael d'Urbin, des sieurs Primatice et Leonardo da Vinci, auxquels il envoyoyt de notables sommes. Adoncques elle obtint de sa famille, laquelle avoyt la fleur de ces travaulx, pour ce que le duc Medici gouvernoyt lors la Toscquane, ung précieux quadre painct par ung Venicien ayant nom Titian, paintre de l'empereur Charles et trez en faveur, où il avoyt pourtraict Adam et Eve au moment où Dieu les lairroyt devizer dedans le paradis terrestre, et estoyent de grandeur naturelle dans le costume de leur tems, sur lequel il est difficile d'errer, veu que ils estoyent vestus de leur ignorance et caparassonnez de la graace divine qui les enveloppoyt, chouses ardues à paindre à cause de la couleur et ce en quoy avoyt excellé mon dict sieur Titian. Le tableau feut mis en la chambre du paouvre Roy, qui lors souffroyt moult du mal dont il mourut. Ceste paincteure eut ung grant succez à la Court de France où chascun souloyt la veoir, ains aulcun n'eut ceste licence avant la mort du Roy, veu que, sur son dezir, ce dict cadre feut lairré dedans sa chambre autant que il vesquit.

Un iour madame Catherine mena chez le Roy son fils Françoys et la petite Margot, lesquels commençoyent à parler à tort et à travers, comme font tous enfans. Ores cy, ores là, ces dicts enfans avoyent entendu causer de ce pourtraict d'Adam et d'Eve, et avoyent tormenté leur mère à ceste fin que elles les y menast. Veu que ces deux petits esgayoyent parfoys le vieulx Roy, madame la Daulphine les y conduisit.

— Vous avez voulu veoir Adam et Eve, qui sont nos premiers parens : les vécy, fit-elle. Adoncques elle les lairra en grant estomirement devant le tableau du sieur Titian, et s'assit au chevet du Roy, lequel print plaizir à resguarder les enfans.

— Lequel des deux est Adam? fict Françoys en poulsant le coude sa sœur Marguerite.

— Ignard, respartit la fille, pour le sçavoir, fauldroyt que ils feussent vestus.

Ceste résponse, qui ravit le paouvre Roy et la mère, feut consignée en une lettre escripte à Florence par la royne Catherine.

Nul escripvain ne l'ayant mise en lumière, elle demourera comme fleur en ung coin de ces dicts contes, encores que elles ne soyt nullement droslaticque, et que il n'y ayt aultre enseignement à en tirer que, pour iouir de ces iolys mots d'enfance, besoing est de faire des enfans.

LA BELLE IMPERIA MARIÉE

COMMENT SE PRINT MADAME IMPÉRIA DANS LES FILETS QUE ELLE AVOYT ACCOUSTUMÉ TENDRE A SES PIGEONS D'AMOUR.

La belle madame Impéria, laquelle ouvre glorieusement ces dicts contes, pour ce que elle ha esté la gloire de son tems, feut contraincte à venir en la ville de Rome, après la tenue du concile, veu que le cardinal de Raguse l'aymoyt à en perdre sa barette et voulut la guarder près de luy. Ce braguard estoyt tant magnificque que il la guerdonna du beau palais que elle eut en ceste dicte ville de Rome. Vers ce tems elle éprouva le malheur d'estre engrossée par cestuy cardinal. Comme ung chascun sçayt, ceste grossesse fina par une belle fille de laquelle le pape dit en gaussant que besoing estoyt la nommer Théodore, comme si vous disiez *guerdon de Dieu*. La fille feut nommee amsy, et feut belle par admiration. Le cardinal lairra son héritaige à madame Théodore, que la belle Impéria establit en son hostel, veu que elle s'enfuit de ceste ville de Rome comme d'un endroict pernicieux où se faisoyent enfans, où elle avoyt failli guaster sa taille amoureuse et ses inclytes perfections, lignes de corps, courbeures du dos, plans délicieux, mignonneries serpentines qui la bouttoyent au-dessus des aultres femmes de la chrestienté autant que le sainct Père est au-dessus des aultres chrestiens. Ains tous ses amants sceurent que par l'aide de onze docteurs de Padoue, de sept maistres myrrhes de Pavie et de cinq chirurgiens venus de toutes parts qui l'assistèrent en ses couches, elle feut saulvée de tout dommaige. Aulcuns dirent que elle y avoyt gaigné en superfinesse et blancheur de tainct. Un illustre de l'eschole de Salerne escripvit à ce proupos ung livre pour démonstrer l'opportunité d'une couche pour la frescheur, santé conservation et beaulté des dames. En ce livre trez-docte, il feut lair pour les lecteurs que ce qui estoyt plus bel à veoir en madame Impéria estoyt ce que il n'estoyt licite qu'à ses amants resguarder ; caz rare, veu que elle ne se despouilloyt point pour les petits princes d'Allemaigne que elle appeloyt ses margraves, burgraves, électeurs et ducs, comme ung capitaine faict de ses souldards.

Ung chascun sçayt encores que, advenue en l'aage de dix-huict ans, la belle Théodore, pour rachepter la folle vie de sa mère, voulut soy mettre en religion en lairrant tous ses biens au couvent des Clairistes. En ceste vizée, s'adonna à ung cardinal qui la disposoyt à faire ses dévotions. Ce maulvais bergier trouva son ouaille si magnificquement belle que il tenta la forcer. La Théodore se tua lors d'ung coup de stylet pour ne point estre contaminée par ce dessus dict prebstre. Ceste adventure, consignée ez histoires du tems, effraya moult la dicte ville de Rome et feut ung dueuil pour tous, tant estoyt aymée la fille de madame Impéria.

Alors ceste noble courtizane affligée ratourna en ceste ville de Rome pour y plourer sa paouvre fille; elle desvalloyt en la trente-neufviesme année de son aage, qui feut, suyvant les autheurs, la saison la plus verde de sa magnificque beaulté, pour ce que tout en elle se trouvoyt lors en poinct de perfection, comme en ung fruict meur. La douleur la fit trez-auguste et trez-aspre pour ceulx qui luy parloyent d'amour à ceste fin de seicher ses larmes. Le pape luy-mesme vint en son palais luy bailler aulcunes paroles d'admonition. Ains elle demoura dedans le dueuil, disant que elle s'adonneroyt à Dieu, veu que elle n'avoyt oncques esté satisfaicte d'aulcun homme, encores que elle en eust veu moult, pour ce que tous, voire ung petit prebstre que elle avoyt adoré comme chaasse, l'avoyent truphée, tandis que Dieu ne la trupheroyt point. Ceste résolution fit trembler ung chascun, car elle estoyt la ioye d'ung numbre infini de seigneurs. Aussy s'abordoyt-on dedans les reues de Rome se disant : — Où en est madame Impéria? Va-t-elle desnuer le monde d'amour ? Aulcuns ambassadeurs en escripvirent à leurs maistres. L'empereur des Romains feut moult marri, pour ce que il avoyt moult beaudouiné comme ung fol durant unze semaines avecques madame Impéria, ne l'avoyt lairrée que pour aller en guerre, et l'aymoyt encores comme son plus précieux membre qui, pour luy, maulgré l'adviz de ses courtisans, estoyt l'œil, pour ce que, suyvant son dire, il estreignoyt toute sa chière Impéria. En ceste extresmité le pape fit venir ung médecin hespaignol et le conduisit à la belle Impéria, lequel prouva fort habilement, par raisons déduictes et aornées de citations griecques et latines, que la beaulté s'amoindrissoyt par tels pleurs et marrisson, et que par la porte des chagrins se glissoyent les rides. Ceste proposition, confirmée par les docteurs en controverse du Sacré Collége, eut pour effect de faire ouvrir le palais dès la vesprée de ce iour. Les ieunes cardinaulx, les envoyez des pays estranges, ceulx qui avoyent de grants biens et les principaux de ceste dicte ville de Rome, vindrent, encombrèrent les salles et menèrent une maistresse feste; le menu populaire alluma feux de ioye; par ainsy tout célébra le ratourner de la royne des plaizirs à son ouvraige, car elle estoyt en cestuy tems la souveraine des amours. Les manouvriers en tout art l'aymoyent moult, pour ce que elle despendoyt de notables sommes pour esdifier une ecclise en la dicte ville, où se voyoyt le tumbeau de la Théodore, lequel feut destruict au sacq de Rome, lorsque mourut le traistre connestable de Bourbon, pour ce que ceste saincte fille y feut mise en ung cercueil d'argent massif et doré que voulurent avoir les damnez souldards. Ceste basilicque cousta, dict-on, plus que la pyramide bastie iadis par la dame Rhodepa, courtizane ægyptiacque, dix-huict cents ans avant la venue de nostre divin Saulveur, laquelle tesmoingne de l'anticquité de ce plaizant mestier, combien chier payoyent la ioye les saiges Ægyptiacques, et combien tout s'en va diminuant, veu que pour ung teston vous avez une chemisée de chair blanche, en la reue du Petit-Heuleu, à Paris. Est-ce pas une abomination ?

Oncques ne apparcut si belle madame Impéria que durant ceste prime feste après son dueniL Tous les princes, cardinaulx et aultres, disoyent que elle estoyt digne des hommaiges de la terre entière, laquelle se trouvoyt représentée auprès d'elle par ung seigneur de chascun des pays cogneus, et par ainsy feut amplement démonstré que la beaulté estoyt en tous lieux la royne de toutes chouses. L'envoyé du roy de France, lequel estoyt ung cadet de la maison de l'Isle-Adam, vint sur le tard, encores que il n'eust oncques veu madame Impéria, et feut trez-curieux de la veoir. Ce estoyt un ioly ieune chevalier qui avoyt plu moult au roy de France, en la court duquel il avoyt une mye que il aymoyt aveccques une tendresse infinie, laquelle estoyt une fille de monsieur de Montmorency, seigneur de qui les domaines avoisinoyent ceulx de la maijon de l'Isle-Adam. A cettuy cadet desnué de tout poinct, le Roy avoyt baillé aulcunes missions en la duchié de Milan, desquelles il s'estoyt tant prudemment acquitté, que pour ce venoyt d'estre envoyé à Rome à ceste fin d'advancer les négociations maieures dont les historiens ont amplement escript en leurs livres. Orcs, s'il n'avoyt rien à luy, le paouvre mignon l'Isle-Adam se fioyt sur ung si bon commencement. Il estoyt miesvre de taille, ains torné droict comme une coulumne, brun aveccques des yeulx noirs qui soleilloyent et une vraye barbe de vieulx légat à qui l'on ne pouvoyt rien vendre ; ains par-dessus sa finesse il avoyt un aër d'enfant naïu qui le faisoyt aymable et gentil comme petite fille rieuse. Dès que cestuy gentilhomme se pourmena chez elle, et que elle le vit, madame Impéria se sentit mordue par une phantaisie supérieure qui luy pinça véhémentement son luth, et y fit rendre ung son que elle n'avoyt point entendu de long tems. Aussy feut-elle tant enivrée d'amour vraye, à la veue de ceste frescheur de ieunesse, que, n'estoyt son impériale maiesté, elle eust esté baiser ces bonnes ioues qui reluisoyent comme petites pommes. Orcs, saichez cecy : que les femmes dictes preudes et dames à cottes armoiriées ignorent de tout poinct la nature de l'homme, pour ce que elles se tiennent à ung seul, comme la royne de France, qui cuydoyt tous les hommes estre punays, le Roy l'estant ; ains une haulte courtizane comme estoyt madame Impéria cognoissoyt l'homme à fund, pour ce que elle en avoyt manié ung grant numbre. En son réduict ung chascun ne estoyt pas plus honteux qu'ung chien qui roussecaille sa mère, et se monstroyt comme il estoyt, se disant que il ne la verroyt point ung long tems. Ayant souvent desplouré ceste subiection, par aulcunes foys elle disoyt que elle estoyt plus tost ung souffre-plaizir que ung souffre-douleur. Là estoyt l'envers de sa vie. Faictes estaque besoing estoyt souvent à un amoureux de la charge d'ung mulet en escuz pour s'annuicter en son lict, encores que le braguard feust réduict à se couper la gorge pour ung refluz. Doncques, pour elle, la feste feut d'esprouver phantaisie de ieunesse pareille à celle que elle eut pour ce petit prebstre dont le conte est en teste de ces dixains ; mais, pour ce que son aage estoyt plus advancé que dans ce ioly tems, l'amour feut aussy plus asprement establi en elle, et vit bien que il estoyt de la nature du feu, veu que il ne tarda point à se faire sentir ; de faict elle souffrit en sa peau comme chat qu'on escorche, et tant que elle eut envie de saulter à ce gentilhomme et l'emporter en son lict comme faict ung milan d'une proye, ains se contint en ses iuppes, et à grant poine. Alors que il vint la saluer, elle s'acresta, se harnacha de sa maiesté la plus esquarlatte, comme font celles qui ont un engonage d'amour au cueur. Ceste gravité à l'encontre de ce ieune ambassadeur estoyt tant griefve que aulcuns cuydèrent que elle avoyt une occupation pour luy, équivocquant sur ce mot, suyvant la fasson de ce tems. L'Isle-Adam, se saichant bien aymé de sa mye, se soulcioyt peu de madame Impéria grave ou fallotte, et se rigola comme chievre desliée. La courtizane, en hault despit de ce, muta ses flustes : de maussade, se fit sade et sadinette ; vint à luy, agresla sa voix, aiguiza son resguard, dodelina de la teste, le frosla de sa mansche, luy dit Monseigneur, l'estreignit de paroles byssines, ioua des doigts en sa main et fina par luy soubrire trez-accortement. Luy, ne songiant point que si petit compaignon luy allast, veu que il estoyt desnué de deniers et ne sçavoyt point que sa beaulté valoyt pour elle tous les threzors du monde, ne donna point dans ces filetz et demoura sur ses ergots, le poing en la hanche. Ceste mescognoissance de sa phantaisie irrita le cueur de Madame, qui par ceste estincelle feut mis en feu. Si vous doubtez de cecy, ce est pour ce que vous ne sçavez ce que estoyt du mestier de madame Impéria laquelle, par force de le faire, pouvoyt lors estre accomparée à une cheminée en laquelle il se estoyt allumé numbre infini de feux ioyeulx qui l'avoyent encumbrée de suyes ; en cet estat une allumette suffict à tout brusler là où cent fagots ont fumé à l'aise. Doncques elle flamboyt en elle-mesme du hault en bas d'une manière horrible, et ne pouvoyt estre estaincte que par l'eaue de l'amour. Le cadet de l'Isle-Adam issyt sans rien veoir de ceste ardeur. Madame, dezesperée de sa despartie, perdit le sens de la teste aux talons, et si bien que elle l'envoya querrir par les gualleries, en le conviant à couchier avecques elle. Comptez que en aulcun tems de sa vie elle ne avoyt eu ceste couardise ne pour roy, ne pour pape, ne pour empereur, veu que le hault prix de son corps venoyt du servaige où elle tenoyt l'homme, que tant plus elle abaissoyt, tant plus elle s'eslevoyt. Il feut lors dict à ce desdaingneux par la prime meschine, qui estoyt finaude, que vérisimilement il auroyt une belle entrée de lict, car sans doubte aulcun Madame le resgualeroyt de ses plus mignonnes inventions d'amour. L'Isle-Adam us les salles, trez-heureux de ce caz fortuit. Alors que l'envoyé de France se remonstra, comme ung chascun avoyt veu blesmir Madame de sa despartie, ce feut ung train de ioye œcumenicque, pour ce que ung chascun feut aise de luy veoir reprendre sa belle vie d'amour. Ung cardinal angloys qui avoyt humé plus d'ung piot ventru et vouloyt taster de la belle Impéria vint à l'Isle-Adam, et luy dit en l'aureille : — Quenoillez-la dru, à ceste fin que oncques elle ne nous eschappe. L'histoire de ceste nuictée feut dicte au pape à son lever, lequel respondit : — *Lœtamini, gentes, quoniam surrexit Dominus*. Citation que les vieulx cardinaulx abominèrent comme profanation des textes sacrez. Ce que voyant, le pape les rabbroua moult et print occasion de les sepmondre en leur disant que, s'ils estoyent bons chrestiens, ils estoyent maulvais politicques. De faict, il comptoyt sur la belle Impéria pour apprivoiser l'empereur, et dans ceste vizée, il la seringuoyt de flatteries.

Le palais estainct, les flaccons d'or à terre, les gens ivres sommeillant au rez des tapis, Madame rentra dedans la salle où elle couchioyt, en tenant par la main son chier amy esleu, bien aise et advouant du depuis que elle eut phantaisie si roide que elle avoyt failli se couchier à terre comme beste de somme, en luy disant de l'escraser, si faire se pouvoyt. L'Isle-Adam deffit ses vestemens et se couchia comme chez luy ; ce que voyant, Madame saulta l'estrade en piaffant sur ses iuppes à peine deffaictes et vint au déduict avecques une brutalité de laquelle s'estomirèrent ses femmes, qui la sçavoyent autant preude femme au lict que pas une. Cet estonnement gaigna tout le pays, veu que les deux amants demourèrent dedans ce lict durant neuf iours, beuvant, mangiant et faisant cricquon cricquette d'une fasson magistrale et superlative. Madame disoyt à ses femmes avoir mis la main sur ung fenice d'amour, veu que il renaissoyt à tous coups. Il ne feut bruict dedans Rome et l'Italie que de ceste victoire remportée sur Impéria, qui se iactoyt de ne le céder à aulcun homme, et crachioyt sur tous, voire sur les ducs ; car pour ce qui est des dessusdicts burgraves et margraves, elle leur bailloyt la queue de sa robbe à tenir, et disoyt que, si elle ne marchioyt sur eulx, ils marcheroyent sur elle. Madame advouoyt à ses meschines que, au rebours des aultres hommes que elle avoyt supportez, tant plus elle mignotoyt cestuy enfant d'amour, tant plus elle souloyt le mignoter, et ne sçauroyt oncques se passer de luy, ne de ses beaulx yeulx qui

l'aveugloyent, ne de sa branche de corail de laquelle avoyt tous-
jours faim et soif. Elle dit encores que, s'il avoyt tel dezir, elle luy
lairreroyt sugcer son sang, mangier ses tettins qui estoyent les
plus beaulx du monde, et couper ses cheveulx desquels elle ne
avoyt donné qu'ung seul à son bon empereur des Romains, qui le
guardoyt en son col comme précieuse relicque; finablement, elle
advoua que de ceste nuictée seulement commençoyt sa vraye vie,
pour ce que ce Villiers de l'Isle-Adam la faisoyt esmeue au déduict
et luy mouvoyt le sang par trois voltes au cueur durant une frostée
de mousches. Ces dires estant cogneus firent ung chascun moult
mary. Dès sa prime sortie, madame Impéria dit aux dames de
Rome que elle mourroyt de male mort, si elle estoyt lairrée par
cettuy gentilhomme, et se fairoyt picquer comme la royne Cléo-
pastra par ung scorpion ou aspicq; en fin de tout, elle desclaira
trez-apertement que elle disoyt un éterne adieu à ses folles imaginations et monstreroyt au monde entier ce que estoyt de la vertu,
en abandonnant son bel empire pour cestuy Villiers de l'Isle-
Adam, duquel elle aymoyt mieulx estre la servante que regner sur
la chrestienté. Le cardinal angloys remonstra au pape que ce estoyt une infasme dépravation que ceste amour vraye pour ung
seul au cueur d'une femme qui estoyt la ioye de tous, et qu'il
debvoyt frapper de quatre nullitez par ung bref *in partibus* ce
mariaige qui mulctoyt le beau monde. Ains l'amour de ceste
paouvre fille, qui lors confessoyt les misères de sa vie, estoyt
chouse si iolye et remuoyt tant la fressure au plus maulvais garson, que elle fit taire tous les dires, et ung chascun luy pardoüa
son heur. Un iour de quaresme, la bonne Impéria fit ieusner ses
gens, leur commanda de soy confesser et revenir à Dieu; puis
elle-mesme alla se geeter au rez des pieds du pape, et y fit tel repentir d'amour que elle obtint de luy remission de tous ses péchez, cuydant que l'absolution de mon dict pape communicque-
royt à son ame le pucelaige que elle se douloyt de ne pouvoir
offrir à son amy. Besoing est de croire que la piscine ecclésiasticque
eut aulcune vertu, veu que le paouvre cadet feut enveloppé de
retz si bien engluez que il se cuydoyt ez cieulx, et lairra les négociations du roy de France, lairra son amour pour la damoiselle de
Montmorency, finablement lairra tout pour marier madame Impéria à ceste fin de vivre et mourir avecques elle. Voilà quel feut
l'effect des savantes manières de ceste grant dame de plaizir, une

foys que sa science torna au prouffict d'un amour de bon aloy. Madame Impéria fit ses adieux à ses mignons et pigeons par une feste royale donnée pour ses nopces, qui feurent merveilleuses et auxquelles vindrent les princes italians. Elle avoyt, ce dict-on, ung million d'escuz d'or. Veu l'énormité de ceste somme, ung chascun, loing de blasmer l'Isle-Adam, luy fit force complimens, pour ce que il feut apertement demonstré que ne madame Impéria, ne son ieune espoulx, ne songioyent ne l'ung ne l'aultre à ces grants biens, tant la chousette estoyt leur unicque pensier. Le pape bénit leur mariaige et dict que ce estoyt bel à veoir ceste fin d'une vierge folle, laquelle faisoyt retour à Dieu par voye de mariaige. Ains, pendant ceste extresme nuict où il feut licite à tous veoir la royne de beaulté qui alloyt devenir simple chastelaine au pays de France, il y eut bon numbre de gens qui desplourèrent les nuictées de bons rires, les médianoches, festes masquées, iolys tours et ces heures molles où chascun luy vuydoyt son cueur; enfin eurent regret de toutes les aises qui se trouvoyent chez ceste superfine créature, laquelle parut plus alleschante qu'en aulcun printems de sa vie, veu que son extresme ardeur chordiale la faisoyt reluire comme soleil. Moult se lamentoyent sur ce qu'elle avoyt eu la tristifiante phantaisie de finer en femme de bien, à ceulx-ci madame de l'Isle-Adam disoyt en iocquetant que après vingt-quatre années employées à faire le bien publicq, elle avoyt bien gaigné de soy reposer ; aulcuns luy remonstrèrent que, pour loing que feust le soleil, ung chascun s'y chauffioyt, tandis que elle ne se monstreroyt plus à eulx ; à ceux-là, elle respondit que elle auroyt encores des soubrires pour les seigneurs qui viendroyent veoir comment elle ioueroyt le role de femme de bien. A ce, l'envoyé angloys dit que elle estoyt capable de tout, mesme de poulser la vertu au poinct supresme. Elle lairra ung présent à ung chascun de ses amys, de notables sommes aux paouvres et souffreteux de Rome ; puis fit abandon au couvent où debvoyt estre sa fille et à l'ecclise que elle bastissoyt des deniers que elle avoyt héritez de la Théodore et qui venoyent dudict cardinal de Raguse.

Alors que les deux espoux s'arroutèrent, ils feurent accompaignez iusques à ung grant bout de chemin par des chevaliers eu dueuil et voire par le peuple, qui leur fit mille soubhaits de bon heur, pour ce que madame Impéria n'avoyt de rigueur que pour les grants et se monstroyt universellement doulce aux paouvres.

Ceste belle royne des amours feut festée ainsy sur son passaige en toutes les villes d'Italie où le bruict de sa conversion se estoyt respandu, et où ung chascun estoyt curieux de veoir ces deux espoux si amants, caz rare. Plusieurs princes receurent à leur court ce ioly couple, disant que besoing estoyt de faire honneur à ceste femme qui avoyt le couraige de renoncer à son empire sur tous pour devenir femme de bien. Ains il y eut ung maulvais garson qui estoyt monseigneur le duc de Ferrare, lequel dit au cadet de l'Isle-Adam que sa grant fortune ne luy coustoyt pas chier. A ceste prime offense, madame Impéria monstra combien elle avoyt le cueur hault, veu que elle abandonna tous les escuz venant de ses pigeons d'amour, pour l'aornement du duome de Santa Maria del Fiore en la ville de Florence, ce qui fit rire aux despens du sire d'Este, lequel se iactoyt de bastir une ecclise maulgré la miesvrerie de ses revenus; et comptez que il feut moult blasmé de ce mot par son frère le cardinal. La belle Impéria ne conserva que ses biens à elle et ceulx que l'empereur luy avoyt accordez par pure amitié depuis sa despartie, lesquels estoyent considérables. Le cadet de l'Isle-Adam eut une rencontre avecques ce duc, en laquelle il le blessa. Par ainsy madame de l'Isle-Adam ne son mary ne purent estre reprouchez en aulcune manière. Ce traict de chevallerie la fit glorieusement accueillir par tous les lieux de son passaige, et surtout en Piedmont, où les festes feurent trez-guallantes. Les vers, comme sonnets, espithalames et odes que composèrent lors les poëtes, ont esté mis en aulcuns recueils; ains toute poësie estoyt pietre auprès d'elle qui, suyvant ung mot de messer Boccacio, estoyt la poësie mesme.

Le prix en ce tournoy de festes et guallanteries feut au bon empereur des Romains, lequel, saichant la sottie du duc de Ferrare, despescha un envoyé à sa mye, enchargié de lettres manuscriptes latines, en lesquelles il luy disoyt l'aymer tant pour elle-mesme que il estoyt tout ioyeulx de la sçavoir heureuse, ains triste que tout son heur ne vinst pas de luy; que il y perdoyt le droict de la guerdonner, ains que, si le roy de France luy faisoyt fresche mine, il tiendroyt à honneur d'acquérir ung Villiers au sainct empire, et luy donneroyt telles principautez que il vouldroyt choisir en ses domaines. La belle Impéria fit response que elle sçavoyt l'empereur trez-grant, ains que, deust-elle souffrir en France mille affronts, elle deslibéroyt y finer ses iours.

COMMENT FINA CESTUY MARIAIGE.

Dans le doubte d'estre ou non accueillie, point ne voulut aller à la court la dame de l'Isle-Adam, ains vesquit ez champs où son dict sieur espoux luy fit ung bel establissement en acheptant la seigneurie de Beaumont-le-Vicomte, ce qui donna lieu à l'équivocque sur ce nom relatée par nostre bien aymé Rabelays dans son trezmagnificque livre. Le cadet acquit encores la seigneurie de Nointel, la forest de Carenelle, Sainct-Martin et aultres lieux voisins de l'Isle-Adam où demouroyt son frère Villiers. Ces dicts acquets le firent le plus puissant seigneur en l'Isle-de-France et vicomté de Paris. Il eut cure de bastir ung merveilleux chastel lez-Beaumont, qui feut ruyné piéçà par l'Angloys, et l'aorna des meubles, bobans, tapis estranges, bahuts, tableaux, statues et curiosités de sa femme, laquelle estoyt bonne cognoisseuse, ce qui accomparaigea cestuy manoir aux plus magnificques chasteaulx cogneus. Les deux espoux menèrent une vie tant enviée de tous que il n'estoyt bruict en la ville de Paris et en la court que de cestuy mariaige, de l'heur du sire de Beaumont et par-dessus tout de la parfaicte, léale, gracieuse et religieuse vie de sa femme que, par coustume prinse, aulcuns nommoyent tousiours madame Impéria; laquelle ne estoyt plus ne fière, ne trenchante comme acier, ains avoyt les vertus et qualitez d'une femme de bien, à en remonstrer à une royne. Elle estoyt bien aymée de l'Ecclise pour sa grant religion, veu que elle n'avoyt oncques oublié Dieu, ayant, comme elle disoyt iadis, moult margaudé avecques les gens d'ecclise, abbez, évesques, cardinaulx, lesquels luy bailloyent eaue benoiste en sa cocquille et entre deux courtines luy ramentevoyent son salut éternel. Les louanges faictes de ceste dame eurent tel effect que le Roy vint en Beauvoisis pour avoir subiect de veoir ceste merveille, et fit au sire la graace de couchier à Beaumont, y demoura trois iours et y mena une chasse royale avecques la Royne et toute la court. Comptez que il feut esmerveiglé, comme aussy la Royne, les dames et la court, des fassons de ceste belle qui feut proclamée dame de cortoizie et de beaulté. Le Roy en prime abord, puys la Royne, et ung chascun soula complimenter l'Isle-Adam d'avoir esleu pareille femme. La modestie de la chastelaine fit plus que n'eust faict la fierté, veu que elle feut conviée à aller en la court et par tout, tant estoyt împérieux son grant cueur, tant estoyt tyrannique son violent amour pour son espoux! Comptez que ses appats mussez soubz les drapeaux de la vertu n'en feurent que plus gentils. Le Roy bailla la charge vacquante de sa lieutenance en l'Isle-de-France et prevosté de Paris à son ancien envoyé, luy donnant le titre de vicomte de Beaumont, ce qui l'establit goubverneur de toute la province, et le mit sur ung grant pied à la court. Ains de ce séiour vint une playe au cueur de madame de Beaumont, pour ce que ung maulvais ialoux de cet heur sans meslange luy demanda en manière de ieu si Beaumont luy avoyt parlé de ses primes amours avecques la damoiselle de Montmorency, laquelle avoyt lors vingt-deux ans, veu que elle en avoyt seize lors du mariaige faict à Rome, laquelle damoiselle l'aymoyt tant que elle demouroyt pucelle, n'entendoyt à aulcun mariaige et se mouroyt de dezespoir en ses cottes, ne pouvant perdre soubvenir de son amant emblé, et vouloyt soy mettre au couvent de Chelles. Madame Impéria, depuis six années que duroyt son heur, n'avoyt oncques ouy ce nom, et recogneut à ce que elle estoyt bien aymée. Faictes estat que cestuy tems avoyt esté consumé comme ung seul iour, que tous deux se cuydoyent mariez de la veille, que chascune des nuicts estoyt une nuict de nopces, et que si, pour aller veoir à ung soing dehors le vicomte s'esloingnoyt de sa femme, il estoyt mélancholicque, ne pouvant la perdre de veue, ne elle non plus, luy. Le Roy, qui aymoyt moult le vicomte, luy dit aussy ung mot qui luy demoura comme espine au cueur en luy disant : — Tu ne has point d'enfants. A quoy Beaumont respondit en homme sur la playe duquel on bouttoyt le doigt : — Monseigneur, mon frère en ha, par ainsy nostre lignaige est affermi. Ores il advint que les deux enfants de son frère moururent de male mort, l'un à ung tournoy par chute de cheval, et l'aultre de maladie. Monsieur de l'Isle-Adam conceut telle douleur de ces deux morts que il périt de ce, tant il aimoyt ses deux fils. Par ainsy, la vicomté de Beaumont, les acquests de Carenelle, de Sainct-Martin, de Nointel et les domaines à l'entour feurent réunis à la seigneurie de l'Isle-Adam, aux forests voisines, et le cadet devint chief de maison. En cestuy tems, Madame comptoyt quarante-cinq ans d'aage et estoyt tousiours idoyne à faire enfants, tant bonne estoyt sa membreure; ains elle ne concevoyt point. Alors que elle vit le lignaige de l'Isle-Adam finé, elle se iacta de produire une lignée. Ores, comme depuis sept années escheues elle n'avoyt oncques eu le plus légier soubpçon d'enfantement, elle cuyda, d'après l'advis d'ung saige physician que elle manda de Paris et fit venir capiettement, que ceste non-fécundation provenoyt de ce que tous deux, elle et son espoux, tousiours plus amants que espoux, prenoyent tant de ioye au déduict, que l'engenreure en estoyt empeschiée. Adoncques durant ung tems elle s'appliqua, la bonne femme, à demourer calme comme une galline soubz le cocq, pour ce que le physician luy avoyt remoustré que, dans l'estat de nature, oncques ne failloyent les bestes à produire, veu que les femelles ne uzoyent d'aulcuns artifices, ne mignoteries, ne lesbinaiges et mille fassons avecques lesquelles les femmes accommodoyent les olives de Poissy ; et pour ce, fit-elle, estoyent à bon titre dictes bestes ; ains elle fit la promesse de ne plus iouer avecques sa chière branche coralline, et mettre en oubly toutes les confictureries que elle avoyt enginiées. Las ! encores que elle se tinst saigement estendue comme ceste Allemande, laquelle feut cause par sa coïte alleure que son espoux la chevaulchia morte et alla le paouvre baron demander absolution de ce caz au pape, qui rendit son célèbre bref où il prioyt les dames de Franconie de se légierement mouvoir au déduict, pour que ce péché n'advinst plus, madame de l'Isle-Adam ne conceut point, et cheut en grant mélancholie. Puis elle commença ià d'observer combien estoyt songeur par moments l'Isle-Adam que elle espia lorsque il cuydoyt n'estre point veu et qui plouroyt de ne avoir aulcun fruict de son amour. Bientost les deux espoux meslèrent leurs pleurs, veu que tout estoyt commun en ce beau mariaige, et que, ne se lairrant point, force estoyt que le penser de l'ung feust le penser de l'aultre. Quand Madame voyoyt l'enfant d'ung paouvre elle se mouroyt de douleur, et en avoyt pour un iour à se resconforter. Voyant ceste grant poine, L'Isle-Adam ordonna que tous enfants se tinssent esloingnez de sa femme, et luy dit les plus doulces paroles, comme que les enfants souvent tournoyent à mal, à quoy elle respondit que un enfant faict par culx qui s'aymoyent tant seroyt le plus bel enfant du monde ; il dit que leurs fieulx pouvoyent périr comme ceulx à son paouvre frère, à quoi elle respondit que elle ne les lairreroyt point s'éloigner de sa iuppe plus qu'une galline faict de ses poussins, tousiours à la ronde de son œil ; enfin avoyt response à tout. Madame fit venir une femme soubpçonnée de magie et qui passoyt pour avoir observé ces mystères, laquelle luy dit que elle avoyt veu souvent femmes qui ne concevoyent point, maulgré leurs estudes à bien faire la ioye, concepvoir en la manière des bestes, laquelle estoyt la plus simple. Lors Madame se mit en debvoir de faire à l'imitation du bestial, et de ce n'obtint aulcune enfleure de ventre, lequel demouroyt ferme et blanc comme marbre. Elle revint à la science physicale des maistres docteurs de Paris, et envoya querrir ung célèbre médecin arabe, lequel estoyt venu lors en France y produire une nouvelle science. Adoncques cestuy médecin, élevé en l'eschole d'ung sieur Averroës, luy dit ceste cruelle sentence : que pour avoir receu trop d'hommes en sa nauf, et s'estre adonnée à leurs phantaisies comme elle avoyt coustume en faisant le ioly mestier d'amour, elle avoyt à tout iamays ruyné certaines grappes où Dame Nature avoyt accroché aulcuns œufs, lesquels, fécundez par les masles, estoyent couvez à couvert et desquels esclozoyent en l'accouchement les petits de toute femelle portant mamelles, ce qui estoyt prouvé par la coëffe traisnée par aulcuns enfants. Ceste argumentation parut si mamallement sotte, beste, niaise, à contre-sens des livres saincts, où est establie la maiesté de l'homme faict à l'imaige de Dieu, et tout au rebours des systèmes suivis, de la saine raison et bonne doctrine, que les docteurs de Paris en firent mille bourdes. Le médecin arabe lairra l'eschole où oncques ne feut question du sieur Averroës, son maistre. Les myrrhes dirent à Madame, qui estoyt venue souricquoisement à Paris, que elle allast son train, veu que elle avoyt eu, durant sa vie d'amour, la belle Théodore du cardinal de Raguse, que le droict de faire enfants demouroyt aux femmes tant que duroyt la marée du sang, et que elle eust cure de multiplier les caz d'enfantement. Cet adviz luy parut tant saige que elle multiplia ses victoires; ains ce feut multiplier ses deffaictes, veu que elle n'obtint que fleurs sans fruict. La paouvre affligée escripvit lors au Pape qui l'aymoyt moult, et luy manda ses douloirs. Le bon Pape luy respondit, par une gracieuse homelie escripte de sa main, que là où la science humaine et les chouses terrestres faisoyent deffault, besoing estoyt de soy torner vers le ciel et implourer la graace de Dieu. Lors feut concluld par elle d'aller pieds nuds, en compagnie de son espoux, devers Nostre Dame de Liesse, célèbre par son intervention en pareil caz; et fit vœu d'y bastir une magnificque cathédrale en merciement d'un enfant. Ains elle se meurdrit et guasta ses iolys pieds, puis ne conceut aultre chouse que le plus violent chagrin, et qui feut tel que aulcuns de ses beaulx cheveulx tombèrent et aulcuns blanchirent. Finablement les facultez de faire enfants luy feurent retirées, d'où vindrent aulcunes espesses vapeurs issues des hypochundres, lesquelles luy iaunirent le tainct. Elle comptoyt lors quarante-neuf années, et habitoyt son chastel de l'Isle-Adam où elle maigrissoyt comme leppreux en l'Hostel-Dieu. La paouvrette se dezesperoyt d'autant plus que l'Isle-Adam estoyt tousiours amoureux et bon comme pain pour elle qui failloyt à son debvoir pour avoir iadis esté trop congnée par les hommes, et ne estoyt plus, suyvant son desdaigneux dire, que ung chauldron à cuire andouilles. Ha! fit-elle par une vesprée où ces pensiers tormentoyent le cueur, maulgré l'Ecclise, maulgré le Roy, maulgré tout, madame de l'Isle-Adam est tousiours la maulvaise Impéria. De faict, elle tomboyt en males raiges quand elle voyoyt ce florissant gentilhomme avoir tout à soubhaits, grants biens, faveur royale, amour sans pair, femme sans secunde, plaisirs comme aulcune n'en donnoyt, et faillir par le poinct le plus chier à ung chief de haulte maison, à sçavoir, la lignée. En ce pensier, elle soubhaitoyt mourir en songiant combien il avoyt esté noble et grant à l'encontre d'elle, et combien elle manquoyt à son debvoir en ne luy baillant point d'enfants, et ne pouvant dezormais luy en bailler. Elle mussa sa douleur au plus profond de son cueur, et conceut une dévotion digne de son grant amour. Pour mettre à fin ceste héroïque vizée, elle se fit encores plus amoureuse, print des soings extremes de ses beaultez, et uza de préceptes savants pour maintenir en estat sa corporence qui gectoyt ung esclat incredible.

Vers ce temps, le sieur de Montmorency vainquit la repulsion de sa fille par le mariaige et il feut moult parlé de son alliance avecques un sieur de Chastillon. Madame Impéria, laquelle estoyt voisine de trois lieues de Montmorency, envoya un iour son mary chasser en forest, et se desporta vers le chastel où demouroyt lors la damoiselle de Montmorency. Venue au plessis, elle s'y pourena, disant à ung serviteur d'informer la damoiselle que une ame avoyt un adviz trez-pressant pour elle, et que elle vinst luy ailler audience. Trez-obturbée par le discours qui luy feut faict es beaultez, courtoizie et suite de la dame incognene, la damoille de Montmorency alla en grant erre ez iardins, et fit la renontre de sa rivale que elle ne cognoissoyt poin...

— Ma mye, fit la paouvre femme plourant de veoir la damoiselle autant belle que elle estoyt, ie sçays que l'on vous contrainct à marier monsieur de Chastillon, encores que vous aymez monsieur de l'Isle-Adam ; ayez fiance en la prophetie que ie vous fais icy, que celuy que vous avez aymé, et qui ne vous ha failly que par des embusches en lesquelles un ange seroyt tombé, sera deslivré de sa vieille femme paravant que les feuilles soyent cheues. Par ainsy votre constante amour aura sa couronne de fleurs. Doncques, ayez le cueur de vous refuser au dict mariaige qui se moyenne, et vous iouirez de vostre bien aymé. Donnez-moy vostre foy de bien aymer l'Isle-Adam qui est le plus gracieux des hommes, de ne iamays luy faire poine, et luy dire de vous descouvrir tous les secrets d'amour inventez par madame Impéria, veu que, en les practicquant, vous ieune, il vous sera facile d'oblitérer la remembrance d'icelle en son esperit. La damoiselle de Montmorency cheut en ung tel estonnement que elle ne sceut faire aulcune response, et lairra ceste royne de beaulté s'esloingner, et la print pour une phée, iusques à ce que ung manouvrier luy dit que ceste phée estoyt madame de l'Isle-Adam. Encores que ceste adventure feust inexpliquable, ceste damoiselle de Montmorency dit à son père que elle ne respondroyt sur l'alliance prouposée qu'après l'automne, tant il est de la nature de l'Amour de se marier à l'Espérance, maulgré les absurdes happelourdes que luy baille à gober comme gasteaulx de miel ceste fallacieuse et gracieuse compaigne. Durant le moys où se cueillent les vignes, madame Impéria ne voulut point que l'Isle-Adam la lairrast et uza de ses plus flambantes ioyes, en telle sorte que vous eussiez cuydé que elle le vouloyt ruyner, veu que, à part luy, l'Isle-Adam creut que il avoyt affaire à une femme neufve par chaque nuictée. Au resveigler, la bonne femme le requestoyt de guarder memoere de ceste amour faicte en toute perfection. Puis, pour sçavoir le vray du cueur de son amy, luy disoyt : Paouvre l'Isle-Adam, nous ne avons pas faict saige de marier un iouvencel comme toy qui prenoys vingt-trois ans avecques une vieille qui couroyt sus à quarante ! Luy respondoyt que son heur estoyt tel qu'il faisoyt mille envieux, que à son aage elle ne avoyt point sa pareille parmi les damoiselles, et que, si iamays elle vieillissoyt, il aymeroyt ses rides, cuydoyt que dans la tumbe elle seroyt iolye et son squelette aimable.

A telles responses qui luy faisoyent venir l'eaue ez yeulx, elle respondit malicieusement ung matin que la damoiselle de Montmorency estoyt bien belle et trez-fidelle. Ce mot fit dire à l'Isle-Adam que elle le mettoyt à mal en lui recordant le seul tort que il avoyt eu eu sa vie, eu faulsaut la parole donnée à sa première mye de laquelle elle avoyt estainct l'amour en son cueur. Ceste candide parole fit que elle le saisit et le serra trez-estroictement, esemue de ceste leaulté de discours là où plusieurs auroyent blessé. — Chier amy, fit-elle, vécy plusieurs iours que ie suis affectée d'une retraction au cueur, de laquelle ie feus dès le ieune aage menassée de mourir, arrest que ha confirmé le physician arabe. Si ie meurs, ie veulx que tu fasses le plus liant serment de chevalier de prendre la damoiselle de Montmorency pour femme. I'ay telles seuretez de mourir que ie lairre mes biens à ta maison soubz la condition de céstuy mariaige. En entendant cecy, l'Isle-Adam blesmit et se sentit foyble au seul pensier d'une séparation éterne avecques sa bonne femme. — Oui, chier threzor d'amour, fit-elle, ie suis punie par Dieu là où se firent mes péchez, pour ce que les grants plaizirs que ie éprouve me dilatent le cueur et ont, suyvant le myrrhe arabe, amoindri les vaisseaux qui, par ung tems de Senegal, creveront; ains i'ay tousiours prié Dieu de m'oster ainsy la vie en l'aage où ie suis, pour ce que ie ne veulx point veoir mes beaultez ruynées par le tems. Ceste grant et noble femme vit lors combien elle estoyt aymée. Vécy comme elle obtint le plus grant sacrifice d'amour qui oncques eust esté faict sur ceste terre. Elle seule sçavoyt quels attraicts estoyent dans les baudouineries, balanogaudisseries et pourlescheries du lict coniugal, qui estoyent telles que le paouvre l'Isle-Adam auroyt mieulx aymé mourir que de se lairrer sevrer des friandises amoureuses que elle y connsoyt. A cet aveu faict par elle que dans une raige d'amour son cueur se briseroyt, le chevalier se gecta à ses genoils, et luy dit que pour la conserver il ne la requerroyt iamays d'amour, que il vivroyt heureux de la veoir et la sentir à ses costez, se contenteroyt de baiser ses coëffes et de se froster à ses iuppes. Lors elle respondit en fundant en eaue que elle préféroyt mourir plus tost que perdre ung seul bouton de son buisson d'esglantines, que elle periroyt comme elle avoyt vescu, veu que pour son heur elle sçavoyt comment faire à ceste fin que un homme la chevaulchiast quand tel estoyt son vouloir, sans que besoing luy feust de dire ung mot.

Cy est urgent de faire sçavoir que elle avoyt eu du dessus dict cardinal de Raguse ung précieux guerdon que ce braguard nommoyt bref *in articulo mortis*. Pardoinez ces trois mots latins qui proviennent du cardinal. Ce estoyt ung flaccon de verre mince, faict à Venice, gros comme une fève, contenant poizon si subtil, qu'en le brisant entre ses dents la mort advenoyt soudain sans nulle douleur, et il avoyt eu ce dict bouccon de la signora Tophana, la bonne faiseuse de poizons en la ville de Rome. Ores cestuy verre estoyt soubz ung chaston de bague, préservé de tout obiect contundant par aulcunes placques d'or. La paouvre Impéria mit aulcunes foys le verre en sa bousche, sans se résouldre à y mordre, tant elle prenoyt plaizir à la venue que elle cuydoyt estre la darrenière. Lors elle se plut à repasser toutes ses fassons de chouser paravant de mordre au verre, puis elle se dit que, alors que elle sentiroyt la plus parfaicte de toutes les ioyes, elle créveroyt le bouccon.

La paouvre créature lairra la vie en la nuict du prime iour d'octobre. Lors feut entendue grant clameur ez forests et nuées, comme si les amours eussent crié : *Le grant Noc est mort !* à l'imitation des dieux payens, lesquels à l'advénement du Saulveur des hommes s'enfuirent ez cieux disant : *Le grant Pan est crevé !* Parole qui feut ouye par aulcuns naviguant en la mer Eubéenne, et conservée par ung Père de l'Ecclise.

Madame Impéria décéda sans estre guastée, tant Dieu avoyt eu cure de faire ung modèle irréprouchable de femme. Elle avoyt, dict-on, une magnificque couloration de tainct causée par le voisinaige des aësles flambantes du Plaizir qui plouroyt et gizoyt près d'elle. Son espoux mena ung dueuil incomparable, ne se doubtant point que elle estoyt morte pour le libérer d'une femme brehaigne, veu que le myrrhe qui l'embaulma ne dit mot sur la cause de ceste mort. Ceste belle œuvre se descouvrit six années après le mariaige du sire avecques la damoiselle de Montmorency, pour ce que ceste nice luy raconta la visite de madame Impéria. Le paouvre gentilhomme traisna dès lors des iours mélancholieux et fina par mourir, ne pouvant forbannir la remembrance des ioyes d'amour que il n'estoyt au pouvoir d'une nigaulde luy restituer ; par ainsy donna la preuve d'une vérité qui se disoyt en ce tems, que ceste femme ne mouroyt iamays dans ung cueur où elle avoyt régné.

Cecy nous apprend que la vertu n'est bien cogneue que par celles qui ont practicqué le vice, pour ce que, parmi les plus preudes femmes, peu eussent ainsy lairré la vie, en quelque hault bout de religion que vous les boutticz.

ÉPILOGUE

Hà! folle mignonne, toy qui es enchargiée d'esgayer la maison, tu has esté, maulgré mille deffenses iteratifves, te veautrer dedans ce bourbier de mélancholie où tu has ià peschié Berthe, et reviens cheveulx desnouez comme fille qui ha forcé ung parti de lansquenets! Où sont tes iolyes esguilles d'or à grelots, tes fleurs filigranées en phantaisies arabesques? où has-tu lairré ta marotte incarnadine aornée de bobans précieux qui couste ung minot de perles? Pourquoy guaster par des larmes pernicieuses tes yeulx noirs si plaizants quand y pétille le sel d'ung conte, que les papes te pardoinent tes dires à l'umbre de tes rires, sentent leur ame prinse entre l'ivoire de tes dents, ont le cueur tiré par la fine roze que darde ta langue, et trocqueroyent leur pantophle contre ung cent des soubrires qui broyent sur tes lèvres le vermillon du bon sang? Garse rieuse, si tu veulx demourer touiours fresche et ieune, ne ploure iamays plus. Songe à chevaulchier les mousches sans brides, a brider avecques de beiles nuees tes chimères caméléonesques, à métamorphoser les réalitez vifves en figures vestues d'iris, caparassonnées de resves cramoisis, emmanschiées d'aësles pers à yeulx de perdrix. Par le Corps et le Sang, par l'Encensoir et le Sceau, par le Livre et l'Espée, par la Guenille et l'Or, par le Son et la Couleur, si tu ratournes en ce bouge d'élégies où les eunuques raccollent des laiderons pour des sultans imbéciles, ie te maudis, ie te trentemille, ie te fais ieusner de miesvreries et d'amour, ie te...

Brouf! La vécy à cheval sur ung rays de soleil en compaignie d'ung dixain qui s'esclaffe en météores aériformes! Elle se ioue dedans leurs prismes en courant si dru, si hault, si hardi, si à contre-sens, à contre-fil, à contre-tout, que besoing est de la cognoistre de longues pleumes pour suivre sa queue de syrène aux facettes d'argent, laquelle frestille emmy les artifices de ces rires nouveaulx. Vray Dieu! elle s'y est ruée comme ung cent d'escholiers dans une haye pleine de murons au débotter des vespres. Au diable le magister! le dixain est parachevé. Foing du travail! à moy, compaignons!

FIN DES CONTES DROLATIQUES.

TABLE

DES

CONTES DROLATIQUES.

PREMIER DIXAIN.

PROLOGUE.	1
LA BELLE IMPÉRIA.	5
LE PÉCHÉ VÉNIEL.	18
LA MYE DU ROY.	51
L'HÉRITIER DU DIABLE.	63
LES IOYEULSETEZ DU ROY LOYS LE UNZIESME	79
LA CONNESTABLE.	94
LA PUCELLE DE THILHOUZE.	109
LE FRÈRE D'ARMES.	115
LE CURÉ D'AZAY-LE-RIDEAU.	129
L'APOSTROPHE.	137
ÉPILOGUE.	146

DEUXIESME DIXAIN.

PROLOGUE.	149
LES TROIS CLERQS DE SAINCT-NICHOLAS.	155
LE JEUSNE DE FRANÇOIS PREMIER.	168
LES BONS PROUPOS DES RELIGIEUSES DE POISSY.	173
COMMENT FEUT BASTI LE CHASTEAU D'AZAY.	186
LA FAULSE COURTIZANE.	200
LE DANGIER D'ESTRE TROP COCQUEBIN.	211
LA CHIERE NUICTÉE D'AMOUR.	220
LE PROSNE DU IOYEULX CURÉ DE MEUDON.	230
LE SUCCUBE.	244
DEZESPERANCE D'AMOUR.	291
ÉPILOGUE.	297

TROISIESME DIXAIN.

PROLOGUE.	30
PERSÉVÉRANCE D'AMOUR.	309
D'UN IUSTICIARD QUI NE SE REMEMBROYT LES CHOUSES	326
SUR LE MOYNE AMADOR QUI FEUT UNG GLORIEUX ABBÉ DE TURPENAY.	336
BERTHE LA REPENTIE.	354
COMMENT LA BELLE FILLE DE PORTILLON QUINAUDA SON IUGE.	383
CY EST DÉMONSTRÉ QUE LA FORTUNE EST TOUSIOURS FEMELLE.	389
D'UNG PAOUVRE QUI AVOYT NOM LE VIEULX-PAR-CHEMINS..	404
DIRES INCONGRUS DE TROIS PÈLERINS	412
NAIFVETÉ..	418
LA BELLE IMPÉRIA MARIÉE.	420
ÉPILOGUE..	437

FIN DE LA TABLE DES CONTES DROLATIQUES.

PARIS, IMPRIMERIE DE E. MARTINET, RUE MIGNON, 2.

www.ingramcontent.com/pod-product-compliance
Lightning Source LLC
Chambersburg PA
CBHW060930230426
43665CB00015B/1898